Architekt – Ingenieur

Arbeiten am Institut für
Entwerfen und Konstruieren
Prof. Dr. techn. h.c. Kurt Ackermann

Architekt – Ingenieur

Arbeiten am Institut für
Entwerfen und Konstruieren
Prof. Dr. techn. h.c. Kurt Ackermann

Universität Stuttgart
Institut für Entwerfen
und Konstruieren
Prof. Dr.-Ing. Jürgen Adam

Konzeption, Koordination
Christof Simon

mit Beiträgen von
Kurt Ackermann
Jürgen Adam
Ingeborg Flagge
Peter Häußermann
Edmund Happold
Dieter Hauffe
Michael Jockers
Jürgen Joedicke
Werner Kaag
Hans Kammerer
Dietmar Kirsch
Gustl Lachenmann
Rainer Plehn
Beate Schmidt
Eberhard Schunck
Peter Seitz
Christof Simon
Karl Spies

Karl Krämer
Verlag
Stuttgart

Konzeption, Koordination
Christof Simon
Gestaltung
Sepp Landsbek, Rotis
Lektorat
Ingeborg Flagge, Kristiana Becker

© 1997 Karl Krämer Verlag
Stuttgart
Alle Rechte vorbehalten
All rights reserved
Printed in Italy

ISBN 3-7828-4026-7

Inhalt

Einführung

Kurt Ackermann
An der Nahtstelle der Disziplinen
7

Jürgen Joedicke
Zwei Jahrzehnte Architekturlehre in Stuttgart – ein Rückblick auf die siebziger und achtziger Jahre
11

Hans Kammerer
Zwischen Annäherung und Abgrenzung
15

Ingeborg Flagge
Kurt Ackermann, ein Architekt als Konstrukteur
17

Sir Edmund Happold
Architektur – Bauingenieurwesen
26

Lehre

Kurt Ackermann
Aufbau der Lehre
30

Dieter Hauffe, Beate Schmidt
Die Lehre im Grundstudium der Architektur
32

Eberhard Schunck
Die Lehre im Grundstudium des Bauingenieurwesens
38

Michael Jockers, Christof Simon
Die Lehre im Hauptstudium der Architektur
46

Dietmar Kirsch
Die Lehre im Hauptstudium des Bauingenieurwesens
62

Christof Simon
Die gemeinsame Lehre im Hauptstudium der Architektur und des Bauingenieurwesens
68

Christof Simon
Diplomarbeit Architektur, Bauingenieurwesen
124

Forschung

Kurt Ackermann
Forschung am Institut
182

Rückblicke – Ausblicke

Gustl Lachenmann
Wissenschaftliche Mitarbeit am Institut für Entwerfen und Konstruieren
189

Karl Spies
Konstruktives Erkennen
191

Werner Kaag, Gustl Lachenmann
Arbeit am Institut
Der Fußgängersteg in Vaihingen – Randbemerkungen zu einer unorthodoxen Konstruktion
193

Michael Jockers, Dietmar Kirsch
Lehre – Praxis
Das Büro- und Lagergebäude der Firma Schwarzenberger + Endres
196

Rainer Plehn
Zusammenarbeit von Architekt und Tragwerkplaner an der Universität und in der Praxis
198

Peter Häußermann
Die Tragwerklehre – Bindeglied der Architekten- und Bauingenieurausbildung?
201

Peter Seitz
Brief eines ehemaligen Studenten
204

Jürgen Adam
Wohin die Reise geht
207

Anhang

Publikationen
210

Ausstellungen
213

Vorträge, Reihen
214

Preise und Auszeichnungen studentischer Arbeiten
220

Absolventen, Doktoranden, Institutsmitglieder
222

Autorenverzeichnis
224

Abbildungsnachweis
226

Dank
227

Nachwort
228

Kurt Ackermann

An der Nahtstelle der Disziplinen

Die Fakultät „Konstruktiver Ingenieurbau" hatte 1974 neun Ordinarien und war nach heutigen universitären Verhältnissen klein, aber gut besetzt. Die Stuttgarter Bauingenieurfakultäten hatten einen offenen Studienplan; sie kooperierten mit anderen Fakultäten wie Geodäsie, Luft- und Raumfahrt und Architektur. Es war die Zeit, als Rolf Gutbrod, Frei Otto und Fritz Leonhardt gerade den Deutschen Pavillon für die Weltausstellung 1967 in Montreal gebaut hatten. Bauen als Gemeinschaftsaufgabe war Grundlage der Lehre und der Sonderforschungsbereiche der Universität.

Das Thema „Kooperation Architekt und Ingenieur im Zeitalter des industriellen Bauens – mehr als nur Bekenntnisse?" meiner Probevorlesung für den Lehrstuhl in der Nachfolge von Hans Kammerer war von der Berufungskommission vorgegeben worden. Die Fakultät „Konstruktiver Ingenieurbau" wollte die beispielhafte Zusammenarbeit im Sinne der traditionsreichen Stuttgarter Schule weiterführen, verbreitern und vertiefen. Die ganzheitliche Lehrauffassung, die auch meiner Berufsausübung entspricht, war der Grund, dem Ruf nach Stuttgart den Vorzug vor einer Berufung nach Darmstadt zu geben. Als Architekt hatte ich schon immer eine Neigung zum konstruktiven Ingenieurbau und zur konstruktiven Architektur. Außerdem bin ich noch heute der Überzeugung, daß Entwicklungen und Erneuerungen in der Architektur vor allem durch neue Technologien, neue Baustoffe und neue Konstruktionen ermöglicht werden; das legt die Zusammenarbeit zwischen Architekt und Ingenieur nahe.

Bei der Aufnahme der Lehrtätigkeit hatte ich mir ein Rahmenkonzept für die Lehre überlegt. Inhalt und Organisation der Lehrveranstaltungen vom ersten bis achten Semester wurden vor allem nach didaktischen Gesichtspunkten gegliedert; es wurden gemeinsame Entwürfe und Diplomarbeiten für Ingenieure und Architekten eingeführt. Neu hinzukommen sollten die Fächer „Zeichnen und Skizzieren für Bauingenieure", „Geschichte der Bauingenieurkunst" und „Ingenieurbauwerke in der Landschaft." Mein Anfang in der Fakultät war von großem Optimismus geprägt.

Von Louis Kahn soll der Ausspruch stammen: „Die Entwerfer fangen konstant mit viereckigen Rädern an und stellen am Ende fest, daß sie hätten runde verwenden sollen." Dieses Zitat gilt auch für manche der Kollegen der Fakultät Bauingenieurwesen, was das zentrale Thema Entwerfen und Konstruieren betrifft. Ein Zitat aus dem Vortrag eines renommierten Bauingenieurkollegen macht die Einstellung zu der gemeinsamen Aufgabe Bauen deutlich: „Für den Prototyp einer architektonischen Form, für ein Wohnhaus braucht der Architekt keinen Bauingenieur", und weiter: „Der Prototyp ist die Brücke, und dafür braucht der Ingenieur keinen Architekten" oder „Im Normalfall hat der Architekt für den Bauingenieur nur einen wirtschaftlichen Stellenwert..."

Meine Auffassung ist gegensätzlich: Bauen ist eine Gemeinschaftsarbeit. Nur im gegenseitigen Verständnis und mit vorurteilsfreien Einsichten in die Notwendigkeit einer Zusammenarbeit von Architekten, Bauingenieuren und weiteren Fachleuten ist diese Arbeit zu leisten. Weder ist sie allein die instinktive Tat eines kreativen Baukünstlers noch die Leistung eines messianischen Bauingenieurs. Entwerfen und Konstruieren sind keine unabhängigen Tätigkeiten. Sie bedingen sich gegenseitig und müssen unter ganzheitlichen Gesichtspunkten betrachtet werden. Das wird immer dort deutlich sichtbar, wo der Architekt für seine Aufgaben das Wissen der Ingenieure braucht und die Konstrukteure von Ingenieurbauten der gestalterischen Beratung des Architekten bedürfen. Die Qualität der Zusammenarbeit bestimmt die Qualität und die Durchgängigkeit der Planung und ihrer gebauten Resultate. Die Voraussetzung allerdings ist eine umfassende Kenntnis des ganzen Bauwerks seitens des Architekten wie des Ingenieurs.

Die Tragwerkplaner erlernen in der Regel das Konstruieren auf dem Umweg über die Grundlagen der Statik und der Festigkeitslehre. Das ingenieurmäßige Vorgehen beim konstruktiven Entwerfen von Tragwerken verlangt aber auch nach induktiven Methoden, um alternative Tragwerke zu finden. Die Wirkungsweisen der naturwissenschaftlichen Gesetzmäßigkeiten werden einer ganzheitlichen Betrachtungsweise unterstellt und sind Grundlage für die Bauaufgabe, nämlich die entsprechenden Tragwerke zu entwickeln. Entwerfen und Konstruieren ist deshalb ein Lehrgebiet, das sich den geläufigen didaktischen Methoden entzieht. Es hat eigene pädagogische Grundsätze, die sich aus der ganzheitlichen Betrachtung herleiten.

Deshalb ist die Analyse von realisierten Bauwerken für dieses Lehrgebiet einer von drei Grundpfeilern. Umfassende Analysen von charakteristischen Bauwerken zeigen die Wechselwirkungen von Nutzung, Tragwerk, Material, Technik, Installation und Form; sie machen den direkten Bezug zwischen der Logik der statisch-konstruktiven Ausbildung der Form des Tragwerks und der Übereinstimmung von Kräfteverlauf und einer durchgehenden Ableitung der Lasten offensichtlich.

Erst der zweite Grundpfeiler ist die Synthese, also das Entwerfen und Zusammenfügen von Tragwerken. Dieses konstruktive Entwerfen können die Studenten nur durch eigenständige Entwicklungsarbeiten üben und erlernen. Sie müssen die vielfältigen Tragsysteme kennen oder für ihre Tragwerksentwürfe aufspüren und intelligent kombinieren. Der Betreuer erteilt Ratschläge und nimmt Korrekturen vor. Er muß dem entwerfenden Konstrukteur damit auch ein Stück Selbstvertrauen und ein bestimmtes Selbstbewußtsein vermitteln. Der Entwurfslehrer muß sich in jede einzelne Arbeit eindenken, versuchen, die Gedankengänge der Studierenden zu verstehen und dem Tragwerksentwurf zu einer durchgängigen Reife verhelfen. Dabei darf der Entwurf auf keinen Fall zu einer typischen Lehrerarbeit werden. Die Idee des Studenten muß in allen Phasen des Entwurfsprozesses erkennbar bleiben. Die Aufgabe, für vorgegebene Nutzungen Tragwerke zu entwerfen, muß im nahtlosen Zusammenspiel zwischen Architekt und Ingenieur bereits in der Lehre und später in der Praxis gefunden werden. Beide Partner müssen für die Ideen und Argumente des anderen offen sein. Nur so können intelligente, alternative Tragkonstruktionen als konsequenter Teil der gemeinsamen Arbeit entstehen.

Der dritte Pfeiler ist der Modellbau, der auch der Schulung des Vorstellungsvermögens im Studium dient. Gerade die für den Studierenden neue, dritte Dimension bringt elementare Vorstellungen und Erkenntnisse statisch-konstruktiven Verhaltens der Tragwerke. Das konkret gebaute Tragwerkmodell gibt Auskunft über die Systematik, den Aufbau und die Logik des Kräfteverlaufs eines Tragwerks. Das Modell vermittelt dem Auge eine anschauliche, unbestechliche Auskunft über die Qualität der technischen Ästhetik des Erscheinungsbilds.

Noch erfolgreicher und interessanter ist allerdings die gemeinsame Arbeit am gleichen Projekt für Studierende der Architektur und des konstruktiven Ingenieurbaus. An der gemeinsamen Entwurfsaufgabe lernen und üben sie das notwendige Rollenverständnis bereits im Studium, was später im Beruf dann zur selbstverständlichen Praxis werden soll. Ein Bauingenieur mit einer solchen Ausbildung wird nicht während des gesamten Entwurfsprozesses unbeteiligt neben dem Architekten sitzen und auf seinen Einsatz warten. Mit einer derart systematischen Ausbildung sehen sich die Absolventen des konstruktiven Ingenieurbaus nicht als Dienstleistungsingenieure, die nur die Aufgabe haben, den fertigen Entwurf des Architekten realisierbar zu machen. Solche Bauingenieure werden echte Partner, die das Bauen als Gemeinschaftsarbeit begreifen.

Die Auseinandersetzung mit den fundamentalen Elementen des Entwerfens und Konstruierens ist ein arbeitsaufwendiger Weg. Mein Fach war nicht vom Katheder allein zu vermitteln. Die Entwurfskorrekturen können nicht durch Musterlösungen am schwarzen Brett ersetzt werden. Vom Lehrer wird neben praktischen Erfahrungen auch ein persönlicher und hautnaher Einsatz am Zeichentisch gefordert.

Mit gleicher Gründlichkeit wie die Lehre wurden die Exkursionen vorbereitet; sie waren Bestandteil der jeweiligen Lehrzyklen. Trotz dichtgedrängten Besichtigungsprogrammen blieb Zeit für Diskussionen mit den Studenten beider Fakultäten; sicherlich ein Grund, warum ich alle Exkursionen – ob Holland, Frankreich, Belgien, England, Finnland, Italien oder Österreich – in bester Erinnerung habe.

Die Arbeit mit den Assistenten am Institut fand selten in eingefahrenen Gleisen statt. In den uns wichtigen Forschungsarbeiten standen die konstruktiv betonte Architektur, der Ingenieurhochbau und der Industriebau im Mittelpunkt. Die Forschungsergebnisse wurden direkt in die Lehre einbezogen und förderten die Aktualität unserer Lehrveranstaltungen.

Bei unseren Ausstellungsprojekten suchten wir die visuelle Auseinandersetzung mit unseren Arbeitsschwerpunkten. Die Lehr- und Arbeitsinhalte sollten auch in Bildern sichtbar werden und die Studierenden zusätzlich zu Diskussionen provozieren. Bauingenieure haben in der Regel kein ausgeprägtes Geschichtsbild ihres Berufs. Dies war der Grund, eine Art Baugeschichte für Ingenieurbaukunst einzuführen. Als thematischen Titel für diese Lehrveranstaltung habe ich „Ingenieurbauten, Entwicklungslinien und Tendenzen" gewählt. Den Studenten sollte auf diesem Weg ein Stück Bildung, aber auch Verständnis für die aktuellen Probleme der Baukunst vermittelt werden. Meist bat ich bekannte Architekten und Ingenieure, über historische oder aktuelle Themen zu referieren. Dies waren Lehrveranstaltungen für die Fakultäten Architektur und Bauingenieurwesen, die sich – von den Studenten

"Silberne Reihe" genannt – wöchentlich über vierzehn Jahre regen Zuspruchs erfreuten. Die Studenten hatten Gelegenheit, sich mit Themen auseinanderzusetzen, die außerhalb ihres direkten Studiums lagen.

Ökologie und Landschaftsgestaltung waren im Studienplan der Bauingenieure leider nicht vorgesehen, obwohl gerade sie mit Bauten wie Verkehrsanlagen, konstruktiven Wasserbauten, Staudämmen, Flußregulierungen, Kanalbauten, Straßen, Eisenbahnen, Brücken u. a. äußerst radikale Eingriffe in die Landschaft vornehmen. Dieser Mangel sollte korrigiert und die Studieninhalte entsprechend reformiert werden.

Eine erneute Aufteilung der zu großen Fakultät Bauingenieur- und Vermessungswesen in kleinere Einheiten und somit die Rückkehr zur alten Struktur und zur Fakultät „Konstruktiver Ingenieurbau" mit besseren und deutlicheren inhaltlichen Verbindungen zur Fakultät Architektur und Standortwechsel ins Kollegiengebäude 2 wurde trotz besserer Einsicht nicht vollzogen. Leider ist es beiden Fakultäten auch nicht gelungen, gemeinsame Lehrveranstaltungen – für Studenten der Architektur und des Bauingenieurwesens – als Grundlagenvorlesungen für einige Lehrgebiete, wie Tragwerklehre, Baustoffkunde, Baubetrieb, Bauphysik, Teile des Baurechts, Haustechnik oder auch Teile der Baugeschichte zu installieren. Die autonomen, oft auch selbstherrlichen Marotten der Lehrstühle triumphierten über zweckmäßigere und bessere Lehrinhalte.

In der Fakultät Architektur und Stadtplanung haben wir neben gemeinsamen Seminaren vor allem das Fach „Entwerfen mit konstruktiven Schwerpunkten" angeboten. In der Gebäudelehre befaßten wir uns mit den Themen Büro- und Verwaltungsbauten, Laboratorien und Bauten für Forschung und Entwicklung, Sport- und Ausstellungsbauten. Ein wichtiges Anliegen war mir, die Architekturstudenten auch mit dem Industriebau und dem Ingenieurbau zu konfrontieren.

Ein nicht unbeträchtlicher Teil der Architekturstudenten hatte keine allzugroße Zuneigung zu unserem Institut. Wir waren wegen unserer strengen und recht präzisen Anforderungen verrufen. Unsere Studenten mußten hart arbeiten. Gute Zensuren konnten nur durch exzellente Entwürfe erreicht werden.

Der nicht gerade einladende Ruf unseres Instituts hatte für mich den großen Vorteil, daß in der Regel nur wirklich engagierte Studenten bei uns studiert, entworfen und diplomiert haben. In der Entwurfslehre war meine Architekturauffassung nicht die alleinige Richtschnur. Die Studenten mußten sich auch mit anderen Auffassungen und Architekturrichtungen auseinandersetzen. Allerdings habe ich meine Meinung über die Qualität der Architektur unterschiedlicher Strömungen entschieden vertreten und deutlich gemacht.

Dabei wollte ich nicht nur kritisches Bewußtsein, Neugier und Leistungsbereitschaft wecken, sondern auch Steherqualitäten trainieren und

Durchsetzungsvermögen einüben bzw. die Diskussion über verschiedene Richtungen in der Architektur fördern.

Was ist nach fast zwanzigjähriger Tätigkeit für zwei Fakultäten gelungen? Curt Siegel, von dessen Lehrmeinungen ich profitiert habe, schrieb mir in den achtziger Jahren zum Thema Architekt und Ingenieur: „Sie wissen, daß ich zu denen gehörte, die in beiden Sätteln zu reiten versuchten. Oder anders ausgedrückt: zwischen den Sätteln saßen." Auch mein Platz war öfter zwischen den Stühlen. Für die Ingenieure war ich der Künstler und für die Architekten der Ingenieur. Für mich war dieser Umstand allerdings nie ein ernsthaftes Problem. Ich bin im Beruf gewissermaßen zweisprachig und habe mit Kollegen beider Disziplinen keine Verständnisschwierigkeiten oder gar Berührungsängste.

Sicher gab es Enttäuschungen – mehr mit den Kollegen, selten mit den Studenten. Was mich störte, waren die Machtgelüste einzelner Kollegen, die Leichtfertigkeit im Umgang mit Studienplänen, inhalts- und bedeutungslose Sprachhülsen in endlosen Fakultätssitzungen, die bedeutungsvolle Bedeutungsleere unnützer Kommissionen und – nicht zuletzt – die kaum verständlichen Minderwertigkeitskomplexe der Ingenieure gegenüber den Architekten und die ignorante

Unkenntnis qualitätsvoller Architektur. Die manchmal anmaßende Arroganz der Architekten war dem gegenseitigen Respekt nicht immer förderlich.

Auch die Formen akademischen Umgangs machten nachdenklich, z. B. wie Diplomzeugnisse per Post verteilt wurden oder wie oberflächlich die Hochschulleitung mit dem vom früheren Kanzler Dr. Blum und mir initiierten, von Stankowski und Duschek formal überzeugend umgesetzten visuellen Erscheinungsbild der Universität umgeht. Die auf das Kalenderjahr – statt Studienjahr – ausgerichteten Haushaltspläne machten mir zu schaffen. Die schlecht besoldeten Institutssekretärinnen habe ich bedauert. Das miserable Salär bei Gastvorträgen gefiel mir nicht. Die Tragödie mit dem weltbekannten Institut für leichte Flächentragwerke von Frei Otto ging mir an die Nerven; daß die Bauingenieure ihrem, mit uns erstmals 1979 veranstalteten Sommerfest den abschätzigen Namen „Bauigelfest" gaben, finde ich für den Berufsstand eine Zumutung.

Mit Sorge erfüllt mich der Abstand zwischen den Fakultäten Bauingenieurwesen und Architektur, der immer größer wird. Die vorhandenen

Chancen und die gegebenen Möglichkeiten der Zusammenarbeit werden immer seltener genützt. Der 1977 durchgeführte Umzug der Bauingenieure in den Pfaffenwald und damit die räumliche Trennung der beiden Fakultäten hat das frühere in vielen Hinsichten selbstverständliche Gemeinsame stark beeinträchtigt. Ein Ruf an die Universität Dortmund und meine damit verbundenen Bleibeverhandlungen brachten unser Institut 1983 wieder ins K1 in der Stadtmitte zurück. Die Rückkehr bedeutete beträchtliche Impulse für eine erneute, intensivere Kooperation. Die gemeinsamen konsultativen Entwurfsarbeiten der Studenten der Architektur und des Bauingenieurwesens bleiben durch die Strapazen der getrennten Standorte nach wie vor belastet. Wenn ich zurückdenke, war die Kooperationsbereitschaft zwischen den Disziplinen vor zwanzig Jahren vorurteilsfreier, offener und damit um ein großes Stück besser.

1986 wurden mir die Architektenleistungen für den Neubau des Forschungszentrums für Bioverfahrenstechnik der eigenen Universität übertragen. Das war für mich ein großer Vertrauensbeweis, ebenso die fünfjährige Mitwirkung in der Kommission für die zweite Staatsprüfung der Regierungsbaumeister in Baden-Württemberg und die acht Jahre als Gutachter für das Fach Architektur bei der Deutschen Forschungsgemeinschaft DFG.

Mit Abstand das Schönste war nach meiner Einschätzung die erfolgreiche Arbeit mit den Studenten und Assistenten. Daß ich heute unseren früheren Stuttgarter Architektur- und Bauingenieurstudenten in bedeutenden Büros begegne, sie bei Ove Arup, Norman Foster, Ted Happold, Anthony Hunt, Richard Rogers in London oder bei Renzo Piano in Genua treffe oder als wissenschaftliche Mitarbeiter an den verschiedensten Hochschulen, daß Ehemalige sehr renommierte eigene Büros und bedeutende Wettbewerbserfolge haben sowie beachtliche Architekturpreise gewinnen, sagt viel über die Qualität unserer Schule aus. Daß elf frühere wissenschaftliche Mitarbeiter und Assistenten bereits als Professoren an deutschen Hochschulen lehren, ist auch ein Erfolg unserer Lehre und ein hoffnungsvoller Multiplikator der Lehrinhalte des Instituts für Entwerfen und Konstruieren. Seit 1990 ist das Institut Vollmitglied in beiden Fakultäten Architektur und Bauingenieurwesen, somit ein festes Bindeglied, das für die Kontinuität der Zusammenarbeit steht. Ich danke meinem Vorgänger Hans Kammerer für viele Gemeinsamkeiten und wünsche meinem Nachfolger, Jürgen Adam, für die interessante und schöne Aufgabe an der Nahtstelle der Disziplinen viel Erfolg.

Jürgen Joedicke

Zwei Jahrzehnte Architekturlehre in Stuttgart – ein Rückblick auf die siebziger und achtziger Jahre

Wenn ich an die ersten Nachkriegsjahre zurückdenke, als eine neue Generation von Studenten, die den Zweiten Weltkrieg mehr oder weniger heil überstanden hatte, die Hochschulen bezog, dann ist nicht der Eindruck an zerstörte Städte, äußerste Not, Lebensmittelmangel und staatliche Zerrissenheit vorherrschend, sondern eher Überlebenswille, Optimismus und Lernbegierde.

Ein ungeheurer Druck war abgefallen, die Welt war so unvollkommen wie nur denkbar, aber sie enthielt zumindest „das Prinzip Hoffnung". Entscheidend war wohl, daß sich Türen nach außen öffneten. Erste Exkursionen nach Schweden und in die Schweiz öffneten die Augen für eine neue, unserer Zeit entsprechende, humane Architektur.

Was danach kam, entzog sich allen Erwartungen. Der Behebung der äußersten Not folgte ein Wirtschaftswunder, bis Ende der sechziger Jahre erstmals die Grenzen des Wachstums sichtbar wurden.

Als der Zweite Weltkrieg zu Ende ging, war Hugo Keuerleber bei den Architekten der einzige noch verbliebene Hochschullehrer. 1946 wurde Hans Volkart und 1947 Richard Döcker berufen, einer der streitbarsten Vertreter des Neuen Bauens in den zwanziger Jahren. Richard Döcker vor allem ist der Neuaufbau der Architekturabteilung in der Anfangsphase zu verdanken.

Wie Döcker und Volkart hatten auch die später Berufenen Hans Brüllmann, Rolf Gutbier, Rolf Gutbrod und Günter Wilhelm in den dreißiger Jahren in Stuttgart studiert. Hinzu kamen der aus dem Umkreis des Bauhauses stammende Maximilian Debus sowie Curt Siegel. Die Baugeschichte vertrat der Mitte der dreißiger Jahre als Nachfolger von Fiechter berufene Harald Hanson. Wilhelm Tiedje übernahm den Architektenlehrstuhl in der Bauingenieurabteilung.

Dieser Lehrkörper blieb im wesentlichen über zwei Jahrzehnte konstant. Es gab jedoch Ausnahmen. Richard Döcker (1894–1968), der Begründer und Erneuerer der Schule unmittelbar nach Kriegsende und Inhaber des Lehrstuhls für Städtebau und Entwerfen, wurde 1958 emeritiert, sein Nachfolger war Horst Linde (geb. 1912), allerdings nur für kurze Zeit, da er wenig später den neugeschaffenen Lehrstuhl für Hochschulbau und Entwerfen übernehmen sollte, der vom Wissenschaftsrat für Stuttgart vorgeschlagen wurde, um für den bevorstehenden Ausbau und die Neugründung von Hochschulen eine zentrale Forschungsstelle zu schaffen, für die Stuttgart als der geeignete Ort erschien. Sein Nachfolger auf dem Lehrstuhl für Städtebau wurde 1966 Antero Markelin (geb. 1931), der aber bereits der nächsten Generation angehört, ebenso wie Harald Deilmann (geb. 1920), der Hans Volkart auf dem Lehrstuhl für Gebäudekunde ablöste. Rudolf Schoch (1911–1980) wurde 1962 auf den neu geschaffenen Lehrstuhl für Ländliche Siedlungsplanung berufen und Walter Rossow (1910–1991) auf den Lehrstuhl für Landschaftsplanung.

Es war ein Kollegium von sehr eigenwilligen Persönlichkeiten, wie es überhaupt im Rückblick deutlich wird, daß diese Architekturschule in ihrer über einhundertsechzigjährigen Entwicklung immer dann eine Blütezeit erlebt hat, wenn es gelang, herausragende Persönlichkeiten als Lehrer zu gewinnen. Ende der sechziger Jahre veränderte sich die Situation in der Architekturabteilung entschieden. Was anderswo, so bei den Ingenieuren, eher Randerscheinungen waren, führte bei den Architekten zu einer tiefgreifenden Diskussion über Sinn und Ziel der Lehre und stellte das bisher Geleistete in Frage. Sicher wird sich jeder, der diese Zeit erlebt hat, eine eigene Meinung darüber gebildet haben. So kann auch ich nur aus eigener, sehr persönlicher Sicht, als damals gerade neu berufener Hochschullehrer berichten, zumal eine wissenschaftliche Aufarbeitung dieses hochinteressanten Abschnittes der Architekturschulen in der Bundesrepublik Deutschland bisher fehlt.

Warum diese von Studierenden ausgehende weltweite Bewegung gerade bei Architekten so viel Resonanz fand, läßt sich nur vermuten. Wie kaum ein anderer Berufsstand ist der Architekt geneigt, sich selbst und die eigene Arbeit in Frage zu stellen. Das hängt wohl damit zusammen, daß Architektur in einem Grenzgebiet zwischen Zwecken und Werten, zwischen Ratio und Intuition angesiedelt und somit äußerst anfällig gegenüber gesellschaftlichen Veränderungen ist. Es fehlt zudem der Architektur eine zuverlässige theoretische Basis. Diese und andere Faktoren wirkten zusammen und trugen dazu bei, daß die Auseinandersetzung im Bereich der Architekturabteilungen besonders heftig geführt wurde.

Zwar übertönten oft genug schrille Töne die Diskussionen, manches war ideologisch überhöht oder diente als Transportmittel für ganz andere Interessen, aber es waren auch nicht jene ernsthaften Töne zu überhören, welche die Frage nach Sinn und Ziel einer auf den Menschen bezogenen Architektur stellten. Und eine solche Fragestellung wurde sicher auch ausgelöst durch die im Boom des Wirtschaftswunders entstandenen Bauten, jene Architektur der Macher, durch die Korrumpierung des Gebauten nach Zahl und Größe.

Wissenschaftlichkeit auch in der Architektur, Ablehnung der herkömmlichen Ausdrucksmittel und Vorgehensweisen hießen einige der neuen Sterne. Und was in Grenzen durchaus richtig erschien, eine sinnvolle Korrektur bisheriger Ansätze hätte sein können, geriet durch seinen Ausschließlichkeitsanspruch oft genug ins Abseits. Das Explizite implizit enthalten, so etwa der Jargon dieser Jahre, und von hier aus wird einsichtig, warum die Reaktion nicht lange auf sich warten ließ. Bilder überfluteten die Architektur, Abbilder von Dingen, ein Extrem löste das andere ab, jedoch mit durchaus heilsamer Wirkung.

Gab es bis zu diesem Zeitpunkt stets die Abteilung für Architektur, die zusammen mit der Abteilung für Bauingenieurwesen die Fakultät für Bauwesen bildete, so wurde dieser enge Zusammenhalt in jenen Jahren aufgelöst. An die Stelle der Abteilung für Architektur traten die drei Fachbereiche Baukonstruktion, Bauplanung sowie Orts-, Regional- und Landesplanung als kleine überschaubare Einheiten. Das führte allerdings zu erheblichen Koordinierungsproblemen, da die Räte der drei Fachbereiche getrennt tagten und oft genug unterschiedliche Beschlüsse nachträglich koordiniert werden mußten. Richtig im Sinne der Universitas als der Gemeinschaft der Lehrenden und Lernenden war jedoch, daß in diesen Fachbereichen Studierende und Assistenten Sitz und Stimme erhielten.

Die Dezentralisierung der Organisation der Ausbildung wurde begleitet von einer ständigen Zunahme der Anzahl der Studierenden, waren es Mitte der sechziger Jahre noch ca. 80 Neuaufnahmen pro Jahr, so steigerte sich jetzt die Zahl sehr rasch auf das Dreifache.

Die Architekturabteilung stand am Übergang von einer Meisterschule, in der noch ein sehr persönliches Verhältnis von Lehrenden und Lernenden herrschte, zu einer Massenausbildungsstätte, und das war nur eine der großen Herausforderungen, vor denen die Schule in diesen Jahren stehen sollte.

In diesen Jahren begann allmählich eine neue Generation von Hochschullehrern die Generation der ersten Stunde abzulösen. Sie entstammten durchweg jener Generationsschicht, die, aus dem Krieg heimgekehrt, in den ersten Jahren nach 1945 ihr Studium absolviert hatten. Auf Harald Deilmann, der 1963 Hans Volkart ablöste, und Antero Markelin, der 1966 auf den Lehrstuhl I für Städtebau und Entwerfen berufen wurde, ist bereits verwiesen worden.

Lothar Götz übernahm zur gleichen Zeit wie Deilmann (1963) den wiedereingerichteten Lehrstuhl für Baustofflehre, Bauphysik, Technischen Ausbau und Entwerfen. Damit wurde eine alte Tradition dieser Schule erneuert, die technischen Fächer in eine Hand, in die eines Architekten zu legen.

1967 wurde auf den neugeschaffenen Lehrstuhl für Grundlagen der modernen Architektur und Entwerfen Jürgen Joedicke berufen. Ihm oblag in Zukunft die theoretische Grundlegung der Architektur und die Umsetzung der dabei gewonnenen Einsichten in die Entwurfslehre, wobei ein Schwerpunkt auf der Darstellung und Interpretation der Architektur der Gegenwart, der Architektur des 20. Jahrhunderts und ihrer Vorläufer im 19. Jahrhundert lag.

Auch innerhalb der Bauingenieurabteilung vollzogen sich in diesen Jahren wichtige Veränderungen, auf die hier nur insoweit eingegangen werden kann, als sie die Architekturabteilung direkt betrafen. Hans Kammerer übernahm als Nachfolger von Wilhelm Tiedje 1965 den Lehrstuhl Grundlagen des Entwerfens und Konstruierens und erneuerte eine weitere Tradition dieser Schule, die vorsah, daß stets ein Architekt innerhalb der Bauingenieurabteilung lehrt, um so die Verbindung zwischen Ingenieuren und Architekten zu vertiefen. 1974 wurde Kurt Ackermann an den Fachbereich Konstruktiver Ingenieurbau in der Nachfolge von Hans Kammerer berufen. Gleichzeitig wurde Kurt Ackermann kooptiertes Mitglied des Fachbereichs Bauplanung bei den Architekten. Das Institut für Entwerfen und Konstruieren bot Lehrveranstaltungen für Architekten und Bauingenieure an. 1964 wurde Frei Otto nach Stuttgart berufen und gründete hier das Institut für leichte Flächentragwerke – eine Berufung, die nicht ohne die tatkräftige Mithilfe von Rolf Gutbrod und Fritz Leonhardt möglich gewesen wäre. Das Institut wurde der Fakultät für Bauwesen zugeordnet, gehörte jedoch zur Abteilung für Bauingenieurwesen.

Harald Deilmann, der seit 1963 eine systematische Gebäudelehre entwickelt hatte, verblieb nicht mehr als fünf Jahre in Stuttgart. 1969 folgte er einem Ruf auf den Lehrstuhl für Bauplanung an der neu gegründeten Universität Dortmund, um dort von 1972 an als Gründungsbeauftragter der Abteilung für Bauwesen zu wirken. Er schuf dort das Dortmunder Modell Bauwesen, jene einzigartige Institution, in der Architekten und Bauingenieure gemeinsam lehren und lernen. Die große Wachablösung aber begann Ende der sechziger Jahre und zog sich bis Mitte der siebziger Jahre hin. Auf den Lehrstuhl von Deilmann wurde Horst Rittel berufen, von Haus aus Planungstheoretiker, und folgerichtig wurde das Institut für Gebäudekunde aufgelöst und dafür das Institut für Grundlagen der Planung in der Architektur geschaffen. Da eine konzeptionelle Gebäudekunde aber unveräußerlicher Bestandteil einer Architekturausbildung war und ist, begann eine Zeit der Zwischenlösungen, die nur dank dem Einsatz von Hermann Schröder (1975/76) und Peter Faller (seit 1977) gemeistert werden konnte.

1969 folgte Peter Sulzer Hans Brüllmann auf den Lehrstuhl 1 für Baukonstruktion. Günter Wilhelm, dessen Lehrstuhl der ehemalige Schmitthenner-Lehrstuhl war, schied einige Jahre später aus, sein Nachfolger wurde 1974 Peter C. von Seidlein. Somit waren die für die Lehre so wichtigen Lehrstühle für Baukonstruktion wieder besetzt.

Maximilian Debus wurde 1969 emeritiert, sein Nachfolger von 1971–1974 wurde Johannes Uhl, dem 1975 Wolfgang Knoll folgte, ehemaliger Assistent an diesem Lehrstuhl und von 1969 bis 1971 Lehrstuhlvertreter. Johannes Uhl blieb der Fakultät als Lehrer für Entwerfen erhalten. Antonio Hernandez löste Harald Hanson ab und vertrat die Baugeschichte, zunächst auf vier Jahre berufen, aber später wie Peter Sulzer in seinem Amt bestätigt. Curt Siegel schied 1970 aus, sein Nachfolger wurde Nicola Dimitrov, der gleichzeitig auch an der Fakultät für Bauingenieurwesen lehrte.

Rolf Gutbier verblieb bis 1971 im Amt, sein Nachfolger wurde Egbert Kossak, der später als Baudirektor nach Hamburg ging. 1982 wurde auf diese Stelle Klaus Humpert berufen.

1975 schied Rolf Gutbrod aus, als sein Nachfolger kam Hans Kammerer, der somit von einem Lehrstuhl bei der Bauingenieurabteilung zu den Architekten überwechselte. Er vertrat als Nachfolger von Rolf Gutbrod den Lehrstuhl für Innenraumgestaltung und Entwerfen. Ihm folgte bei den Bauingenieuren Kurt Ackermann. 1982 wechselte Kurt Ackermann durch den Umzug seines Instituts in die Keplerstraße zur Fakultät Architektur und Stadtplanung und vertrat hier den Lehrstuhl für Entwerfen und Konstruieren. Ihm oblagen aber weiterhin Lehraufgaben bei den Bauingenieuren. Zu seiner Entlastung wurde dort das Fachgebiet Grundlagen der Planung und Konstruktion im Hochbau neu geschaffen und mit seiner Vertretung 1984 Eberhard Schunck betraut. Seit 1990 ist das Institut, ebenso wie das Institut für leichte Flächentragwerke, Vollmitglied bei beiden Fakultäten.

Zur gleichen Zeit wie Gutbrod verließ Walter Rossow die Schule, sein Nachfolger wurde 1975 Giselher Kaule. Auf Horst Linde folgte 1977 Gabriel Ebstein. Mit dessen Kommen wurde die

Priorität Hochschulplanung stark zurückgeschraubt. Der Lehrstuhl und somit das Institut bekam einen breiteren Hintergrund, der Schwerpunkt lag jetzt im Bereich der öffentlichen Bauten.

In dieser Zeit machte sich die immer stärker werdende Zunahme von Neuanfängern bemerkbar. Infolge der wirtschaftlichen Rezession war an einen Ausbau der Fakultät durch neue Lehrstühle nicht mehr zu denken, lediglich das Institut für Bauökonomie konnte neu geschaffen werden, und auf diesen Lehrstuhl wurde 1971 Horst Küsgen berufen. Was jedoch durch die neue Grundordnung ermöglicht wurde, war die Anhebung vorhandener Stellen, die Schaffung von Stellen für wissenschaftliche Räte und Professoren sowie in begrenzter Zahl die Schaffung von sogenannten C3- oder C2-Professuren.

Die Fakultät sah sich mit zwei besonderen Herausforderungen konfrontiert. Die eine war die Zeit Ende der sechziger und Anfang der siebziger Jahre, die Zeit des Umbruchs und des studentischen Aufbegehrens, die andere war in den siebziger Jahren der Übergang von einer Meisterschule zu einer Ausbildungsstätte für viele.

Wenn die Fakultät die erste Herausforderung bestehen konnte, so lag das vielleicht auch daran, daß zu diesem Zeitpunkt ein erster Schritt des

Generationenwechsels eingesetzt hatte. Was von den Älteren oft genug nur als einseitige Kritik und als Infragestellung erprobter Grundsätze angesehen werden konnte und wurde, sahen Jüngere eher als eine Herausforderung, als eine Chance für sinnvolle und notwendige Veränderungen. Der Fakultät ist es damals gelungen, sich nach langem Ringen eine neue Prüfungs- und Studienordnung zu geben und diese später fortzuschreiben, was sich als eine gute Grundlage für die Ausbildung von Architekten in einer veränderten Zeit erwies.

Was die Lehre der Fakultät auszeichnete, war nicht nur die Vermittlung der unerläßlichen Grundlagen der Architektur – die Auffassung, daß Gestaltung immer Konstruieren und Konstruieren immer Gestalten ist –, sondern auch und vor allem die geistige Auseinandersetzung mit den Zeitströmungen; Offenheit gegenüber Neuem und kritische Wertung zugleich. Sie hatte stets das Nachdenken über Architektur als selbstverständlich und als integralen Bestandteil einer Architekturlehre begriffen, was sich auch in der Neugründung des Instituts für Grundlagen der modernen Architektur und Entwerfen (1967) zeigte. So konnte sie ihre Stimme in eine oft ausufernde Architekturdiskussion einbringen, zumal sie auch auf das Verständnis und die Unterstützung von Nachbardisziplinen rechnen konnte, so von der von Max Bense vertretenen Schule der Semiotik an der Universität Stuttgart.

Was die Herausforderungen einer Massenuniversität betrifft, so reagierte die Fakultät mit einer Öffnung des Lehrangebotes. Sie gab jungen Mitarbeitern, die sich bewährt hatten, selbständige Lehrmöglichkeiten, sorgte somit für eine Verbreiterung des Lehrangebotes und eine umfassende Betreuung trotz des großen Andrangs der Studierenden. Zum anderen waren neue Lehrformen, wie die Projektarbeit, eine große Hilfe.

Die Fakultät für Architektur und Stadtplanung erlebte in diesen beiden Jahrzehnten einen ständig steigenden Zuspruch von Bewerbern für das Studium in Stuttgart. 260 Studienplätze pro Jahr mußten gemäß den Vorgaben der Zentralstelle für die Vergabe von Studienplätzen (ZVS) in Dortmund zur Verfügung gestellt werden, die Zahl der Bewerber überstieg diese Zahl jedoch bei weitem. Bei einem Vergleich der Bewerbungen an den Architekturfakultäten der Hochschulen im alten Bundesgebiet zeigte sich, daß Stuttgart mit Abstand an der Spitze liegt, im WS 1990/91 waren es 1208 Bewerbungen bei 206 Studienplätzen. Der Anteil der ausländischen Studierenden betrug etwa 10%. Sie entstammen 44 Nationalitäten, ein Höchstwert im Vergleich zu anderen Fakultäten an der Universität Stuttgart. In der Zahl der Preise und Auszeichnungen bei Wettbewerben unter Studierenden deutscher Hochschulen nimmt Stuttgart eine herausragende Stellung ein. Jede dieser Zahlen für sich genommen bedeutet wenig, kann zu unterschiedlichen Auslegungen führen, in der Zusammenschau jedoch dürfen sie als Hinweis auf die Bedeutung und Ausstrahlung der Lehre an der Stuttgarter Architekturfakultät in den siebziger und achtziger Jahren verstanden werden.

Hans Kammerer

Zwischen Annäherung und Abgrenzung

Was manche ein Markenzeichen nannten, war für andere eher ein Kuriosum: Die Stuttgarter Fakultät der Bauingenieure leistete sich eine ganze Geschlechterfolge von Architekten als Lehrer für ihre Studenten: Paul Bonatz, Wilhelm Jost, Rudolf Lempp, Wilhelm Tiedje, Hans Kammerer, Kurt Ackermann und neuerdings Jürgen Adam.

Am Anfang dieser Entwicklung stand wohl die Hoffnung der Bauingenieure, daß es den naturwissenschaftlichen Fundamenten der Ingenieurausbildung nicht schaden könne, wenn sie durch einen Blick in die undurchsichtige Welt der Architekten ein wenig schärfer würden.

Die Vorstellung war: Die Ingenieure könnten lernen, kleinere Häuser zu entwerfen, marginale Ergänzungen zu großen Ingenieurbauten, also etwa ein Bahnwärterhaus oder eine Transformatorenstation. Insgeheim wurden nicht zuletzt künstlerische Verschönerungsaktionen der eher nüchternen Ingenieurprodukte erwartet. Auch die Auflockerung der strengen Zucht des Grundstudiums der Unterstufe reizte manchen; der Architekt als gelegentlicher Alleinunterhalter schien anziehend. Auch sollten die Studenten ihren späteren Berufspartner ein wenig kennenlernen können, ohne ihn schon allzu ernst nehmen zu müssen. Stufe um Stufe gewann dieses zunächst unverbindlich-naive Bild schärfere Konturen. Manche Ingenieure und Architekten erkannten eine Chance für die Stuttgarter Hochschule, ein kleines, aber festes Bindeglied zwischen den verwandten Arbeitsbereichen und ihren so unterschiedlichen Methoden herzustellen. Immerhin waren sie bis in die 70er Jahre hinein noch eine gemeinsame Fakultät des Bauwesens gewesen.

Für die Ingenieurstudenten entstand eine neue Einsicht in die Komplexität von Bauwerken, eine Komplexität, die eigentlich nur in gegenseitiger verständnisvoller Zusammenarbeit zu bewältigen ist: Konstruieren nicht als Ergänzung, sondern als untrennbarer Teil der Planung des Bauwerks, technisch und architektonisch.

Aus der am Anfang etwas kümmerlichen Existenz der Lehre wurden methodische Lehrgebäude und veritable Institute mit Lehrpersonen, die alle Semester betreuten, vom Anfängerseminar bis zur Diplomarbeit. Auch die kritische Fakultät der Architekten nahm mit mildem Interesse Kenntnis von dieser Entwicklung. Gemeinsame Seminare, Entwürfe und selbst Diplomarbeiten blieben nicht exotische Ausnahmen, sondern wurden langsam als wichtige Schritte im Studium, in der Lehre erkannt, um mehr Verständnis zwischen beiden, immer noch entscheidenden Partnern am Bau zu etablieren.

In der zeitlich letzten Phase der Entwicklung über ein halbes Jahrhundert entstand auch ein beträchtliches Schrifttum als Ergänzung zur Festigung der Lehre, aber auch als ein offenes Fenster für alle, die sich um das Problemfeld zwischen Architekten und Ingenieuren kümmerten. Kurzum, es entwickelte sich eine zwar quantitativ eingeschränkte, aber intensive Zusammenarbeit der Studenten beider Fakultäten.

Das vorliegende Buch ist eine späte Dokumentation zum Abschied von Kurt Ackermann, von seinem Lehrstuhl „Entwerfen und Konstruieren", einem Institut, das sich stets um die Probleme der Architekten und Ingenieure kümmerte. Dieses Buch ist ein eindrucksvolles Zeugnis der Lehre und Praxis Kurt Ackermanns.

Dieser Anlaß ist Grund genug, die Vorträge, Publikationen, Bücher und Studienpläne durchzusehen auf der Suche nach den wesentlichen Aussagen der Architekten und Bauingenieure, Aussagen zum Hintergrund der Lehre. Dabei fällt immer wieder ein Gedankengang auf, der alle beschäftigt, die sich mit dem Thema in seiner strukturellen Eigenart auseinandersetzen: das Bedau-

ern nämlich, daß die beruflich so engen Arbeitsfelder beider Professionen immer weiter auseinanderdriften und die historischen Gemeinsamkeiten verlorengehen. So ist es auch nicht verwunderlich, daß die Architekten, denen im Bauwesen immer noch die Rolle der argumentierenden, künstlerisch-sozialideologisch engagierten Koordinatoren zufällt, immer wieder fast beschwörend auf die vergangene Einheit der beiden Berufe und auf den fundamentalen Zusammenhang zwischen Entwurf und Konstruktion hinweisen, in der Hoffnung auf eine späte Einsicht einer neuen beruflichen Einheit der getrennten Brüder.

Aber Vorsicht ist angesagt: Diese spekulativen Hoffnungen kommen hauptsächlich aus der Neigung der Architekten zu Utopien. Die beiden Berufe haben zwar enge, sogar gesetzlich fixierte Abhängigkeiten; im Bauen gibt es technische Zwänge zur Gemeinsamkeit, aber die Bauingenieure – noch bis vor zwanzig Jahren im gemeinsamen Haus und in gemeinsamer Fakultät mit den Architekten – haben offensichtlich viel realistischere Vorstellungen von der wissenschaftlichen und wirtschaftlichen Autonomie ihrer Profession. Sie zogen aus dem gemeinsamen Kollegiengebäude in der Stadtmitte aus, an den Stadtrand in den Pfaffenwald. Dies war nicht nur eine räumliche Trennung; dahinter stand der Wunsch nach deutlicher Abgrenzung.

Je pragmatischer man diesen Zustand akzeptiert, um so bedeutsamer erscheinen die Jahre, die Kurt Ackermann und seine Mitarbeiter in strenger Systematik zuerst mit den Ingenieuren und dann mit den Architektur- und Bauingenieurstudenten arbeiteten. Es war eine Konzentration auf das Wesentliche, das Unabdingbare der Zusammenarbeit, in klarer Disziplin und Methodik. Kurt Ackermann ging es dabei nicht mehr um verschwommen-idealistische Vorstellungen von einer ohnedies aufgegebenen Gemeinsamkeit der beiden Professionen, sondern um den Einfluß auf die handfesten Probleme des Zusammenhangs der Ingenieurkonstruktionen mit denen des architektonischen Entwurfs. Dieses Gemeinsame erfordert die neue Qualität sowohl einer disziplinierten Entwurfspraxis der Architekten als auch die Einsicht in das Konstruieren der Bauingenieure bei ganz verschiedenen Ausgangspunkten. Gelingen kann dies nur in einer neuen Qualität gemeinsamer Arbeit.

Kurt Ackermann erkannte dies, weitete die Lehre aus, führte Ordnungen der Konstruktionen in seine wissenschaftlichen Forschungen ein, Forschungen, aus denen Bücher entstanden, die für beide Studienrichtungen heute zur unentbehrlichen Grundlage gehören. Eine weitere Konsequenz waren seine Ausstellungen, die sich gemeinsamer Entwurfsprobleme annahmen. In der Universität und auch bei der interessierten Öffentlichkeit fand seine „Silberne Reihe", in der bekannte Architekten und Ingenieure in regelmäßiger Folge viele Jahre lang ihre Arbeiten und ihre Methoden vortrugen, viel Interesse und volle Hörsäle. Auch die hier präsentierten Studentenarbeiten spiegeln diese Einsichten wider.

Von den lehrenden Architekten beider Fakultäten erbringt Kurt Ackermann den eindeutigsten Beweis seiner Lehre durch seine eigenen Arbeiten. Der Nüchternheit und Logik dieser Lehre und der darauf aufbauenden Forschung unterwirft er sich auch bei seinen Bauten, die nicht umsonst zu einem großen Teil Bauaufgaben aus dem Grenzgebiet zwischen Ingenieur- und Architektenarbeit sind. Seine Bauten sind Vorbilder und Grundlage seiner Lehre. Sie stehen in untrennbarem Zusammenhang. Eine größere Deckungsgleichheit von Forschung, Lehre und Praxis ist kaum denkbar. Als einer von vielen exemplarischen Bauten kann das von ihm und seinen Mitarbeitern gebaute Zentrum für Bioverfahrenstechnik für die Universität im Pfaffenwald dienen.

Es ist unnötig zu erwähnen, daß Kurt Ackermann für seine Arbeiten mit zahlreichen prominenten Architekturpreisen ausgezeichnet wurde und ihm der ehrenvolle Titel eines Dr. h.c. der Wiener Technischen Universität verliehen wurde.

Wenn für die Glaubwürdigkeit eines guten Lehrers diese Kongruenz zwischen eigener Arbeit und den Grundlagen der Lehre entscheidend ist, dann entspricht der Lehrer und der praktizierende Architekt Kurt Ackermann dieser Forderung ganz und gar. Davon haben seine Studenten aus beiden Fakultäten profitiert.

Die Entwürfe des Instituts von Kurt Ackermann stehen in wohltuendem Kontrast zu den vielen scheinbar konstruktionslosen Studienarbeiten; sie entstanden aus einem verständlichen Drang zu künstlerischer Individualität und Kreativitätslust ihrer Verfasser. In diesem Sinne hat die Arbeit Kurt Ackermanns auf den beiden Feldern seiner Lehre zur These beigetragen, Architektur entstehe wesentlich aus geistiger Disziplin und präziser Kenntnis ihrer Methoden, vor allem der sinnvollen Konstruktionen unserer Zeit.

Kurt Ackermann war mein Nachfolger. Uns verbindet eine 25-jährige enge, kritische Freundschaft. Nach meinem Abschied von den Bauingenieuren hat er die Lehre ganz entscheidend ausgebaut und erweitert, ohne die lange Stuttgarter Tradition aus den Augen zu verlieren. Das hat mich immer gefreut und auch dafür bin ich ihm dankbar.

Ingeborg Flagge

Kurt Ackermann, ein Architekt als Konstrukteur

I
Ein Portrait über einen langjährigen Freund zu schreiben ist schwierig, besonders wenn man die Person besser kennt als seine Architektur. Die Balance zwischen kritischer Analyse und persönlicher Reflektion ist diffizil. Deshalb sinnt der Schreiber – in diesem Fall die Schreiberin – auf Auswege. Einer wäre ein Brief; der erlaubte die persönliche Ansprache, die Unterstellung, Ironie, Schlüsse, die nicht immer lupenrein begründet werden müßten, Sprünge und Brüche im logischen Aufbau. Ein Brief wäre leicht zu schreiben gewesen, aber in diesem Buch vielleicht fehl am Platze. Deshalb habe ich denn auch darauf verzichtet. Der Ausweg, den ich wähle, ist ein Essay, ein Versuch über Kurt Ackermann. Das Essay erlaubt die unsystematische, aspekthafte Darstellung eines Themas; es ist eine unabgeschlossene, fragende Suche. In diesem Sinne also ...

II
Schönheit ist ein Begriff, den der Industriebauer Kurt Ackermann vermeidet. Zuviel Irrationalität schwingt ihm darin mit, zuviel vordergründiger Anspruch, der selten eingelöst wird. Er bevorzugt die Logik des Machens und die Folgerichtigkeit einer Lösung, die sich am Ende des Planungs- und Bauprozesses wie Gedanken in einer Unterhaltung schlüssig daraus ergibt. „Im Industriebau", so schrieb einmal P.C. von Seidlein, „kann ein Architekt nicht mehr tun, als alle Funktionen sinnvoll zu ordnen und sie dann in den eigentlichen Bau umzusetzen." Man könnte auch sagen, daß für Kurt Ackermann Bauen nicht Baukunst ist und Entwerfen keine vorwiegend künstlerische Sache wie bei vielen seiner Kollegen, sondern ein aufeinander abgestimmtes Ordnen der harten Fakten Standort, Zweck und Funktion, Lebensdauer, Ökonomie, Erfüllung sozialer Anforderungen, kultureller Kontext. Daraus ergeben sich Konstruktionen, klare ablesbare Formen, ein nachvollziehbarer Kraftfluß und eine konsequente materialtechnische Ausarbeitung. Bauten, die durch Sachlichkeit selbstverständlich „schön" sind. „Wenn ein solcher Bau dann manchmal auch Architektur ist, dann ist das ein Gottesgeschenk."

III
Wer aus einem so unappetitlichen Thema wie einem Klärwerk ein überzeugendes Stück Baukunst zu machen versteht, ohne die dort gurgelnden und stinkenden Vorgänge ästhetisch zu verstecken oder zu verkleiden, sondern sie stattdessen exemplarisch und auf „fast ideale Weise" (Gottfried Knapp) in einprägsame Bauformen umzusetzen, ist zweifellos ein guter Architekt. Aus dem Ordnen der Funktionen – um vom Vor- und Nacheindicker über Speicher, Faultürme, Gasbehälter, Werkstätten und Kantinen nur einige zu nennen – ergaben sich Kuben, Kegel, Kegelstümpfe und Zylinder, stereometrische Urformen, die der Architekt zu einer formalen Einheit organisierte und gliederte. Eine durch und durch technische Ästhetik prägt die „brillante Konfiguration" (Gottfried Knapp) des Klärwerkes, in dem die markante Dreiergruppe der silberglänzenden, aluminiumverkleideten Faultürme wie eine Bauplastik steht. Norberg-Schulz hat den Begriff des genius loci geprägt, der richtigen Architektur für einen bestimmten Ort. Das Klärwerk München II, Gut Marienhof, ist die logische und gleichzeitig phantasievolle Antwort auf eine unappetitliche Aufgabe, für die es kein qualitätvolles Vorbild gab. Wenn das Ganze nicht so zum Himmel stänke, wäre das Wort einer eleganten Lösung durchaus am Platze.

IV
Ich kenne Kurt Ackermann seit 1972, als er Mitglied im BDA-Präsidium Hans Busso von Busse wurde. Es ist ihm zu verdanken, daß die damals heruntergewirtschaftete Zeitschrift „Der Architekt" zu einem neuen formalen und inhaltlichen Konzept fand. Er schickte mich, die frischernannte Redakteurin, in die Schule seines Freundes Otl Aicher, der sich der Zeitschrift annahm. Eine Zeit intensivster Diskussion und Auseinandersetzung; mich zwischen einem eigensinnigen Kurt Ackermann, der manchmal, vor allem wenn er Hochmut witterte und oberflächliche Anmaßung, zu einem jähzornigen Bündel lebendigster Negativenergie mutierte, und einem faszinierend-kreativen Otl Aicher zu behaupten, dessen Persönlichkeit ihn zum Guru und andere zu Adepten machte, die wie Satelliten um ihn kreisten, war ebenso anstrengend wie lehrreich. Kurt Ackermanns Sturheit nicht als Rechthaberei, sondern als Hartnäckigkeit verstehen zu lernen, die an einem Thema, an einem Problem dranbleibt, bis sich eine befriedigende Lösung zeigt; seine emotionalen Rundumschläge und Attacken positiv

Klärwerk München II, Gut Marienhof

Kurt Ackermann, Otl Aicher

aufzufangen und als das zu akzeptieren, was sie sind, seine Art, aus miesen Umständen zu positiven Ergebnissen kommen zu wollen, war oft genug ein Problem. Auch ich gehöre nicht gerade zu den konstruktivsten Menschen. Aber aus solchen Zumutungen erwächst Freundschaft, wenn jeder ehrlich ist und es ihm und ihr nicht um Macht, sondern um Inhalte geht. Kommt hinzu, daß Lernen von und mit Kurt Ackermann neben An- und Verspannung auch die Entspannung kennt, er, wie es einer seiner Assistenten so treffend beschrieb, das schöne „Talent zu einer Mischung aus konzentrierter Arbeit, familiärer Begegnung, leiblichem Genuß, Körperertüchtigung und optischen Eindrücken hat".

Kurt Ackermann, der nüchterne Industriebauer, dem rationale Konsequenz und die klare Ordnung seiner Gebäude über alles geht, ist im Privatleben, Gott sei Dank, anders. Daß er von dem brillanten Otl Aicher, dessen komplexe Herausforderung er über Jahrzehnte suchte, einfach sagt: „Er fehlt mir", daß er den Weltmann Karl Schwanzer und seine „großen Gesten und Würfe" verehrte, daß er Hans Kammerers Vielseitigkeit und Begabung schätzt und Günter Behnischs Fähigkeit bewundert, eingefahrene

Wege zu verlassen und „über neue Hürden zu springen", beschreibt, wo er selbst steht und wie er sich selbst einschätzt: nicht als geistvollen Anreger, als intellektuellen Herausforderer, sondern eher als unermüdlichen Arbeiter, „der selten einen Fehler zweimal macht, aber immer wieder neue"; als jemanden, der aus einer inneren und äußeren Kontinuität heraus lebt und arbeitet.

Kurt Ackermann ist kein Springer, er ist ein Steher. Und trotz seines zeitweise unberechenbaren Temperaments ein gleichzeitig auch gelassener Mann. Er erklärt diese Eigenschaft u. a. mit der bayrischen Landschaft, in der er als geborener Franke lebt, einem Raum, der in seiner Überschaubarkeit im Gegensatz zu norddeutscher Weite Rahmen bedeutet und Halt gibt. Die unendliche Freiheit ist Kurt Ackermanns Wunsch an die Welt nicht.

V
Von „Stil" mag man bei Kurt Ackermanns Bauten nicht sprechen. Auch er selbst bevorzugt eher die Bezeichnung „Haltung". Welche verbindet die An- und Umbauten des Klosters Andechs mit dem Gartner-Bürobau? Die Antwort: die überzeugende Klarheit der Lösung, der Mangel an

Pfortenhof Kloster Andechs

jeglichem Konstruktionsexhibitionismus und Bedeutungstiefsinn, die Schlüssigkeit des Weges von der Funktion zur Form. Und dennoch ist der Unterschied zwischen beiden Bauten immens: Andechs, dieses bäuerliche Urgestein eines Baus, war Ackermanns erste Bauaufgabe im historischen Kontext. Der Gartner-Bau dagegen war als Prototyp einer intelligenten Architektur gedacht, die in Zukunft weiter vervollkommnet werden soll.

Die transparente Überdachung eines Innenhofes in Andechs ist so einfach wie poetisch, so rücksichtsvoll gegenüber der barocken Bausubstanz wie selbstbewußt zeitgemäß. Die Treppe und die Pflasterung des Hofes könnten schlichter nicht sein. Ein Karljosef Schattner hätte fürstlicher gebaut, raffinierter. Kurt Ackermanns Zutaten zu Andechs sind anständige, anspruchsvolle Alltagsarchitektur, im Gegensatz zum formbewußteren, eleganteren Design Schattners. Über Andechs' anmutige Lösung komme ich ins Schwärmen, was mir bei dem perfekten, aber knochentrockenen Gartner-Bau unmöglich ist. Andechs rührt mich an, der Gartner-Bau läßt mich kalt. Er ist mir zu stimmig: die gewählte offene Raumstruktur mit dem Dach als fünfte Fassade,

die integrierte Fassade System Gartner selbst, die Lichtqualität, die Arbeitsplätze: perfekt, und dem ist nichts hinzuzufügen.

Kurt Ackermann ist über solche Einschätzung natürlich nicht glücklich; und daß er diese Beurteilung nicht teilt, ist natürlich. Stärker als die Architekturkritikerin, die im Gartner-Bau ein technisch zwar hochinteressantes, aber uninspirierendes Bauwerk sieht, weiß der Architekt um den gebauten Prototyp und die daran demonstrierten konstruktiven und technischen Entwicklungen. Was für den Betrachter keine Ecken und Kanten mehr hat, zu glatt ist, gibt dem Architekten die Möglichkeit, festzustellen, wo „er ins Design abgleitet". „Erst nachdem ich diesen Bau so perfekt gemacht habe, kann ich seine Fehler feststellen", sagt Kurt Ackermann dazu.

Konstruktionsbüro Gartner

VI

Übrigens: überall, wenn hier Kurt Ackermann steht, würde er von seinem Büro sprechen und zu Recht „wir" sagen. Ackermann, der Einzelkämpfer, ist Mitglied eines Teams, dem seit einiger Zeit auch sein ältester Sohn als Partner angehört. Es ist ein Team, in dem konträre Auffassungen sachlich diskutiert werden, ein Team ohne hierarchische Ordnung, in dem die unterschiedlichen Architektentätigkeiten – Entwurf, Werk- und Detailplanung, Bauleitung – denselben Wert haben. Denn alle sind am gestalterischen Endergebnis beteiligt. Der Entwerfergott am Reißbrett, der andere Architekturbüros dominiert, ist im Büro Ackermann ein Handlanger wie andere am Bau Beteiligte.

VII

Konstruktive Intelligenz ist ein Thema, das in Kurt Ackermanns Diskussion um das Bauen eine große Rolle spielt. Gemeint ist damit eine Beschäftigung mit den theoretischen Voraussetzungen zukünftigen Bauens. Im Gegensatz zu den geschlossenen Bausystemen der Vergangenheit braucht die Zukunft offene Systeme, die veränderbar, erweiterbar, zerlegbar, abbaubar sind und für jede Art von Umbau und Umnutzung Spielraum bieten. Ackermann versteht Bauen als eine Disziplin auf der Grundlage wissenschaftlicher Erkenntnisse und verlangt von Architekten die schöpferische Beschäftigung mit neuen Konstruktionen, neuen Materialien, neuen Formen. In einer Zeit technischer Bauwerke wie Bohrinseln, Seilnetzkühltürme, Weltraumlaboratorien, Aufwindkraftwerke, Solarspiegelanlagen, Weltraumfähren, Solarflugzeuge, Radar- und Teleskopeinrichtungen kann sich seiner Meinung nach die Architektur ihre Anregungen nur noch aus der Welt der Technik holen und daraus „tragfähige Grundlagen für eine richtigere Architektur finden".
Die „Konstruktive Intelligenz" ist die Chance, auch im Bauen ein Weltbild zu finden, das geprägt ist von Rationalität und sachlichem Diskurs, die kommenden Generationen die Möglichkeit der Veränderung offenhält, an der Welt mit ihren Mitteln, ihrer Intelligenz und ihrer Ästhetik weiterzubauen. „Dies sind die Probleme des ausgehenden Jahrhunderts, die auch Architekten zum Nachdenken über langfristige Zeiträume animieren müßten."

Für Kurt Ackermann ist Technik nicht Selbstzweck, aber die einzige Möglichkeit, diesen Globus vor den verheerenden Folgen der gemachten menschlichen Fehler zu retten. Er hofft darüber hinaus sogar noch – ein romantischer Utopist – „Technik zu humanisieren, zu kultivieren". Dahinter verbergen sich für ihn im Bauen ungeahnte Möglichkeiten: die rechnergestützte Fertigung anspruchsvoller Bausysteme und -elemente, die das Gegenteil der einfallslosen Serien der 60er Jahre sind, und individuelle Bauprodukte in kleinen Serien. „Allerdings müssen Architekten umdenken und Architektur nicht in erster Linie als Kunst auffassen, die jedes neue Problem angeht wie die Erschaffung der Welt."

VIII

Es ist naheliegend, daß derjenige, der Schwierigkeiten mit dem Begriff „Schönheit" im Bauen hat und von sich sagt: „Wenn ich ins Büro gehen soll, um Baukunst zu machen, dreht es mir den Magen um. Wenn ich aber ein Problem lösen soll, dann freut mich das", auch Schwierigkeiten mit Architekten hat, die Anleihen in der Baugeschichte machen, die sie zitieren, die sie als Quelle der Inspiration nutzen. Den Postmodernen gilt Kurt Ackermanns ganze Verachtung bis hin zu dem Punkt, daß seine unbeugsame Haltung ihn über Jahre in eine Nische verbannte, er von Wettbewerben und damit Wettbewerbserfolgen ausgeschlossen blieb und Gefahr lief, als Fossil einer technisch geprägten Architekturauffassung in Vergessenheit zu geraten. Erst die von England ausgehende High-Tech-Architektur und ihre Protagonisten Foster, Rogers, Grimshaw und Hopkins halfen dann, das Rad der bauherrlichen Architekturauffassung auch in Deutschland wieder umzuwerfen. Seither feiert der gute Industriebau seine Hoch-Zeit wie in den 50ern der Kirchenbau, in den 60ern der Schulbau und in den 70ern und Anfang der 80er der Museumsbau.

Betrachtet man den Oeuvrekatalog Kurt Ackermanns (der dringend zu ergänzen wäre!), dann zeigen die darin abgebildeten 105 Projekte und Bauten zwischen 1953 und 1978, die meisten ausgeführt, eine Stringenz der sachlichen Gestaltung, eine immer konsequentere Strenge, eine wachsende Einfachheit und technische Logik, die auch in dieser Fülle ihresgleichen in der deutschen Nachkriegsarchitektur sucht.

Und noch eines ist erstaunlich: es gibt in diesem beachtlichen Oeuvre zwar hinreißende und weniger ansprechende Bauten, aber es gibt keine modischen Ausrutscher. Kurt Ackermann gehört nicht zu den Oberkellnern fixer Architekturtrends, im Gegenteil, er glaubt an und praktiziert die Kontinuität seiner Architekturauffassung: bewährte Lösungen werden beibehalten, Inhalte,

Bundesverwaltungsgericht München

Form und Gestalt werden fortentwickelt. Gestalterische Kapriolen finden nicht statt. Zeitgeschmäcklerische Launen haben keinen Platz unter Ackermanns Bauten. Die Pläne des Büros Ackermann sind noch ganz altmodische Handlungsanweisungen für die Baustelle; die Architekten, die ihre gezeichneten Elaborate für Kunst halten und für teures Geld verscherbeln, verachtet Ackermann aus tiefster, zorniger Seele.

IX
Am 11. November 1994 hat Kurt Ackermann die Heinrich-Tessenow-Medaille in Gold der Universität Hannover erhalten. In seiner Dankrede sprach er davon, daß er Tessenows unbeugsame Haltung teile, seinen Anspruch auf eine immer größer werdende Knappheit im Bauen, seine Vorliebe für die handwerkliche Präzision und jeden Verzicht auf formalen Schwindel in der Architektur. Wie Tessenow kommt Ackermann vom Hand-Werk. Beide waren Zimmerleute und legten Wert auf die Handhabe von Materialien und ihre Handlichkeit. Ackermann teilt mit Tessenow die geordnete Klarheit und die disziplinierte Reduktion der architektonischen Formen. Tessenows Überzeugung „das Einfachste ist nicht immer das Beste, aber das Beste ist immer einfach" steht auch hinter Kurt Ackermanns Suche nach logischer Vernunft und rationaler Klarheit in einem Bau.

Von Tessenows phantastischer Nüchternheit und der fast organisch wirkenden, natürlichen Schönheit seiner zeitlos wirkenden Architektur allerdings unterscheidet sich Kurt Ackermanns Bauen. Bei ihm ist vereinfachte Komplexität, was bei Tessenow anmutige Leichtigkeit war. Die sachliche Ehrlichkeit im Bauen und die Reduktion auf ein Minimum bei Tessenow war die natürliche Konsequenz seiner Persönlichkeit; bei Kurt Ackermann ist sie das Ergebnis harter Arbeit und ständigen Bemühens. Beide verbinden mit ihrer puritanischen Strenge ein soziales Ideal im Gegensatz zu der rein formalen Abstraktion in der Architektur eines Mies van der Rohe. „Wenn es sein muß, dann wenig, aber unter allen Umständen gründlich", meinte Tessenow schon 1916, Kurt Ackermann kann sich diesem Postulat ohne weiteres anschließen.

Hopfenhalle HVG Mainburg

Christuskirche Bad Füssing

Zementwerk Märker, Harburg

Postamt Regensburg   OSLW Fürstenfeldbruck   X
Heizzentrale der OSLW Fürstenfeldbruck

Strenge und Einfachheit prägen Kurt Ackermanns Bauten von Anfang an. Schon die Hopfenhalle (1958), ein Tragwerk als Stahlbetonskelett, die Wände ein zweischaliges Ziegelmauerwerk, war ein funktionales Meisterwerk sachlicher Ästhetik. Eine ähnlich komplexe Aufgabe wie das Klärwerk München II war dann seit 1958 die Werkplanung für das Zementwerk Märker. Auch hier galt es, einerseits eine unkontrolliert gewachsene Fabrikanlage mit vielen Provisorien neu zu ordnen, um andererseits die Produktion vergrößern zu können. Aus dem Studium der Nutzungen und des Materialflusses erwuchs das Entwurfsziel: das gesamte Werk als funktionale Maschine zu betrachten, in der Silos, Mühlen und Förderaggregate maßstäblich einander zugeordnet sind und ihre baulichen Hüllen ein überzeugendes Ensemble bilden. Die 60er Jahre kennen nur wenige Industriebauten von solch funktionaler Schönheit und einprägsamer Gestalt.

Der Industriebauer Kurt Ackermann ist bekannt. Daß er auch Kirchen gebaut hat, Skulpturen in Beton, die sich mit den besten Walter Förderers vergleichen lassen, ist weitgehend unbekannt. Wenig bekannt sind auch seine Einfamilienhäuser wie das transparente Haus Moll (1968) und das Haus Schow (1970), dessen reizvolles Zusammenspiel aus geschlossenen und offenen Wandflächen an bestes „Bauhaus" erinnert.

Die Wohnanlage Moll in München, eine Beton-Backstein-Architektur (1970), bezeichnet Kurt Ackermann als einzigen seiner Bauten als vom Zeitgeist geprägt. Diese Selbstkritik ist meiner Meinung nach unberechtigt. Gewiß, Lillington Estate in London schimmert durch, die expressive englische Backsteinarchitektur der 60er Jahre mit den breiten Betonbrüstungen läßt grüßen. Aber die Gruppierung der 65 Wohnungen um einen Hof, die lebhafte Gliederung der Fassaden, die klaren Grundrisse haben bis heute nichts von ihrem überzeugenden Charakter verloren. Solch gute „Zeitgeist"-Architektur wünschte man sich häufiger.

Architekten sind nicht selten die Lehrer ihrer Bauherren. In seinem Bild vom Menschen in der Demokratie war Günter Behnisch dem Bauherrn Bundestag um Dezennien voraus. Kurt Ackermann unterwanderte beim Bau der Offiziersschule der Luftwaffe in Fürstenfeldbruck (1977) den Bauherrn, indem er ihm keine Kaserne zum Marschieren entwickelte, sondern das Leitbild eines englischen Colleges vorschlug und dann auch baute.

Vergleichbares geschah beim Bau des Bundesverwaltungsgerichtes in München (1976), wo es dem Architekten um jegliches Vermeiden gebauter Macht ging. Der differenzierte Bau, der die Balance zwischen einem edlen Industrie- und einem nüchternen Bürogebäude hält, läßt keine Furcht vor seinem Betreten aufkommen; er spricht, wenn er denn überhaupt von etwas anderem als effizienter Arbeit parliert, von sorgfältiger Ausführung, von funktionaler Eleganz und nüchterner Strenge.

Da dies ein Essay ist und keine Architekturkri-

Eislaufhalle Olympiapark München

tik, kann ich mich um die Analyse und Kommentierung des Verwaltungsgebäudes Wüstenrot (1975), des EDV-Verwaltungsgebäudes der Landeshauptstadt München (1977) oder gar des VBB-Verwaltungsbaus (1977) drücken, aber mit Begeisterung dem exquisiten Heizkraftwerk der OSLW des Flughafens Fürstenfeldbruck (1977) zuwenden. Seine Ordnung, Eleganz und transparente Abstraktheit erinnert mich ein wenig an die allerdings sehr viel früheren (und gänzlich anderen) Bauten von Egon Eiermann und Sep Ruf auf der Brüsseler Weltausstellung 1958, von denen Kurt Ackermann sagt: „Sie haben mir damals die Luft genommen."

Atemberaubend nach wie vor, auch nach mehr als zehn Jahren, ist die Eislaufhalle auf dem Olympiagelände (1983). Das weit gespannte, in sich symmetrische Flächentragwerk kommt mit einem Minimum an Material aus. Zusammen mit dem Ingenieur Jörg Schlaich, dem kreativen Gegenpol des Architekten, mit dem Ackermann auch Brücken baute, wurde die bogengestützte Tragkonstruktion entworfen. Dank des Rasters der Holzlattung, an dem das Auge festmachen kann, wird der riesige, schwebende Raum überhaupt ablesbar. Seine heitere Eleganz und kühne Gestalt sind das Resultat einer logischen Konstruktion und technischer Intelligenz, die mit diesem Bau anderen Sport- und Freizeitbauten eine neue ästhetische Dimension eröffneten.

XI
So elegant und poetisch vor allem einige der Industriebauten Kurt Ackermanns sind, so trocken ist seine Forschung. Die drei daraus hervorgegangenen Bände, handliche, gut gemachte Kompendien der Nüchternheit und Logik, heißen „Grundlagen für das Entwerfen und Konstruieren" (1983), „Tragwerke in der konstruktiven Architektur" (1988) und „Geschoßbauten für Gewerbe und Industrie" (1993).

Das erste Buch beschwört Entwerfen und Konstruieren als Einheit, die dort am sichtbarsten wird, wo Architekten für ihre Aufgaben den Rat der Ingenieure und diese die gestalterische Beratung durch Architekten berücksichtigen. Das zweite Buch analysiert die konstruktiven, funktionalen, materialtechnischen und formalen Einflußfaktoren, die auf Tragwerke einwirken und zeigt – spröde und schwer lesbar für Laien, grundlegend für Architekten und Bauingenieure, die sich als Konstrukteure verstehen – die Wechselwirkun-

Williamsburg Brücke, New York

Zentrum für Bioverfahrenstechnik Stuttgart

gen auf. Die formbewußte Umsetzung der konstruktiven Anforderungen läßt das Tragwerk zum integrierten Teil der Gestalt eines Gebäudes und seiner Architektur werden. Das Ziel des dritten Buches ist auch für Nichtprofessionelle nachvollziehbar und spannend: es geht um stapelbaren Industriebau und damit um die Rückkehr der normalerweise eingeschossigen, flächenfressenden Bauten auf der grünen Wiese zurück in die Stadt, wo enger und höher gebaut werden muß, weil Boden kaum noch verfügbar bzw. teuer bis unerschwinglich ist.

XII
Als Kurt Ackermann in der „Geschlechterfolge" an der Fakultät der Bauingenieure der Universität Stuttgart 1974 nach so bekannten Vorgängern wie Bonatz und Tiedje den Lehrstuhl für Entwerfen und Konstruieren übernahm, folgte er einem Hans Kammerer, im Verhältnis zu dessen Temperament und Begabung er sich als „einseitiger und unbeweglicher" verstand.

Die Einschätzung, daß ihm die Lehre wie die Architektur nicht in den Schoß fallen, erklärt vielleicht Kurt Ackermanns bohrende Selbstkritik und seine konsequente Haltung im Bauen. „Ich bin längst nicht so vielseitig wie Hans Kammerer. Deswegen muß ich sparsamer mit meinen Talenten wuchern." Dennoch, „wir haben selten über Qualitäten in der Architektur gestritten, mehr über Richtungen."

Während er anfänglich noch von Hans Kammerers Vorarbeit profitiert hat, seilte er sich dann recht bald von der Diskussion und Lehre der künstlerischen Bedeutung von Architektur ab und besetzte sein ureigenes Thema: die Konstruktion, wie und wann sie richtig, falsch, dumm oder intelligent ist. Seine Haltung, die sich im Laufe seines Lebens in zahlreichen hochdekorierten Bauten niedergeschlagen hat, wurde damit zum theoretischen Überbau der Arbeit am Institut. Trotz der neuen Schwerpunkte verlief der Übergang Kammerer – Ackermann reibungslos. Die Assistenten, die ein „Ausmisten" befürchtet hatten, stellten erleichtert fest: „Es wurde einiges zurechtgerückt, poliert, geschliffen, veredelt, vertieft." Und ansonsten war der Neue ein penibler Arbeiter, wo der Alte ein anregender Unterhalter gewesen war.

XIII
Architekt und Ingenieur, eine unendliche Geschichte und eine schwierige dazu. Der Architekt sieht im Bauingenieur einen Spezialisten, dem es an der notwendigen Phantasie und Kreativität fehlt, ohne die Baukunst nicht entstehen kann. Der Ingenieur wiederum verachtet den Architekten zumeist als einen im luftleeren Raum schwebenden, nie ganz ernstzunehmenden Künstler, der ohne Rücksicht auf technische Gesetzmäßigkeit in eigenwilliger Laune Bauten entwirft. Zwei Berufe, die sich selten zu einem großen Bau zusammenfinden. Andererseits suchen Architekten wie Kurt Ackermann die Zusammenarbeit mit Ingenieuren und stellen engagierte Ingenieure fest, daß auch sie aus der Zusammenarbeit mit Architekten profitieren können.

Die Gründe für das gestörte Verhältnis beider Berufe sind schon in der getrennten Ausbildung zu suchen. Diese führt dazu, daß die Berufe immer weiter auseinanderstreben. Die Fächer, die beide angehen, wie Tragwerklehre, Baustoffkunde, Baubetrieb, Darstellung und Landschaftskunde, werden getrennt gelehrt. Fachübergreifende Veranstaltungen und gedanklicher Austausch sind die Ausnahme. Bauingenieure wissen wenig von Baugeschichte, Architekturstudenten hören nichts von allgemeinem Tiefbau, Wasser- oder Brückenbau. Deshalb sind solche Lehrstühle wie der von Kurt Ackermann so wichtig. Sie geben Einblick in die Probleme des anderen Berufes; sie helfen, Spezialisten teamfähig zu machen. „Wir dürfen weder Architekten ausbilden, die als Ingenieure agieren, noch dürfen wir Ingenieure heranziehen, die als Architekten dilettieren. Das Dilemma ist sicher nicht durch eine Kreuzung von Architekt und Bauingenieur aus der Welt zu schaffen. Es ist vielmehr dafür zu sorgen, daß beide Berufsgruppen in ihrer Ausbildung mehr Verständnis für die Arbeitsweise ihres Partners erfahren." (Kurt Ackermann)

XIV
Wie weit wir von der Einsicht in die notwendige Kooperation von Architekten und Ingenieuren entfernt sind und wie überheblich der eine über den anderen herzieht, machen die Kritik, die Unterstellungen, die Reaktionen auf die Industriebauausstellung deutlich, die vom Institut Kurt Ackermanns im Auftrag des Bundesverbandes der Deutschen Industrie 1984 erarbeitet wurde und die zu den erfolgreichsten Ausstellungen der letzten zwanzig Jahre zählt. Gerade ist die 4. Auflage des Kataloges und 1991 eine englische Ausgabe herausgekommen, die den Industriebau vor 1900 aufarbeitet und bis 1984 fortschreibt.
Im „Zentralblatt für Industriebau" war seinerzeit folgende Bemerkung zu lesen: „Für den im

Industriebau Engagierten jedoch empörend ist die Feststellung, wie sich heutzutage offensichtlich aus mangelnder Betätigungsmöglichkeit auf anderen Gebieten architektonische Schöngeister des Industriebaus annehmen und ästhetisierend akademisch philosophieren." Der „Schöngeist" Kurt Ackermann hat hoffentlich über solchen Blödsinn nur die Schultern gezuckt. Doch in diesem Aufsatz kam es noch ärger: „Richard Rogers & Partners Fleetguard Hallen sind kein Industriebau, weil das Tragwerk unlogisch konzipiert ist. Beweis: Bei geringen Spannweiten braucht man keine aufwendige Verspannungskonstruktion, bzw. seilverspannte Tragwerke sind für große, freie Stützweiten die richtige Lösung." Und: „Das Renault-Center, von Norman Foster Ass. entworfen, kann nicht als Industriebau gelten. Eine logische Tragwerkstruktur läßt sich mit üblichen konstruktiven Maßnahmen erreichen, wobei die einfachste Form der Kräfteableitung gefragt ist. Zierlöcher in Trägern sind überflüssige Spielerei. Teuer, aber nichts wert, wenn man sie nicht für Installationen braucht." Hier werden Architekten, die derzeit zu den kreativsten Industriebauern gehören, zu dümmlichen Designern degradiert. Veritable Industriebauten scheinen nach den Vorstellungen des Schreibers nur die einfachen Kisten zu sein, die als scheußliche Gewerbebauten überall die Landschaft zieren, vom Ausland ganz zu schweigen.

Bestimmte Themen gegen eine bestimmte Zeit durchzusetzen, gelingt nicht. Die Industriebauausstellung kam zum rechten Zeitpunkt; die Postmoderne hatte ihren Höhepunkt überschritten (die Staatsgalerie in Stuttgart von James Stirling war gerade fertig geworden), die neue Prächtigkeit hatte ausgedient, die Industrie entdeckte, daß die Einhaltung ökonomischer Vernunftprinzipien und eine gute Gestalt kein Widerspruch sein müssen, und nicht zuletzt wurde sie sich der Tatsache bewußt, daß ihr Personal in guten Räumen besser und lieber arbeitet als in schlechten. Sie entdeckte damit etwas, das Carl Benscheid, der Erbauer der Fagus-Werke (1911–12), damals schon kundgetan hatte, als er sagte: „Unser Reichtum sind nicht unsere Maschinen, Bauten und unsere Bankkonten, sondern das Wissen, die Fähigkeiten und das Engagement unserer Leute." Es ist einer der Verdienste der Ausstellung, den Industriebau wieder für die Architektur zurückerobert zu haben.

XV
Der Industriebauer Kurt Ackermann liebt den Stahl, dieses spröde, unbiegsame Material, das selbst in seiner filigransten Form noch das Feuer und den Hochofen ahnen läßt, aus dem es kommt. Er befindet sich mit der Vorliebe für diesen ruppigen Werkstoff in bester Gesellschaft mit Egon Eiermann, Mies van der Rohe und Richard Rogers. Diese Namen stehen denn auch für ganz unterschiedliche Annäherungen an das anspruchsvolle Material: Mies vertrat die „hohe Schule des Stahlbaus"; seine monumentalen Stahlbauten sind geradezu klassisch; Eiermann erstellte Alltagsbauten in Stahl, ohne „Feiertagsstimmung und Feiertagswürde"; Rogers Stahlbauten sind expressiv, formal überfrachtet und zum technischen Manierismus neigend. Keine Frage, welchem dieser Architekten Kurt Ackermann am nächsten steht.

Der anspruchsvolle und widerborstige Stahl, der seiner Meinung nach eher nach strenger Geometrie als nach freien Formen verlangt, steht ihm für Tugenden, die er auch in der Architektur sucht: Logik, Sachlichkeit, Reduktion, Einfachheit. Seltene Tugenden am Ende dieses größenwahnsinnigen Jahrhunderts, das in der Architektur den Grundsatz gefördert hat: „Anything goes". Das, wahrlich, ist nicht Kurt Ackermanns Grundsatz. Er will den beschrittenen Weg weitergehen. Anders kann er nicht, „sonst brennen bei mir die Sicherungen durch".

Leistungszentrum für Eiskunstlauf
Olympiapark München

Sir Edmund Happold

Architektur – Bauingenieurwesen

Ich habe mein Arbeitsleben an der Schnittstelle der beiden Disziplinen Architektur und Ingenieurwesen verbracht, und beide sind mir ans Herz gewachsen.

Ich betrachte mich als Ingenieur, obwohl ich als Architekt ausgebildet bin und jahrelang eine Architektur- und Ingenieurschule geleitet habe. Das von mir geleitete Büro befaßt sich nur mit Ingenieuraufgaben, arbeitet jedoch stets mit Architekten zusammen. Wir sind Tief- und Hochbauingenieure; die Grundlage unserer Arbeit beruht auf zukünftigen Innovationen.

Es gibt starke nationale, charakteristische Besonderheiten im Ingenieurwesen. Gewiß ist das moderne Ingenieurwesen mehrmals erfunden worden – in Frankreich, in Holland, in Großbritannien und anderswo. Jede dieser Neuerfindungen macht nicht nur klimatische und wirtschaftliche Unterschiede deutlich, sondern bringt auch Kultur und Werte der jeweiligen Gesellschaft zum Ausdruck.

Gebäude, im Sinne von Obdach, sind so alt wie die Menschheit; es sind dies Höhlen aus Stein, genauso wie Zelte aus Fellen und Stoffen als transportable Heime. Ihre Herstellung erforderte ein geplantes Vorgehen. Alle von Menschen gemachten Werkzeuge entstanden wahrscheinlich, weil eines Tages ein primitiver Mensch sich in der Lage sah, in einem Gegenstand ein zukünftiges Werkzeug zu erkennen. Die Entdeckung von Werkzeugen war ein Lernen durch Versuch und Anwendung. Die Herstellung wurde durch handwerkliches Geschick möglich.

Im Bauen war es ähnlich. Die Geschichte zeigt, daß das Erdenken eines Gebäudes, bevor mit dem Bauen begonnen wird, zuerst in den Händen des Architekten liegt. Doch es spricht für die Menschheit, ja für das Leben selbst, daß ein Produkt bzw. eine Handlung mehr als nur Funktionalität beinhalten soll. Die Strukturen im Steinzeitalter waren nichts als Ensembles großer Steine, ähnlich den Moscheen und Kathedralen des Mittelalters. Aber für sie wurde noch ein weiterer Aspekt als Funktionalität verlangt: wir nennen ihn Schönheit, Herrlichkeit, etwas, das den Sinnen zusagt, vielleicht Kunst.

Ich bevorzuge das Wort Geschmack für die Auseinandersetzung über Qualität in der Architektur, da es in Architekturkritiken meistens vorkommt. Geschmack betrifft die Frage, ob man etwas mag oder nicht. Die Informationen für solche Urteile haben sich über eine lange Zeitspanne gesammelt und rühren aus der sozioökonomischen Umwelt des Zeitpunktes her. Geschmack ist der Wunsch, festzulegen, was an einer Gestaltung „gut" ist, was die Sinne anspricht, ihnen vor allem visuell gefällt.

Geschmack ist ein sehr alter Begriff, und es ist erstaunlich viel darüber geschrieben worden, vieles widersprechend. Viele glaubten, Geschmack beruhe auf mysteriösem Wissen, andere glaubten, der Begriff sei rational und wissenschaftlich erklärbar. Geschmack verbindet sinnliche und moralische Ideen und gibt ein Gefühl, „in" oder „out" zu sein. Sicher ist jedoch, daß die auf Grund von Geschmack getroffene Wahl eher auf Kultur als auf Wissenschaft basiert. Kleidung, Reisen, Nahrung, Getränke, Möbel u. a. gelten stets als Streitobjekte junger Menschen, die den Drang haben, sich ausdrükken zu wollen, den Älteren, die Erworbenes genießen und zur Schau tragen wollen.

Trendwechsel in der Architektur entstehen durch junge Architekten, die das Verlangen haben, sich einen Namen zu machen und das Alte zu beseitigen. Dieses Andere und Neue entsteht vor allem im visuellen Bereich und ist nicht selten vergangenheitsorientiert, denn erstens gilt es, das Interesse einer vermögenden Klientel zu erregen und zweitens, dieser deutlich zu machen, daß einem Gegenstand der Vergangenheit etwas „Gutes" innewohnt.

Wenn ich Architektur definieren sollte, so könnte ich es kaum besser als Steen Eiler Rasmussen in dem Kapitel „Experiencing Architecture".

Er spricht von festen Körpern und Hohlräumen in der Architektur, von kontrastierenden Wirkungen fester Körper und Hohlräume, von Architektur, empfunden als Farbfläche, Ausmaß und Proportion, von Rhythmus in der Architektur, von Strukturwirkungen, von Tageslicht in der Architektur, von Farbe und davon, Architektur zu hören. Technologie wird in diesem Buch nie erwähnt. Es geht dort vielmehr um die Sinne und um Geschmack.

Es besteht kein Zweifel, daß ein bedeutender Teil der Rolle des Architekten darin liegt, etwas herzustellen, das angemessen und harmonisch ist. Die Entwicklung dieser Fähigkeit ist von großer Bedeutung bei der Ausbildung von Architekten. Die Projekte der Studenten werden deshalb ständig von einer Anzahl von Zuschauern beurteilt, um in einer sich fortwährend verändernden kulturellen Umgebung sowohl mit einem Entwurfskonzept als auch mit der Vermarktung desselben bestehen zu können.

Aus diesem Grund haben Architekten auch stets auf einer Ausbildung an Fallbeispielen bestanden. Der Student, der sich mit konkreter Projektarbeit befaßt, entwickelt eine vielseitigere Herangehensweise an eine Situation.

Das Ingenieurwesen, wie wir es heute kennen, ist viel jünger als die Architektur. Es gibt eine Denkweise, laut Kuhn ein „Paradigmenwechsel", die zur Entwicklung der modernen Technologie führte. Diese entstand mit der wissenschaftlichen Revolution und mit der Technologie zur Herstellung der erforderlichen Ausrüstung, um dann wissenschaftlich arbeiten zu können. Beides ist eng miteinander verbunden – Ingenieure und Physiker gliedern ihre Experimente in gleiche Vorgänge: Beobachten der Natur, Analysieren, Experimentieren. Und, obwohl die Physik Kenntnisse sammelt, Technologie sich aber mit der Entwicklung von Fähigkeiten befaßt, dient beides dem „Know-what" und dem „Know-how". Somit dient also das Ingenieurwesen der Natur. Vielleicht wurde das am besten 1828 von Thomas Tredgold beschrieben, als er die Gründung der Bauingenieur-Gesellschaft (Institution of Civil Engineers) mit den Worten beschrieb: „Man betrachte den Beruf des Bauingenieurs als die Kunst, die großen Kraftquellen in der Natur so zu leiten, daß sie dem Menschen nutzen und dienen."

Das Bauingenieurwesen konstruiert sozusagen eine neue Natur, eine Supernatur zwischen Menschheit und ursprünglicher Natur. Die Sichtweise des Ingenieurwesens bezieht sich auf einen weitestgehend wissenschaftlichen Erkenntnisstand. Er wird den Neulingen an Universitäten vermittelt; denn wozu dienen schließlich Akademiker, wenn nicht dazu, stets das Gedankengebäude der Wissenschaft zu erweitern. Unter Leitung eines geübten Fachmanns lernen die Studenten die systematische Anwendung dieser Grundbegriffe.

Ein Architekt beschreibt seine Aufgabe: „Dem Klienten ermöglichen, was er will, ohne daß er eigentlich weiß, was er will." Das Ziel des Ingenieurs ist es, „für einen Dollar auszuführen, was jeder Trottel für zwei tun kann". Der Architekt verlangt eine weitreichende Sensibilität, der Ingenieur eine pragmatische Lösung.

Beide Berufe haben unterschiedliche Verantwortungen. Gestaltung ist die Organisation im Bauen. Es ist billiger, im voraus zu planen, was man bauen will. Das beinhaltet sowohl die Herstellung von Plänen für den Bau als auch das Management des Planungsprozesses. Dieser Prozeß umfaßt Vorentwürfe des Gebäudes bzw. seiner Komponenten, die Prüfung der Konstruktion und der Haustechnik durch numerisches Analysieren sowie erforderliche Tests, bevor fertigdetaillierte Zeichnungen für die Ausführung freigegeben werden. Das Ganze ist ein komplizierter, verwirrender Prozeß, bei dem der Architekt die Verantwortung für die Gesamtzeichnungen, für die Leistung der Konstruktion und Haustechnik zusammen mit der konstruktiven Ausführung trägt.

Man könnte also sagen, der Bauingenieur sei nur da, um dem Architekten zu dienen. Der Architekt bestimmt die Form und die Ausarbeitung einer Bauaufgabe, und der Ingenieur analysiert das Verhalten des Gebäudes und bestimmt die Details. Da dem Ingenieur nur wenig Geld zur Verfügung steht, bemüht er sich um eine Statik und Haustechnik zu den niedrigsten Kosten; wir alle kennen solche Unternehmen!

Der Gedanke, daß Architekturentwürfe nur von außergewöhnlichen Künstlern ausgeführt werden, die auch die Zusammenarbeit von Spezialisten koordinieren, ist natürlich unzutreffend. Die Fachingenieure selbst entwerfen Einzelteile und das Ganze und geben ihnen eine Qualität. Dies ist möglicherweise nicht unbedingt sichtbar, wird jedoch von dem Kunden benötigt und ist ihm auch oft ganz bewußt.

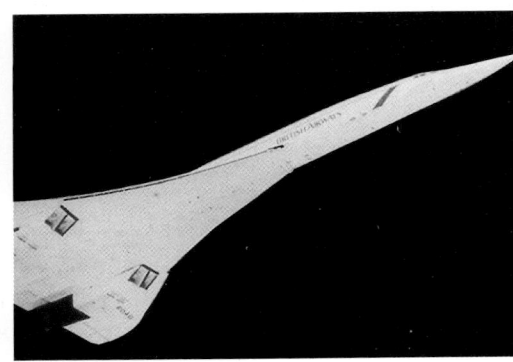

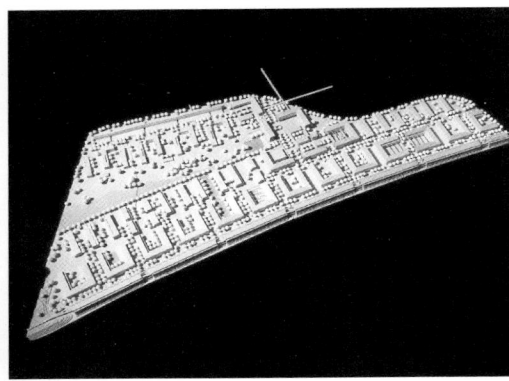

Concorde

Wettbewerb Clemensänger Freising

Zweifellos werden in Großbritannien alle Ingenieure in dem Gedanken erzogen, daß die wirtschaftliche Realisierung als Maxime gilt. Dies ist allgemeines Ziel, obwohl jede technische Tätigkeit ihr eigenes wesentliches Grundprinzip hat.

Für den Flugzeugkonstrukteur ist das Gewicht ebenso wichtig wie die Stärke; Strukturen mit Minimalgewicht sind sein Hauptziel. Hauptanliegen für den Militäringenieur sind Geschwindigkeit und der einfache Aufbau der Konstruktion. Für den Energieversorger spielt die Entwicklung von Kraftquellen ohne Umweltverschmutzung eine Rolle. Da die Hälfte der produzierten Energie zum Heizen und Kühlen von Gebäuden gebraucht wird, sollte der Versorgungstechniker nach maximaler Leistungsfähigkeit bei geringstmöglichem Wartungsaufwand streben.

Hauptmotivation für den Ingenieur ist das kostengünstige Funktionieren, wobei er jedoch seine eigene Vorstellung von künstlerischem Stil hat. Die Sphäre des Ingenieurwesens erbringt eine Vielzahl von Antworten zu Problemen; sie reflektiert eine Formästhetik, die die Sinne des Beobachters anspricht, was bestenfalls in dem Sinne Kunst ist, daß sie seine Vorstellung und seine Erfahrung erweitert. Das Problem – und auch das Wunder – ist die Tatsache, daß dies fortlaufend neu geschieht. Technologie ist außerordentlich kreativ, weil sie uns stets neue Möglichkeiten bietet. Historische Ideen in der Kunst und Kultur können einengen. Es ist die Technologie mit ihrem Paradigmenwechsel, die Freiheit bedeutet.

Zwei Warnungen jedoch: Nicht alle Ingenieure sind hervorragende Baukünstler. Die Zeit fördert die, die es sind. In manchen Werken ist diese Kunst eher als in anderen zu erkennen. Der kenntnisreiche Beobachter sieht mehr als der weniger Informierte.

Wie also können die beiden Disziplinen vor allem im innovativen Bauen zusammenwirken? In der komplexen Welt der Baukunst findet man verhältnismäßig wenig Innovation oder wenn, dann entwickelt sie sich nur langsam. Manchmal allerdings gibt es ein „radikales Design", wo entweder die gesamte Lösung oder wenigstens Teile neu und originell sind. In jedem Feld allerdings gibt es relativ wenige Unternehmer, die Interesse und Fähigkeiten haben, sich für einen radikalen Entwurf zu entscheiden. Der Bauingenieur mit radikalen Absichten muß sich gewöhnlich selbst finanzieren. Selten wird er dafür bezahlt. Radikale Entwürfe verlangen Mut, da man versucht, einem Klienten eine nicht erprobte Idee „zu verkaufen". Damit verpflichtet man sich, eine ungewisse Menge neuartiger Arbeit in einer gleichen oder kürzeren Zeitspanne als im normalen Bauen auszuführen. Man übernimmt zudem die Verantwortung für Herstellung und Betrieb. Ist die Idee eine glänzende, so wird sie rasch von anderen übernommen, denn es ist nicht einfach, Neuentwicklungen im Bauwesen zu patentieren. Wie gesagt: Um Erfolg in diesem Bereich zu erreichen, muß man über einen längeren Zeitabschnitt daran arbeiten. Erfolgreiche Innovationen erfolgen stufenweise. Der Antrieb ist meines Erachtens nicht in erster Linie kommerziell, sondern, wie Francis Chichester sagte, „es macht das Leben intensiver".

Eine neue technische Lösung führt oft zu einer neuen Ästhetik, doch obwohl Veränderungen in der Architektur eine wichtige Rolle spielen, bestehen doch starke formale Moderichtungen, die kaum einen Bezug zu technologischen Fortschritten haben. Belohnt wird man jedoch, wenn der Rückblick auf einen wirklich radikalen Bauentwurf, der zwar Fehler aufweist, zeigt, daß er im Ganzen trotzdem ungeheuer beeindruckend und belebend ist. Entstanden ist ein solcher Bau meist im Bemühen um Wirtschaftlichkeit, aber durch die Betrachtung jedes Details eines Gebäudes und seiner Beziehung zum Ganzen gelingt dem Architekten eine künstlerische Gesamtleistung. Peter Smithson beschreibt seine Rolle, wenn er mit anderen arbeitet, als „Regie führen, um einen ästhetischen Zusammenhang zu erhalten".

Von den Architekten, mit denen ich gearbeitet habe, kenne ich drei der Universität Stuttgart, die jeweils auf ihre Weise wahrhaft innovativ sind. Ich habe siebenundzwanzig Jahre lang mit Frei Otto gearbeitet, unsere Beziehung ist mir sehr wichtig. Es gibt verschiedene Stufen einer Zusammenarbeit; wir haben die gleichen sozialen und politischen Werte. Bestimmt hat Frei Otto ein noch stärkeres Streben nach Wirtschaftlichkeit – im Sinne des Ingenieurwesens. Außerdem benutzt er wirkliche statische Testmodelle zum Entwerfen. Doch schützt er sich gegen Bau-Konservatismus, indem er kein Ingenieur ist. Wie viele Bauten hat er errichtet, bei denen das Minimalgewicht die zentrale Herausforderung ist. Seine Zelte und pneumatischen Konstruktionen demonstrieren das. Bei der Mannheimer Gitterschale war sein Ziel ein möglichst einfacher Aufbau. Bei den Öko-Häusern in Berlin war es die Umsetzbarkeit. Im übrigen waren diese Häuser die originellsten Bauten der ganzen Ausstellung. Ich glaube, daß Frei Otto bedeutender ist, als er selbst ahnt. Ich muß ihn zusammen mit Rolf Gutbrod nennen, der ein großartiger Senior-Partner für Frei war, da er dessen ambitionierte Entwurfsmethode so bereitwillig akzeptierte und sie mit seinem eigenen „Krieg gegen den rechten Winkel" verband. Wie schade, daß er älter als Frei und ich selbst ist und daß er das Entwerfen inzwischen aufgegeben hat.

Der dritte der Professoren – der letzte für den Ruhestand und somit der jüngste – ist Kurt Ackermann. Er hat seine eigenen Qualitäten. Ich glaube, sie sind es, die bei den Studenten der Architektur und des Ingenieurwesens die stärksten Wurzeln schlagen werden. Kurt Ackermann ist stark motiviert, optimale Entwürfe herzustellen und das Beste aus dem Ingenieurdenken zu ziehen. Insgesamt wird so eine umfassende Lösung erreicht. Vereinfachte Komplexität, weitreichende Gedanken, umgesetzt mit schlichter Vernunft, bestimmen Kurt Ackermanns Arbeiten.

Dazu zwei Beispiele: Ich habe mit ihm zusammen an einem städtebaulichen Wettbewerb für die Erweiterung von Freising gearbeitet. Ein großes Baugelände sollte in Abschnitten mit einer Mischung von Nutzungen entwickelt werden. Das Gelände befindet sich an einer Ringstraße gegenüber einem Gartenzentrum. Ein Einkaufszentrum und eine Tankstelle boten Entwicklungsansätze. Eine Parkhauswand dient als Schallschutzmaßnahme gegen den Lärm der Autobahn. Da sie aus Glasflächen besteht, können Autofahrer immer noch die Türme der mittelalterlichen Kathedrale Freisings wie einen Leuchtturm im Flachland sehen. Der ganze Entwurf war ökonomisch knapp, das Herantasten war behutsam und von ständiger Suche nach neuen Ansätzen begleitet.

Ein anderes Beispiel ist mir noch lieber: es betrifft den Wettbewerb für das Technische Rathaus in München, ein Hochhaus, das durch seinen minimalen Grundstücksverbrauch eine freie Parklandschaft in der Stadt gestattet. Ebenso wohlüberlegt war die Konzeption der Energieversorgung. Im Sommer wird es in München sehr heiß. Die Kühlung von Gebäuden kostet dreimal soviel wie ihre Heizung. Den unterirdischen Teil des Gebäudes für das Hochhaus zu nutzen, Kühle aus dem Boden zu ziehen, war eine sehr elegante Lösung.

Stuttgart wird es schwierig finden, Kurt Ackermann zu ersetzen. Er baut Brücken, wo sie am nötigsten sind, und er ist, wie die beiden anderen, ein hervorragender Architekt.

Aus dem Englischen von Nancy Couling

Multihalle Mannheim

Wettbewerb Technisches Rathaus München

Kurt Ackermann

Aufbau der Lehre

Die Studieninhalte der Lehrveranstaltungen des Instituts hatten einen direkten Bezug zur Praxis. Die theoretischen Grundlagen wurden studienbegleitend in den jeweiligen Fachgebieten vermittelt. Auf der wissenschaftlichen Informationsebene haben die Studenten die Lehrinhalte in Einzelarbeit oder in Übungsarbeiten in der Kleingruppe vertieft. Die Studierenden mußten anhand der einschlägigen Literatur und an ausgewählten Beispielen die entsprechenden speziellen Probleme erkennen und an vorstrukturierten Aufgabenstellungen lösen. Die Ergebnisse wurden in Schriftform zusammengefaßt und vor der Gruppe oder im Seminar vorgetragen. Alle Ergebnisse wurden zu einem Kompendium zusammengefaßt und in Form eines gedruckten Seminarberichts vom Institut herausgegeben.

Für die meisten Lehrveranstaltungen wurden Skripte erarbeitet und als Umdrucke wie z. B. mit einem Exkurs- und Objektteil für das Fach Planung und Konstruktion im Hochbau oder für das Grundfach Grundlagen für das Entwerfen und Konstruieren den Studierenden zur Verfügung gestellt. Die Lehrinhalte des Grundfachs wurden 1983 im Lehrbuch Grundlagen für das Entwerfen und Konstruieren zusammengefaßt und vom Karl Krämer Verlag Stuttgart herausgegeben.

Die Lehrziele waren also auf das eigenständige Machen abgestimmt und auf Kooperation mit anderen Disziplinen angelegt. Bauten sollten nicht nur aus der Einzelsicht des Architekten oder Bauingenieurs betrachtet werden. Bauen ist eine Gemeinschaftsaufgabe, somit steht das Gemeinsame im Vordergrund. Die komplexen Verantwortungsbereiche und deren Abhängigkeiten aller am Bau Beteiligten sollten sichtbar werden; die Qualität der Zusammenarbeit übt auf die Qualität der Inhalte einer Planung beträchtlichen Einfluß aus.

Die Studierenden sollen bereits im Studium lernen und üben, was Teamarbeit ist. Selbständig Erarbeitetes muß in die größeren Zusammenhänge integriert und der Aufgabe entsprechend koordiniert, Entscheidungen müssen von allen an der Planung Beteiligten verantwortlich mitgetragen werden. Flexibilität und Unabhängigkeit im Denken, geistige Mobilität und soziale, gesellschaftliche und ökologische Verantwortung sollten schon im Studium als selbstverständlicher Bestandteil des späteren Berufsverständnisses eingeübt werden.

Auch die Einordnung dieser Tugenden in das eigene Tätigkeitsfeld und in das berufliche Rollenverständnis ist von großer Bedeutung. In der Lehre war meine Architekturauffassung nicht die alleinige Richtschnur, über die Qualität der Architektur auch anderer, oft sehr unterschiedlicher Strömungen wurde diskutiert, und der Konsens war in der Regel einhellig.

In der Lehre gingen uns Prinzipien vor Rezepten. Methodisches Vorgehen hatte den Vorzug gegenüber dem Willkürlichen. Zu sagen, mir gefällt mein Entwurf, ohne fundierte Begründung, hat keine Gültigkeit. Qualität ist begründbar und muß nachvollziehbar sein. Qualität in den Entwurfsübungen ist quantifizierbar und kann anhand von Kriterien formuliert werden.

Meine Arbeit in der Lehre wäre nicht möglich gewesen ohne die wissenschaftlichen Assistenten, die geduldigen Sekretärinnen, die hilfswilligen Tutoren, Rudolph Ehni in der Werkstatt, die Hilfen bei der Fotografie und im Labor. Bei den Bauingenieur-Assistenten zählten zu den tragenden Stützen Peter Häußermann, Karl Spies und Gustl Lachenmann. Bei den Architekten waren die stützenden Säulen Rainer Plehn, Werner Kaag und Michael Jockers. Allen Mitarbeitern danke ich dafür. Aber ganz wichtig war für das Institut der von mir gewünschte Extra-Ordinarius – wie es früher so schön hieß – Eberhard Schunck. Von 1984 bis 1992 arbeitete er an meinem Institut und war Leiter des Fachgebiets Planung und Konstruktion im Hochbau. Er hat die Lehre der Grundstufe der Bauingenieure sehr erfolgreich fortgesetzt, neue inhaltliche und didaktische Anstöße gegeben, Lehraufgaben selbständig erneuert und alle Lehrveranstaltungen mit großer Intensität durchgeführt. Das atmosphärische Klima stimmte, seine Studenten waren motiviert. Er hat eigene wissenschaftliche Aufgaben angepackt, den Dachatlas initiiert und erarbeitet. Aus heutiger Sicht hätten wir auch im Hauptstudium der Bauingenieure enger zusammenarbeiten sollen.

Eberhard Schunck wurde auf den Parallel-Lehrstuhl nach Stuttgarter Vorbild an die TU München berufen. Er hat mich acht Jahre mit freundschaftlicher, aber kritischer Loyalität begleitet. Dafür bin ich Eberhard Schunck besonders dankbar und wünsche ihm für seine Münchner Arbeit die gleichen Erfolge, wie er sie in Stuttgart hatte.

Bauingenieurwesen   **Architektur**

Grundstudium

Tragwerklehre	Technisches Zeichnen / Darstellende Geometrie	Projektarbeit
WS + SS Vorlesungen 6 Stegreife	WS + SS Vorlesung 8 Entwurfsaufgaben	Institutsreferate, Gastreferate, Studentenreferate, Entwurfsübungen

Planung und Konstruktion im Hochbau	Ingenieurbauten, Entwicklungslinien und Tendenzen	
WS + SS Vorlesungen 4 Übungen	Silberne Reihe von 1975 bis 1987 Vortragsreihe Geschichte des Bauingenieurwesens Vortragsreihe ab 1988	

Hauptstudium

	Entwerfen 1./2. Entwurf

Grundfach Seminar Nutzung und Konstruktion	Gebäudekundliches Seminar Nutzung und Konstruktion
SS Entwerfen und Konstruieren I Vorlesungen – 3 Übungen – TA – GA – Exkursion	SS Vorlesungen – 3 Übungen – Exkursion

	Seminar Konstruktion und Form
Vertiefung Entwerfen und Konstruieren II	WS Gemeinsame Veranstaltung für Architektur- und Bauingenieurstudenten Vorlesungen, Studentenreferate, Gastreferate, 3 gemeinsame Übungen

	Entwerfen 3./4. Entwurf Konstruktion und Form
Vertiefungsentwurf Entwerfen und Konstruieren II	SS Gemeinsame Bearbeitung einer Entwurfsaufgabe von Architektur- und Bauingenieurstudenten oder Einzelarbeit, Exkursion

Diplomarbeit	Diplomarbeit
	Gemeinsame Objektbearbeitung oder Einzelarbeit möglich

Dieter Hauffe
Beate Schmidt

Die Lehre im Grundstudium der Architektur

Es ist eine Binsenweisheit, daß jeder junge Mensch, der sich zu einer Berufsausbildung entscheidet, zum einen eine große Begeisterung und einen ebenso großen Anspruch mitbringt, zum anderen aber – und wie sollte es anders sein – in diesem Metier noch nichts vermag.

Das letztere weiß jeder, das erstere wird aber viel zu wenig gewertet – jeder Lehrer sollte es aber bedenken. Besonders zu Beginn einer Ausbildung ist es von entscheidender Bedeutung für die zukünftige Qualifikation des Studenten, wie in der knappen Zeit, die uns zur Verfügung steht, und der Fülle des Stoffes zwischen der reinen Wissensvermittlung und der Begleitung bei einer eher spielerisch-gestaltenden Entwicklung ausgeglichen wird.

Wurde bis vor wenigen Jahren der Einstieg in das Studium durch die handwerklichen Praktika oder eine Lehre, die der Schulzeit folgten, wesentlich erleichtert, so fehlt heute in den meisten Fällen dieser erste Kontakt zur Praxis, bei dem wichtige Erkenntnisse über Materialien, Dimensionen, räumliche Dispositionen, Abläufe – aber vor allem auch die unverzichtbaren Erfahrungen mit den Menschen, die am Bau arbeiten und die Vorstellungen des Architekten umsetzen sollen – gewonnen werden konnten.

Es ist nun notwendig geworden, diese Dinge – so gut es eben geht – in den Lehrveranstaltungen der Unterstufe zu vermitteln. Das kann nur durch die gemeinsame Arbeit an möglichst praxisnahen Beispielen geschehen, durch den Versuch, an möglichst einfachen Aufgaben gemeinsam Grundsätzliches zur Architektur zu erkennen und durch gemeinsames Betrachten möglichst überschaubarer Prozesse auf den Baustellen. So wird die Neugier geweckt, nicht nur die Frage zu stellen, wie man etwas macht, sondern – was wichtiger ist – warum man etwas macht. Und aus dem spielerischen Überschwang der Begeisterung – die zu erhalten uns Lehrern aufgegeben ist – könnte in den Studierenden die Disziplin erwachsen, Strukturen, Ordnungen, Räume zu schaffen. Wir denken, daß es entscheidend ist, gleich zu Beginn einer Ausbildung das Gefühl für das richtige Maß, für das Angemessene zu vermitteln, für den Anspruch, den eine Aufgabe geltend machen darf, dies im Sinne des gestalterischen ebenso wie in dem des ökonomischen Aufwands.

Durch die schon angesprochene Fülle des Lehrstoffs ist das Grundstudium leider derart belastet, daß beinahe zu wenig Zeit bleibt, in erweiterten Projektaufgaben solche Grundlagen werkstattmäßig zu erarbeiten. Das Institut hat versucht, in den vergangenen Jahren hier verstärkt tätig zu werden und erfahren, daß dieses Angebot einigen Studierenden, die wiederkamen, eine gute Basis für die späteren Entwurfsarbeiten gegeben hat.

Es wäre sehr zu wünschen, die Lehrveranstaltungen in Zukunft auch dadurch noch effektiver und attraktiver zu gestalten, daß schon in dieser frühen Ausbildungsphase eine gemeinsame Projektbearbeitung von Architektur- und Bauingenieurstudenten angeboten wird.

Projektarbeit, Entwurfsübungen

Die Lehre in der Unterstufe gliedert sich in Pflichtfächer und Projektarbeit, 1. bis 4. Semester.

Die Projektarbeit nimmt mit vier Semesterwochenstunden eine wichtige Stellung im Grundstudium ein. Anhand einfacher Entwurfsaufgaben, die auch von den Studenten vorgeschlagen werden können, soll bereits zu Beginn des Studiums der Architektur das Entwerfen geübt werden.

Die Lehrveranstaltung findet in Gruppen bis zu 15 Personen in studentischen Arbeitsräumen innerhalb der Hochschule statt. Das Institut für Entwerfen und Konstruieren hat folgende Projekte betreut:

1. Semester:
Badehütte
Stühle, Hocker

2. Semester:
Waldlehrhütte im Degerlocher Wald
Studentenhaus in Hohenheim
Ausstellungspavillon für die Schlösser- und Gärtenverwaltung
Umnutzung von Fabrikhallen zu Wohnungen

Ziel des Instituts bei der Betreuung der Projekte ist es, eine methodische Vorgehensweise bei der Lösung von Bauaufgaben unter Beachtung der Nutzung und der Konstruktion zu vermitteln. Den Entwurfsthemen liegen immer realistische Vorgaben von Standorten und Raumprogrammen zugrunde. Zunächst wird das Grundstück bzw. das umzuplanende Objekt besichtigt. Bevor die eigentliche Entwurfsarbeit beginnt, findet eine theoretische Auseinandersetzung mit dem jeweiligen Thema der Bauaufgabe durch Beispielsammlungen und Besichtigung vergleichbarer realisierter Objekte statt.

Die darauffolgende Entwurfsphase wird von Kurzreferaten begleitet, die konstruktive und planerische Grundlagen vermitteln. Die Kurzreferate werden von Mitgliedern des Instituts oder von Gastreferenten gehalten.

Die ein Semester dauernde Lehrveranstaltung wird durch die Präsentation der Arbeiten in Form von Plänen und Modellen vor der Gruppe abgeschlossen.

Wintersemester 1984/85
Badehütte

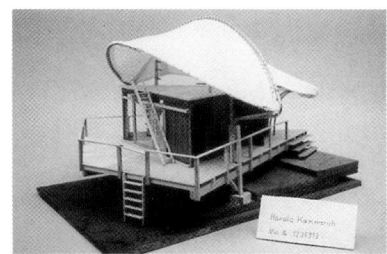

Wintersemester 1984/85
Stühle

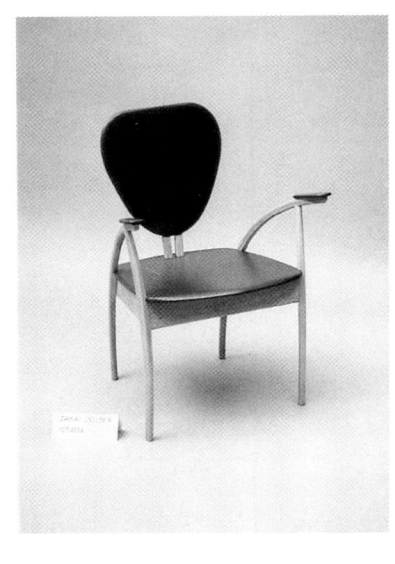

Sommersemester 1990
Waldlehrhütte

Sommersemester 1991
Informationspavillon

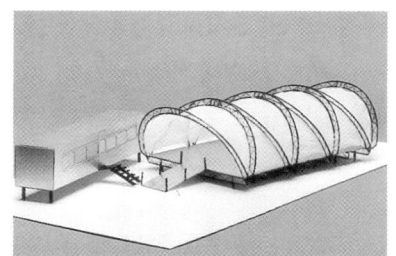

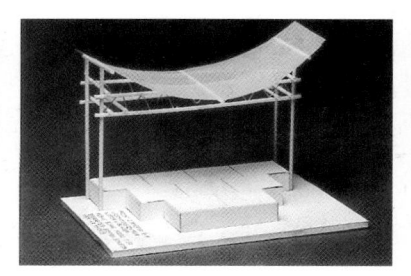

Eberhard Schunck

Die Lehre im Grundstudium des Bauingenieurwesens

Lehrziele

Die Lehre der Unterstufe erreicht die Studenten in einer Phase, in der sie bereit sind, neue Anregungen und Vorstellungen aufzunehmen. Die jungen Studierenden tragen aber noch viele Erfahrungen und Überzeugungen ihrer bisherigen Umgebung mit sich. Es bedarf also einiger Arbeit, die Basis ihres bisherigen Lebens in Frage zu stellen und ihre Augen für eine andere Sicht auf die Umwelt zu öffnen.

Die Unterstufenlehre kann neben der reinen Wissensvermittlung wichtige Voraussetzungen zur Aufnahme und Einordnung des Lehrstoffes in den kommenden Semestern schaffen. Sie kann – das ist die Hoffnung aller Lehrenden – in der späteren Berufsausübung wirksam werden.

So war es unser Ziel neben den für den Dialog mit anderen Baubeteiligten unentbehrlichen Fakten, Zahlen und Begriffen das Verständnis für die Aufgaben des Ingenieurs in der Gesellschaft zu wecken, vor allem aber ein Gespür für die sichtbare und erlebbare Form. Darunter verstanden wir, daß der Rang, den die Gestaltung von Ingenieuraufgaben einnimmt, im Wertesystem ganz oben steht. In dem Erkennen und Anerkennen einer derartigen Rangordnung sahen wir den Schlüssel für das aktive Interesse der Studenten an Gestaltungsprozessen. Aus diesem Interesse entstehen ein lebendiger Dialog mit den Architekten und ein Denken in Alternativen, die für das Studium und in der späteren Berufsausübung unerläßlich sind.

Im Gegensatz zu den Architekten ist das Bewußtsein bei den Ingenieuren um ihre eigene Geschichte weniger stark ausgeprägt. Ihre Geschichtsschreibung trägt oft einen sportlich-kämpferischen Charakter, der Zahlen für Spannweiten, Höhen oder Massen zum Wertmaßstab erhebt. Da der wissenschaftliche Fortschritt von mathematisch-naturwissenschaftlich orientierten Forschern verfolgt wird, lag uns daran, die Entwicklung der Gestalt von Ingenieurbauwerken in ihrer Zeit und im Verhältnis zum herrschenden wissenschaftlichen Erkenntnisstand zu erfassen und darzustellen. Dazu bot sich die Tragwerklehre an, der wir ein geschichtliches Fundament gaben. Da uns die Behandlung historischer Stoffe im Bauwesen nicht ohne ihre Einbettung in Kunst- und Baugeschichte möglich schien, haben wir diese in bescheidenem Rahmen miteinbezogen.

Zu diesen allgemeinen Zielen kamen Einzelziele in den jeweiligen, zu unserem Lehrangebot gehörigen Fächern hinzu.

Die Fächer des Fachgebietes

Tragwerklehre

In der Tragwerklehre wurde die Kenntnis und das Verständnis für einfache Tragwerke gelehrt. Neben der Vermittlung des Basiswissens wurde Wert auf die Vermittlung von Gespür für den Kräfteverlauf sowie sein Umsetzen in Tragwerke gelegt. Am wichtigsten aber erschien es uns, darzustellen, daß das Tragsystem und in seiner Folge das Tragwerk Teil eines Bauwerkes sind. Dieser Zusammenhang von Tragsystem und Tragwerk mit dem zugehörigen Material und der aus beiden folgenden Form war das zentrale Thema der Tragwerklehre.

Deshalb wurde sie von Anfang an von einem Architekten und Bauingenieur gemeinsam gelehrt. Nach einer Einführung in die Grundbegriffe der Statik und Festigkeitslehre wurden im ersten Semester die wichtigsten Tragsysteme behandelt. Im folgenden Semester stellten die Studenten in Gebäudeanalysen von Bauwerken in Beton, Holz und Stahl das Zusammenwirken von Tragwerk, Funktion und Gestalt dar. Dies wurde in einem Rundgang auf dem Universitätscampus durch die Besichtigung von Bauten, an denen Tragwerkgesichtspunkte und architektonische Ziele gezeigt werden konnten, vertieft.

Mit großem Spaß und beachtlichem didaktischen Erfolg nahmen die Studenten eine freiwillige Übung wahr, in der Tragwerke in vorgegebener Größe und Material hergestellt werden mußten, die anschließend im Materialprüfamt bis zum Bruch belastet wurden.

Es kann gesagt werden, daß die in dieser Form angebotene Tragwerklehre von den Studenten aufmerksam verfolgt wurde. Die Kombination aus Basiswissen und Überblick gab dem Fach, das vielerorts nur theoretisch gelehrt wird, zusammen mit dem Einblick in die Baugeschichte eine größere Breite. Das Fach ist kein Ersatz und keine Konkurrenz zur Technischen Mechanik, es erleichtert vielmehr die Einordnung der dort vermittelten Inhalte und erhält in unserer Lehre einen erwünschten Wiederholungseffekt. Soweit mir bekannt ist, wird die Art und Weise, wie wir die Tragwerklehre in Stuttgart vermittelt haben, an keiner anderen Universität praktiziert. Inzwischen wird unsere Methode von den Ingenieuren Fritz-Ulrich Buchmann, Alexander Furche, Peter Häußermann, Gustl Lachenmann und Karl Spies an den Fachhochschulen Stuttgart, Augsburg, Biberach, Koblenz und Berlin im dort verfügbaren Rahmen weitergeführt.

39

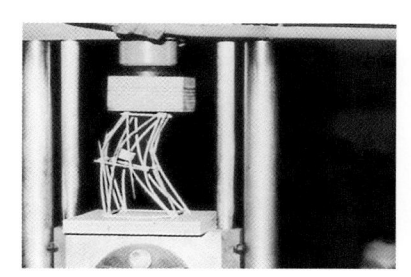

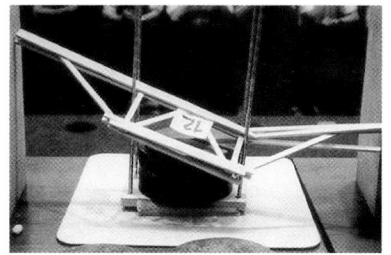

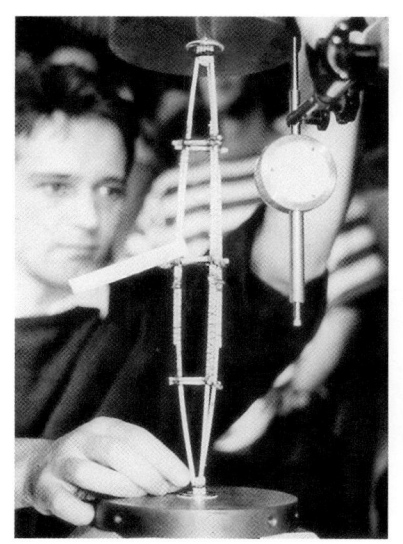

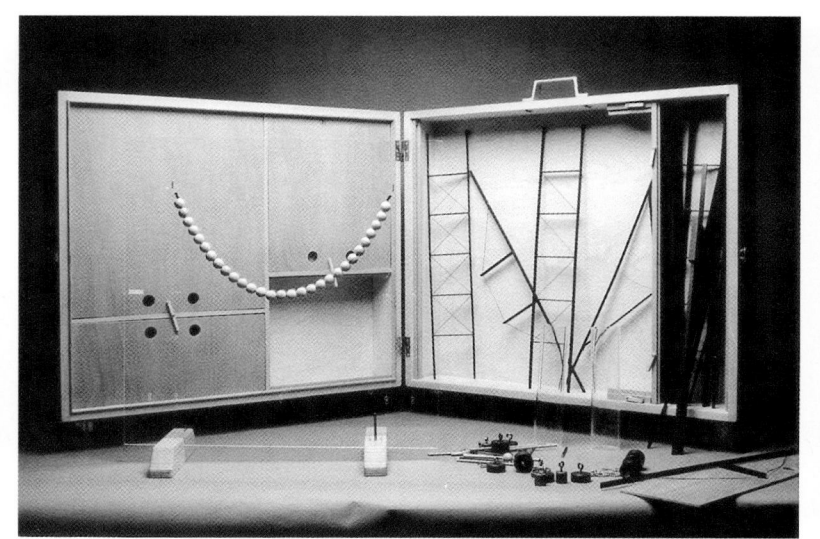

Planung und Konstruktion im Hochbau

Das Kernfach des Fachgebietes sollte Kenntnisse über den Planungsprozeß ebenso vermitteln wie das Produkt der Planung, den Hochbau selbst, in seinen wesentlichen Teilen. Dabei wurde besonderer Wert auf die wechselseitige Darstellung der Abhängigkeit der Tätigkeiten des Bauingenieurs von den übrigen Beteiligten, vor allem natürlich vom Architekten, gelegt. Das Basiswissen in der Hochbaukonstruktion war für uns die Voraussetzung für das Rollenverständnis des Ingenieurs, dessen Chancen und Grenzen verdeutlicht werden sollten. Daneben wollten wir auch Ingenieuren, die nicht im konstruktiven Bereich arbeiten würden, eine Art Allgemeinbildung im Hochbau vermitteln.

Die Lehrveranstaltungen wurden von Architekten und, in allen hierfür sinnvollen Abschnitten, auch von Bauingenieuren gehalten. Im ersten Hochbaukonstruktionssemester wurden die einzelnen Schritte im Planungsprozeß behandelt. Nach einer Erfassung der im Hochbau üblichen Konstruktionsmaterialien wurden, nach Gebäudeteilen gegliedert, die wesentlichen Konstruktionen vermittelt. Die Integration des technischen Ausbaus im Hochbau bildete den Abschluß der Vorlesungen.

Das Sommersemester wurde von der großen Konstruktionsübung geprägt. In Gruppen von vier bis fünf Teilnehmern war ein einfaches Bauwerk (Ferienhaus, Bootshütte, Hochsitz) zu entwerfen und zu konstruieren. Dabei wurden die Gruppen von den am Fachgebiet tätigen Architekten und Ingenieuren auch von Tutoren aus der Praxis unterstützt. Das Ergebnis war in großmaßstäblichen Modellen und Detailzeichnungen darzustellen. Eine Tagesexkursion schloß das Semester ab.

Das Gebiet der Hochbaukonstruktion ist etwas weiter von den klassischen Disziplinen des Bauingenieurwesens entfernt. Deshalb stand das Fach in der Werteskala der Studenten in direktem Zusammenhang zu ihrer Vertiefungsabsicht. Die Konstruktion ist das trockene Schwarzbrot der Ingenieur- wie der Architektenausbildung. Didaktischer Firlefanz ist hier nicht zu vermitteln. Dennoch ließen sich über die allgemeinen Themen „Haus" und „Wohnen" einige uns wesentlich erscheinende Gesichtspunkte für die spätere Zusammenarbeit vermitteln. Bewegung kam im Sommersemester mit der Konstruktionsübung auf. Mehr oder weniger schmerzlich haben die Studenten am eigenem Leib eine iterative Planung erfahren. Bei vielen Studenten war die Akzeptanz der Übung durch den – wenn auch marginalen – Anteil am Entwurf so groß, daß mit Freude bis zum Schluß gezeichnet und gebaut wurde. Das allein rechtfertigt das zweifelsohne aufwendige und kostenträchtige Verfahren. Das Interesse konnten wir noch steigern, wenn wir Themen wählten, die für die Studenten direkt nutzbar waren. So sind ein Schiedsrichterstuhl, ein Kiosk und ein Verkaufsstand für das Bauingenieurfest im Rahmen der Plako-übung entworfen und gebaut worden.

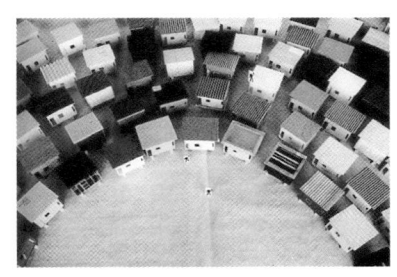

41

Zeichnen und Darstellende Geometrie

Das Fach wurde bis zur Studienreform 1984/85 als Wahlfach durch einen Architekten und einen Mathematiker gelehrt. Im Sinne einer ganzheitlichen Lehre war es für mich sinnvoll, den Bereich „Sehen – Erkennen – Wiedergeben" in eine durchgehende ästhetische Wertung einzubinden. So dienten die Vorlesungen dem Vermitteln der wichtigsten Handlungsmöglichkeiten zur Darstellung technischer Objekte. Die Übungen sollten den ästhetischen Wert einer Darstellung in Zeichnung und Modell bewußtmachen.

Im Wintersemester waren die kotierte Projektion und die Zweitafelprojektion der Hauptinhalt der Vorlesungen und Übungen. Das folgende Semester berücksichtigte die Darstellungsarten, durch die eine bessere Anschaulichkeit erzielt werden konnte: die Axonometrie und die Perspektive. Ergänzend wurden die Darstellung im Hochbau und das Zeichnen mit Computern besprochen. Mit Hilfe von Tutoren wurde das Freihandzeichnen vermittelt und in einer Tagesexkursion mit interessierten Studenten vertieft.

Bei diesem arbeitsreichen Fach war die Akzeptanz gespalten. Die Überraschung, daß auch das Freihandzeichnen eine konzentrierte Tätigkeit ist, löste bei den einen Freude und Eifer, bei anderen Resignation und Lustlosigkeit aus. In einer Zeit, in der die eigene Hand als Werkzeug immer mehr in den Hintergrund gerät, scheint es mir wichtig, daß die Studenten die Gelegenheit erhalten, den Sinn der Hand wieder zu erlernen. Wo die sinnliche Wahrnehmung trainiert und ausgebildet werden soll, ist das Zeichnen ein unentbehrliches Hilfsmittel.

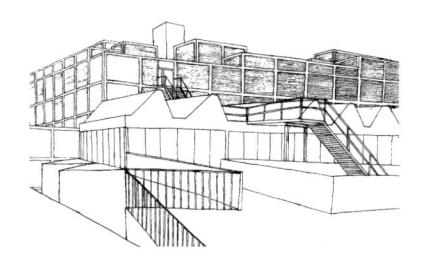

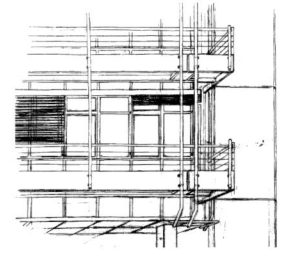

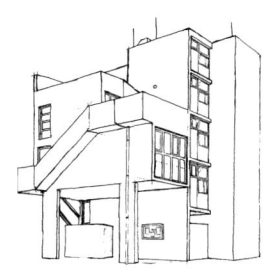

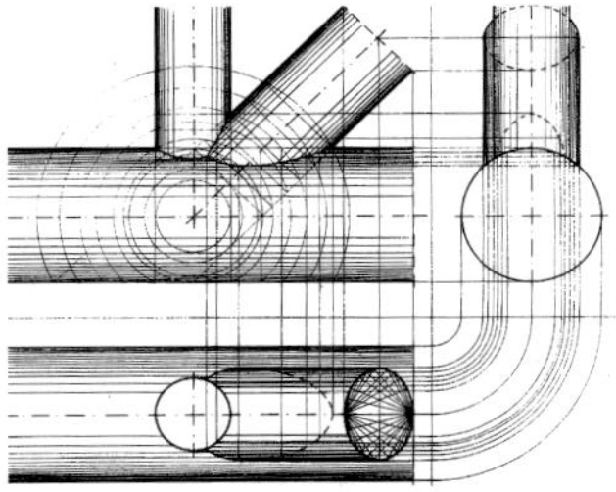

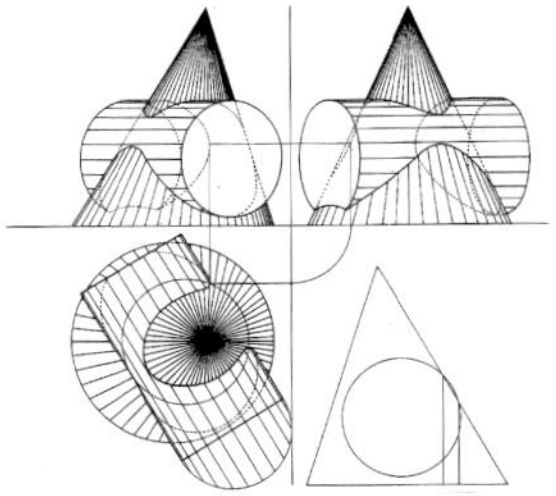

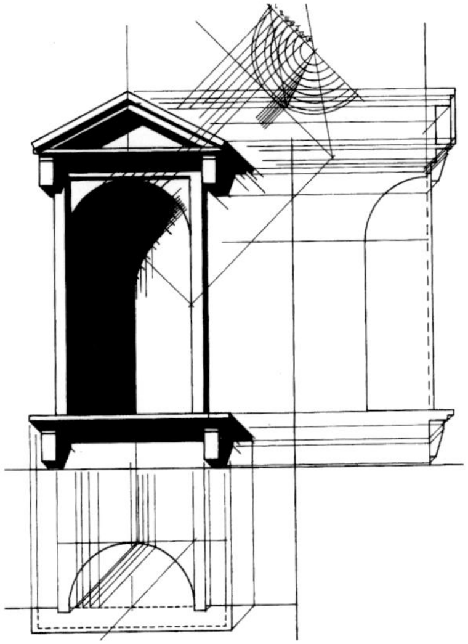

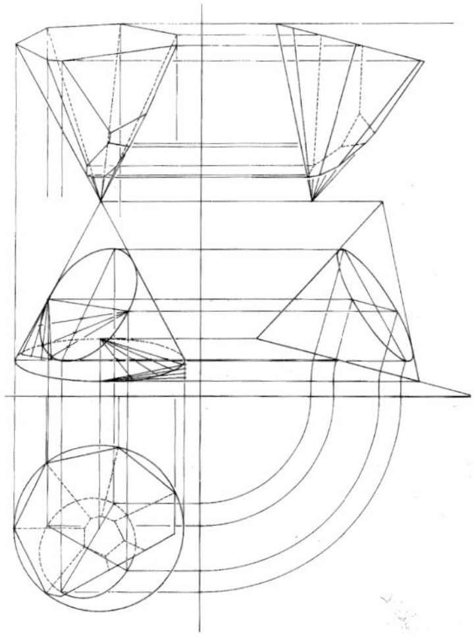

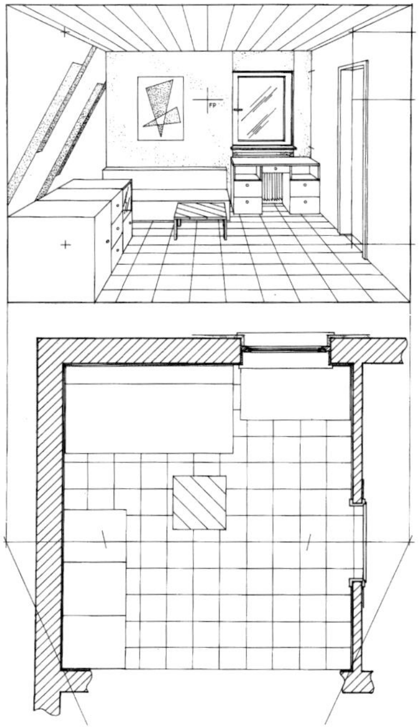

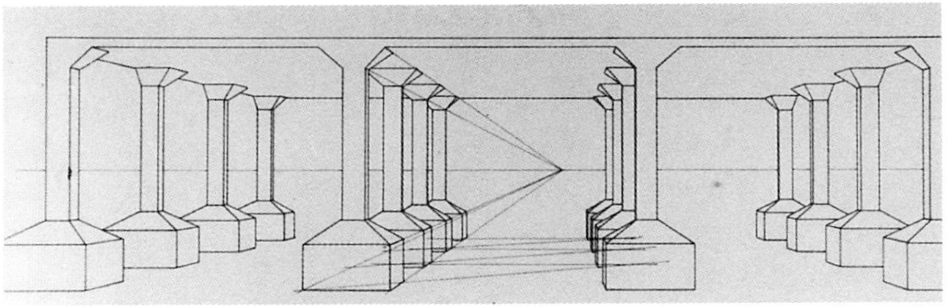

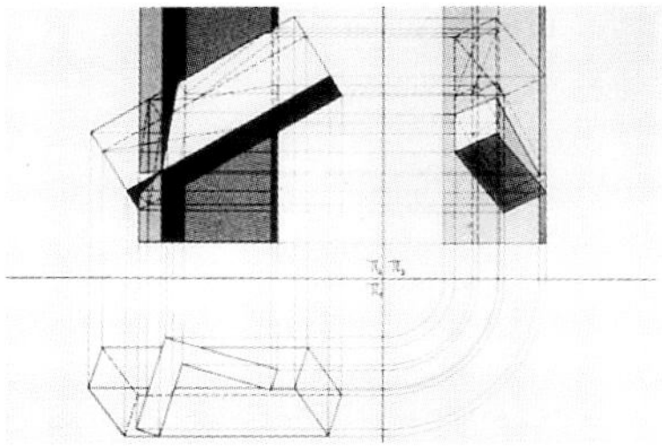

Geschichte des Bauingenieurwesens

Im Studienplan war dieses Fach als Wahlveranstaltung für die Unterstufe aufgeführt. Es wurde im Wintersemester 1985/86 dem Fachgebiet anvertraut. In Ermangelung von Lehrpersonen, die für dieses Gebiet wissenschaftlich ausgebildet waren, wurde das Thema in einer Folge von Gastvorträgen behandelt, wobei semesterweise ein Leitthema vorgegeben war. Wir bemühten uns, vorwiegend Ingenieure zur Aufarbeitung ihrer Geschichte zu gewinnen. Seit dem Wintersemester 1989/90 wurden die Vorträge in der Reihe „Beiträge zur Geschichte des Bauingenieurwesens" herausgegeben und so einer größeren Öffentlichkeit zugänglich gemacht.

Im Zusammenhang mit der Geschichte des Bauingenieurwesens wurde im Sommersemester 1991 mit dem Institut für Baustatik zusammen die vom Museum für Gestaltung in Zürich erarbeitete Ausstellung über Robert Maillart präsentiert. Hierfür wurde ein eigener Katalog herausgegeben.

Nach einer gewissen Anlaufphase war die Vortragsreihe gut besucht. Neben Studenten aller Semester befanden sich immer auch Angehörige des Lehrkörpers und viele Gäste von außerhalb der Universität unter den Zuhörern. Die Tatsache, daß es bei den Ingenieuren eine beständige Nachfrage nach diesem Themenkreis gibt, hat dazu geführt, daß ich diese Reihe an der TU München fortgesetzt habe.

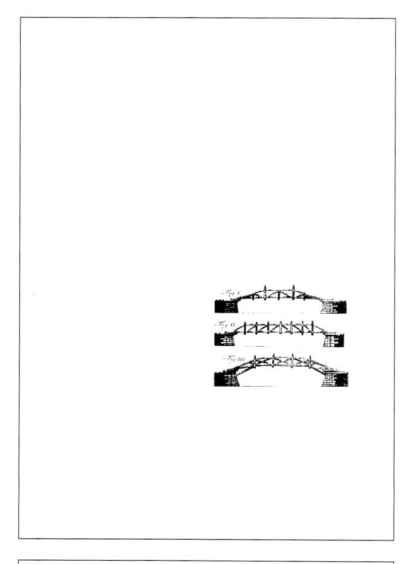

Aktivitäten, Forschung

Heinz Isler

Die immer größer gewordenen Studentenzahlen ließen nur wenig Raum für Aktivitäten außerhalb der Lehre. Dennoch wurde in den Jahren 1985/86 in Zusammenarbeit mit dem Institut für Baustatik das Lebenswerk des Schweizer Schalenbauers Heinz Isler ausführlich dokumentiert und in einer Ausstellung zusammengefaßt. Gleichzeitig erarbeiteten wir darüber auch einen Katalog in Buchform. Die Ausstellung wurde bis heute an 25 Lehrstätten in Deutschland und Europa gezeigt; das Interesse ist noch nicht erloschen. 1993 wurden Tafeln und Exponate in die Sammlung der ETH Zürich übernommen.

Dachatlas – geneigte Dächer

In den Jahren 1987–1990 wurde am Fachgebiet unter H.J. Oster mit Drittmitteln das Lehrbuch „Dachatlas – geneigte Dächer" völlig neu konzipiert und ausgearbeitet. Es gehört heute zur Standardliteratur und ist bisher in einer für Fachbücher ungewöhnlich hohen Zahl von 18500 Exemplaren erschienen.

Das Fachgebiet im Institut Entwerfen und Konstruieren unter dem Direktor Professor Dr. techn. h.c. Kurt Ackermann

Gründung, Berufung

Das Fachgebiet wurde durch Professor Dr. h.c. Kurt Ackermann 1983 ins Leben gerufen. Ich hatte die Leitung vom Sommersemester 1984 bis zum Oktober 1992 inne. Die Berufung im Jahre 1983 war – aus meiner Sicht – ein klarer Hinweis auf die Art des Bauens, die Kurt Ackermann für eine Zusammenarbeit mit den Ingenieuren als geeignet erachtete. Mit der Berufungskommission, die von Prof. Dr. Jörg Schlaich geleitet wurde, ließ er sich viel Zeit, um den Kollegen auszusuchen, der das Fachgebiet und die Unterstufe des Bauingenieurstudiums leiten sollte. Er suchte seine Entscheidung im persönlichen Gespräch, durch Besichtigung der Bauten und über Auskünfte von Kollegen. Als die Wahl feststand, setzte er seine Energie daran, die richtigen Grundlagen des Fachgebietes zu schaffen. Er bereitete Gespräche vor und begleitete Verhandlungen zur Klärung der notwendigen Bedingungen in finanzieller, räumlicher und personeller Hinsicht.

Selbständigkeit und Eigenverantwortung

Oberstes Prinzip für Kurt Ackermann war, dem Fachgebiet in seinem Institut ein Maximum an Freiheit und Eigenverantwortlichkeit zu ermöglichen. Er trat immer wieder an, wenn es galt, diese Unabhängigkeit gegen eine Verwaltung zu verteidigen, die bestrebt war, diese fast zu selbständige Lehreinheit stärker zu interpretieren. Natürlich wußte Kurt Ackermann, daß gerade die selbständige Arbeit die hohe Verpflichtung mit sich brachte, die Hochschularbeit mit großer Konzentration zu betreiben. Das Vertrauen, das seine Nichteinmischung implizierte, war ein ständiger Ansporn.

Vorbild, Anteilnahme und Zusammenarbeit

Natürlich hat er dennoch auf uns eingewirkt. Seine Hochschularbeit, die Leistungen seiner Studenten, die Forschungsarbeiten und immer wieder das Beispiel, das er uns in seinen Bauten vor Augen stellte, waren die Maßstäbe, mit denen wir uns auseinandersetzten. Er hielt uns für reif genug, selbst zu sehen, was zu tun und zu erreichen möglich sei. Mit offenen Ohren und Augen hat er unsere Lehre begleitet. Interessiert hat er Studentenaufgaben und -arbeiten betrachtet, analytische Fragen gestellt und seine Meinung dazu abgegeben. Bei strittigen Punkten mußte er nicht auf seiner Meinung beharren. Er wußte, daß wir seine selbstkritischen Anregungen überdenken. Die Schlüsse daraus hat er uns überlassen. Aus meiner Sicht ist diese Zusammenarbeit die beste Art, miteinander umzugehen. Gerne hätte ich intensiver in der Lehre der Oberstufe mitgewirkt, auch direkter mit Kurt Ackermann zusammengearbeitet, was auch geplant war. Die ständig gestiegenen Studentenzahlen haben dies verwehrt.

Homogenität

Wenn sie nicht schon durch die Berufung angelegt war, so ist sie durch die Beobachtung seiner Arbeitsweise entstanden. Ich habe sehr viel davon profitiert mitzuerleben, wie Kurt Ackermann gearbeitet hat. Seine weit vorausplanende Umsicht, seine Vorgehensweise bei Problemen, zu sehen, wie er Anstöße gab, seine Mitarbeiter begleitete und vor allem, wie er es schaffte, durch eine kompromißlose Grundhaltung optimale Voraussetzungen für ein gutes Gelingen zu schaffen, waren für mich eine wichtige Erfahrung, die ich umzusetzen versucht habe. Auf diese Art und Weise erreichte Kurt Ackermann, was für ihn wichtig war: eine weitgehend homogene Auffassung von Lehre und Arbeit.

Kommunikation

Kurt Ackermann war immer zugänglich. Wenn sich durch zu einseitig ausgelegte Bemerkungen aus seiner Umgebung Dissonanzen ankündigten, war er immer bereit, sie zu besprechen und auszuräumen. So fiel es mir nicht schwer, immer den direkten Weg zu wählen und anzusprechen, was ungeklärt war. Wer Kurt Ackermann kennt, weiß, daß er sich einer klaren Ausdrucksweise bedient, wenn ihm etwas nicht richtig scheint. Ich erlebte aber auch, daß er offen einzuräumen bereit war, wenn der Grund für Unstimmigkeiten in seinem eigenen Verantwortungsbereich lag.

Natürlich erinnere ich mich am liebsten an das intensive, lange Zusammensein im Anschluß an offizielle Veranstaltungen oder anläßlich unserer Feste. Kurt Ackermann hat die Gabe und die Veranlagung, lange und intensiv zu diskutieren. Unsere Gespräche, Diskussionen und unser Austausch kontroverser Standpunkte zogen sich oft bis in die Morgenstunden hin. Er war nimmermüde, unglaublich ausdauernd und kein Freund von Small talk. Es drängte ihn, neben architektonischen Themen die Lehre bei den Bauingenieuren zu diskutieren. Vielleicht waren diese Stunden zwischen Abend und Sonnenaufgang die entscheidenden unseres Zusammenseins und alles andere entsprang aus dieser Kommunikation.

Resümee

Die Unterstufenlehre für Bauingenieure hat eine lange Tradition. Sie hat inzwischen einen Reifegrad erreicht, der in Deutschland nur noch in Dortmund angetroffen werden kann. Sie kann die jungen Bauingenieure auf Aufgaben vorbereiten, die heute so wichtig wie morgen sind: Bauwerke mitzugestalten, deren Tragwerke wesentlicher Teil der Gesamterscheinung sind.

Unter den Architekten gibt es derzeit eine Tendenz, sich von den baukonstruktiven Problemen abzuwenden und dem Design eine höhere Priorität einzuräumen. Als im 19. Jahrhundert der Eklektizismus seine Blüten trieb und die Architekten sich in die reine Kunst flüchteten, war es eine fruchtbare Allianz zwischen Architekten und Ingenieuren, die diese Krise zu überwinden half. Einer der herausragenden Vertreter dieser rebellischen Architekten, Henri Labrouste, schrieb 1830 an seinen Bruder über seine Lehre, die er in seiner eigenen Architekturschule praktizierte: „Sobald sie (die Schüler) die ersten Grundsätze der Konstruktion erfaßt haben, sage ich ihnen, daß sie mit der Konstruktion selbst eine Schönheit erreichen müssen, die zugleich vernünftig und ausdrucksvoll ist." [Souvenirs d'Henri Labrouste, Notes recueillies et dassées par ses enfants (Paris 1928: Privatdruck)]

Daß an der Technischen Universität München die Absicht bestand, die Bauingenieure in dieser Richtung auszubilden, war ausschlaggebend für meinen Abschied von Stuttgart, den ich 1992 schweren Herzens vollzog. Seither versuche ich, zunächst in den Formen des vorhandenen und seit dem Wintersemester 93/94 in einem veränderten Studienplan die Bauingenieure in Labrouste's oder im Sinn der Stuttgarter Lehre zu unterrichten. Wenn die Studenten im Wintersemester 96/97 unsere konstruktive Vertiefung wählen, wird sich zeigen, wie weit der Geist der Lehre tradierbar ist und ob das Beispiel Kurt Ackermanns in München weiterwirken kann.

Michael Jockers
Christof Simon

Die Lehre im Hauptstudium der Architektur

Gebäudekundliches Seminar
Nutzung und Konstruktion

Lehrinhalte

Die Gebäudekunde ist ihrer Charakteristik nach ein analytisches Fachgebiet. Sie soll Voraussetzungen schaffen, die das Gebäude von seiner inneren Struktur zu erklären und zu deuten vermögen. Die Besonderheiten oder die gemeinsamen Merkmale der einzelnen Gebäude herauszufiltern, sie zu abstrahieren, sind Chancen der Architekten, die Wechselwirkungen von Funktion und Konstruktion zu erkennen. Entwerfen bedeutet, aus den vielen funktionalen Elementen und Gebäudeteilen ein sinnvolles Ganzes zu entwickeln. Entwerfen ist, so verstanden, eine Synthese, die die Analyse voraussetzt.

Ordnungsprinzipien können Wertvorstellungen sein, die der Beurteilung von Architektur dienen. Das Ziel von Ordnungsprinzipien kann das systematische Ordnen und Organisieren von Nutzungen sein. Damit wird das Entwerfen von willkürlichen Entscheidungen entlastet und die komponierende Entwurfsmöglichkeit durch Rückkopplungen offener. In der Gebäudekunde steckt aber auch ein Stück Architekturtheorie, vor allem in Form von Architekturkritik. Die kritische Betrachtung eines Gebäudes verlangt nach einer umfassenden Kriterienliste. Nur das systematische Abfragen ermöglicht die Beurteilung. In erster Linie muß ein Gebäude nach sachlichen Kriterien beurteilt werden, damit ein gesichertes Urteil erreicht werden kann. Über architektonische Qualität läßt sich nicht streiten. Sie ist objektiv. In zweiter Linie kann dann über die architektonische Haltung gesprochen werden, die rein subjektiv ist und vom Betrachter abhängt.

Parallel zu den Vorlesungen und den Entwurfsanalysen werden deshalb Gebäudeanalysen zu gebäudekundlichen Themen erarbeitet, die sich in die Werkdokumentation, die Werkanalyse und den Kommentar oder die Interpretation gliedern.

Neben der ausführlichen Dokumentation dieser Analysen ist der Versuch der richtigen Einschätzung eines Bauwerks in seiner zeitlichen Umgebung zu leisten, um die Bedeutung des Gebäudes für die Entwicklung der Architektur als Wertmaßstab festzustellen. Dabei sollen keine einseitig orientierten Architekturauffassungen ideologisiert oder unverrückbare Standpunkte zugrunde gelegt werden. Vielmehr wird die offene Auseinandersetzung mit verschiedenen Haltungen gesucht. Jedes Bauwerk wird kritisch am gestellten Anspruch geprüft und gemessen.

„Dies könnte ein Weg sein, der den Architekturstudenten die Suche nach dem eigenen Standort erleichtert. Gebäudekunde muß mehr sein als akademische Grammatik der Architektur, sie muß den Schritt über die Abstraktion hinaus wagen: Denn gemessen wird die Architektur und die Baukunst am konkreten Ergebnis." (Kurt Ackermann)

Die Grundlagen der Gebäudekunde werden ganzheitlich als Zusammenschau aller Bedingungen eines Bauwerks betrachtet und schwerpunktmäßig an verschiedenen Gebäudetypen exemplarisch behandelt. Die Aspekte der Nutzung und der Funktion werden durch die Aspekte der Konstruktion und Form ergänzt. Die ganzheitliche Betrachtungsweise ermöglicht den Studenten gleichermaßen einen Zugang zu der Typologie von Gebäuden und zu der Wechselwirkung von Nutzung, Konstruktion und Form. Charakteristisch für die Vorgehensweise in den Lehrveranstaltungen ist eine fachübergreifende Aufbereitung der allgemeinen Grundlagen für die aufgabenabhängigen Gebäudetypen, die auch spezielle Probleme offenlegt. Bei den Entwurfsübungen, die die Vorlesung begleiten, werden die theoretischen Grundlagen vertieft. Die Lehrveranstaltung soll die Bereitschaft wecken, künftigen Entwicklungen gegenüber aufgeschlossen zu bleiben und Spielraum für Veränderungen offen zu lassen.

Übungsaufgaben

Die vorlesungsbegleitenden Übungsaufgaben, in denen der Vorlesungsstoff angewendet werden soll, vertiefen die theoretischen Grundlagen. Für die jeweilige Gebäudeaufgabe ist eine der Nutzung entsprechende Konstruktion und eine spezifische Ausformung des Raumes zu entwickeln.

In den Entwurfsübungen sollen die Ordnungsprinzipien und die Bereichszuordnungen so angewendet werden, daß der jeweilige Bau unter ganzheitlichen Gesichtspunkten entworfen und konstruiert wird. Überdurchschnittliche Entwurfsansätze werden von den Betreuern ausgewählt und können von den Studenten weiterbearbeitet werden. Die Arbeiten werden vom Institut als Stegreifentwurf angerechnet.

Gebäudeanalyse

In der Gebäudeanalyse werden die Wechselwirkungen dieser Bedingungen untersucht und dargestellt, um Grundlagen zur Beurteilung des Bauwerks zu erhalten. Die vielfältigen Möglichkeiten zur Bewältigung von Entwurfsaufgaben sollen dadurch besser nachvollziehbar werden.

Anhand einer ausführlichen Kriterienliste, in analytischen Zeichnungen, Schemata und Tabellen mit erläuternden Texten werden Gebäude untersucht, die beispielhaft eine Bauaufgabe ausdrücken und an denen die Wechselwirkung von Nutzung, Konstruktion und Form dargestellt werden kann, z. B. an Industrie- und Gewerbebauten, Versammlungsstätten, Büro- und Verwaltungsbauten.

Exkursion

Eine fünftägige Exkursion zu beispielhaften Bauten innerhalb Europas ist fester Bestandteil der Lehrveranstaltung. Nirgends wird die Urteilsfähigkeit über die gebaute Wirklichkeit so geschult wie bei der kritischen Auseinandersetzung mit den jeweiligen Bauaufgaben vor Ort. Wechselwirkungen und die Abhängigkeit von Nutzung, Konstruktion, Form und Raum sind ein wichtiges Lehrziel, somit bilden die Entwurfsbeispiele eine notwendige Grundlage der Gebäudekunde.

„Der Architekt muß in der Praxis Gebäudelehre bauen. Er muß also seine Erkenntnisse, seine Erfahrungen gedanklich aufarbeiten und in die Entwurfsarbeit einfließen lassen. Die kritische Auseinandersetzung mit dem eigenen Tun und mit den eigenen Bauten ist dabei Voraussetzung. Wenn ich als Architekt lehre, brauche ich die direkte Erfahrung aus der Praxis. Meine Lehre soll auf die Berufspraxis vorbereiten. Sie ist dem steten Wandel unterworfen. Wäre ich nicht am Bauen beteiligt, könnte ich das Bauen nicht lehren. Ich stelle meine Lehre in den direkten praktischen Bezug."
(Kurt Ackermann)

Sommersemester 1986

Übung 1   Mietbüro
Übung 2   Mischbettanlage

Sommersemester 1989

Übung 1   Busbetriebsgebäude
Übung 2   Ingenieurbüro
Übung 3   Schulsporthalle

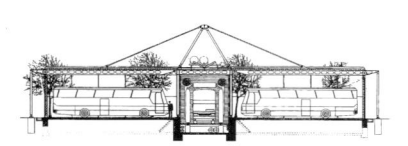

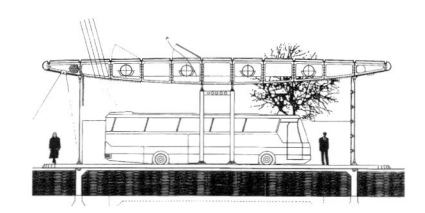

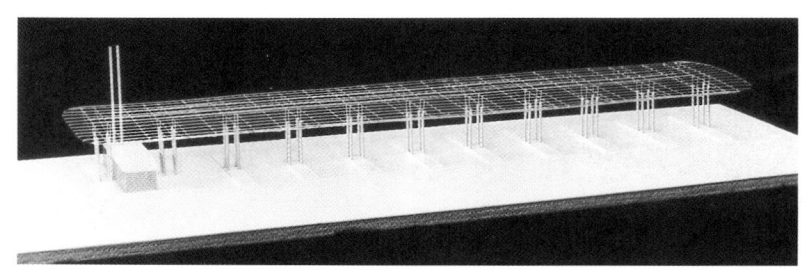

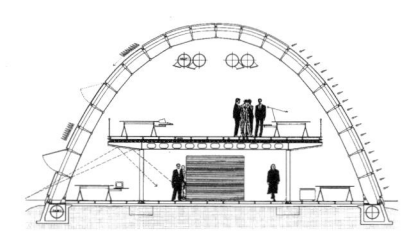

49

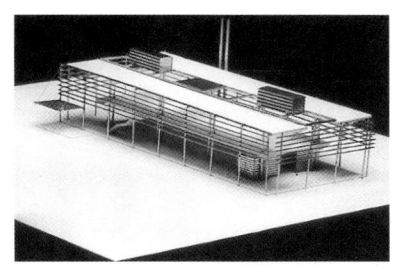

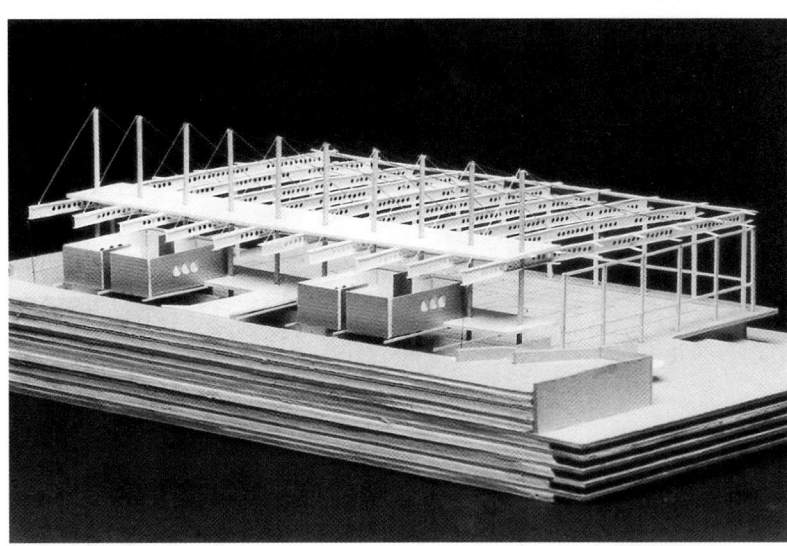

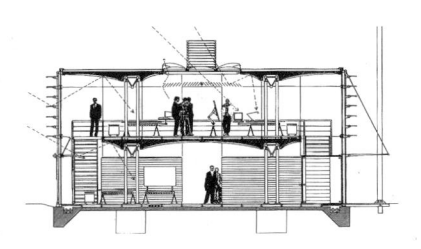

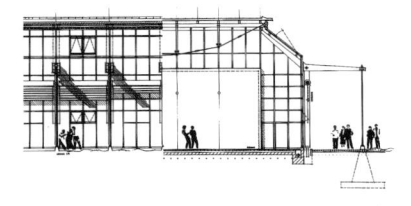

Sommersemester 1991

Übung 1   Feuerwehrhaus
Übung 2   Bankfiliale
Übung 3   Pfarrzentrum

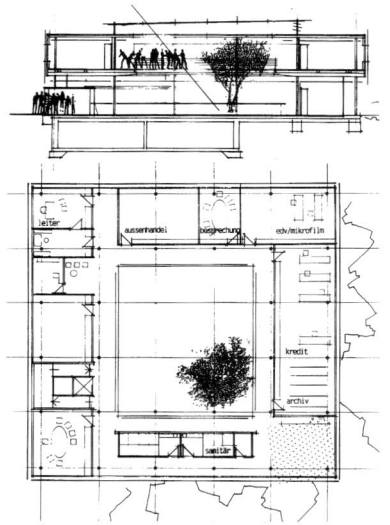

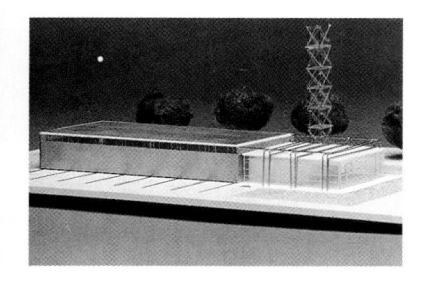

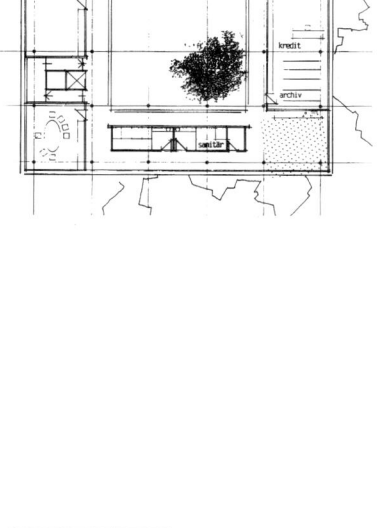

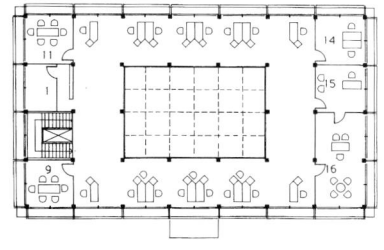

Sommersemester 1994

Übung 1   Busbetriebshalle
Übung 2   Teilbare Sporthalle
Übung 3   Mietbüro

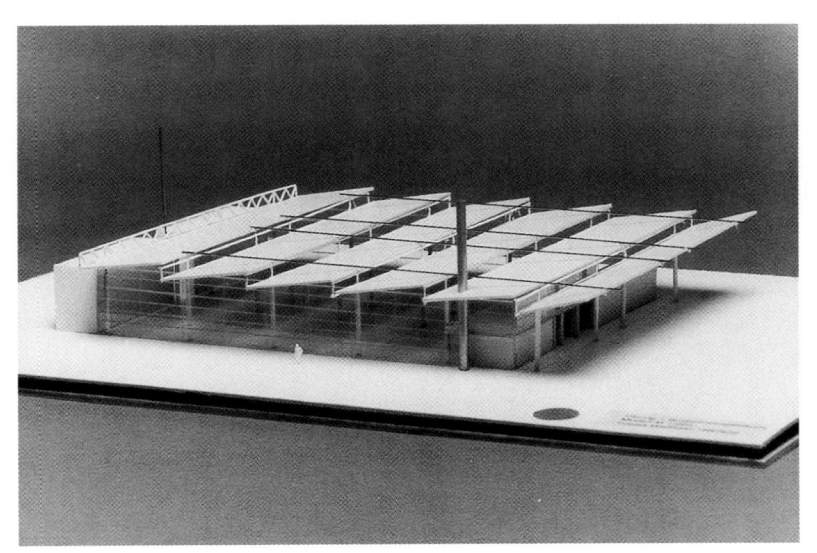

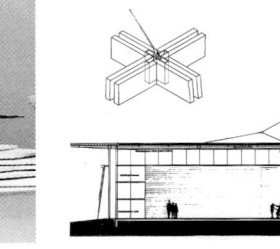

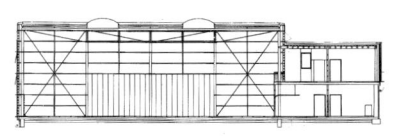

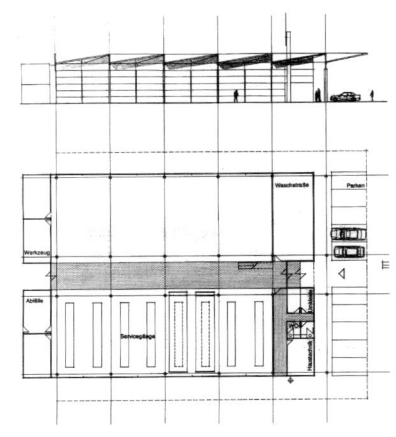

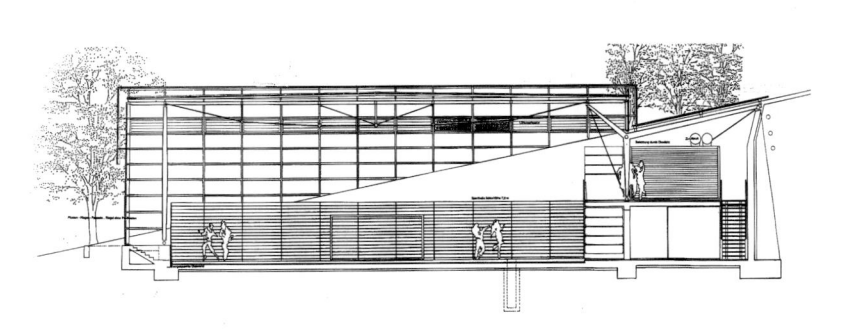

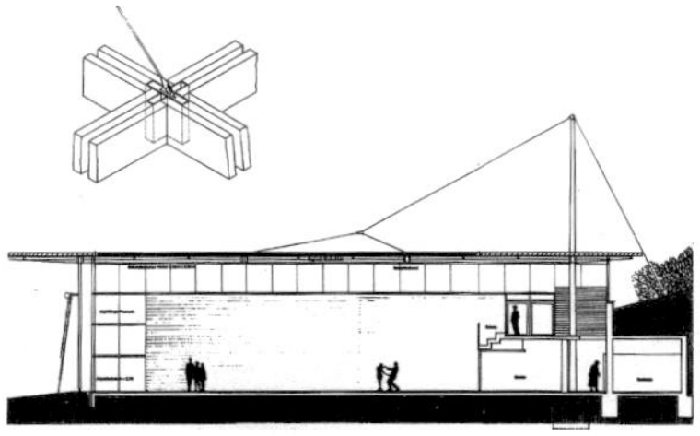

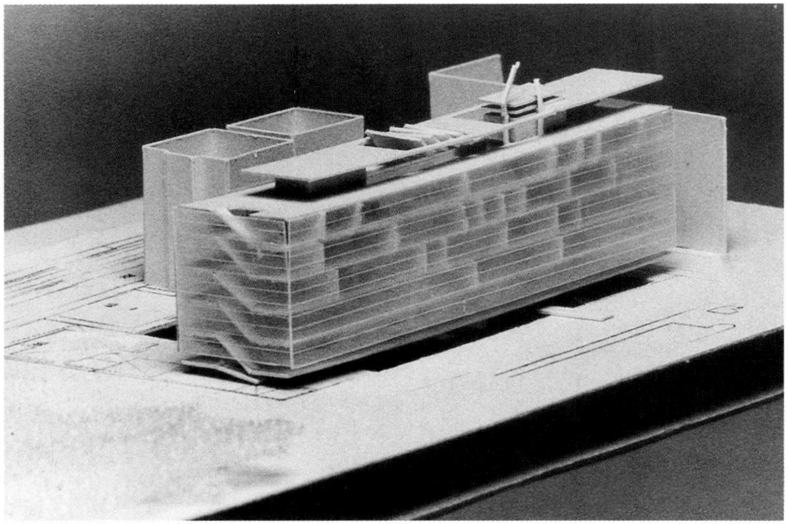

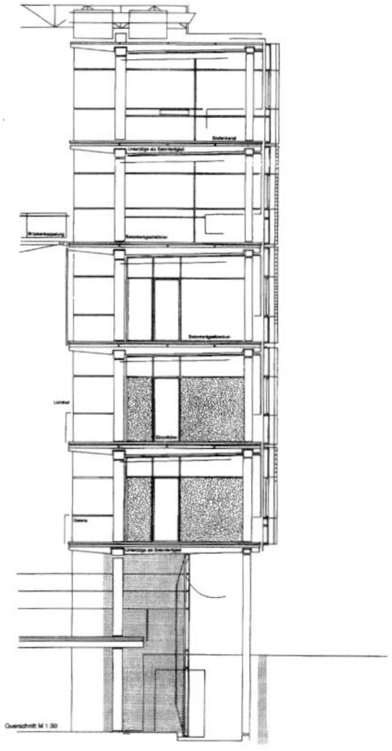

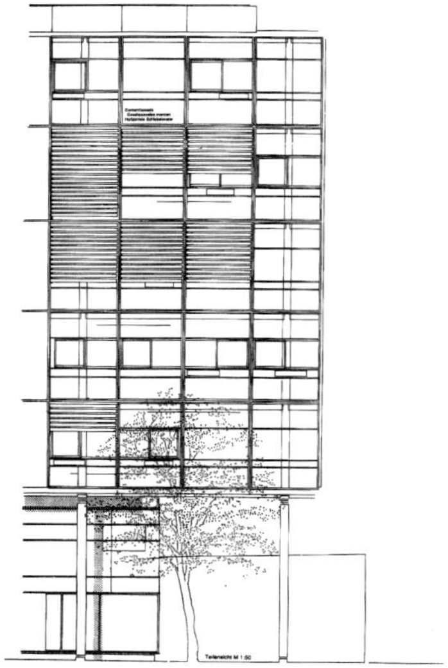

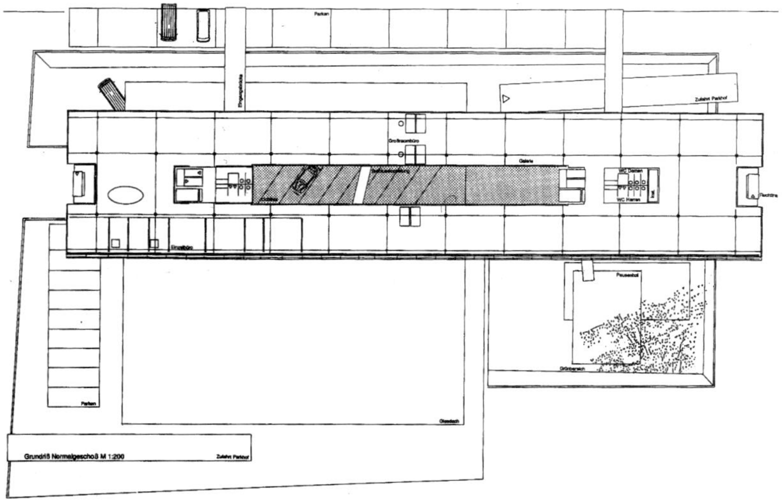

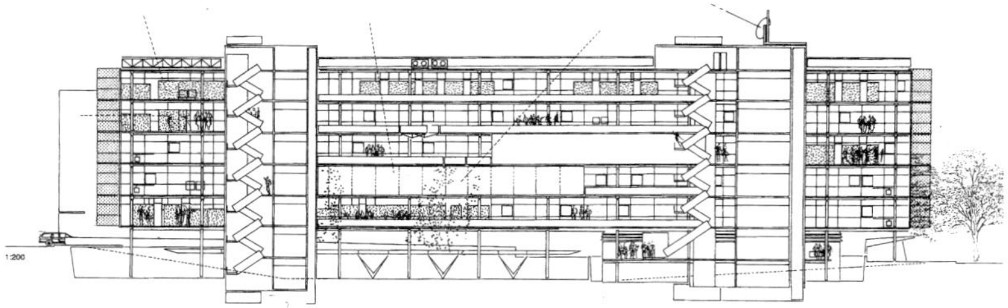

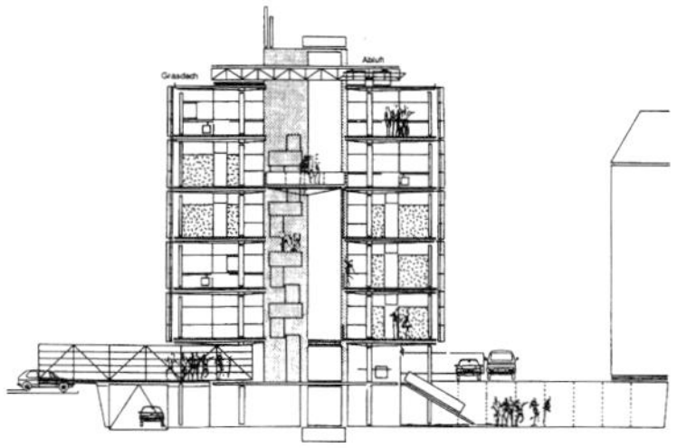

1./2. Entwurf

Parallel zum gebäudekundlichen Seminar Nutzung und Konstruktion wird seit dem Sommersemester 1989 ein 1./2. Entwurf für Architekturstudenten angeboten.

Die Entwurfsaufgabe befaßt sich mit einem einfachen Raumprogramm und wenig komplexen räumlichen Zuordnungen anhand einer konkreten Bauaufgabe.

Die vom Institut gewählten Grundstücke liegen in unmittelbarer Nähe der Universität und können von den Studenten selbst eingesehen und bewertet werden.

Um die Studenten nach einem schulisch-reglementierten ersten Studienabschnitt am Beginn des zweiten Studienabschnitts nicht zu überfordern, werden bewußt wenig spektakuläre, realitätsnahe Entwurfsaufgaben gestellt. So z. B. Ingenieurbüro für Haustechnik, Institut für Sport und Gymnastik, Institut für Umwelttechnik oder Hubschrauberhangar.

Nach einer Einarbeitung in das jeweilige Entwurfsthema und städtebaulichen Untersuchungen wird zunächst durch einen Architekten, bei dem eigentlichen Gebäudeentwurf durch ein Team Architekt – Ingenieur des Lehrstuhls betreut. Während der ein Semester andauernden Bearbeitungszeit finden in dreiwöchigem Turnus universitätsöffentliche Sammelkorrekturen statt, in deren Verlauf die Studenten den Stand ihrer Arbeiten den Kommilitonen und Institutsmitgliedern vorstellen und gemeinsam diskutieren. Die Ausarbeitung erfolgt während der Semesterferien, die Entwurfsabgabe findet zu Beginn des anschließenden Wintersemesters statt.

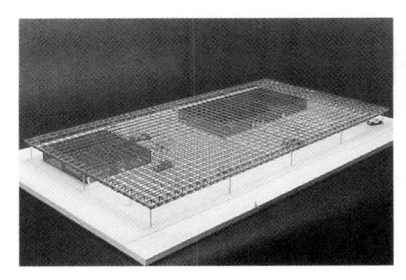

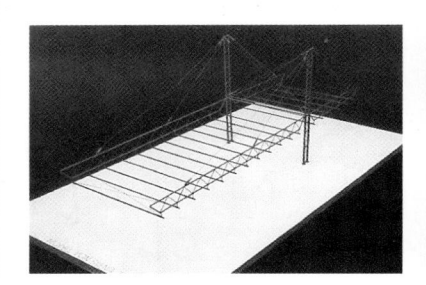

Sommersemester 1987
Tankstelle

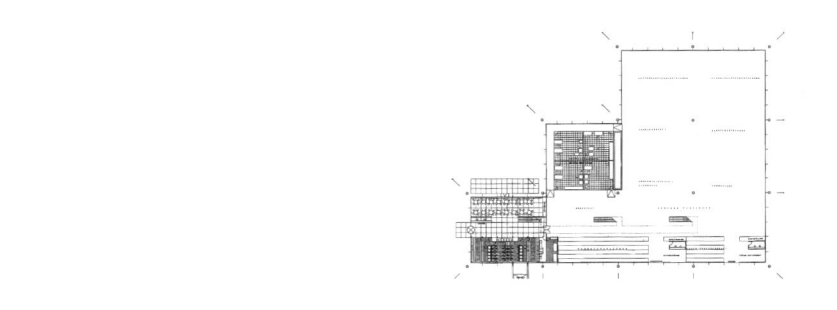

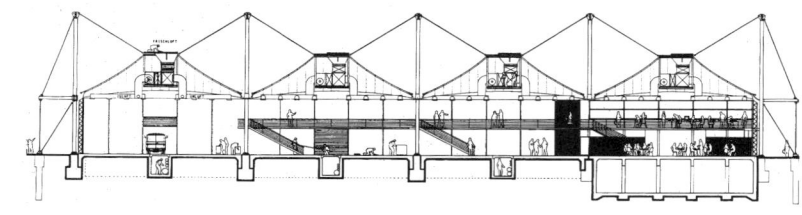

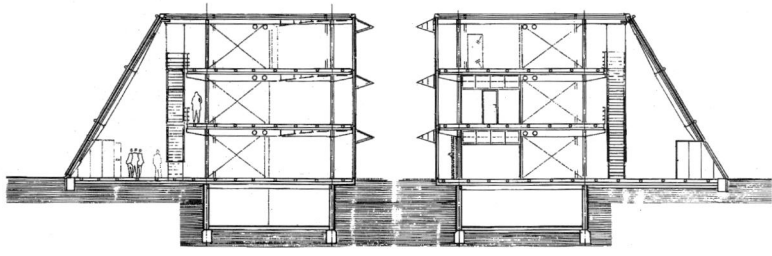

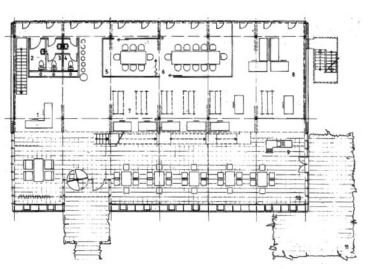

Sommersemester 1989
Ingenieurbüro

Sommersemester 1989
Produktionsgebäude

55

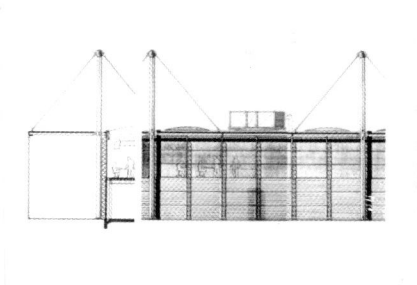

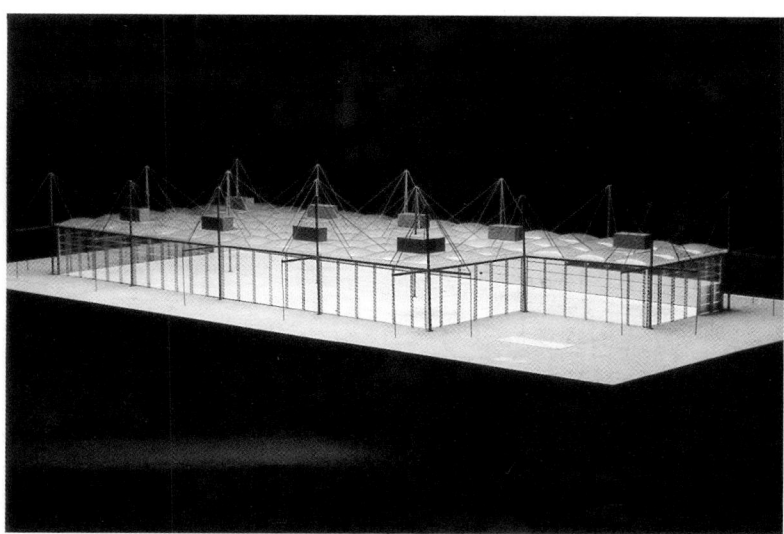

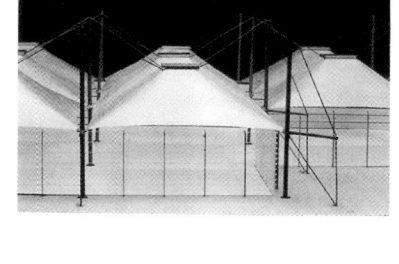

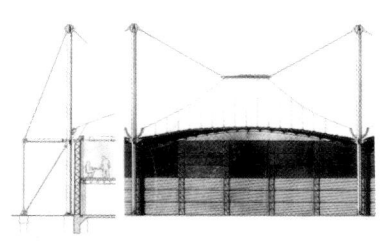

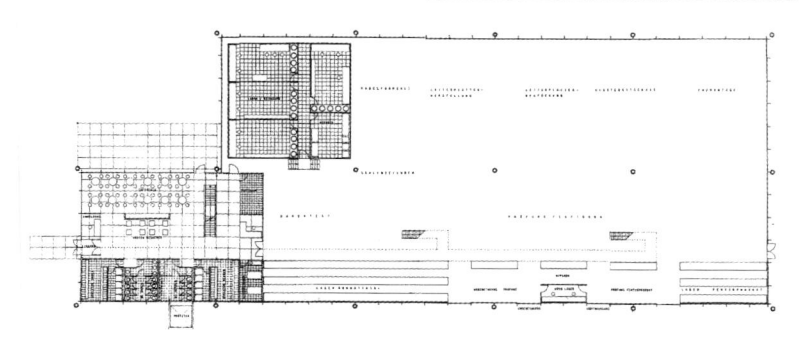

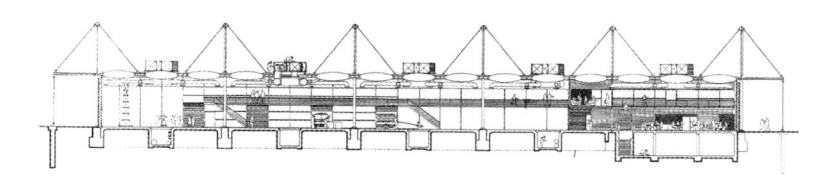

Sommersemester 1992
Entwicklungsgebäude

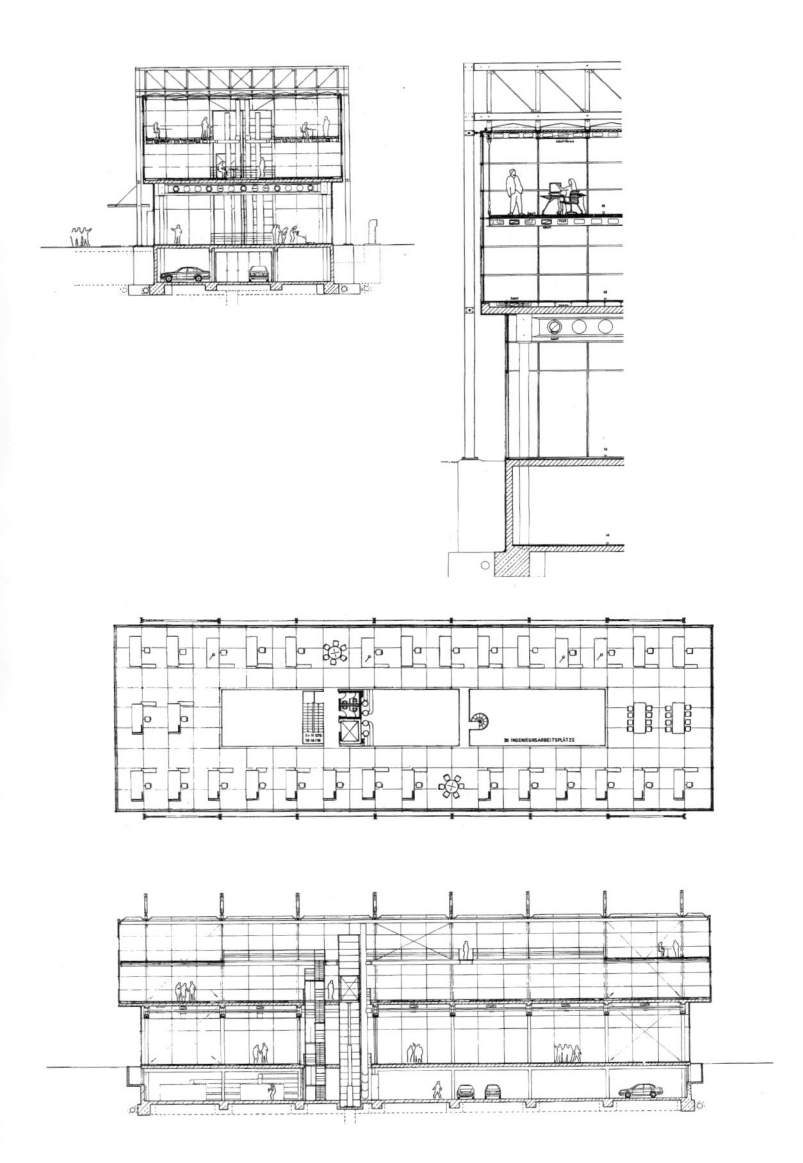

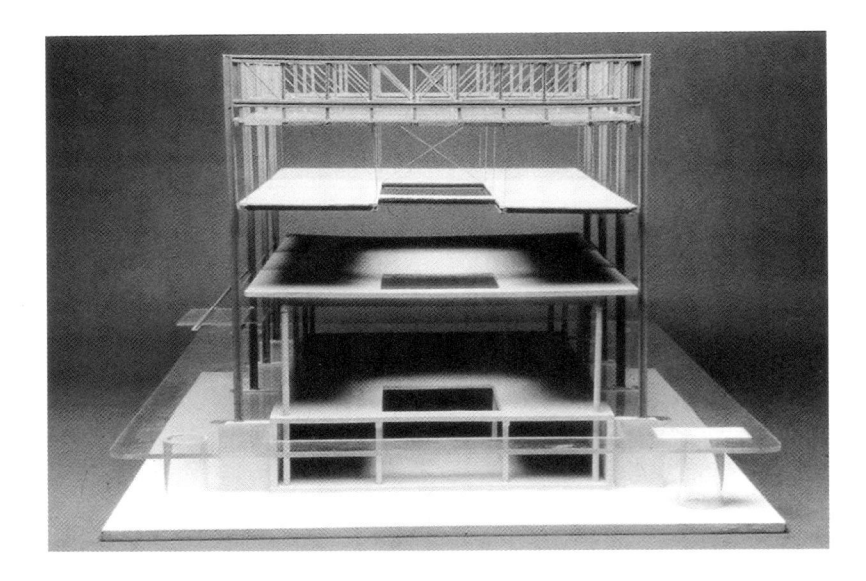

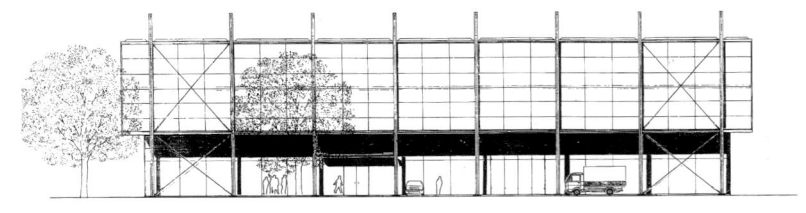

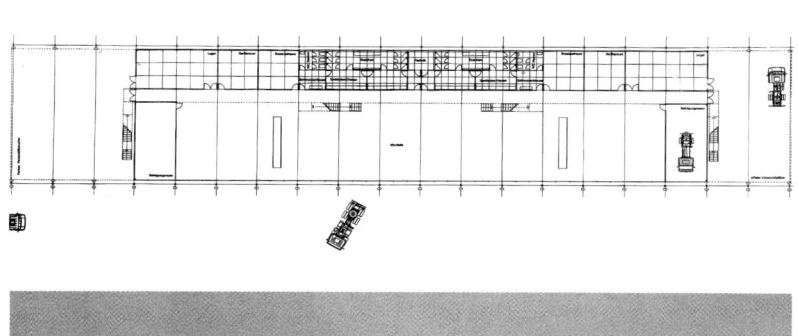

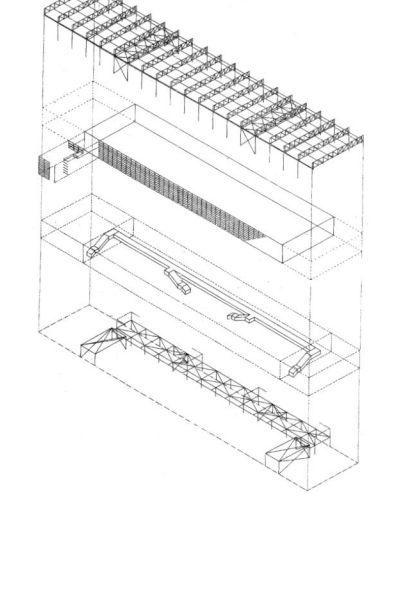

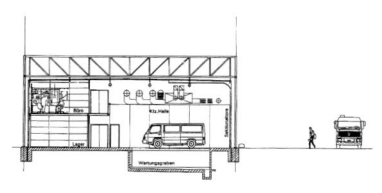

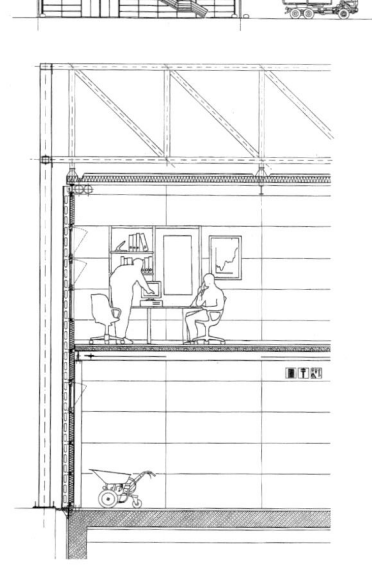

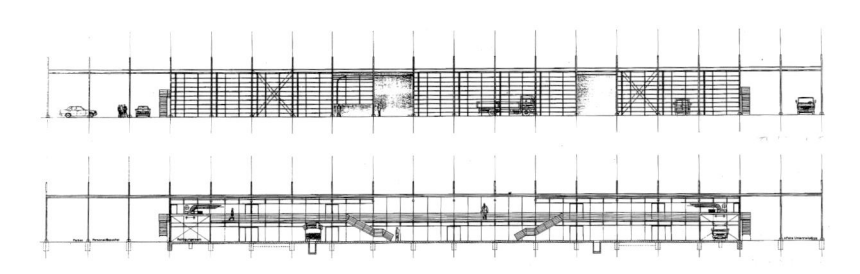

Sommersemester 1993
Betriebshof am Ostbahnhof

Sommersemester 1994
Hubschrauberhangar

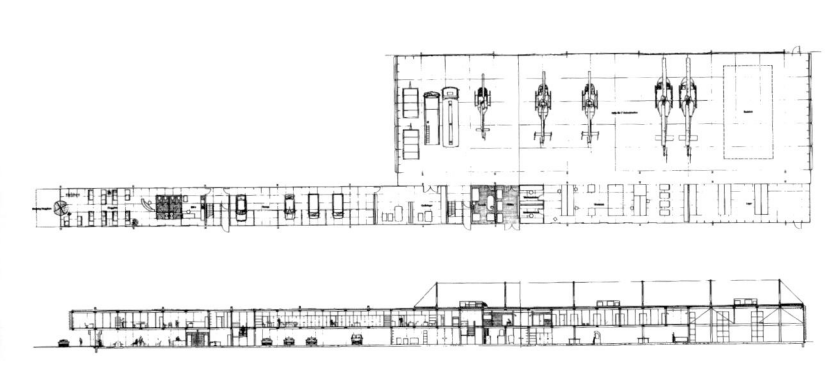

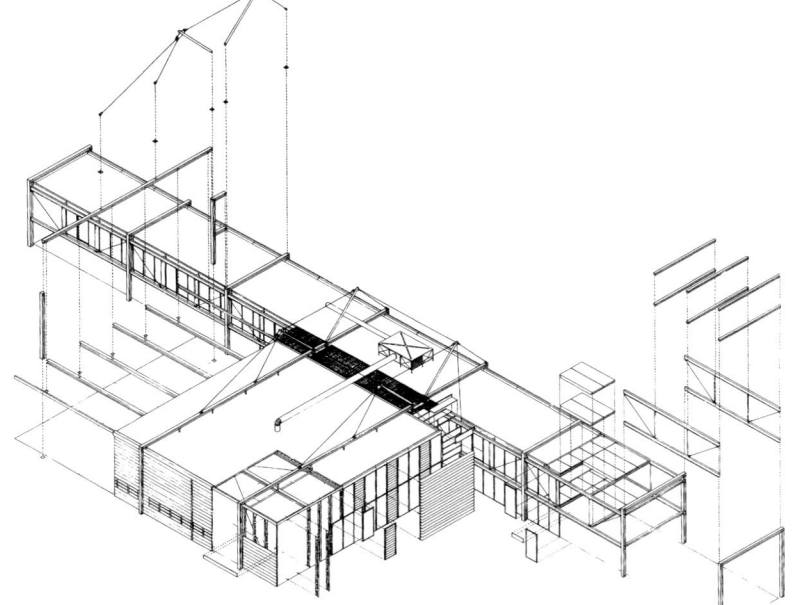

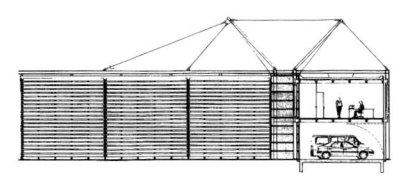

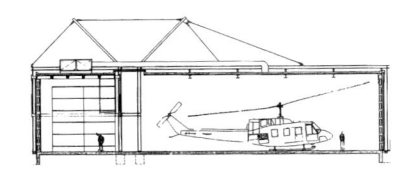

59

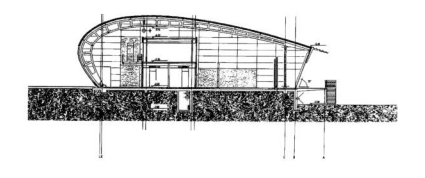

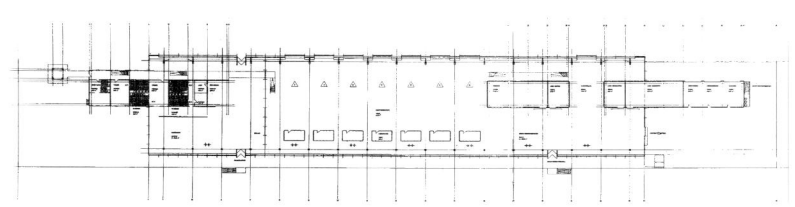

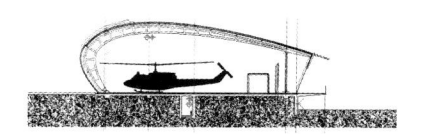

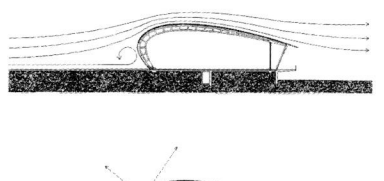

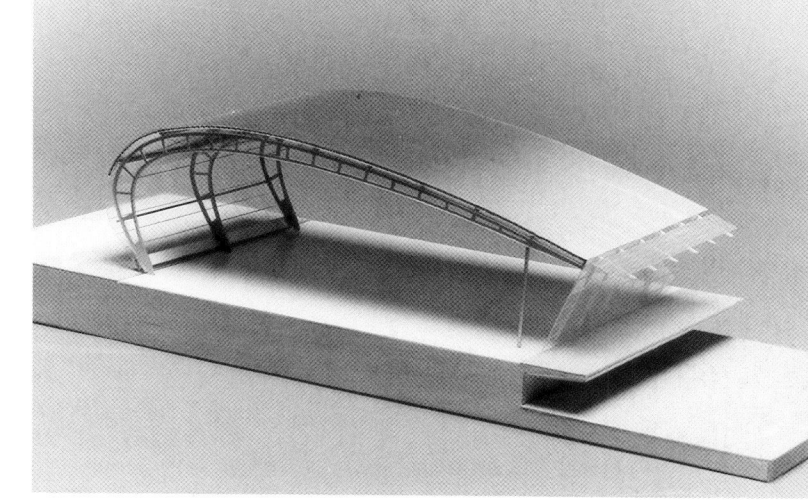

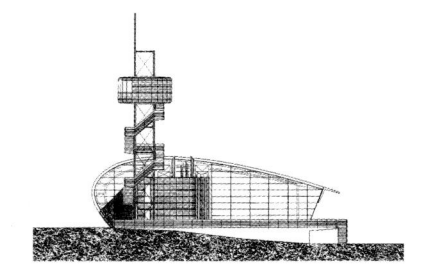

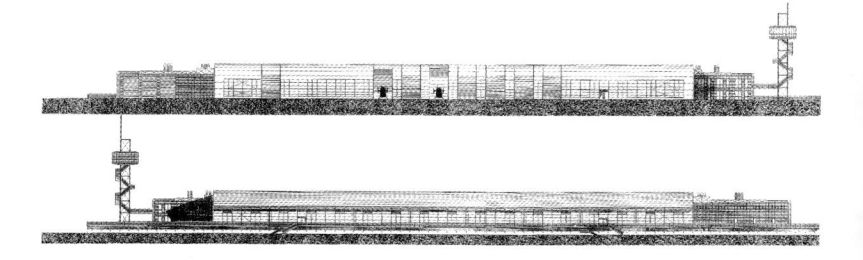

60

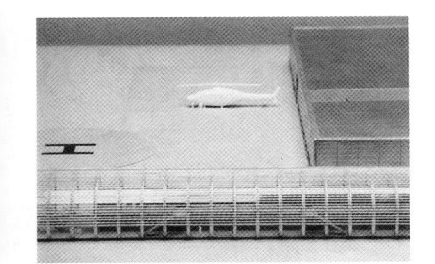

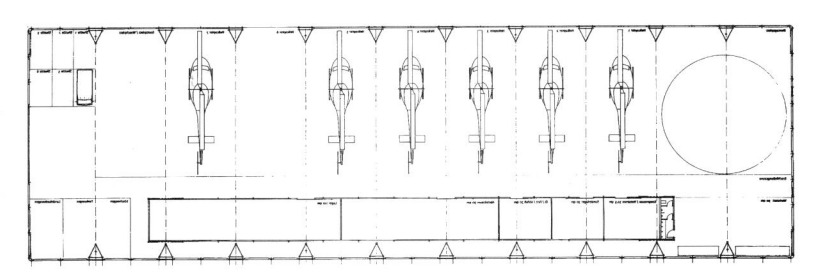

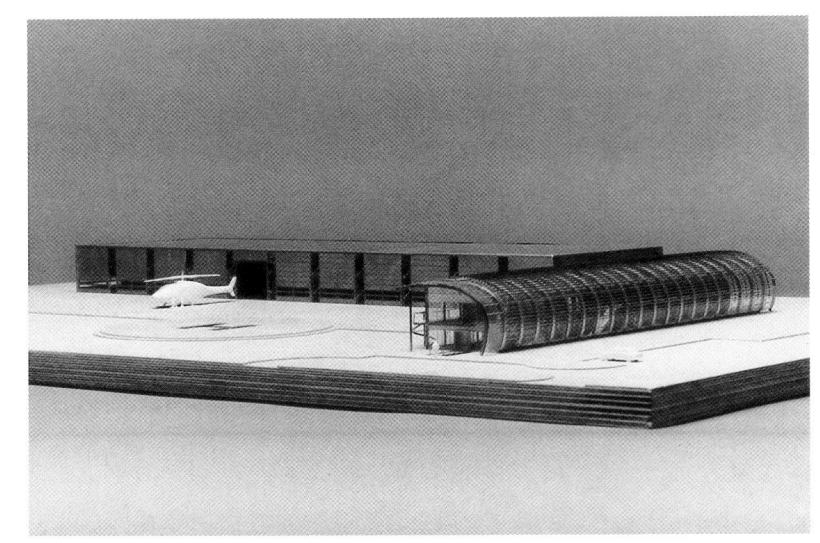

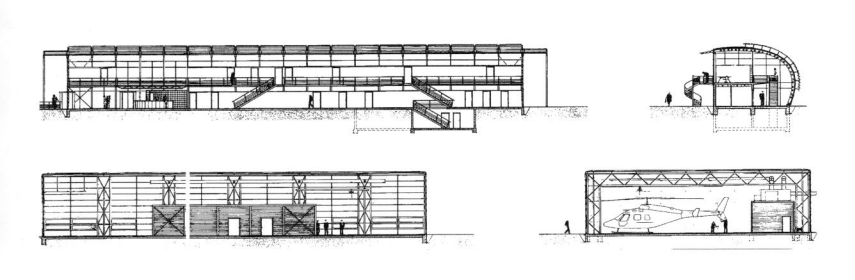

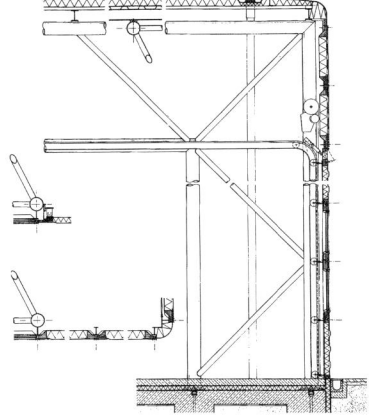

61

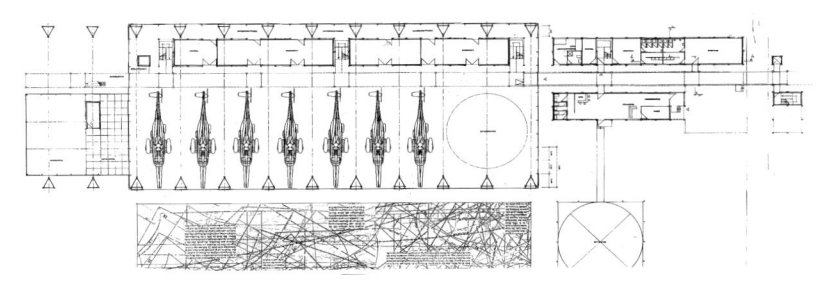

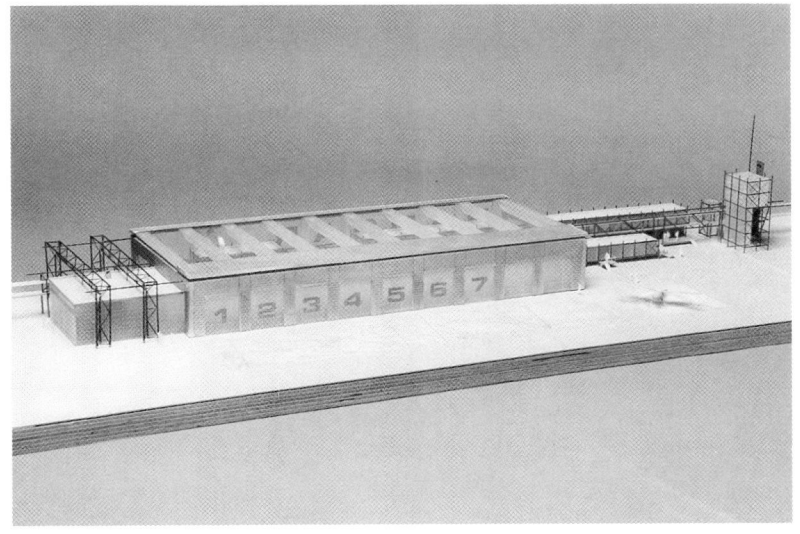

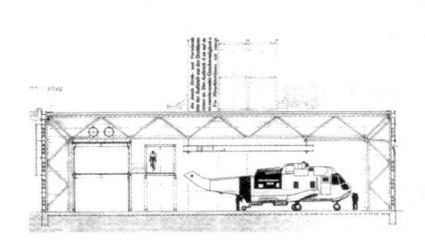

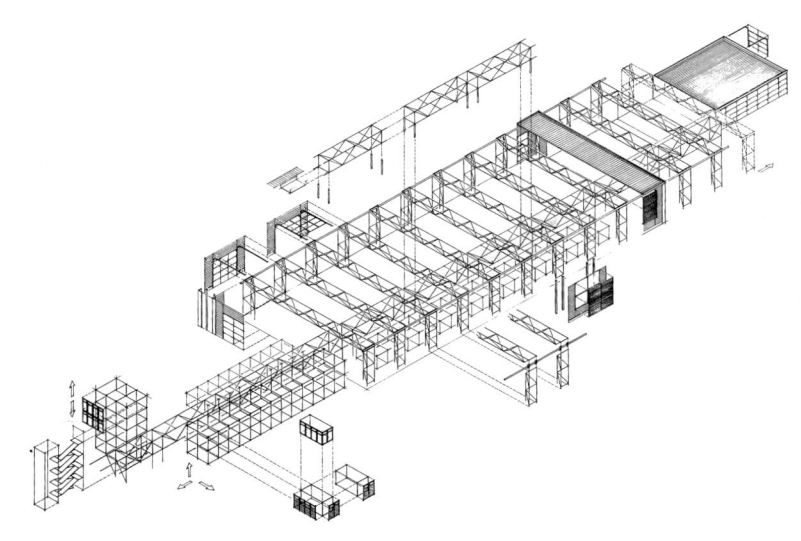

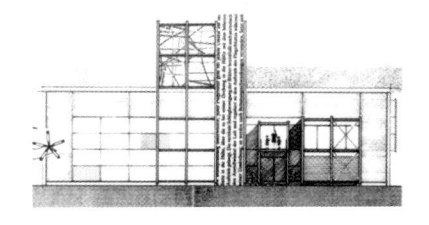

Dietmar Kirsch

Die Lehre im Hauptstudium des Bauingenieurwesens

Grundfachseminar
Nutzung und Konstruktion
Entwerfen und Konstruieren I

Das Studium des Bauingenieurwesens vermittelt ein in Einzelfächer gegliedertes fraktales Wissen. Bauaufgaben sind jedoch durch eine Vielzahl von Einflüssen und differenzierte Programme gekennzeichnet. Ein Spezialist ohne Kenntnisse der ganzheitlichen Zusammenhänge kann die sein Fach übergreifende Planung nicht beeinflussen. Dementsprechende Werte, der Maßstab eines Gebäudes, das Verhältnis von Bauwerk und Nutzer, müssen schon während der Ausbildung vermittelt werden.

Das Grundfachseminar Nutzung und Konstruktion soll den Bauingenieurstudenten auf die zukünftige Zusammenarbeit mit Architekten, seinen späteren Planungspartnern, vorbereiten.

Die Aufgaben und das Verhältnis von Architekt und Bauingenieur sind bei allen Bauaufgaben verwandt. In einem Team kann der Ingenieur sein Wissen nur erfolgreich einbringen, wenn er über seinen Bereich hinaus auch die Fachgebiete der anderen Partner kennt. Er muß die Tätigkeit des Architekten und der anderen beteiligten Ingenieure kennen, richtig einschätzen und sein Rollenverständnis begreifen.

Die Lehre vom Entwerfen und Konstruieren stellt Bauwerke in ihrer Gesamtheit dar. Der Bauingenieur lernt neben seinem Gebiet auch den Rahmen kennen, in dem er sein Wissen einbringen wird. Zunächst werden die Grundlagen von Nutzung und Konstruktion erarbeitet.

Die Eigenschaften der Tragwerke, Geometrie, Kräfteverlauf, Lastabtragung und Nutzung, werden in ihrer Systematik vorgestellt. In der Lehre sind die Prinzipien der Nutzung und der Konstruktion als Basis für die Planung eines Bauwerks wichtig. Mit diesen Grundlagen kann der Ingenieur den Herausforderungen der sich ständig weiterentwickelnden Berufsaufgaben ohne Angst begegnen. Rezepte werden nicht vermittelt.

In einfachen, praxisbezogenen Übungen wird der Zusammenhang von Materialien, den möglichen Konstruktionen und einer sinnvollen Nutzung trainiert. Ausgehend vom Ganzen werden Einzelschritte entwickelt. Die Forderung nach mehreren geeigneten Lösungen stärkt das Denken in Alternativen. Ein Architekt und ein Bauingenieur als Assistenten betreuen den Studenten jeweils gemeinsam.

Das Grundfachseminar besteht aus drei Übungsstufen mit zunehmendem Schwierigkeitsgrad:

In der ersten Phase werden in den Vorlesungen die Grundlagen der Nutzung und des Tragwerks behandelt. Sie sind Voraussetzung für die Bearbeitung der Übungen. An Beispielen wird gleichzeitig die Kooperation von Architekt und Ingenieur gezeigt. In der ersten Stufe gibt es zwei Übungen: eine Sehübung soll das bewußte Wahrnehmen gebauter Konstruktionen fördern, in der ersten Entwurfsaufgabe ist eine Konstruktion für eine einfache Nutzung zu konzipieren.

Themen sind zum Beispiel Aussichtstürme mit Treppenaufgang und Plattform, Fußgängerbrücken und einfache Überdachungen. Das Konstruktionsmaterial kann frei gewählt werden. Eine Auseinandersetzung mit den verschiedenen Eigenschaften und Fügungsprinzipien ist wesentlicher Bestandteil der Aufgabe.

In der zweiten Phase werden die Studenten mit der Wechselwirkung von Tragwerk, Raumabschluß, Installation und deren Auswirkungen auf die Form des Bauwerks konfrontiert. Die zweite Übung setzt sich mit einer komplexeren Nutzung auseinander, der Schwerpunkt verlagert sich auf deren Anforderungen. Diese Übung zeigt, wie sehr Architekt und Ingenieur in ihrer Arbeit aufeinander angewiesen sind. Prinzipielle Lösungen werden in Vorlesungen erläutert und in die Übungen eingebracht. Aufgaben sind Gebäude mit gerichteten Grundrissen, etwa ein- und zweigeschossige Lagerhallen, Produktionshallen und Ausstellungsbauten.

Die dritte Stufe zeigt den Zusammenhang von gewähltem Tragwerk, der daraus entstehenden Form und dem Raum. Die dritte Übung setzt sich meist mit ungerichteten Tragwerken auseinander. Sie ist die Vorbereitung für die vertiefende Zusammenarbeit der Bauingenieur- und Architekturstudenten im folgenden Semester. Themen der Übung sind zum Beispiel Überdachungen, Pavillons, Rundbauten, Hörsäle, Aussegnungshallen oder Kirchenräume. Die Dimensionierung der Bauteile wird überschläglich verlangt, im Vordergrund steht der Entwurf der Tragkonstruktion. Wesentlich ist die Darstellung in Zeichnungen und Arbeitsmodellen. Durch das Betreuungsgespräch zwischen den Studenten, den Assistenten und dem Professor ergeben sich oft lebhafte Diskussionen und echte Auseinandersetzungen über Inhalte und das formale Erscheinungsbild.

Als Vorbereitung auf die Grundfachprüfung schließen Gebäudeanalysen an. Hier sollen Bauwerke ganzheitlich erfaßt werden. Ein Bestandteil, die Tragwerksanalyse, baut auf der ersten Sehübung auf.

Eine Exkursion soll die theoretischen Erkenntnisse vertiefen und verbreitern. Anhand gebauter Beispiele werden Inhalte der Lehrveranstaltungen diskutiert.

Es wird angestrebt, die Exkursion gemeinsam mit Architekturstudenten aus dem gleichzeitig abgehaltenen gebäudekundlichen Seminar durchzuführen, auch als erstes Kennenlernen an der Nahtstelle der Disziplinen.

Sommersemester 1981
Übung 1   Rohrleitungsbrücke

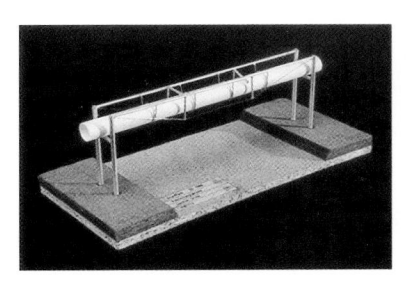

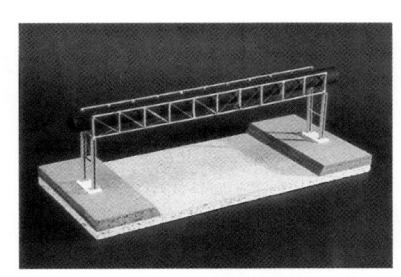

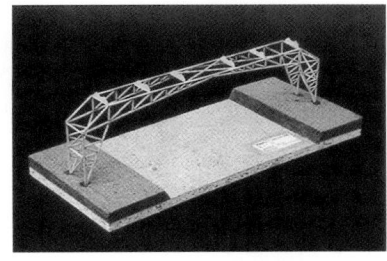

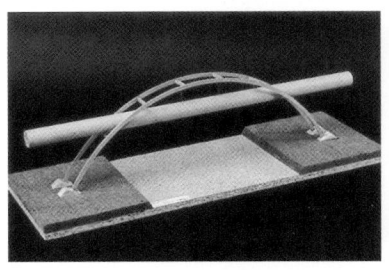

Sommersemester 1982
Übung 1   Bürogebäude

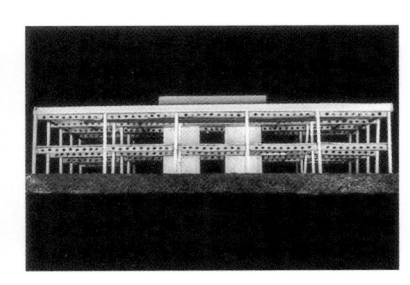

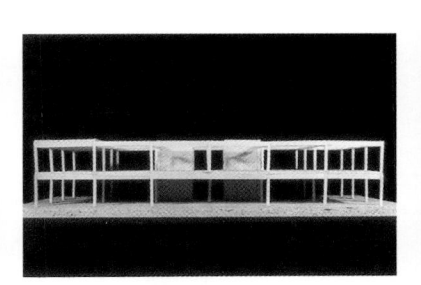

63

Sommersemester 1983
Übung 2   Tankstellenüberdachung

Sommersemester 1984
Übung 1   Wasserturm

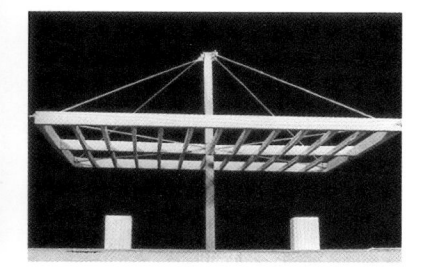

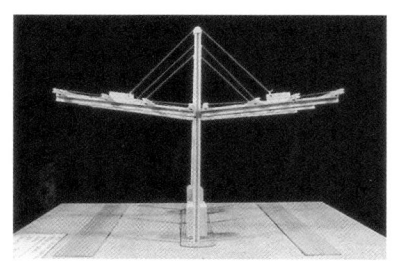

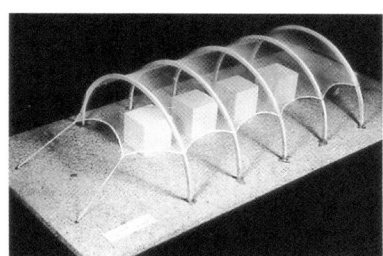

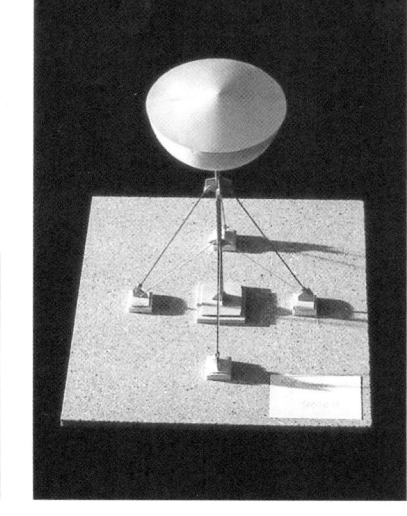

Sommersemester 1988
Übung 2 Fertigungsgebäude

Sommersemester 1990
Übung 3 Musikpavillon

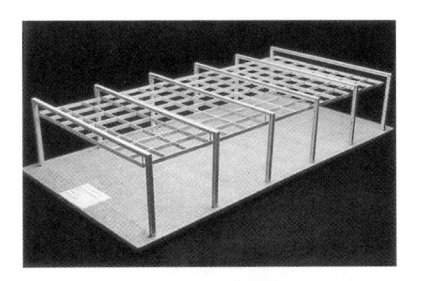

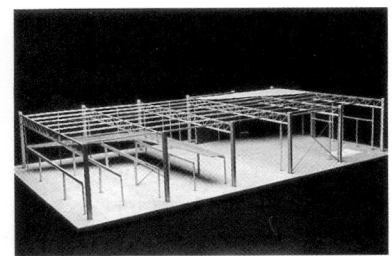

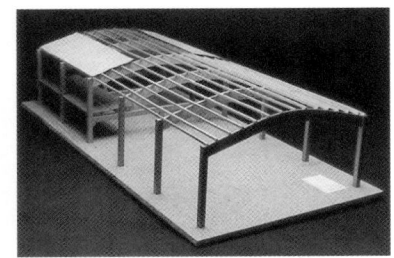

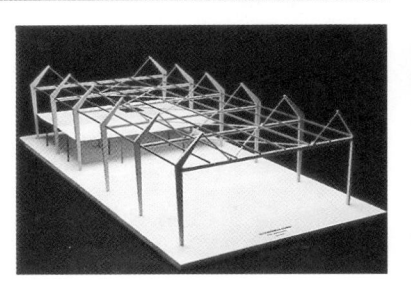

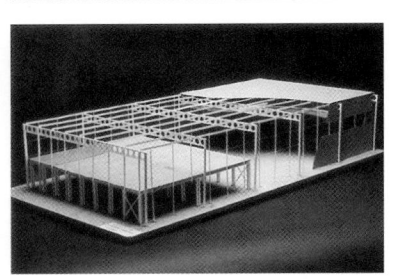

65

Sommersemester 1991
Übung 1   Fußgängersteg

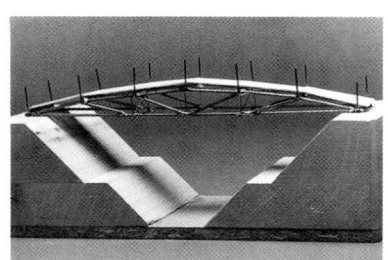

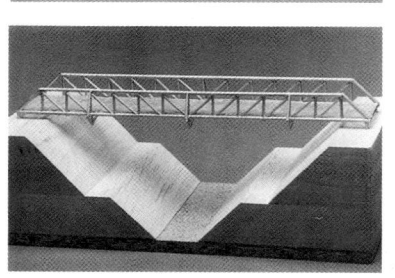

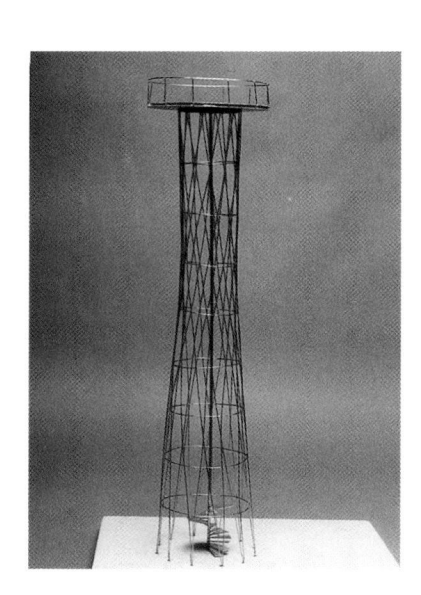

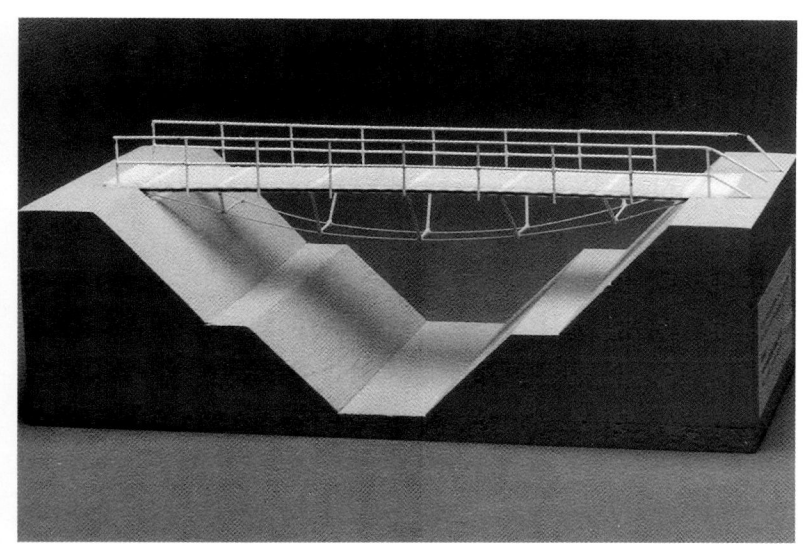

Sommersemester 1994
Übung 1   Aussichtsturm

Übung 2   Mobiles Schutzdach

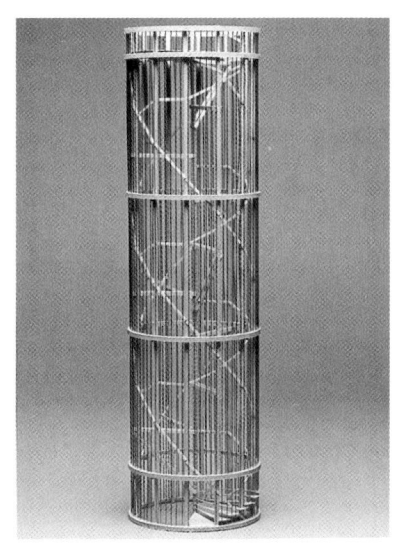

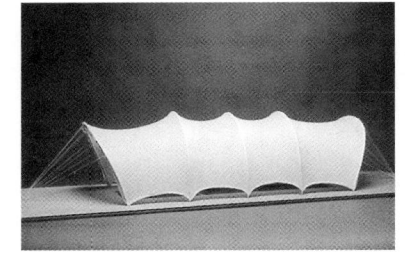

Christof Simon

Die gemeinsame Lehre im Hauptstudium der Architektur und des Bauingenieurwesens

Seminar Konstruktion und Form
Entwerfen und Konstruieren II

Das gemeinsame Seminar Konstruktion und Form hat seinen Platz sowohl im Studienplan der Architektur- als auch der Bauingenieurstudenten.

Die Teilnehmer haben in der Regel das Grundfachseminar für Bauingenieurstudenten oder das gebäudekundliche Wahlpflichtseminar Nutzung und Konstruktion für Architekturstudenten im vorhergehenden Sommersemester besucht. Hier werden getrennt studiengangspezifische Grundlagen für die Zusammenarbeit vermittelt.

Im Seminar wird ein gebäudekundliches Thema in einer dreistufigen seminaristischen Lehrveranstaltung bearbeitet. Dabei werden in der ersten Stufe von Mitgliedern des Instituts Einführungsvorlesungen gehalten. Externe Spezialisten berichten über ihre Erfahrungen zu den jeweiligen Themenbereichen. In der zweiten Stufe vertiefen die Studenten den Vorlesungsstoff durch die Arbeit mit der einschlägigen Fachliteratur. Die Arbeitsergebnisse werden in Referaten zusammengefaßt, mit den Betreuern diskutiert und vorgetragen. In der dritten Stufe werden vom Institut ausgegebene Übungen gemeinsam bearbeitet.

Der Inhalt des Seminars wird nicht abstrakt, sondern jeweils anhand eines wechselnden Schwerpunktthemas vermittelt, so zum Beispiel Ingenieurbauten, Ausstellungsbauten, Bauten für den Flugverkehr, Industriebau, Sportbauten, Stadttechnik.

Dieses Thema bestimmt auch den Inhalt des darauffolgenden gemeinsamen Entwurfes für Bauingenieur- und Architekturstudenten (Vertiefungsentwurf bzw. 3./4. Entwurf).

Das Gerüst des Seminars wird aus Gastvorträgen, Grundlagenvorlesungen der Institutsmitglieder und einer einwöchigen Exkursion gebildet.

Die Leistungen der Studenten bestehen in der Regel aus zwei Übungsaufgaben in Form von Entwürfen und einem Referat zu dem jeweiligen Schwerpunktthema. Die Architekturstudenten haben auf der Grundlage eines vom Institut gestellten Raumprogramms einen Entwurf zu erarbeiten, der nach zwei Korrekturen zur Weiterbearbeitung freigegeben wird. Die Bauingenieurstudenten übernehmen hierbei die Rolle des Tragwerkplaners.

So entsteht in gemeinsamer Arbeit ein Entwurf, bei dem die Aspekte der Nutzung, der Konstruktion, der Form, des Raumabschlusses und der Installation im Rahmen der jeweiligen Aufgabe umgesetzt werden. Überdurchschnittliche Arbeiten werden von den Betreuern ausgewählt und können als Ferienentwurf während der vorlesungsfreien Zeit weiterbearbeitet werden.

Alle Ergebnisse der Lehrveranstaltung werden am Ende des Semesters in einem Seminarbericht zusammengefaßt, der das erarbeitete Wissen für die folgenden Entwürfe und Diplomarbeiten zur Verfügung stellt.

Während des Seminars bilden sich viele Arbeitsgruppen zwischen Architektur- und Bauingenieurstudenten, die den im Sommersemester folgenden großen Vertiefungsentwurf gemeinsam bearbeiten. Manche Zusammenarbeit der Studenten beider Fakultäten überdauert das Studium und findet ihre Fortsetzung in der Praxis.

Themen und Übungen des
Seminars Konstruktion und Form

Lagern und Speichern
WS 74/75
Eingeschossiges Flächenlager
Schüttgutlager
Mehrgeschossiges Lagergebäude

Bearbeiten und Fertigen
WS 75/76
Werkhalle
Montagehalle
Druckereigebäude

Verwaltungsbauten
WS 76/77
Ausstellungshalle
Bürogebäude
Vortragssaal

Wohnbauten
WS 77/78
Überdachung eines Kinderspielplatzes
Mehrgeschossiges Wohngebäude
Bibliothek mit Mehrzwecksaal

Sportbauten
WS 78/79
Überdachung einer Kassenanlage
Boxhalle

Bürobauten
WS 79/80
Ausstellungspavillon
Erweiterungsbau für EDV-Anlage
Vortragssaal

Ausstellungsbauten
WS 80/81
Überdachung einer Kassenanlage
Ausstellungsgebäude
Informationsgebäude

Bauten für den Flugverkehr
WS 81/82
Flughafentower
Abfertigungshalle für einen Flughafen

Verdichteter Wohnbau
WS 82/83
Balkonanbau
Neuerrichtung eines
Dachgeschosses
Neubauten für Quartiersanierung

Industriebau
WS 83/84
Lager- und Verladehalle
Halle für automatisierten
Fertigungsbetrieb
Heizzentrale

Sportbauten
WS 84/85
Reithalle
Schwimmhalle

Brücken und Hochbauten für den Verkehr
WS 85/86
TÜV-Prüfhalle
Fußgängerbrücke

Bauten für Wirtschaft und Gewerbe
WS 86/87
Überdachung Autohaus
Baumarkt

Tendenzen im Industriebau
WS 87/88
Entwicklungs- und
Fertigungsabteilung
Betriebsgebäude für Entwicklung
und Konstruktion

Ingenieurbauten
WS 88/89
Behälteranlage
Energiezentrale einer Kläranlage

Bauten der Forschung und
Entwicklung
WS 89/90
Überdachung eines Anlieferhofes
Laborgebäude
Hörsaalgebäude

Sporthallen und Stadien
WS 90/91
Überdachung Stadioneingang
Gymnastikhalle

Geschoßbauten für Entwicklung
und Produktion
WS 91/92
Mehrgeschossiger Industriebau
Entwicklungszentrum für
Maschinenhersteller

Stadttechnik
WS 92/93
Überdachung einer
Sandfilteranlage
Betriebs- und Werkstattgebäude

Hochbauten für den Verkehr
WS 93/94
Parkgarage
Tankstellenüberdachung

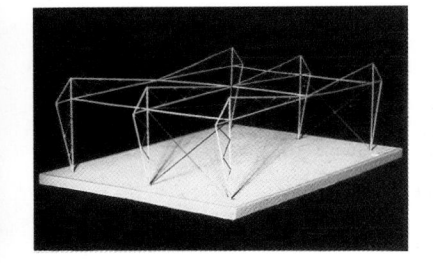

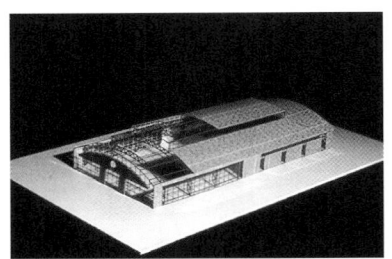

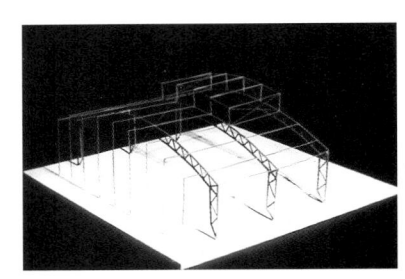

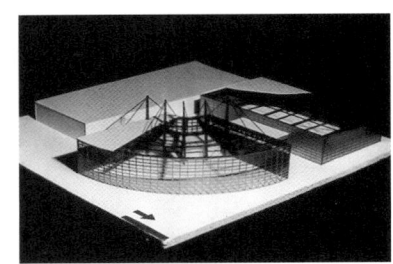

Wintersemester 1983/84
Übung 1   Lager- und Verladehalle

Wintersemester 1984/85
Übung 1   Reithalle

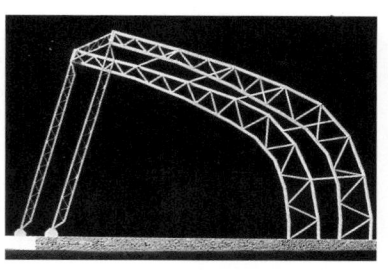

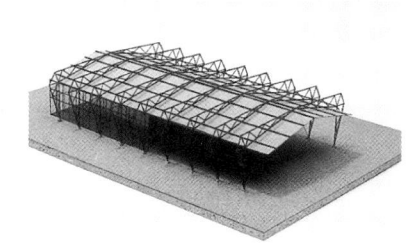

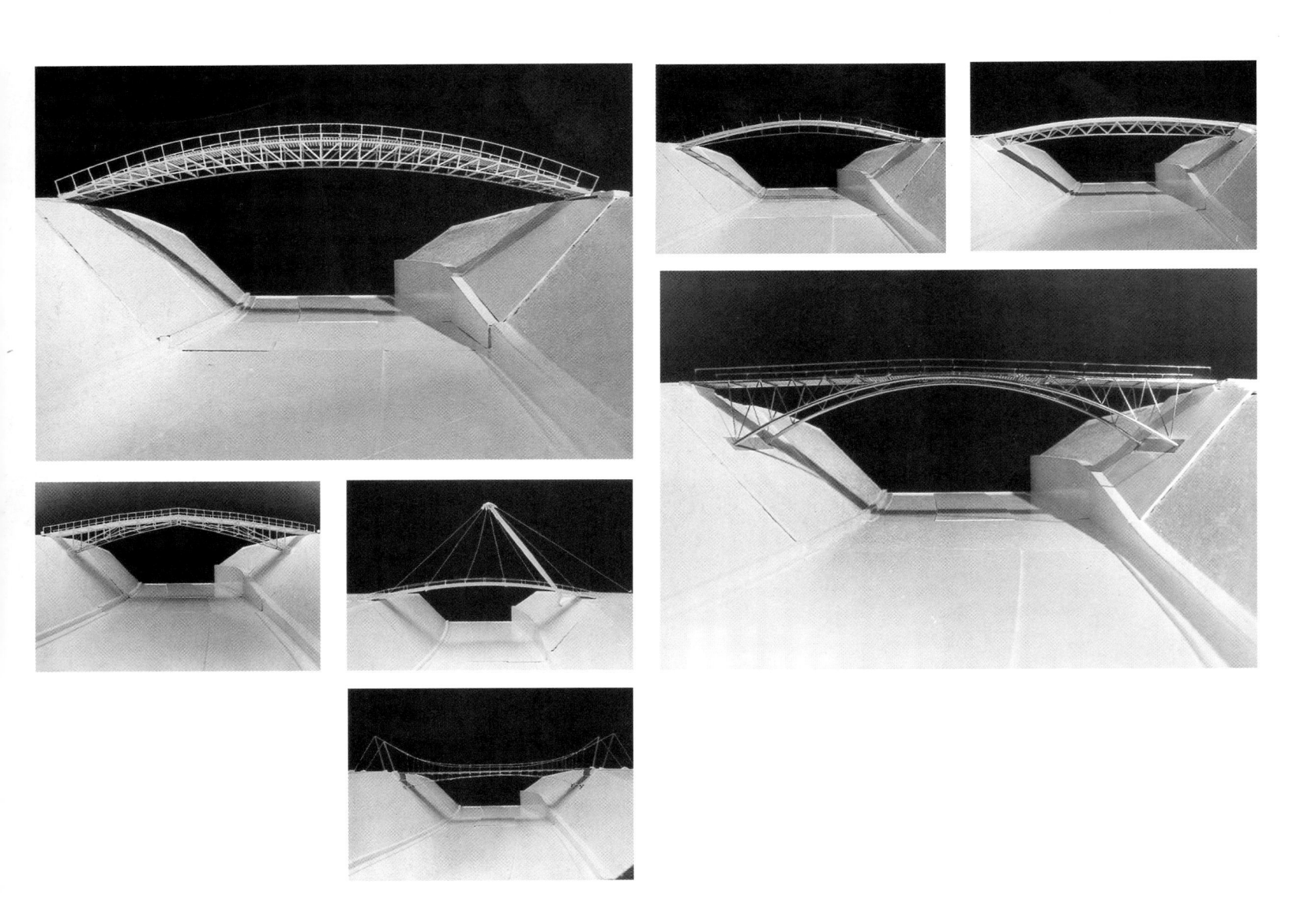

Wintersemester 1985/86
Übung 2 Fußgängerbrücke

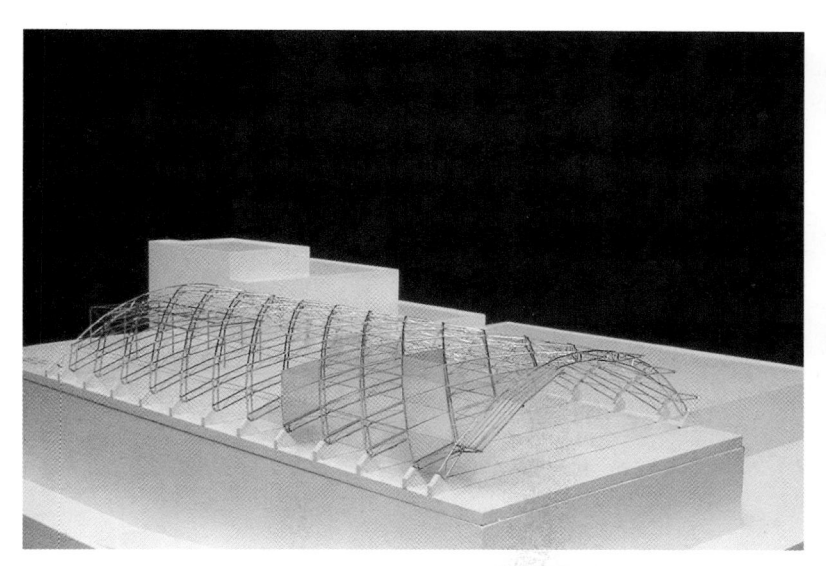

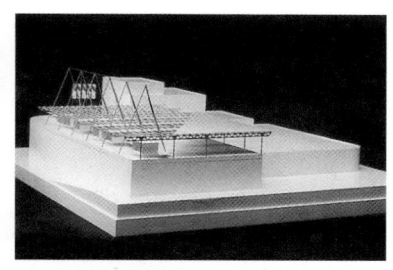

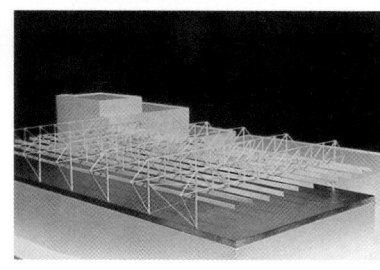

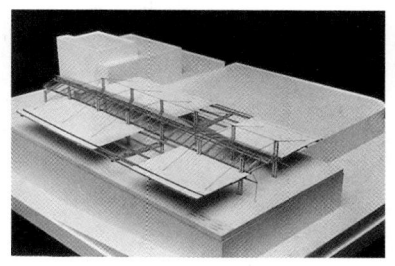

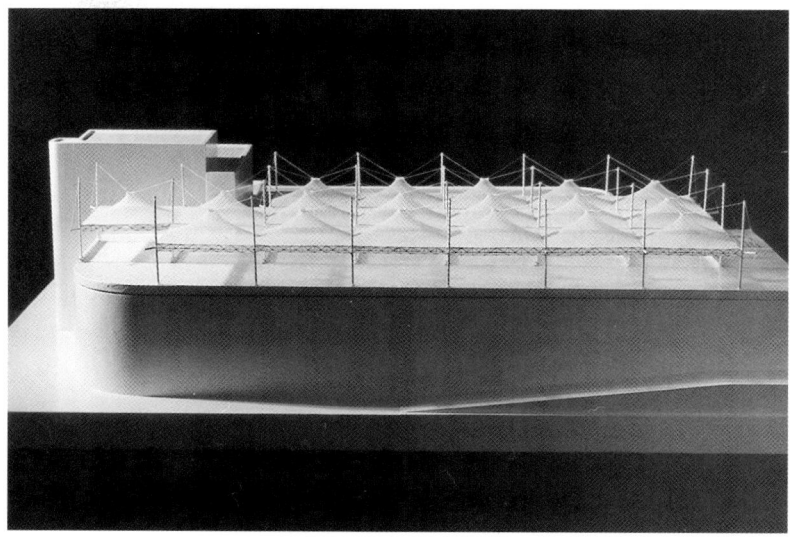

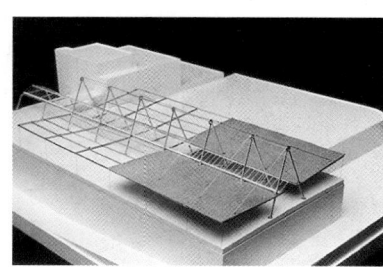

Wintersemester 1986/87
Übung 1   Überdachung Autohaus

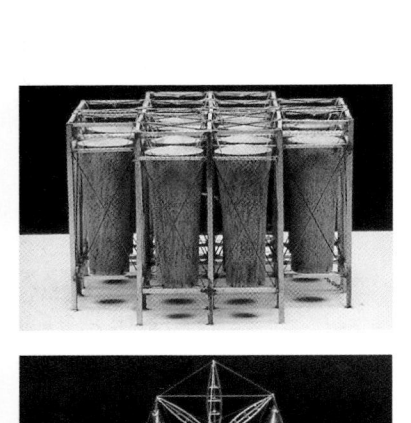

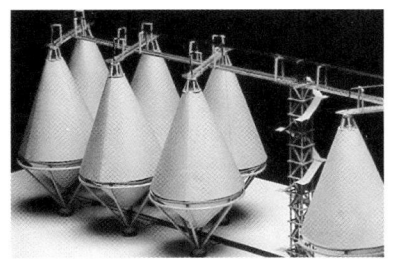

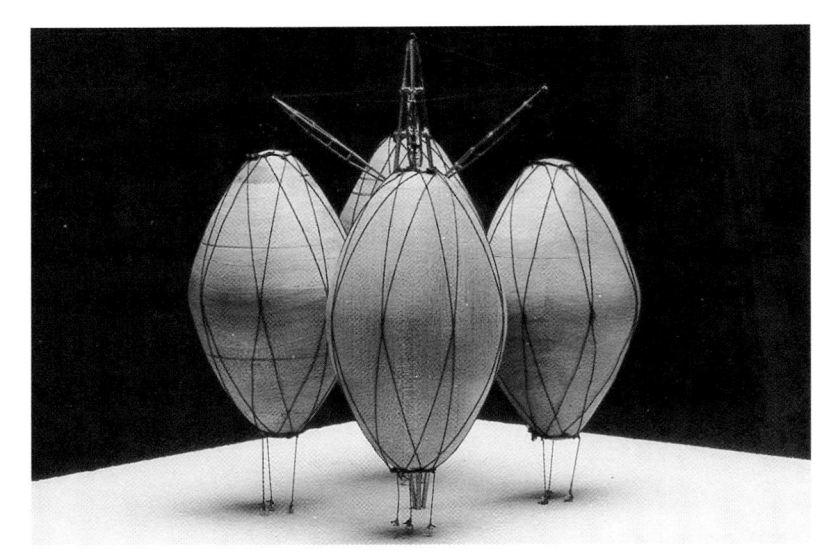

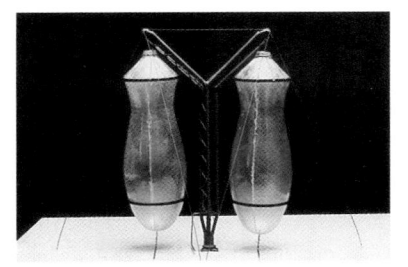

Wintersemester 1988/89
Übung 1   Behälteranlage

Übung 2   Maschinenhalle

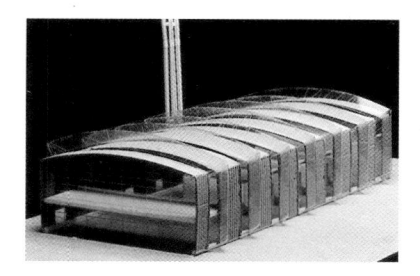

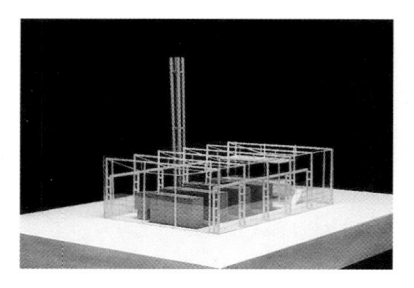

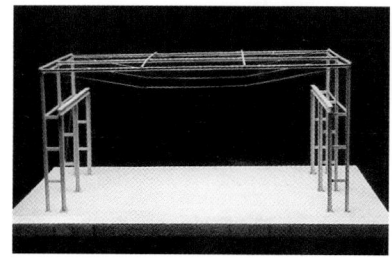

75

Wintersemester 1990/91
Übung 1   Kassenanlage

76

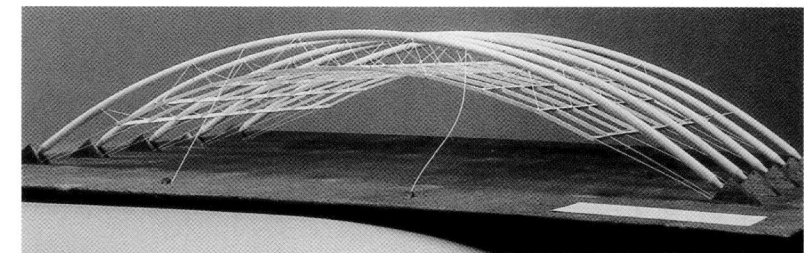

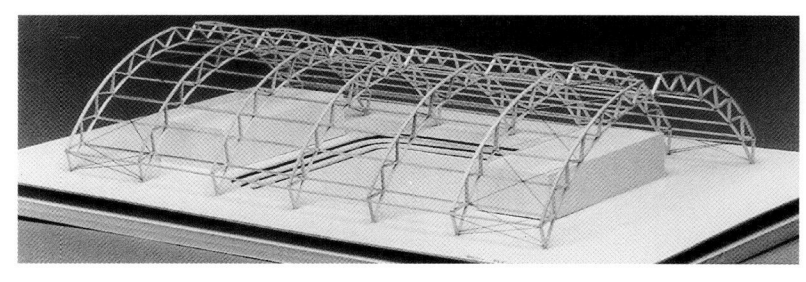

Übung 2   Gymnastikhalle

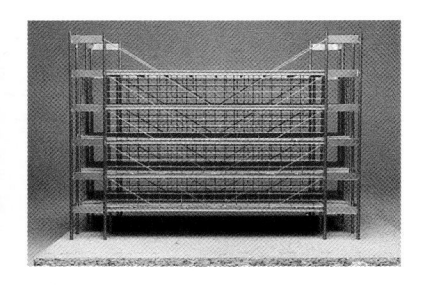

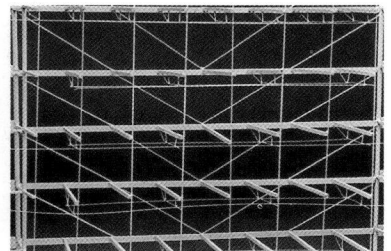

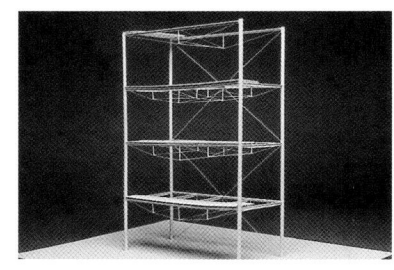

Wintersemester 1991/92
Übung 1   Entwicklungszentrum für Maschinenhersteller

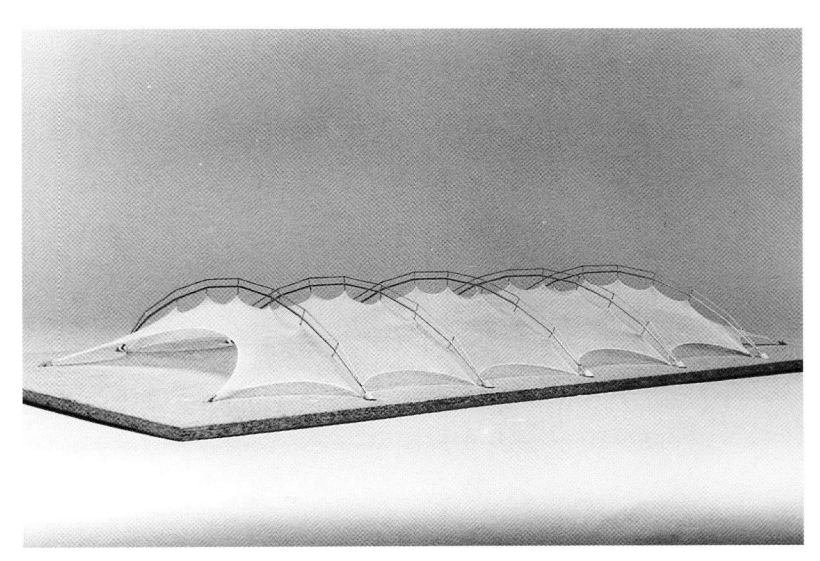

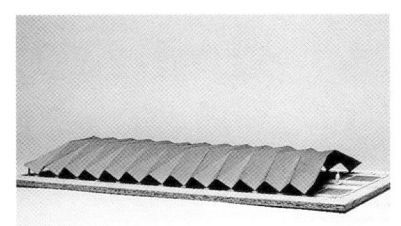

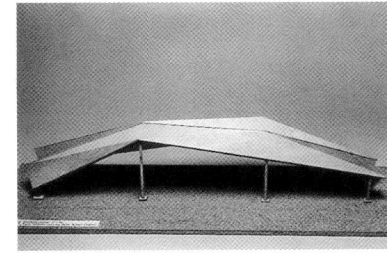

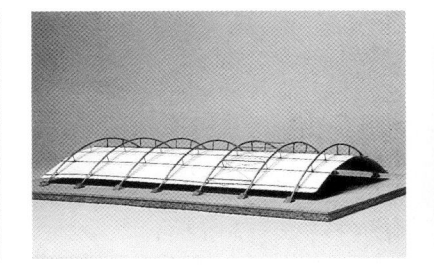

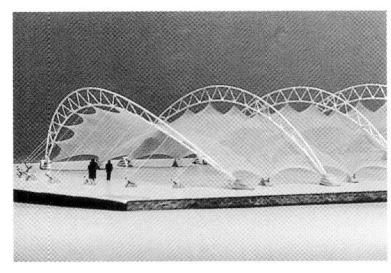

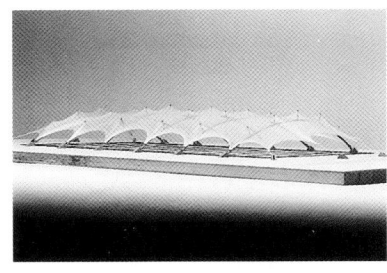

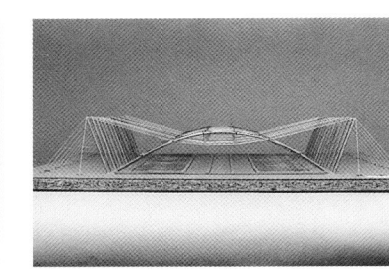

Wintersemester 1992/93
Übung 1   Überdachung einer Sandfilteranlage

3./4. Entwurf
Vertiefungsentwurf

Im Anschluß an das Seminar Konstruktion und Form bearbeiten Architektur- und Bauingenieurstudenten im Sommersemester ein gemeinsames Projekt.

Der Entwurf wird den Architekturstudenten als 3./4. Entwurf mit konstruktivem Schwerpunkt, den Bauingenieurstudenten als Vertiefungsentwurf angerechnet.

Die Entwurfsaufgabe steht in unmittelbarem Zusammenhang mit dem im vorangegangenen Seminar erarbeiteten gebäudekundlichen Thema.

Von den Architekturstudenten wird auf der Grundlage eines vom Institut ausgegebenen Raumprogramms und städtebaulicher Randbedingungen ein Entwurfskonzept in zeitlichem Vorlauf erarbeitet. Dieser Vorentwurf wird von Institutsmitgliedern betreut und korrigiert, um dann zu Beginn des Sommersemesters als Grundlage der weiteren Bearbeitung der Entwurfsaufgabe zu dienen.

Sobald eine tragfähige Zielvorstellung vorliegt, werden projektbezogene Arbeitsgemeinschaften zwischen Bauingenieur- und Architekturstudenten gebildet, die den Entwurf in den folgenden Phasen gemeinsam bearbeiten. Die Schwerpunkte der Planung werden dabei von Bauingenieur- und Architekturstudenten entsprechend ihren Studienschwerpunkten unterschiedlich wahrgenommen.

In allen Phasen des Entwurfs stehen Fragen des Städtebaus, der Nutzung, der konstruktiven Durchbildung sowie der räumlichen Disposition im Vordergrund.

Die Studenten werden im wöchentlichen Turnus in Einzelkorrekturen durch ein Assistenten-Team aus Architekten und Ingenieuren des Instituts betreut. In größerem Turnus müssen die Studenten die Inhalte ihrer Entwürfe in Sammelkorrekturen erläutern und die verfolgte Konzeption universitätsöffentlich vertreten.

Vertiefungsthemen Architektur- und Bauingenieurstudenten

1975
Lagergebäude

1976
Offsetdruckerei

1977
Verwaltungsgebäude

1978
Wohnbau

1979
Innerstädtische Hallensportanlage

1980
Bürogebäude

1981
Messehalle

1982
Sportflughafen

1983
Markthalle

1984
Fabrikationsgebäude für Baubeschläge

1985
Tennishalle

1986
Fußgängerbrücke
Autobahnmeisterei
Gästehaus für die Landesvertretung Baden-Württemberg

1987
Betriebsgebäude für ein Reisebusunternehmen
Labor- und Prüfstandsgebäude

1988
Druckerei für Spezialpapiere

1989
Abfallbehandlungsanlage

1990
Versuchshalle der Fachhochschule für Technik

1991
Fußballstadion
Tribünenüberdachung

1992
Mietfabrik in Geschoßbauweise

1993
Betriebshof für Abfallwirtschaft

1994
Hochbahnstation

Form- und Aufwanduntersuchungen an baumartigen Stützen

Vertiefungsentwurf 1979

cand.-ing. Rainer Barthel
cand.-ing. Klaus Rückert

Betreuung
Prof. Dr. techn. h.c. Kurt Ackermann
Prof. Dr.-Ing. Dr. A. A. Dr. sc. h.c. Frei Otto

Förderpreis des Deutschen Stahlbaus 1980, 2. Preis

Weitverzweigte Stützensysteme, die sogenannten „Baumstützen", werden unter folgender Fragestellung untersucht: Welche Form hat eine weitverzweigte Stütze, die für eine bestimmte Last ein Minimum an Masse benötigt?
Zunächst werden die geometrischen Möglichkeiten aufgezeigt, Punkte in einem Deckenraster durch Verzweigung und Zusammenfassung mit einem Fußpunkt zu verbinden. Minimalwegenetze werden untersucht und eine Systematik von regelmäßigen und symmetrischen Verzweigungen aufgestellt. Gummifaden- und hängende Kettenmodelle helfen bei der Formfindung einer momentenfreien Struktur. Im Hängemodell können durch eingebaute Spiralfedern auch die wirksamen Kräfte abgelesen werden. Ein Rechenprogramm, das bereits für die Formfindung von Seilnetzen eingesetzt wird, erlaubt vorgegebene Randbedingungen zu ändern und Parameterstudien durchzuführen.

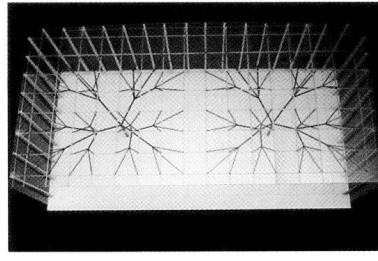

Durch rechnerische Stabilitätsuntersuchungen kristallisieren sich bestimmte Knicklängenverhältnisse und Verzweigungswinkel bezüglich des Massenaufwandes heraus. Konstruktionsregeln für ein möglichst effizientes Stützensystem lassen sich ableiten.
So besitzt für bestimmte Randbedingungen das Verhältnis der Stützenhöhe zur Verzweigungsbreite, das Verhältnis der Stablängen oder die Größe der Verzweigungswinkel ein Optimum.
Die gefundenen Regeln werden für eine Stahlrohrstütze mit 64 Aufzweigungen exemplarisch angewendet. Die Bemessung führt trotz hoher Lasten zu einer filigranen Struktur. In einer vertieft bearbeiteten Version tragen vier Baumstützen das Dach über einem quadratischen Grundriß.

Innerstädtische Hallensportanlage

Vertiefungsentwurf 1979

Aufgabenstellung
Das Raumprogramm umfaßte ein Sportzentrum mit Dreifachturnhalle, Tennishalle, Restaurant und Freizeiteinrichtungen.

cand.-arch. Willi Scherer
cand.-ing. Michael Strohmeier

Betreuung
Prof. Dr. techn. h.c. Kurt Ackermann

Förderpreis des Deutschen Stahlbaus 1980, 3. Preis

Leitgedanken
Ziel des Architektur- und Bauingenieurstudenten ist es, einen möglichst transparenten Baukörper zu schaffen.

Räumliche Konzeption
Die Sport- und Freizeiteinrichtungen werden in einer kompakten Halle zusammengefaßt. Auf zwei Ebenen sind an einer durchgehenden Fußgängerpassage das Restaurant, die Freizeiträume und eine Zuschauerplattform in Form eines eingestellten, eigenständigen Turmes angeordnet. Eine Passage trennt die Bereiche Dreifachturn- und Tennishalle.

Konstruktion
Als Tragwerk wird eine Seilbinderkonstruktion gewählt. Die Seilbinder bestehen aus einem versetzten Parallelsystem von Trag- und Stabilisierungsseilen, die durch Druckstäbe und Diagonalzugseile auseinandergehalten werden. Die so entstehenden Zugkräfte werden durch seitliche Abspannungen an auskragenden Gerberetten in Zuganker übertragen.
Die vertikale Lastabtragung erfolgt über linear angeordnete Doppelstützen.

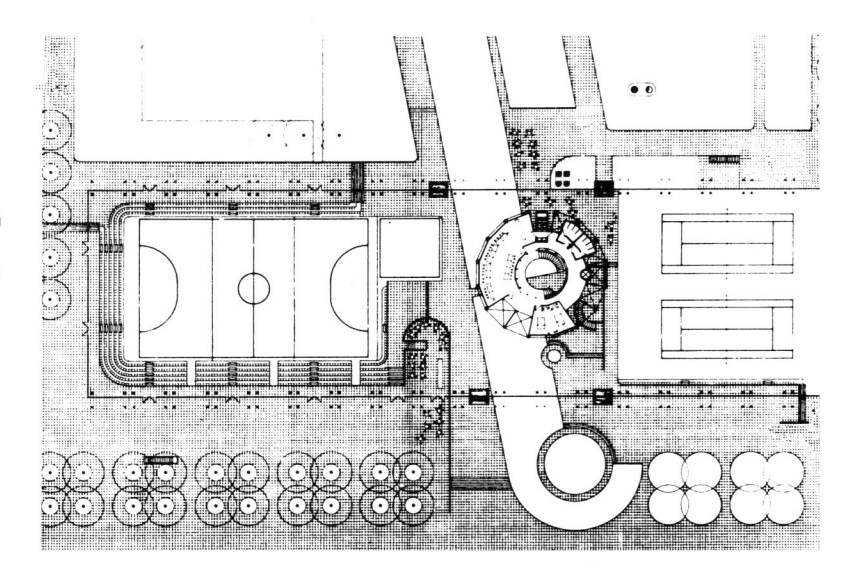

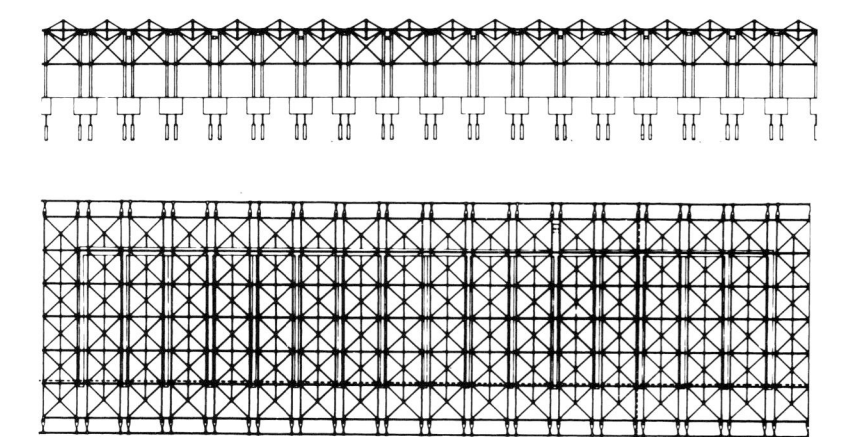

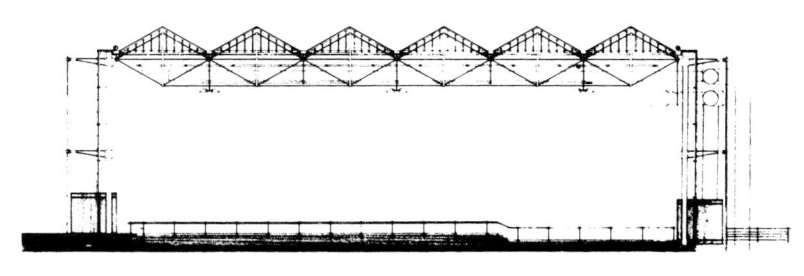

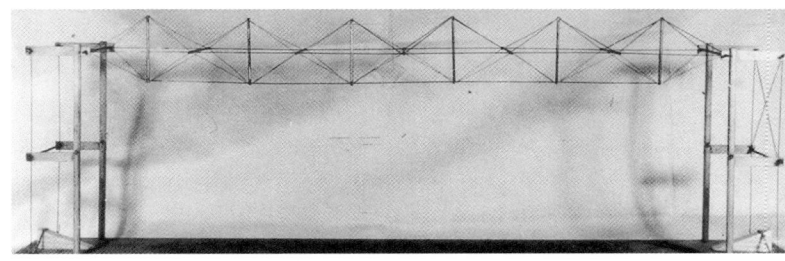

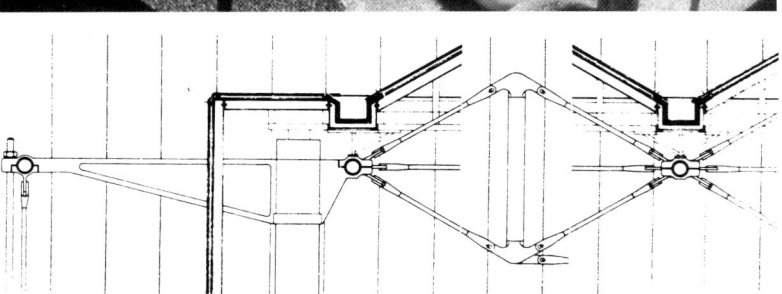

Raumabschluß
Der obere horizontale Raumabschluß besteht aus tetraederförmigen Glasflächen, welche die Form des darunterliegenden Seilbinders nachbilden.
Ein horizontales Rinnensystem an den Tiefpunkten der pyramidenförmigen Dachstruktur übernimmt die Entwässerung der Dachfläche.
Die Fassaden sind in Pfosten-Riegel-Bauweise erstellt. Die Pfosten sind dem Momentenverlauf eines Einfeldträgers entsprechend fischbauchförmig hinterspannt.

Fabrikationsgebäude für Baubeschläge

Vertiefungsentwurf 1984

Aufgabenstellung
Gegenstand der Entwurfsaufgabe war die Planung eines Fabrikationsgebäudes für Baubeschläge mit manueller und automatischer Fertigung im Gewerbegebiet Vogelsang in Stuttgart-West.
Funktionale Kriterien in Form von Flächen für Produktion, Lagerung, Verwaltung, Sozialbereich und ein Materialflußdiagramm bildeten die Grundlagen des Entwurfs.
Die Schwerpunkte des Projekts bestanden in der Erstellung eines auf unterschiedliche Produktionsprozesse zugeschnittenen Nutzungskonzepts und der statischen und konstruktiven Bearbeitung von Tragwerk und Hülle sowie der Integration der notwendigen Installationen.

cand.-arch. Marco Goetz
cand.-ing. Jürgen Schneider

Betreuung
Prof. Dr. techn. h.c. Kurt Ackermann
Dipl.-Ing. Fritz Ulrich Buchmann
Dipl.-Ing. Hans Ulrich Kilian

Förderpreis des Deutschen Stahlbaus 1986, 3. Preis

Leitgedanken
Durch eine ruhige und zurückhaltende Gestalt soll sich das Gebäude in den Bestand integrieren. Eine baukastenartige Konzeption von Tragwerk und Hülle stellt maximale Flexibilität für eventuelle spätere Erweiterungen oder Nutzungsänderungen sicher.

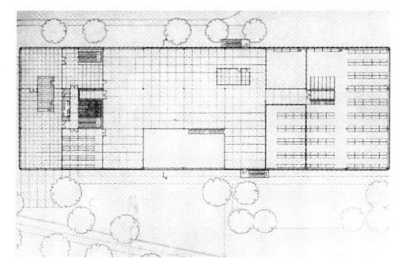

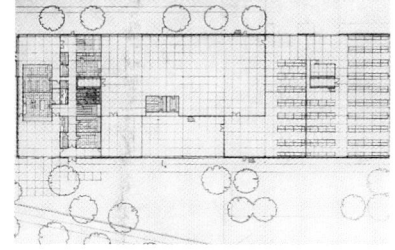

Räumliche Konzeption
Am südöstlichen Ende des Geländes sind im Erdgeschoß Cafeteria, Umkleiden, EDV-Bereiche und der Auslieferungsbereich für den Einzelhandel angeordnet. Im ersten Obergeschoß befinden sich das Kleinteilelager, die Verwaltung und die Geschäftsleitung. In nordwestlicher Richtung sind die Produktions- und Lagerbereiche zweigeschossig angelagert. Die Hallenkonstruktion vereint auf zwei Geschossen alle geforderten Flächen.

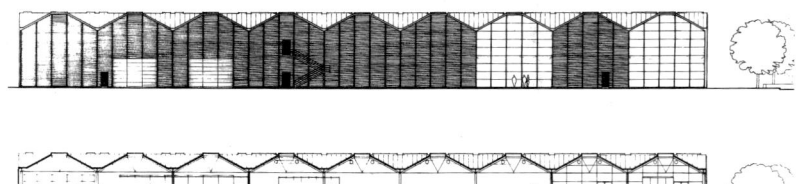

Konstruktion

Ein ungerichtetes Tragwerk mit einem quadratischen Raster von 11,0 x 11,0 Metern überspannt die Halle mit den Außenmaßen von 99,0 x 33,0 Metern. Bei einer überbauten Fläche von 3270 m² ergibt sich ein umbautes Volumen von 29000 m. Die Konstruktion ist zweiachsig erweiterbar und entspricht somit den Anforderungen größtmöglicher Nutzungsflexibilität. Das Tragwerk setzt sich aus Stahlrohrstützen, Stahlwalzprofilen für Haupt- und Nebenträger und Stahlgußteilen für die Verbindung des Dachtragwerks mit den Stützen zusammen.

Das Dachtragwerk ist als räumlich lastabtragende Konstruktion ausgebildet. Von den Eckpunkten der quadratischen Felder ausgehend, stützen zur Feldmitte diagonal ansteigende Träger ein quadratisches Oberlichtfeld. Sie bilden eine Kehle in der Dachfläche, die zur Entwässerung genutzt wird. Geknickte Randträger begrenzen die Module. Zwischen den Randträgern und den diagonal ansteigenden Kehlträgern sind Nebenträger befestigt. Um den in den Randfeldern auftretenden Seitenschub zu verhindern, werden die quadratischen Module durch horizontal angeordnete Diagonalseile ausgesteift, die an den gußeisernen Stützenköpfen befestigt werden. Eine tetraederförmige Abhängung zwischen den quadratischen Oberlichtern und der Diagonalseilkreuzung hält das System lagestabil. An den gußeisernen Stützenköpfen befinden sich acht zweischnittige Anschlüsse für die Deckenträger. Die Zwischendecke ist als Trägerrost aus Walzprofilen in einem quadratischen Achsraster von 2,2 x 2,2 Metern konzipiert. Randträger geben die Eigen- und Verkehrslasten über gelenkige Anschlüsse an die Stützen ab. Durch am Fußpunkt eingespannte Stützen erfolgt die Horizontalaussteifung des Gebäudes.

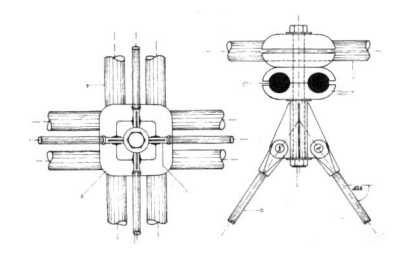

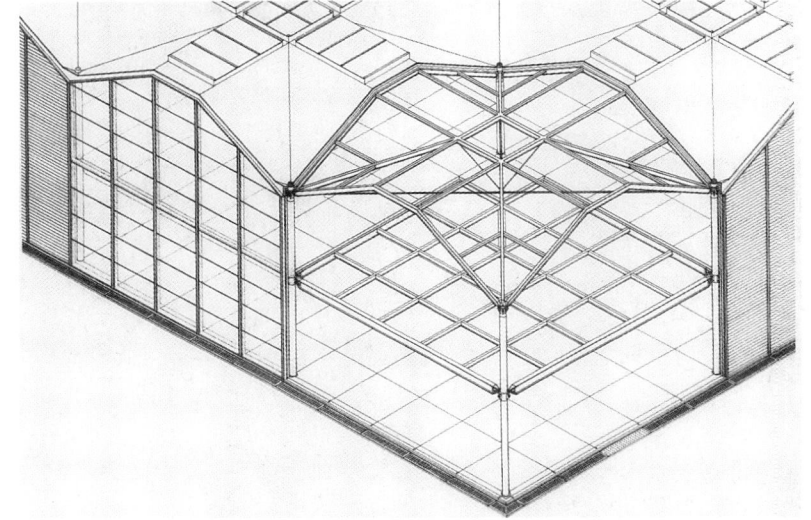

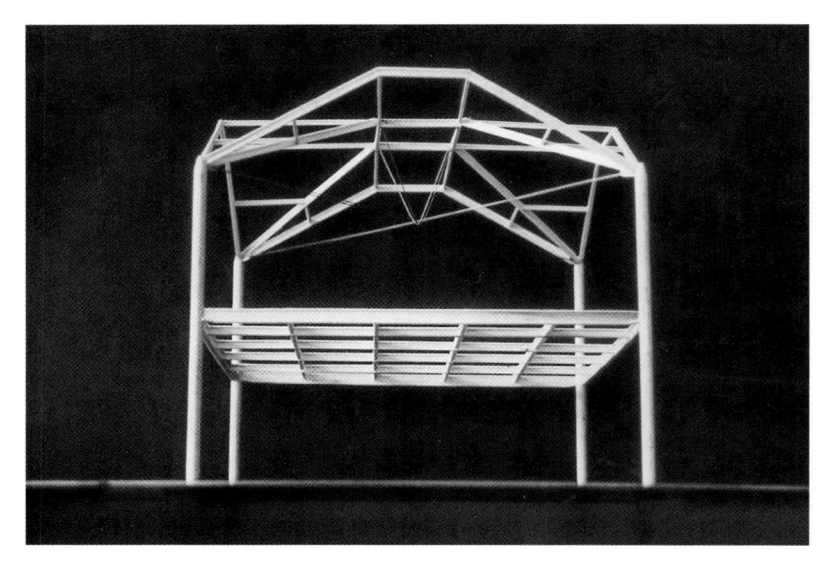

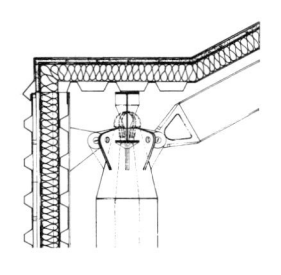

Raumabschluß

Für die Gebäudehülle sind festverglaste, geschlossene oder Lüftungselemente vorgesehen, die an die im Abstand von 2,2 Metern an den Dachrandträger angeschlossenen Fassadenpfosten montiert werden können.

Haustechnik

Die Installations- und Heizzentrale liegt im Kellergeschoß. Von dort aus verlaufen die Versorgungsleitungen in horizontalen Installationskanälen unterhalb des Erdgeschoßbodens zu den Versorgungsschächten.

Fußgängerbrücke am Nordbahnhof

Vertiefungsentwurf 1986

Aufgabenstellung
Die für die Internationale Gartenbauausstellung Stuttgart vorgesehenen Ausstellungs- und Grünanlagen sollten im Bereich des Nordbahnhofs über eine Fußgängerbrücke miteinander verbunden werden.
Das Grundstück, eine Industriebrache, ist durch eng nebeneinander liegende Bahngleise und Hochspannungsleitungen geprägt. Anknüpfungspunkte an den öffentlichen Verkehr im Bereich des Nordbahnhofs und der Heilbronner Straße waren aufzunehmen.

cand.-arch. Manfred Arend

Betreuung
Prof. Dr. techn. h.c. Kurt Ackermann
Prof. Dr.-Ing. Drs. h.c. Jörg Schlaich
Dipl.-Ing. ETH Edward Dolk
Dipl.-Ing. Gustl Lachenmann
Dipl.-Ing. Klaus Rückert

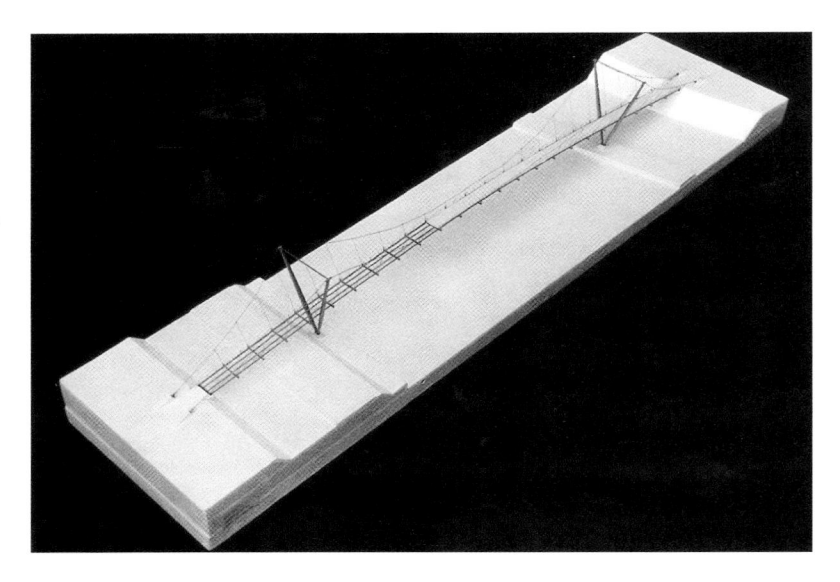

Leitgedanken
Die Zielsetzung des Entwurfs liegt in der Überbrückung einer großen Spannweite mit minimalem Materialaufwand. Die Bauelemente sollen die Art ihrer Belastung ablesbar machen, ihre konstruktive Ausbildung folgt den Gesetzen des Kräfteverlaufs. Die Pylone sollen als weithin sichtbares Zeichen den Standort der Brücke markieren.

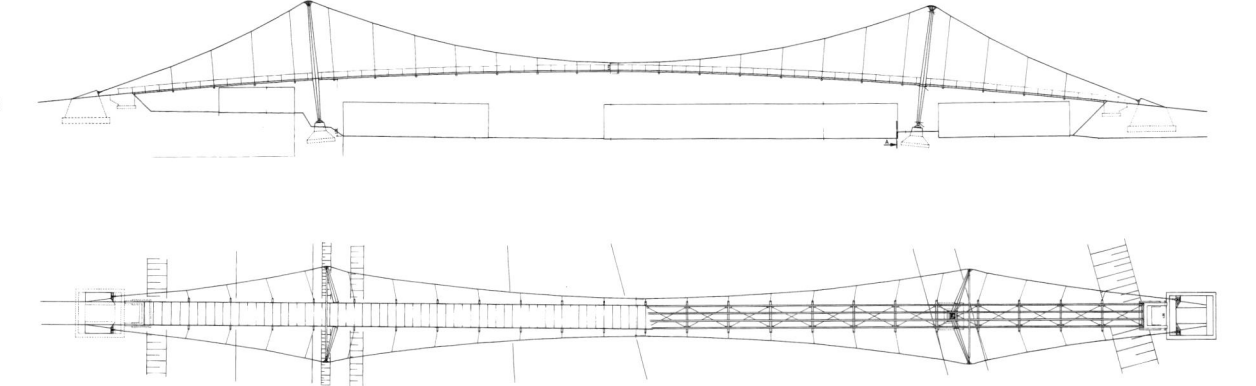

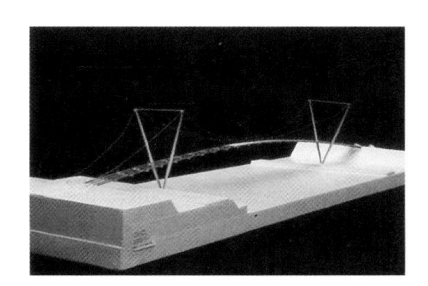

Räumliche Konzeption
Ein geradlinig verlaufender Gehweg ermöglicht die Überquerung der Gleisanlagen auf kürzestem Weg. Die darüber angeordnete Tragkonstruktion mit ihren geneigten Hängerebenen, den bogenförmigen Gradienten der Gehbahn und den sichtbaren Fügungskonstruktionen macht die Benutzung erlebbar.

Konstruktion

Das Tragsystem der Seilkonstruktion entspricht dem einer rückverankerten Hängebrücke. Dem klassischen Vorbild folgend, wird ein großes Mittelfeld von 108 Metern Länge durch zwei Seitenfelder von je 36 Metern Länge symmetrisch flankiert. Zwei Tragkabel laufen kontinuierlich über geneigte, V-förmige Pylone, an denen sie gegen horizontale Verschiebung gesichert sind. Dabei stellt sich ein der Stützlinie entsprechender Verlauf des Tragkabels ein.

Im Querschnitt rautenförmige Kastenprofile aus Stahl bilden die 22,5 Meter hohen Pylone. Sie sind entsprechend der Knickbeanspruchung konisch geformt. Die Schrägstellung der Pylone reduziert die Differenz des Horizontalzuges am Tragkabelsattel. Die Verankerungspunkte der Tragkabel und die Fußgelenke der Pylone liegen unterschiedlich hoch; jede Auslenkung der Pylonköpfe erzeugt eine Rückstellkraft in den Seilen. Die Pylone sind daher lagestabil.

Durch die nach außen geneigten Hängeseile wirkt der nur 4 Meter breite Gehbahnbereich nicht beengt. Der gewählte große Parabelstich der Mittelöffnung läßt in Brückenmitte das Tragkabel auf Geländerhöhe verlaufen. Dies trägt zur Offenheit und Erlebbarkeit der Konstruktion bei. Die Gehbahn besteht aus Walzstahlprofilen. Die Träger kragen unter den Gehbahnrändern aus. Hängeseile im Abstand von 7 Metern übertragen die Lasten durch Gabelkopfanschlüsse von der Gehbahn zum Tragseil. Der Kräfteverlauf und die Fügung des Tragwerks sind klar ablesbar. Die zur Gehbahn senkrechte Anordnung der Hänger vermeidet schiefe Biegung in den Querträgern. Ein Windverband bildet die Horizontalaussteifung. Der Gehbahnbelag aus Betonfertigteilen wirkt auflaststabilisierend. Die einzelnen Platten sind nicht miteinander verbunden, um Biegeverformungen zu vermeiden.

Durch die Fertigteilkonstruktion des Gehbelags werden eine kurze Montagezeit und ein während der Erstellung ungestörter Bahnbetrieb angestrebt.

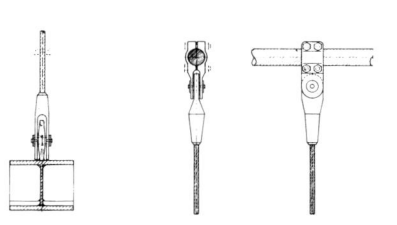

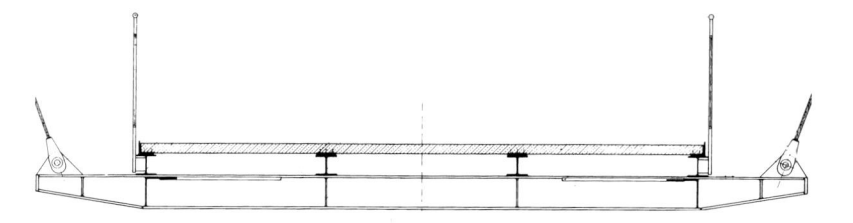

cand.-ing. Rochus Teschner

Betreuung
Prof. Dr. techn. h.c. Kurt Ackermann
Prof. Dr.-Ing. Drs. h.c. Jörg Schlaich
Dipl.-Ing. ETH Edward Dolk
Dipl.-Ing. Gustl Lachenmann
Dipl.-Ing. Klaus Rückert

Förderpreis der Deutschen
Zementindustrie 1986, 2. Preis

Förderpreis des Deutschen
Stahlbaus 1988, 3. Preis

Leitgedanken
Angestrebt wird ein Brückentragwerk mit minimierter Konstruktion und hohem Leistungsgewicht. Dies führt zu einem Tragwerk aus fast ausschließlich zugbeanspruchten Elementen. Die zu den Abstützungen hin ansteigende Gehbahn soll dem Überqueren der Brücke einen besonderen Erlebniswert verleihen.

Räumliche Konzeption
Die im Grundriß geradlinige Gehbahn ermöglicht die Überquerung der Gleisanlagen auf kürzestem Weg. Da die Gehebene der Tragwerksform folgt, wird die Hängeform der Konstruktion erlebbar gemacht.

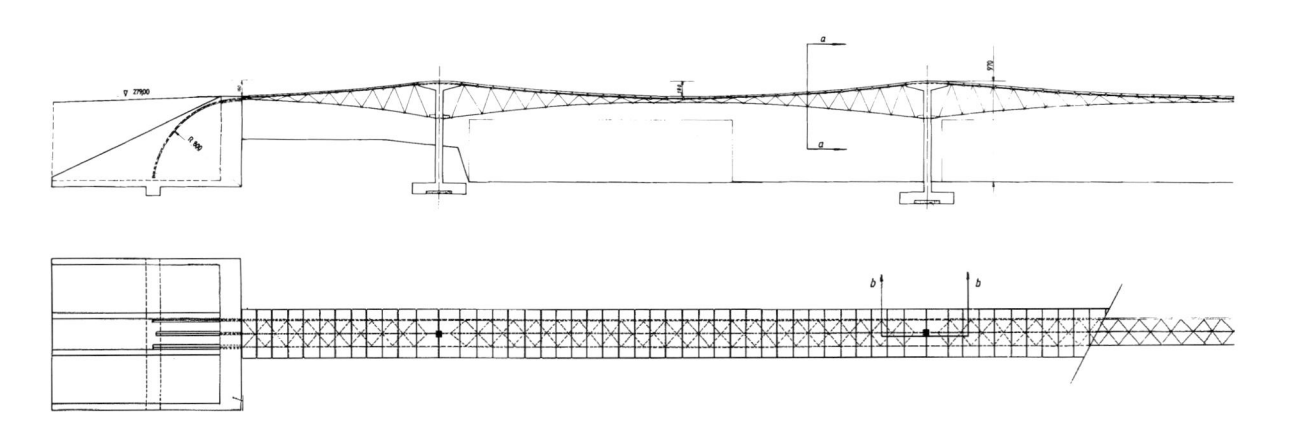

Konstruktion

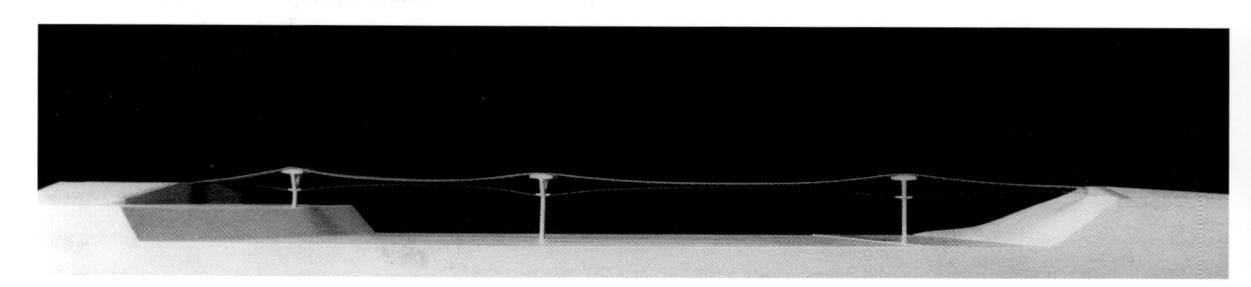

Die Brücke hat eine Gesamtlänge von 192 Metern. Als Tragsystem wird eine Seilbinderkonstruktion mit direkt auf den Tragseilen verlegten Gehbahnplatten gewählt.
Zwischen den Stahlbetonstützen sind zwei, im Abstand von 2,4 Metern parallel verlaufende Tragseile mit einer maximalen Spannweite von 60 Metern eingehängt. Auf ihnen liegen Gehbahnplatten aus Stahlbetonfertigteilen, die zu jeder Seite 0,90 Meter auskragen. Zur Verringerung der Verformungen unter asymmetrischer Belastung und zur Stabilisierung gegen Schwingungen ist mittig unter der Gehbahn ein entgegengesetzt gekrümmtes Seil gespannt. Es ist mit den beiden Tragseilen durch Diagonalseile zu einem räumlichen Seilfachwerkbinder verbunden. Bei asymmetrisch angreifenden Verkehrslasten werden die oberen Tragseile von dem Stabilisierungsseil in die Ausgangslage zurückgezogen.
Die Torsionssteifigkeit wird durch die vorgespannten Seildiagonalen und den dreieckigen Querschnitt des Seilbinders erreicht. Darüber hinaus ist das Zugglied auch in der Lage, horizontale Rückstellkräfte zu erzeugen. Trag- und Spannseile sind über mehrere Felder durchlaufend konzipiert, die Stützen sind im Bereich des Umlenksattels Y-förmig verbreitert. Die Form des Umlenksattels resultiert aus den technischen und mechanischen Eigenschaften des Seils und den dadurch bedingten Umlenkradien.
An den beiden Enden der Fußgängerbrücke sind die Trag- und Spannseile durch Schwergewichtsfundamente verankert.
Das niedrige Eigengewicht und die geringe Steifigkeit der Brücke führen zu einer hohen Schwingungsempfindlichkeit. Die Schwingungen machen das Tragverhalten der Konstruktion verständlich. Die Ausbildung der Knotenpunkte trägt den Verformungen Rechnung.
Da die Betonplatten auf die Seile aufgelegt und der Seilbinder an den Widerlagern vorgespannt werden kann, ist eine Montage ohne Gerüst möglich.

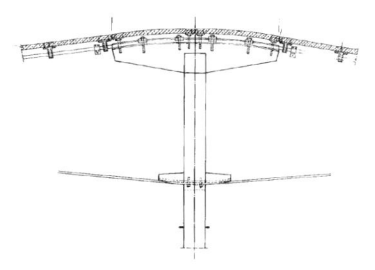

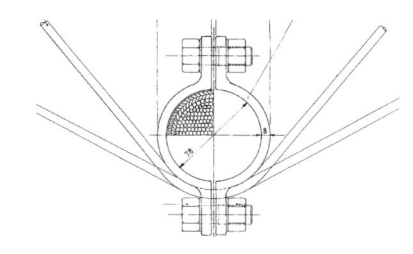

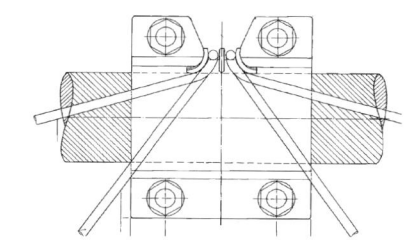

Labor- und Prüfstandsgebäude

Vertiefungsentwurf 1987

Aufgabenstellung
Die Entwurfsaufgabe bestand in der Planung eines Labor- und Prüfstandsgebäudes für einen Automobilhersteller als Erweiterung eines bestehenden Gebäudes in Stuttgart-Untertürkheim.
Der nordöstliche Bereich des Werksgeländes sollte für den Neubau eines Parkhauses freigehalten werden.
Das Raumprogramm umfaßte Prüfstände für Aggregate, Werkstätten, Labors und Bürotrakte und eine Anzahl von Technikräumen.
Der Entwurf sollte größtmögliche Flexibilität im Rahmen eines sinnvollen konstruktiven Aufwandes bieten.
Ziel war es, für die komplexe Nutzung unter Berücksichtigung der hohen haustechnischen Anforderungen eine angemessene, konstruktiv durchgängige Lösung zu erarbeiten.

cand.-arch. Claudia Laquai
cand.-ing. Wolfgang Fromm

Betreuung
Prof. Dr. techn. h.c. Kurt Ackermann
Dipl.-Ing. Werner Kaag
Dipl.-Ing. Gustl Lachenmann

Förderpreis der Deutschen Zementindustrie 1988, 1. Preis

Leitgedanken
Städtebaulich wird die Orientierung des Gebäudes zu einem bestehenden Prüfstandsgebäude durch die Ausbildung eines Werkhofes angestrebt. Im Inneren sollen durch die Raumzonierung Bereiche mit unterschiedlichen Anforderungen entstehen. Durch die Ausbildung einer Mittelzone soll die Kommunikation der Mitarbeiter im Labor- und Prüfstandtrakt gefördert werden. Der divergierende Charakter beider Bereiche und der hohe Anteil an Haustechnik sollen die Erscheinung nach innen und außen prägen.

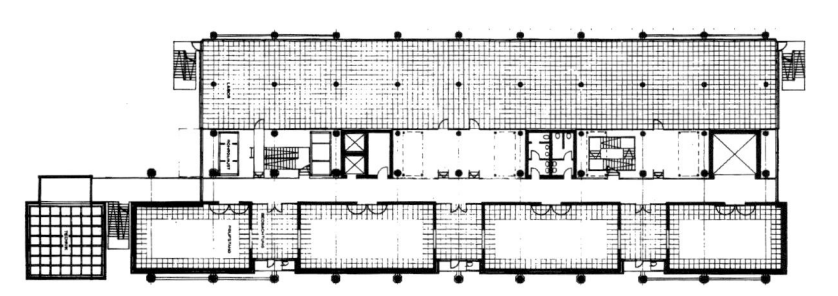

Räumliche Konzeption
Durch das Abrücken des Bauwerks von einem bereits bestehenden Prüfstandsgebäude und die Notwendigkeit der natürlichen Belichtung im Erdgeschoß gelegener Werkstätten entsteht ein gemeinsamer Werkhof zwischen den beiden Gebäuden. Die zweibündige Organisation des Grundrisses trägt der inneren Nutzungsanordnung Rechnung. Der nach Südwesten zum Werkhof orientierte Laborbereich ist durch flexibel nutz- und unterteilbare Räume geprägt, die im Vergleich zum Prüfstandtrakt eine geringere Raumhöhe aufweisen. Koppelbare Prüfstände mit eingeschobenen Beobachtungsräumen kennzeichnen die Nutzung des Prüfstandsbereichs. Zwischen den beiden Nutzungszonen befindet sich die Erschließungszone, die durch Zurückstaffelung in den oberen Geschossen Freiräume für die Ausbildung von Kommunikationszonen schafft. Die Erschließungszone dient als vertikale Installationstrasse, die horizontale Medienführung erfolgt über einen südwestlich vorgelagerten Technikturm.
Eine einfache Austauschbarkeit der Medientrassen für wechselnde Prüfaufbauten ist gewährleistet. Dezentrale Klimatisierungsmodule auf dem Dach übernehmen die raumlufttechnische Versorgung des Labor- und Prüfstandsgebäudes.

Konstruktion

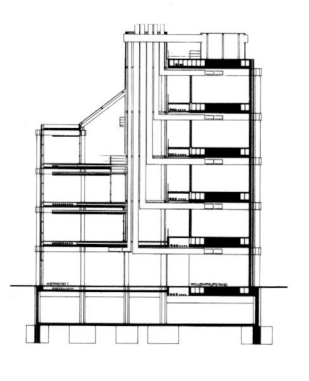

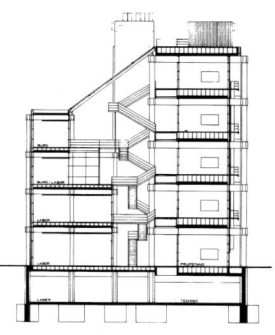

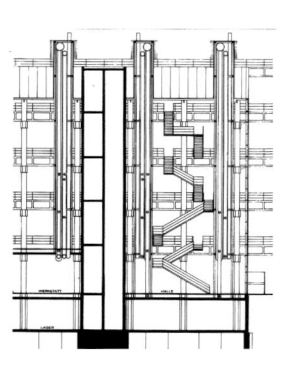

Das Gebäude ist als Skelettbau mit Rahmenwirkung und aussteifenden Kernen in Querrichtung konzipiert. In Längsrichtung wird es sowohl durch die Kerne als auch durch in den Endfeldern angeordnete Zugdiagonalen und Druckriegel ausgesteift.

Die Anordnung der Stahlbetonunterzüge in Querrichtung ergibt sich aus dem Installationskonzept, das eine ungestörte Medienführung quer zur Gebäudelängsachse vorsieht. Eine Flachdecke, die aus vorgefertigten Elementen oder mit Deckenschaltischen herstellbar ist, ermöglicht die freie Leitungsführung. Auch die Unterzüge mit Anschlußbewehrung für die Platten, Stützen, Diagonalen und Druckstreben sind als Stahlbetonfertigteile konzipiert. Die Verbindungen erfolgen durch einen Ortbetonknotenpunkt.

Um rationell und paßgenau schalen zu können, wird eine Stahlschalung konzipiert. In diese wird eine Zentrierhülse für die Stütze des jeweils nächsten Stockwerks eingebaut. Stege, Gerüste und der Technikturm sind Stahlkonstruktionen. Die Zwischendecken des Technikturms bestehen aus Trägerrosten, die in beliebiger Höhe an die Stützen montiert werden können.

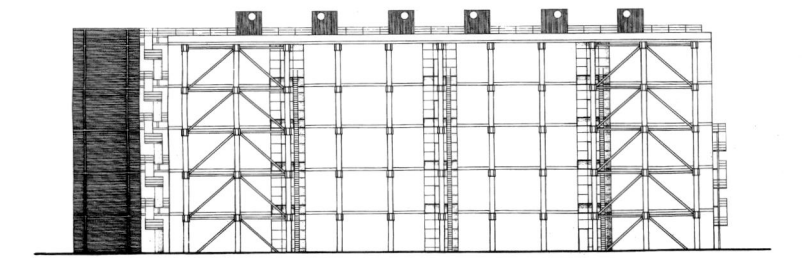

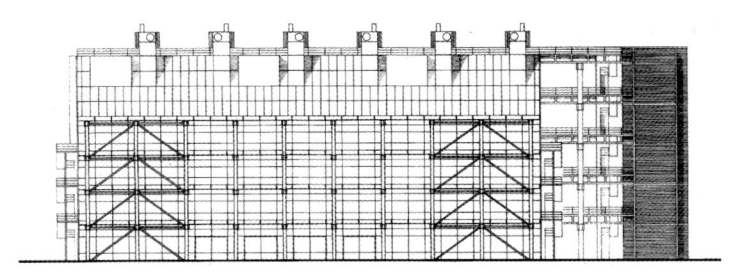

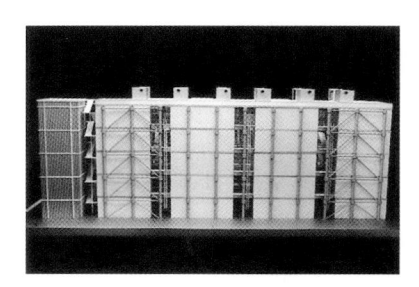

Betriebsgebäude für ein Reisebusunternehmen

Vertiefungsentwurf 1987

Aufgabenstellung
Die Entwurfsaufgabe bestand in der Planung eines Büro- und Betriebsgebäudes für ein Reisebusunternehmen im Gewerbegebiet Vogelsang in Stuttgart-West.
Verschiedene Nutzungen, vor allem die Wartung und Unterhaltung der Reisebusse und Flächen für Verwaltung und Repräsentation, waren Bestandteil des Raumprogramms.
Auf der Basis eines vom Lehrstuhl ausgegebenen Grundriß- und Schnittlayouts bestand der Schwerpunkt der Aufgabe in der konstruktiven Bearbeitung des Tragwerks, des Raumabschlusses und der Integration des Installationssystems.

cand.-ing. Knut Göppert

Betreuung
Prof. Dr. techn. h.c. Kurt Ackermann
Dipl.-Ing. Alexander Furche
Dipl.-Ing. Michael Jockers

Förderpreis des Deutschen Stahlbaus 1988, 1. Preis

European Student Award 1989

Leitgedanken
Das zu projektierende Gebäude soll einen reibungslosen Funktionsablauf und größtmögliche Flexibilität bezüglich der Nutzung erlauben, ein außenliegendes Tragwerk mit ablesbarem Konstruktionsprinzip prägt das Erscheinungsbild des Bauwerks.

Räumliche Konzeption
Die unterschiedlichen Nutzungen werden in einem kompakten Baukörper zusammengefaßt. Die Halle mit einer überbauten Fläche von 1980 m² und einem umbauten Raum von 18045 m³ ist räumlich in zwei Zonen unterteilt. Werkstatt und Waschanlage mit einer Raumhöhe von 6,4 bis 9,1 Metern nehmen die Hälfte der Gebäudegrundfläche ein. Im anderen Bereich gruppieren sich zweigeschossige Einbauten U-förmig um eine Ausstellungsfläche von 300 m². Im Erdgeschoß befinden sich Empfang, Büros, Sozial- und Lagerräume, im Obergeschoß eine Cafeteria mit 60 Sitzplätzen. Das Gebäude wird ebenerdig erschlossen. Fahr- und Personenerschließung liegen an entgegengesetzten Gebäudeseiten.

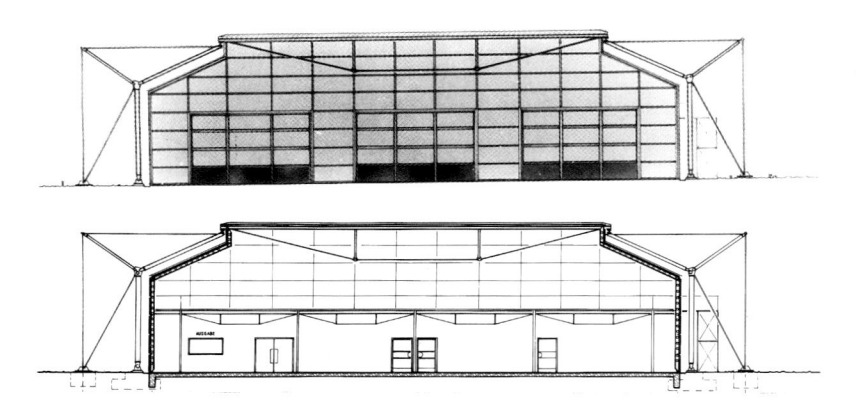

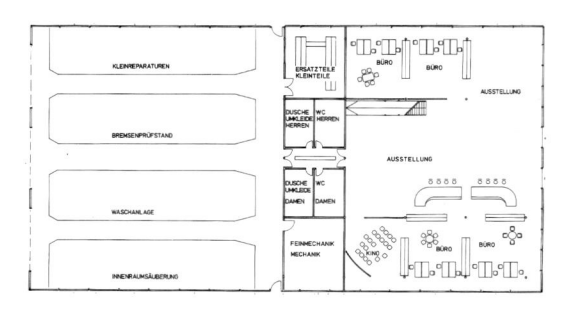

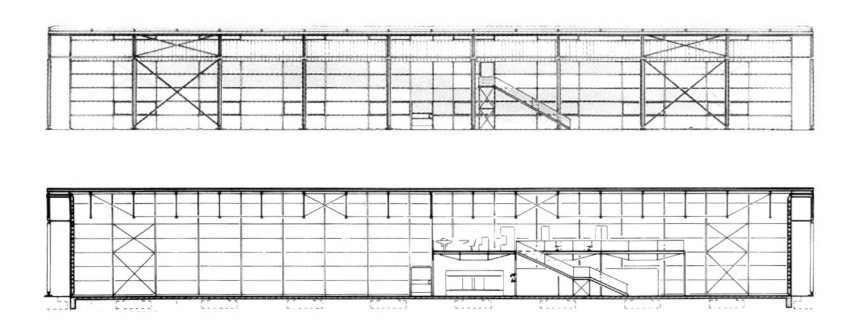

Konstruktion

Die Primärkonstruktion besteht aus einem aufgelösten Stahltragwerk mit einem Achsabstand von 7,2 Metern und einer Spannweite von 33,6 Metern. Auftretende Momente werden bei dem gewählten Tragsystem durch Kräftepaare aufgenommen. Dabei entspricht der Abstand der Zug- und Druckglieder, der innere Hebelarm, der Größe der in einem Rahmen auftretenden Biegemomente. Die Anordnung von Montagegelenken erfolgt im Momentennullpunkt. Zur Ableitung der horizontalen Windlasten werden diagonale Zugstäbe zwischen den Stützen eingefügt. Alle Bauteile, die ausschließlich auf Zug oder Druck beansprucht werden, sind rotationssymmetrisch. Die biegebeanspruchten Bauteile werden aus Walzprofilen hergestellt. Als Materialien sind Baustähle ST 37 und ST 52 und für die großen Zugkräfte hochfester Stahl ST 1320 vorgesehen. Die vertikalen Zugkräfte werden über eine Stahlbetonplatte und je zwei Zuganker in den Baugrund eingeleitet, Horizontalkräfte durch Erddruck an den Stirnflächen der Stahlbetonplatte und durch Reibung aufgenommen. Während die Stahlrohrstützen auf Einzelfundamenten stehen, erhält die Stahlbetonplatte eine umlaufende Frostschürze. Unterspannte Träger bilden die Rahmenriegel. Auskreuzungen in Dach- und Fassadenebene in den jeweils vorletzten Feldern bilden die Aussteifung in Längsrichtung. Die Einbauten werden als Tische mit einer Spannweite von 7,2 x 7,2 Metern unter die Hallenkonstruktion eingestellt. Das Tragwerk der Tische besteht aus unterspannten Trägern auf Rundstützen.
Gelochte Fassadenstützen halten die Hülle im Abstand von 3,6 Metern. Sie ist von der Tragkonstruktion getrennt. Im Bereich der Unterspannungen der Hauptträger und in der Ebene der gelochten Fassadenstützen ist eine integrierte Installationsführung möglich.
Die Gebäudeform resultiert aus dem gewählten Konstruktionsprinzip. Das aufgelöste Tragwerk und die Fügungspunkte geben dem Gebäude seine charakteristische Gestalt.

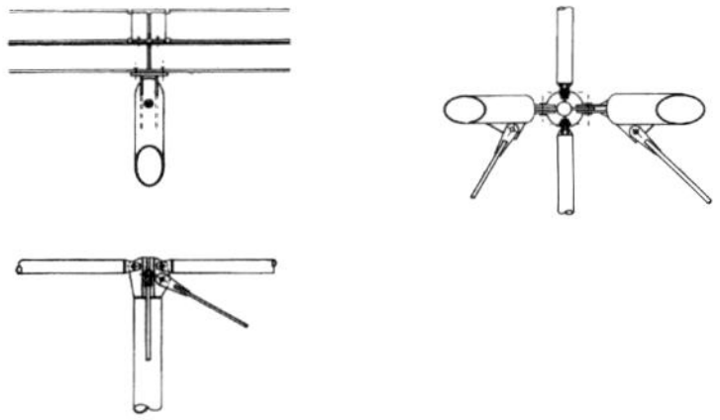

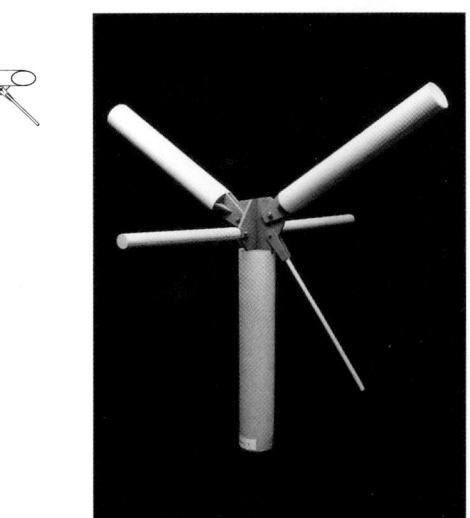

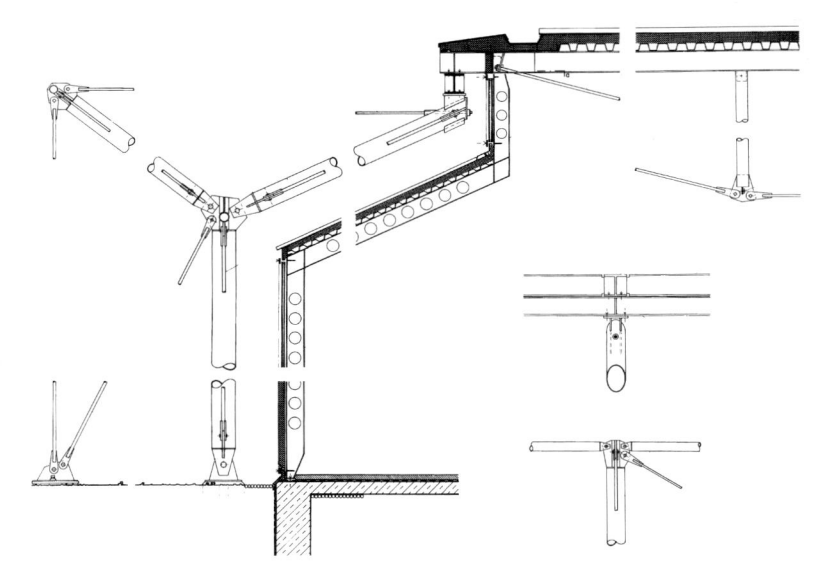

Druckerei für Spezialpapiere

Vertiefungsentwurf 1988

Aufgabenstellung
Die Entwurfsaufgabe bestand in der Planung eines Druckereigebäudes in Stuttgart-Stammheim mit Anbindung an die vorhandene Infrastruktur und an den Containerbahnhof Kornwestheim.
Der Funktionsablauf der Druckerei gliedert sich in Anlieferung, Rohlager, Druckerei, Fertiglager und Auslieferungsbereich. Jedem dieser einzelnen Bereiche sind periphere Funktionen wie Werkstätten, Sozialräume oder Verwaltung zugeordnet.
Bewertungskriterien waren unter anderem die Erweiterbarkeit des Gebäudes, die konstruktive Bearbeitung von Tragwerk und Hülle und die Konzeption der Belichtung. Ein auf den verfahrenstechnischen Erfordernissen basierendes Flächenlayout diente als Grundlage zur Bearbeitung des Entwurfs.

cand.-arch. Raimund Heitmann
cand.-ing. Thomas Sorg

Betreuung
Prof. Dr. techn. h.c. Kurt Ackermann
Dipl.-Ing. Michael Jockers
Dipl.-Ing. Gustl Lachenmann

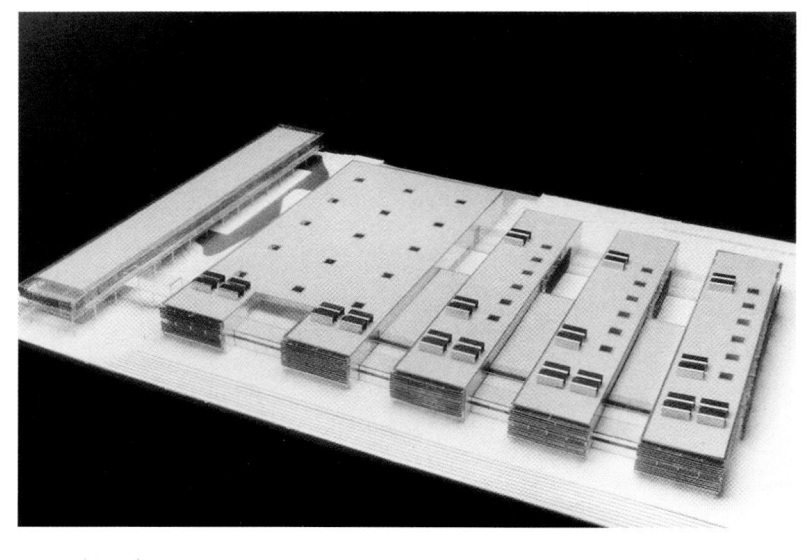

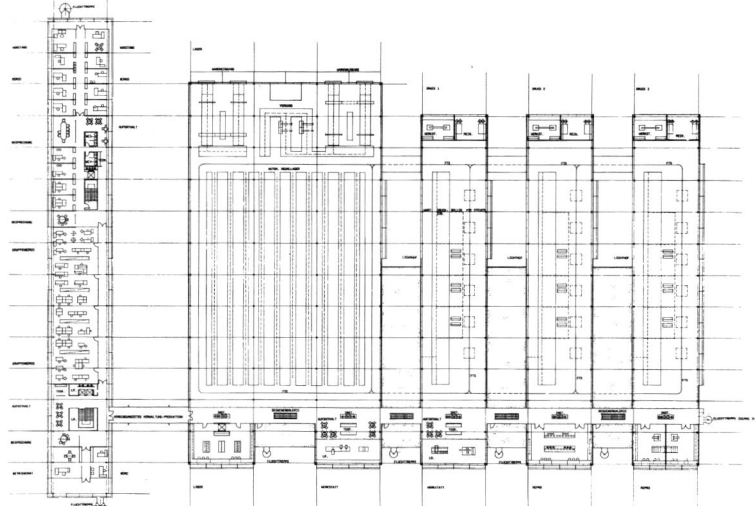

Leitgedanken
Der Gebäudekomplex soll in eine parkähnliche Landschaft unter Berücksichtigung der kleinmaßstäblichen Bebauung im Süden eingebunden werden.
Nutzungszonen mit unterschiedlichen lichttechnischen Anforderungen sollen in einem eigenen Gebäude angeordnet werden. Dabei werden im Bereich der Arbeitsplätze, in Verwaltung und Produktion, eine weitgehend natürliche Belichtung und Belüftung sowie eine gute optische Wahrnehmung angestrebt.

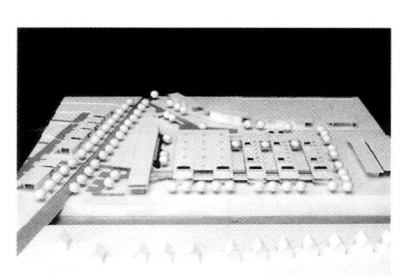

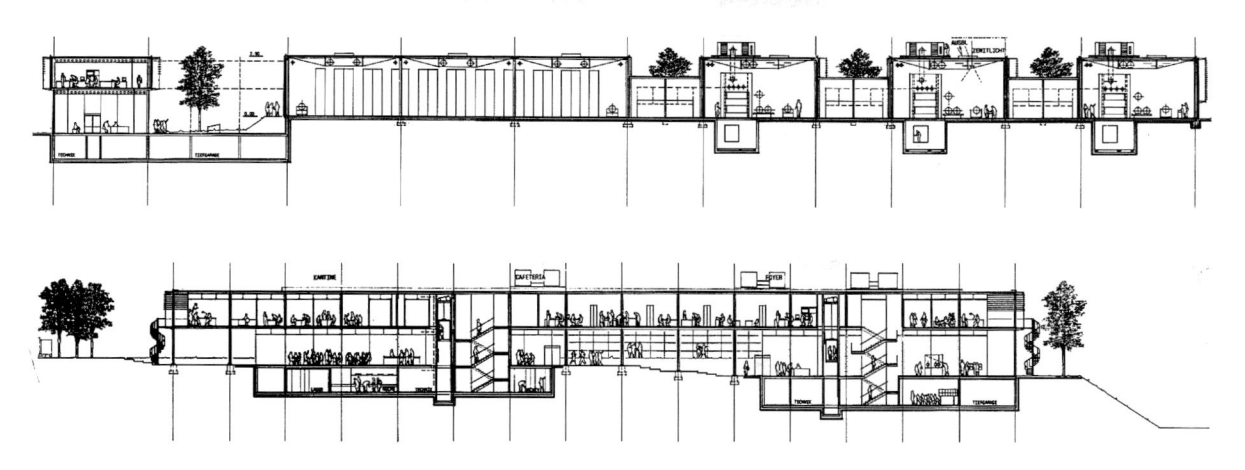

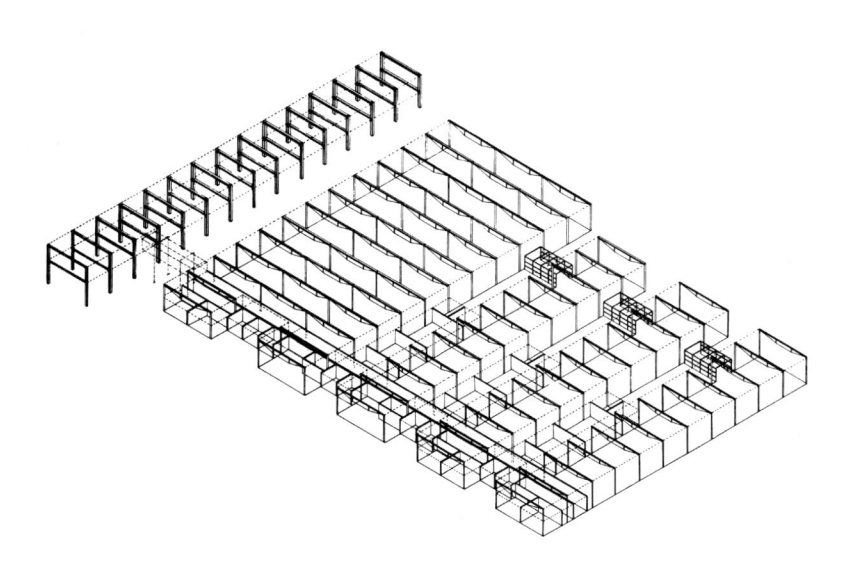

erschließung unterhalb des Verwaltungsgebäudes. Sie verbindet alle Nutzungsbereiche und übernimmt gleichzeitig die Funktion der Installationsführung in Gebäudelängsrichtung.
Das Druckereigebäude selbst verfügt über eine überbaute Fläche von 8400 m² und ein umbautes Volumen von 66400 m³. Es ist in ein mit einem FTS-System bestücktes Roh- und Fertiglager in kompakter Bauweise und Druckstraßen mit Rotationsmaschinen gegliedert. Durch die Anordnung von Innenhöfen wird eine Verflechtung von Grünbereichen und Arbeitsplätzen angestrebt und die natürliche Belichtung tiefer Raumzuschnitte im Bereich der Rotationsstraßen erreicht. Farb- und Formenlager sind den Druckstraßen direkt zugeordnet. Funktionen wie Sozialräume, Werkstatt und der Reproduktionsbereich sind über die Erschließungsstraße mit der Produktion verbunden.

Räumliche Konzeption
Die Planung ist in einen vorgelagerten zweigeschossigen Verwaltungsriegel im Westen und in das Druckereigebäude im Osten gegliedert.
Durch die partielle Aufständerung des Verwaltungsgebäudes und eine Strukturierung des Druckereigebäudes in Produktionsbereiche und Lichthöfe wird eine kontinuierliche Verbindung vom Park bis zu den Arbeits- und Produktionsbereichen erreicht. Gleichzeitig gelingt es durch die baukörperliche Gliederung des Produktionsgebäudes die Maßstäblichkeit der bestehenden Wohnbebauung aufzunehmen. Die Staffelung im Norden ermöglicht eine dem Grundstücksverlauf angepaßte Ausnutzung der Grundstücksfläche und eine spätere Erweiterbarkeit nach Osten.
Die äußere Erschließung des Produktionsgebäudes, der Warenein- und -ausgang durch Lkw und Bahn befindet sich im Norden. Pkw-Erschließung, Vor- und Zufahrt zur Tiefgarage erfolgen von der Kornwestheimer Straße.
Eine interne Versorgungsstraße mündet in die vertikale Haupt-

Konstruktion
Der Lager- und Produktionsbereich wird von einer innenliegenden, gerichteten Stahlkonstruktion überspannt. Die Spannweite beträgt 14,4, der Achsabstand 7,2 Meter. Die unterspannten Träger sind aus T-Profilen gefertigt. Für die in Abständen von 4,8 Metern angeordneten Luftstützen werden Rohrprofile gewählt. Gelenkige Anschlüsse zwischen Träger und Stützen werden durch geschweißte Laschen hergestellt.

Die Fassade besteht aus einer Pfosten-Riegel-Konstruktion. Im Druckbereich wird die geforderte hohe Leuchtdichte und eine gleichmäßige Lichtintensität zwischen 800 und 1000 Lux über mit Lichtumlenksystemen ausgestattete Oberlichte erreicht. Eine vorgehängte Lamellenkonstruktion verhindert Blendung durch Seitenlicht. In den Labor-, Werkstatt- und Reprobereichen kann durch Verwendung von Prismenlamellen die Leuchtdichte verbessert werden.

Das Tragwerk des Verwaltungsgebäudes besteht aus Geschoßrahmen aus Stahl mit einer Spannweite von 12 Metern. Durch die scheibenartige Ausbildung der Geschoßdecken und die Einspannung der Stockwerksrahmen wird die Aussteifung in Längsrichtung erreicht.

Die in Pfosten-Riegel-Bauweise erstellte Vorhangfassade ist außen mit Sonnenschutzlamellen versehen. An der Fassade sind Flucht- und Wartungsbalkone befestigt.

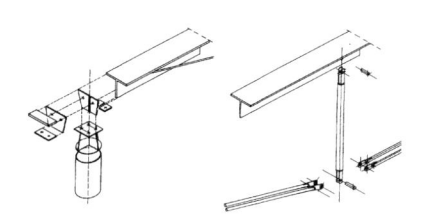

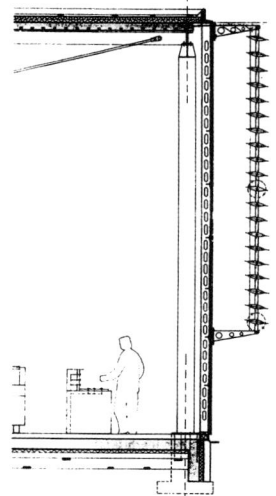

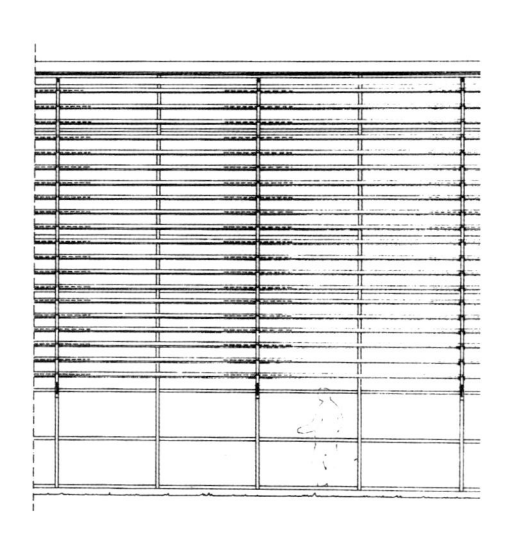

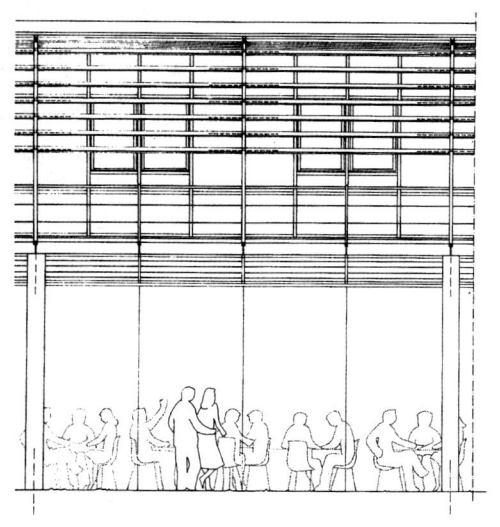

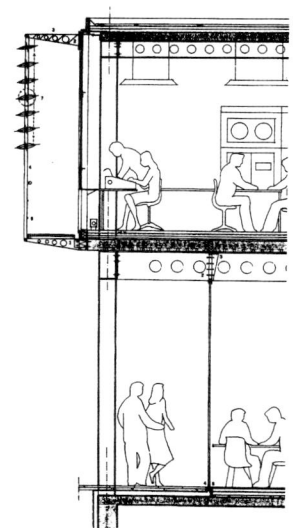

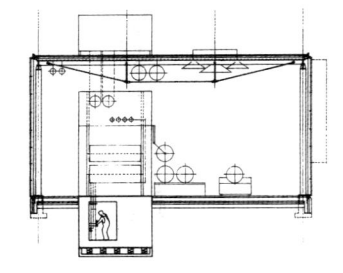

Installation
Die Klimazentralen der einzelnen Bereiche liegen oberhalb der Erschließungsstraße, in der die vertikale Leitungsführung erfolgt. Horizontal wird die Installation in der Trägerebene geführt. Die Zu- und Abluftzentralen für die Druckmaschinen sind direkt über den Aggregaten auf dem Dach angeordnet.

cand.-arch. Matthias Sieveke
cand.-ing. Christian Brunner

Betreuung
Prof. Dr. techn. h.c. Kurt Ackermann
Dipl.-Ing. Michael Jockers
Dipl.-Ing. Gustl Lachenmann

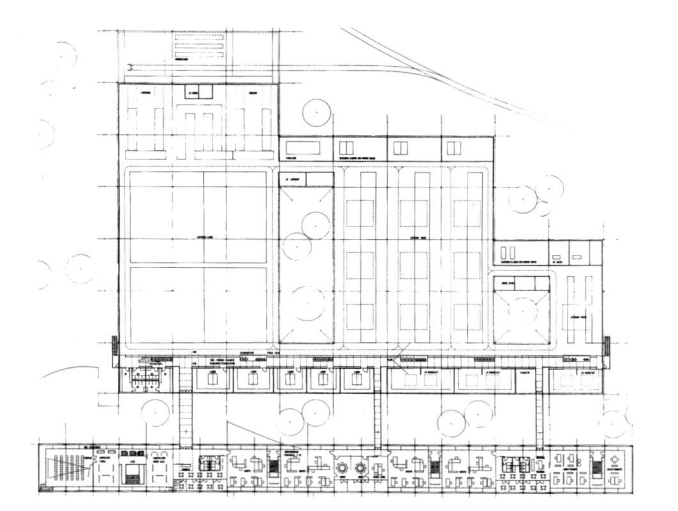

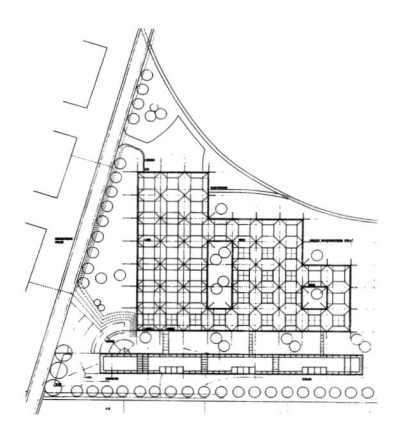

Leitgedanken
Städtebaulich wird die Integration der Gebäudestruktur in einen bis zur angrenzenden Wohnbebauung ausdehnbaren Landschaftsgarten angestrebt.
Das Ziel ist es, Nutzungszonen mit gleichen raumklimatischen Anforderungen, hoher Variabilität und Flexibilität sowie einer produktionsnahen Lage in einem nutzungsneutralen Baukörper zusammenzufassen. Bereiche mit natürlicher Belüftung und Belichtung sollen in einem eigenen Gebäude angeordnet werden.

Räumliche Konzeption
Der Gebäudekomplex ist in einen zweigeschossigen Verwaltungsriegel im Süden und einen Druckereibereich im Norden gegliedert.
Das Verwaltungsgebäude ist zweigeschossig aufgeständert. Dadurch wird eine Fortsetzung des Landschaftsgartens bis zum Produktionsbereich ermöglicht.
Die Vorfahrt für Mitarbeiter und Besucher und die Zufahrt zu einer Tiefgarage unterhalb des Verwaltungsgebäudes erfolgen von der Kornwestheimer Straße. Sie sind räum-

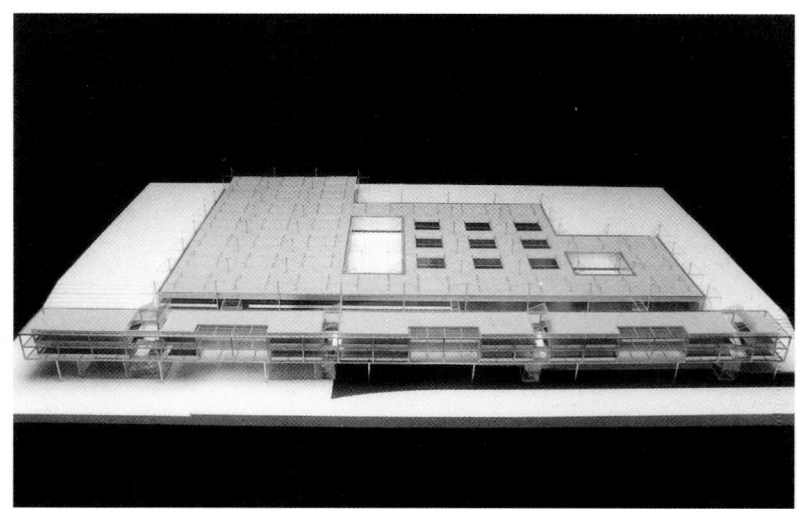

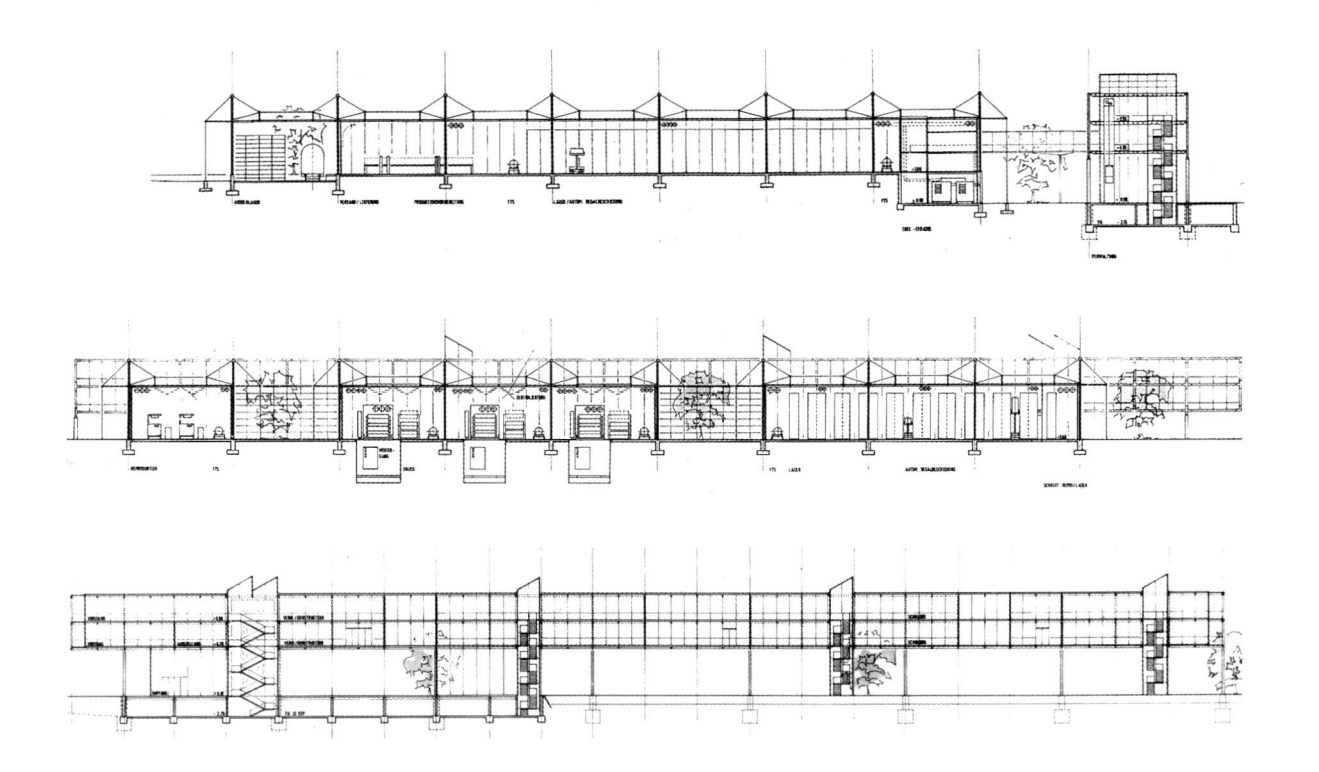

lich voneinander getrennt. Im Norden des Grundstücks sind der Warenein- und -ausgang mit Lkw-Vorfahrt und neuem Gleisanschluß angeordnet. Der östliche Bereich des Grundstücks bleibt einer späteren Erweiterung vorbehalten.
Das Druckereigebäude verfügt über eine überbaute Fläche von 9750 m² und einen umbauten Raum von 68400 m³. In der Innenzone befinden sich das Roh- und Fertiglager mit automatischer Regalbeschikkung, die Produktion mit Druck- und Reprobereich und die Prüfung der Drucke.
An diese Zone sind beidseitig Lager und Werkstätten, Identifikationsbereiche, Verpackung und Versand angelagert.

Konstruktion
Der Produktionsbereich wird von einem außenliegenden Stahltragwerk überspannt, das aus einem abgehängten Trägerrost mit einer Modulgröße von 14,4 x 14,4 Metern besteht.
Durch zusätzliche Abspannungen im Abstand von 3,6 Metern zu den Stützen wird die maximale Spannweite auf 7,2 Meter verkürzt. Die Kräfte aus dem Trägerrost werden über Randträger in die Stützen geleitet. Der Trägerrost und die Randträger bestehen aus Walzprofilen, die Stützen aus Rundrohren. Die Anschlüsse erfolgen über Laschenverbindungen.

Die Stahlkonstruktion ist im Randbereich über einen Kragarm rückverspannt und im Fundament verankert. Der Komplex und das Verwaltungsgebäude sind durch zweiachsig eingespannte Stützen in Längs- und Querrichtung horizontal ausgesteift. Ein vor der Fassadenebene liegendes System von leiterartig biegesteif verbundenen Stahlträgern und Stahlstützen bildet einen Vierendeelträger über die Höhe der zwei aufgeständerten Geschosse. Zur Aufnahme der auftretenden thermischen Längenänderungen befinden sich Elastomerlager zwischen Stützenköpfen und aufgelagertem Bauwerk.
Die Knotenpunkte der geschoßhohen Vierendeelträger werden durch Gußteile aus Stahl gebildet. In diese sind geschoßweise die Nebenträger eingehängt. Die Decken sind in Verbundbauweise vorgesehen.

Raumabschluß
Den Raumabschluß bildet eine elementierte Pfosten-Riegel-Konstruktion. Im Bereich des Verwaltungsbaus ist ein Wartungsgang vorgesehen. Die Hülle ist, wie auch die Installation, additiv zum Tragwerk gefügt.

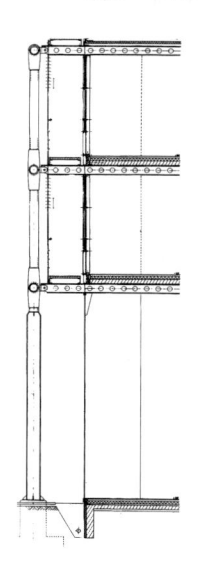

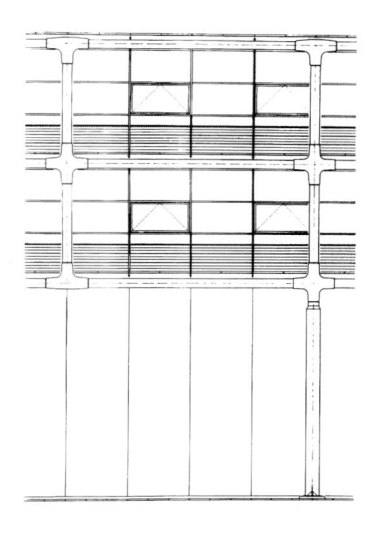

Haustechnik
Vertikale Installationen werden in Schächten innerhalb des außenliegenden Erschließungsbereichs geführt. Die horizontale Installationsführung verläuft unterhalb der Geschoßdecke. Im Bereich der Druckmaschinen sind zusätzlich Installations- und Mediengänge angeordnet. Die Reinraumbedingungen im Druckereibereich werden durch den Einbau einer Schleuse erreicht.
Der Druck- und Reproduktionsbereich wird durch Oberlichte belichtet. Abgehängte, lichtbrechende Lamellen gewährleisten ausschließlich gleichmäßiges und farbneutrales Zenitlicht.

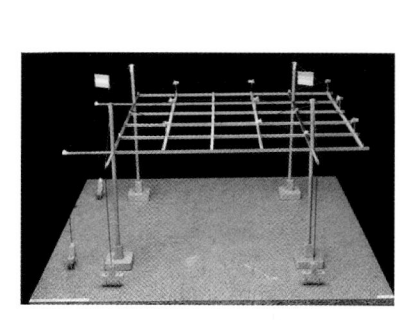

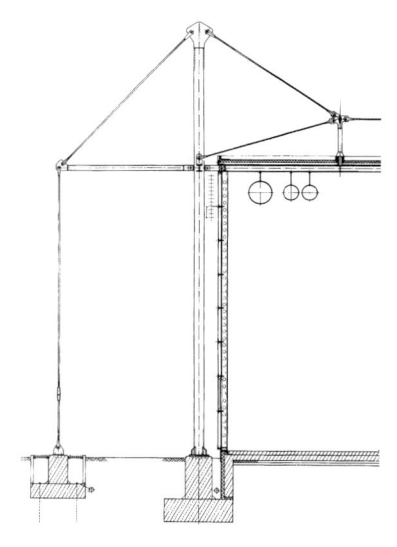

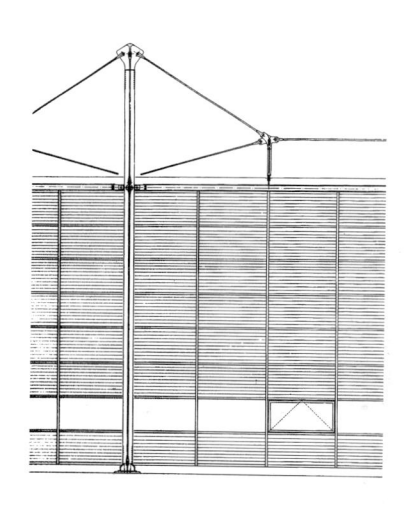

Abfallbehandlungsanlage

Vertiefungsentwurf 1989

Aufgabenstellung
Die zu planende Abfallbehandlungsanlage war für einen Einzugsbereich von 100000 Einwohnern auszulegen. Das Raumprogramm forderte Flächen für die Behandlung von Grünabfällen, Gewerbe- und Biomüll und die jeweils zugeordneten Lager-, Sortier- und Aufbereitungsbereiche.
Die intensive Auseinandersetzung mit den innerbetrieblichen Abläufen einer Abfallbehandlungsanlage und die Berücksichtigung der sich daraus ergebenden Konsequenzen für Nutzung, Konstruktion und Form waren fester Bestandteil der Entwurfsaufgabe.

cand.-arch. Sabine Kirchhof
cand.-ing. Utz Mayer

Betreuung
Prof. Dr. techn. h.c. Kurt Ackermann
Dipl.-Ing. Günter Leonhardt
Dipl.-Ing. Stefan Zimmermann

Förderpreis der deutschen Zementindustrie 1989,
Auszeichnung

Leitgedanken
Es wird angestrebt, dem äußeren Erscheinungsbild der Anlage eine möglichst kompakte Form zu geben, die eine Differenzierung der verschiedenen Prozeßstufen nach außen erkennen läßt. Die Störung des Landschaftsbildes soll durch Absenken des Komplexes reduziert werden.

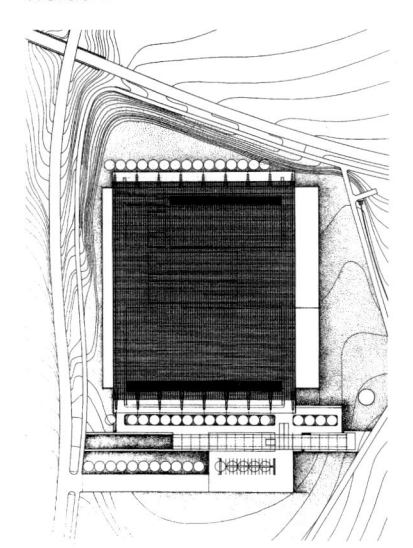

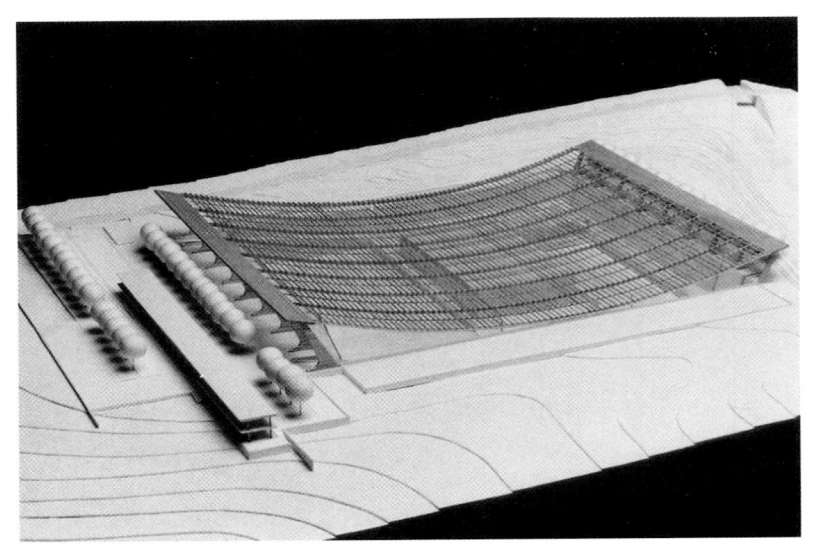

Räumliche Konzeption
Das Grundstück befindet sich auf der Gemarkung Herrenberg in der Nähe der Ortschaft Kayh im Landkreis Böblingen auf dem Gelände eines ehemaligen Gipsbruches am Schönbuchhang. Als bebaubare Fläche stehen 25000 m², mit der Möglichkeit, bei Bedarf in Richtung Gipswerk Altingen zu erweitern, zur Verfügung.
Die Anlage gliedert sich in die Bereiche Verwaltung/Sozialbereiche, Aufbereitung/Sortierung, Rotte/Nachrotte, Freilager/Biofilter.
Im Mittelpunkt der Anlage sind die lärmverursachenden Einrichtungen aufgereiht. Eine gemeinsame Entladehalle ist der Aufbereitung und dem Gewerbemüllsortierverfahren vorgelagert. Am rückwärtigen Ende des Gebäudes befinden sich die Container, die direkt über den

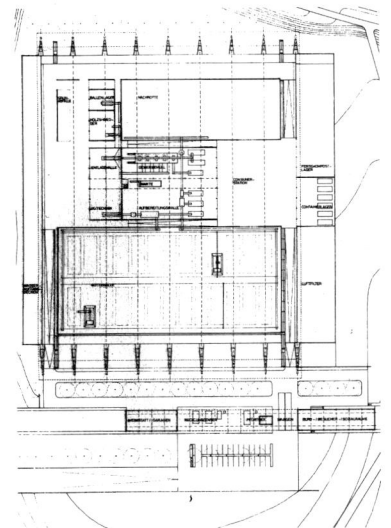

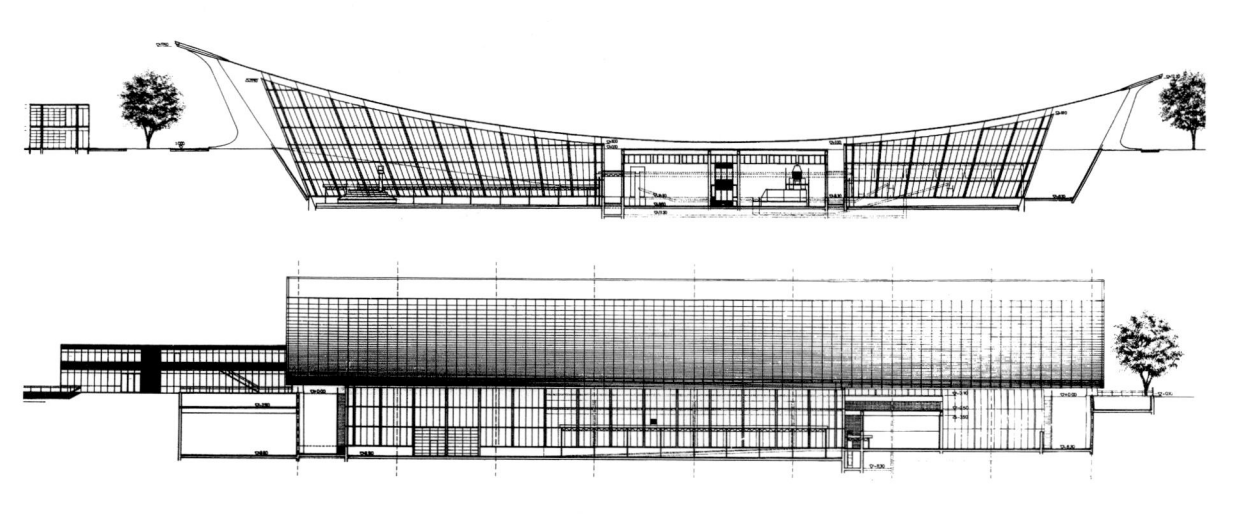

Containerbahnhof entsorgt werden. Rottehalle, Kompostlagerhalle, Shredder, Ballenlager und Grünabfallager sind durch Förderbänder mit dem mittleren Baukomplex verbunden. Mit Hilfe eines Einbahnstrassensystems können die Gebäude ringförmig umfahren werden. Die erforderlichen Nebengebäude sind unter einem Dach zusammengefaßt.

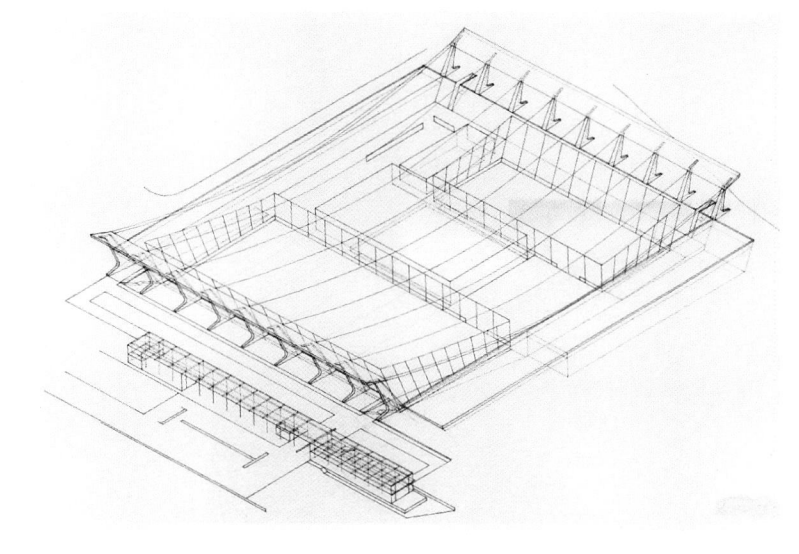

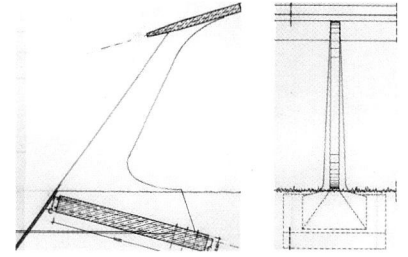

Konstruktion

Bei der Konzeption des Tragwerks wurde versucht, ein Dach zu entwickeln, das den gesamten Komplex mit Ausnahme der Sozial- und Verwaltungsbauten überspannt. Die Konstruktion besteht aus einem Hängedach, an das sich Rottehalle und Kompostlager direkt anschließen. Die Aufbereitungshalle und Gewerbemüllsortieranlage sind frei eingestellt.

Das Dach hat eine Spannweite von 160 Metern und eine Länge von 120 Metern. Das Tragwerk besteht aus im Abstand von 15 Metern eingespannten Stahlbetonstützen, die durch einen Abfangträger gekoppelt werden. Die Neigung dieses Abfangträgers entspricht der Kraftachse der an ihm befestigten Rundlitzenseile. Die Versteifung der Seile durch lineare Gußteile mit konischen Enden verhindert die Verformung infolge Windsog.

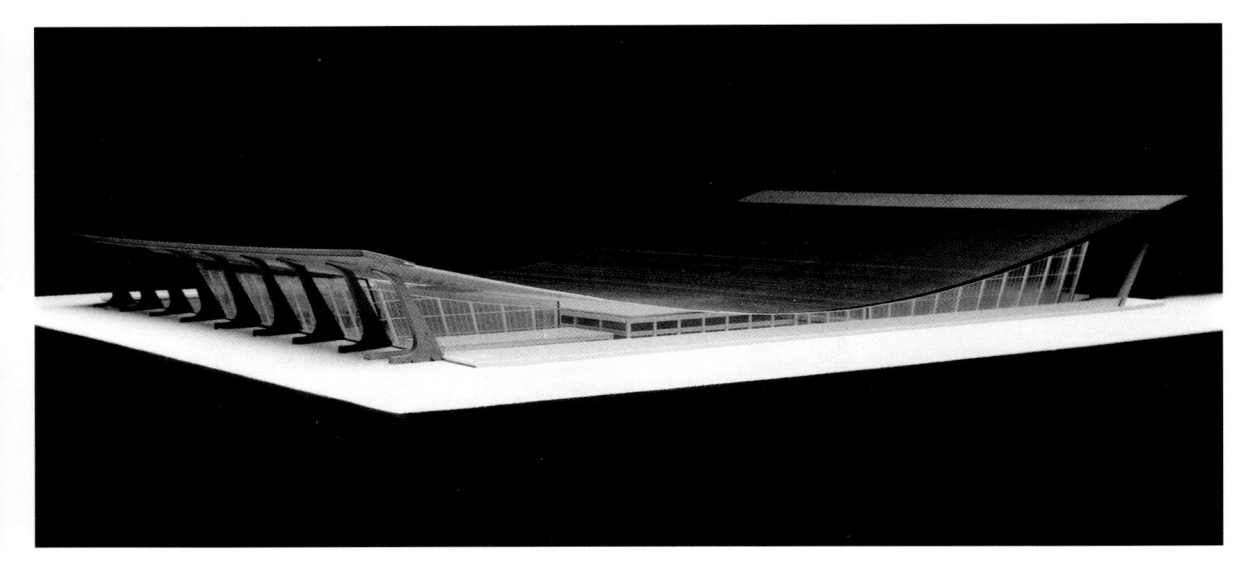

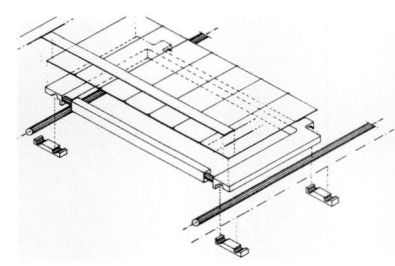

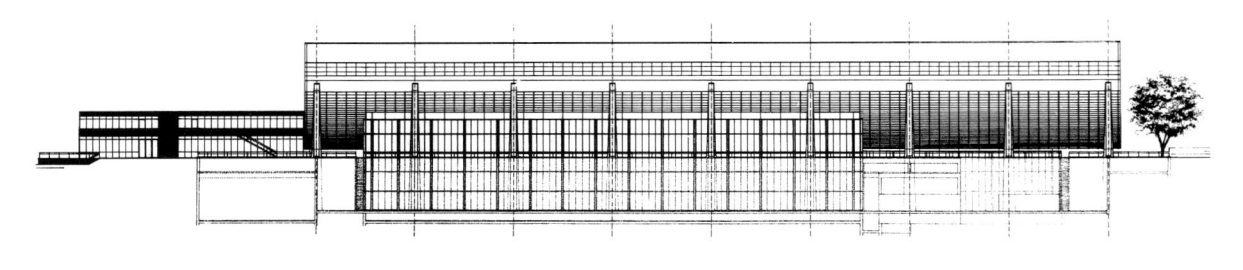

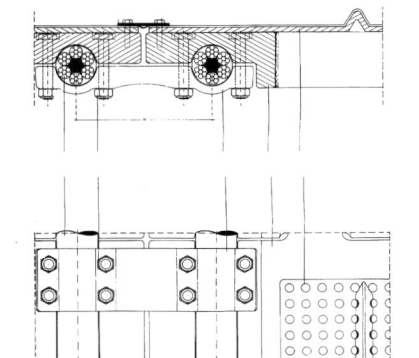

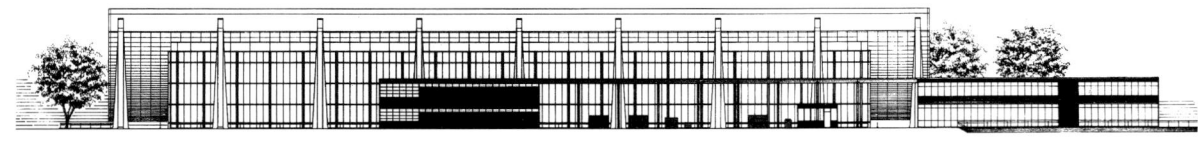

Raumabschluß

Den Dachabschluß bilden mit Sikken versehene, gelochte Stahlbleche mit einer aufgeklebten, hochfesten Membrane. Diese Elemente werden auf Stahlgußteile gepreßt und an Hängeseilen befestigt. Im Bereich der Rottehalle ist eine untergehängte Membrane zum Schutz der Konstruktion vorgesehen.

cand.-arch. Andreas Kötter
cand.-ing. Thomas Moschner

Betreuung
Prof. Dr. techn. h.c. Kurt Ackermann
Dipl.-Ing. Günter Leonhardt
Dipl.-Ing. Stefan Zimmermann

Wettbewerb für die Constructa 1990,
2. Preis

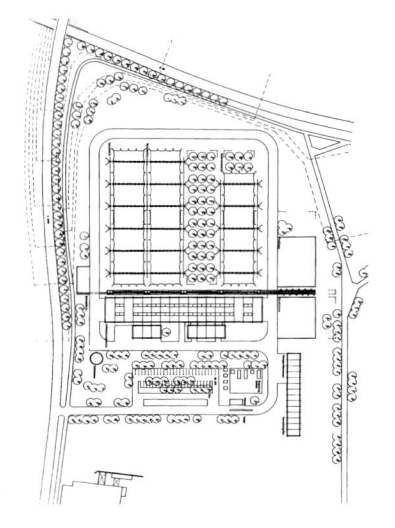

Leitgedanken
Der Entwurfsansatz besteht darin, die Einzelfunktionen zu sinnvollen Einheiten zusammenzufassen und diesen einen ihren spezifischen Anforderungen entsprechenden Ausdruck zu verleihen.
Jedes Bauwerk der Planung soll speziell für die in ihm stattfindenden Prozesse konstruktiv ausgebildet werden. Der Produktionsablauf soll ablesbar sein, um damit das Verständnis und die Akzeptanz für den Rohstoff Abfall zu erhöhen. Die Nähe zu der angrenzenden Ortschaft verlangt eine Maßstäblichkeit der Gebäude und eine landschaftliche Gestaltung des Industriegeländes.

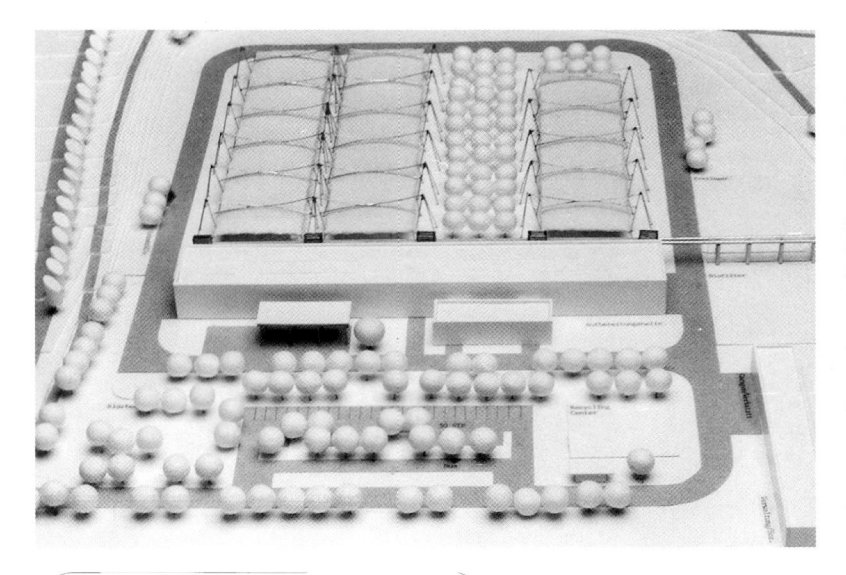

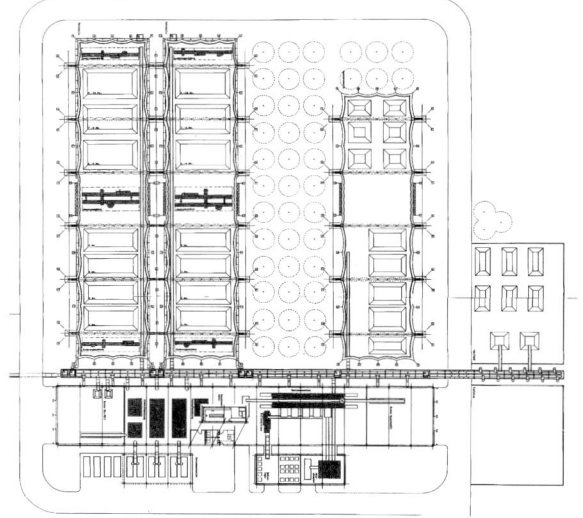

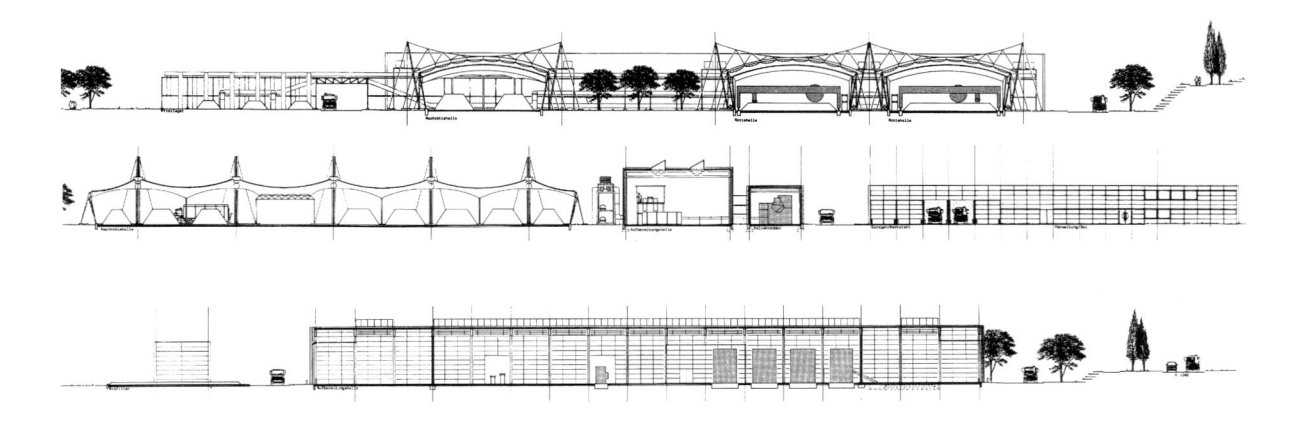

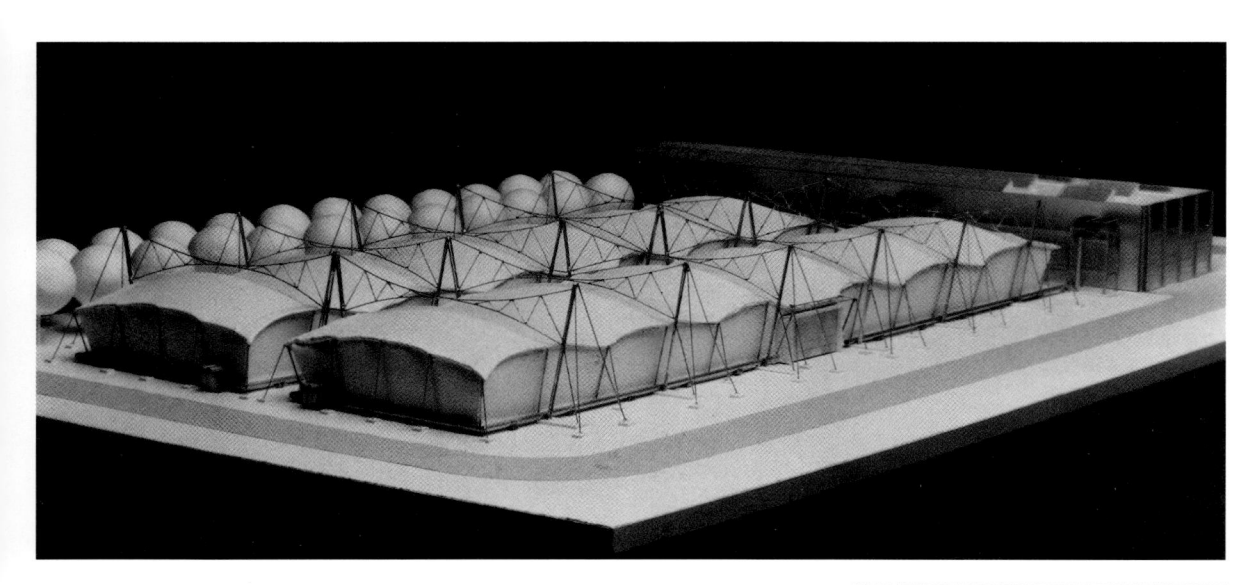

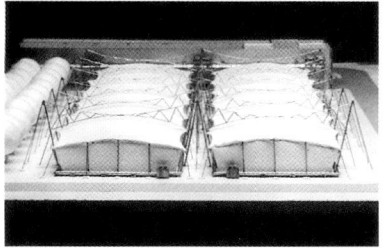

Räumliche Konzeption
Die Funktionen der Gewerbemüllsortierung bzw. Hausmüllverarbeitung sind linear in einem massiven Baukörper angeordnet. Beide Produktionsstraßen werden jeweils von an den Kopfenden des Gebäudes befindlichen Bunkern angedient. Die Rest- bzw. Wertstoffe werden an der Längsseite des Gebäudes gesammelt. Sondernutzungen wie der Holzshredder werden den inneren Anforderungen entsprechend in anderen Gebäuden untergebracht.
Der Rotteprozeß findet unter einer leichten Konstruktion statt. Die Medienver- und Entsorgung, die Verknüpfung der Rottehallen mit dem Biofilter und der Transport des Rottegutes über die verschiedenen Prozeßstufen erfolgt durch das technische Rückgrat der gesamten Anlage.

Konstruktion
Durch die differenzierte konstruktive Ausbildung werden die einzelnen Funktionsbereiche nach außen ablesbar.
Das Tragwerk der Aufbereitungshalle besteht aus einer innenliegenden Stahlbetonfertigteilkonstruktion mit eingespannten Stützen. Hier sind der Brandschutz, die Reduktion von Schallemission und die hohen Anprallasten die wesentlichen Einflußfaktoren für die Ausführung von Tragwerk und Hülle. Die Hülle ist als Pfosten-Riegel-Fassade konzipiert. Stirn- und Längsseiten wurden unterschiedlich behandelt; Bereiche mit ständigen Arbeitsplätzen sind mit Fenster- und Lüftungselementen versehen.
Die Rotte- und Nachrottehalle wird durch ein außenliegendes Tragwerk aus ebenen Seilbindern getragen. Aggressive Luftfeuchte und Geruchsentwicklung sind hier wichtige Einflußfaktoren für die Ausbildung von Tragwerk und Hülle. Den Raumabschluß bildet eine abgehängte, luftundurchlässige Kunststoffmembrane.
Eine Kapazitätssteigerung der Anlage ist durch einen Zweischichtbetrieb sowie die Erweiterung von Rotte- und Nachrottehalle bzw. des Freilagers und Biofilters möglich.

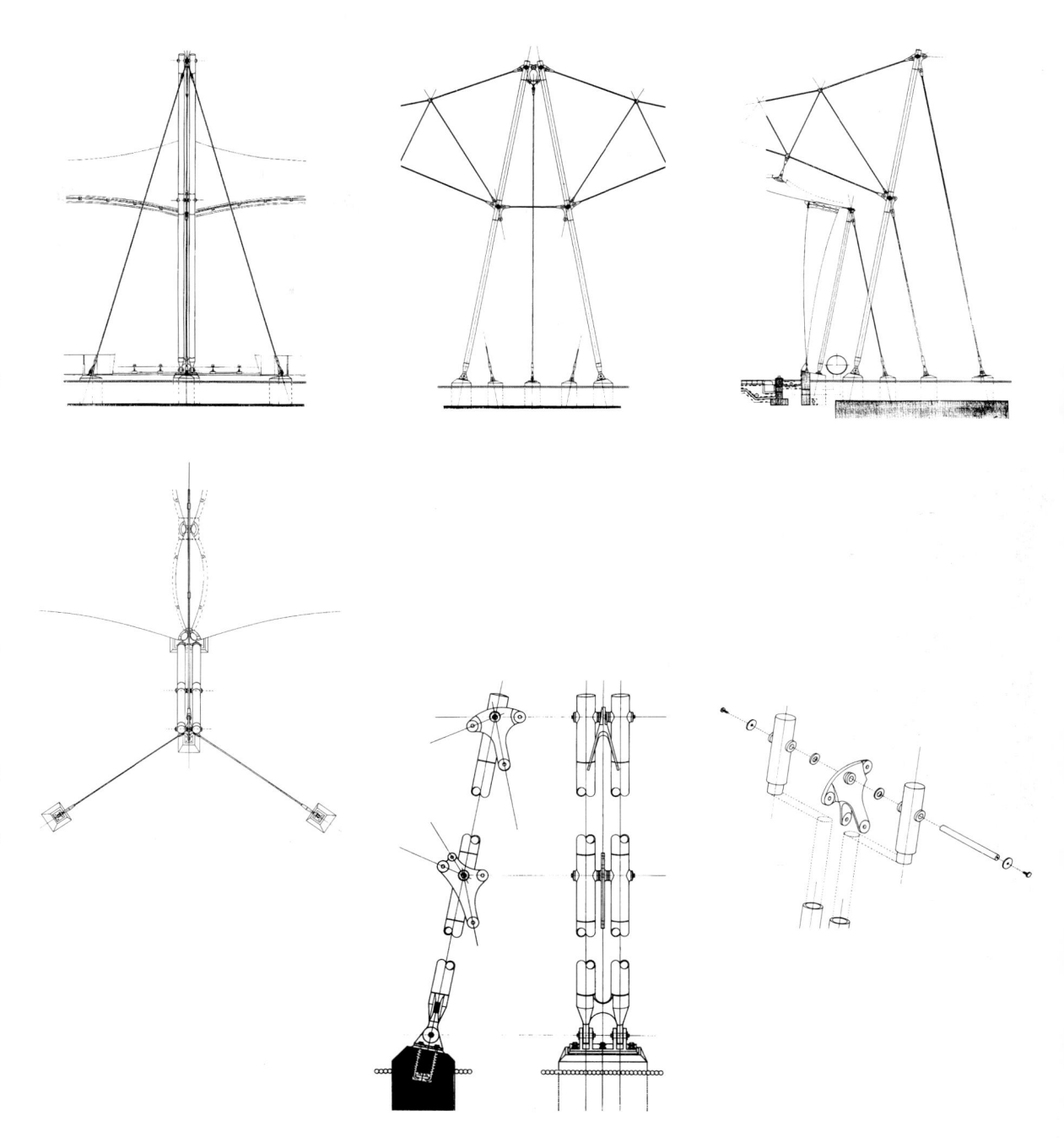

Tribünenüberdachung

Vertiefungsentwurf 1991

Aufgabenstellung
Die bestehende Tribünenanlage eines Fußballstadions innerhalb einer Sportanlage bei Stuttgart sollte im Rahmen des Entwurfs überdacht werden.

cand.-ing. Jürgen Trenkle

Betreuung
Prof. Dr. techn. h.c. Kurt Ackermann
Dipl.-Ing. Klaus Brückerhoff
Dipl.-Ing. Christian Brunner

Förderpreis des Deutschen
Stahlbaus 1992, 1. Preis

Räumliche Konzeption
Die Tribünenanlage des Fußballstadions nutzt die Höhendifferenz zwischen dem abgesenkten Spielfeld und dem umgebenden, höher gelegenen Gelände. Anbindungen an das öffentliche Nahverkehrsnetz sind vorhanden, Parkierungsflächen bestehen bereits. Die äußere Erschließung erfolgt über die Rückseite der Tribünenanlage, die innere Erschließung über Treppen und Auf- und Abgänge innerhalb der vorhandenen Sitzreihen.

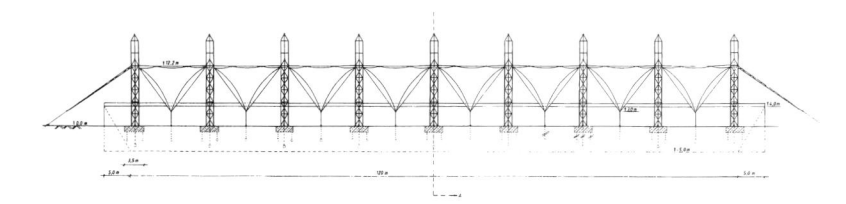

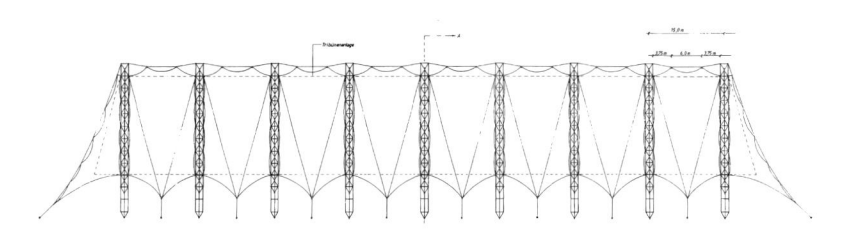

Leitgedanken
Dachtragwerk und Tribünenanlage werden vollständig voneinander getrennt. Das Dach soll auf die Zuschauer nicht erdrückend wirken, sondern sie als leichte, segelartige Überdeckung vor Witterungseinflüssen schützen und sich durch seine Transparenz in die Umgebung integrieren.

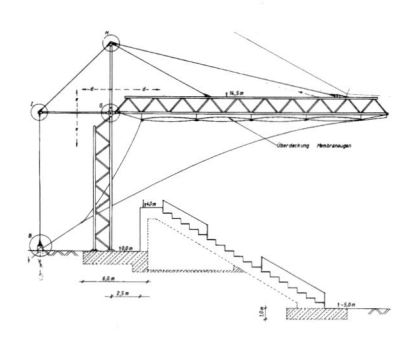

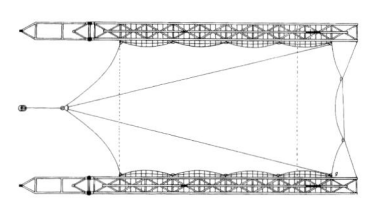

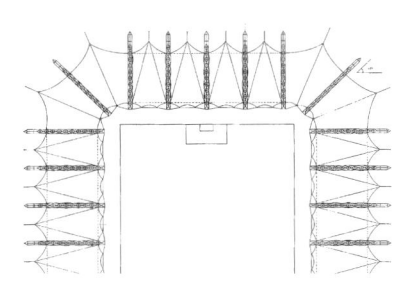

Konstruktion
Die in acht Felder teilbare Überdachung deckt eine Tribünenlänge von 130 Metern ab. Die freie Spannweite der Konstruktion beträgt 22,5 Meter, die Gesamttiefe 31,2 Meter. Das als Membrane ausgebildete Dach ist an einer Fachwerkkonstruktion abgehängt, die hinter der Tribüne rückverspannt ist.
Ausleger und Abspannung der Fachwerkkonstruktion sind der Bauweise eines Krans nachempfunden und tragen die Horizontal- und Vertikallasten ab. Die Membrane sichert das System gegen Abheben und stabilisiert es in Querrichtung.
Das Primärtragwerk wird von einem Dreigurtfachwerkbinder aus Stahlrohren gebildet. Die Dreigurtkonstruktion besteht aus Auslegern, die an zwei Punkten abgespannt sind und an den ebenfalls dreigurtartig ausgebildeten Stützen gelenkig befestigt sind. Die Stützen sind an drei Punkten aufgelagert und im Fundament eingespannt. Das Sekundärtragwerk bildet eine Membrane, die nur Zugkräfte aus der Konstruktion in die Fundamente leitet. Die ausgearbeitete Konstruktion erlaubt auch die vollständige Überdachung eines Stadion-Ovals.

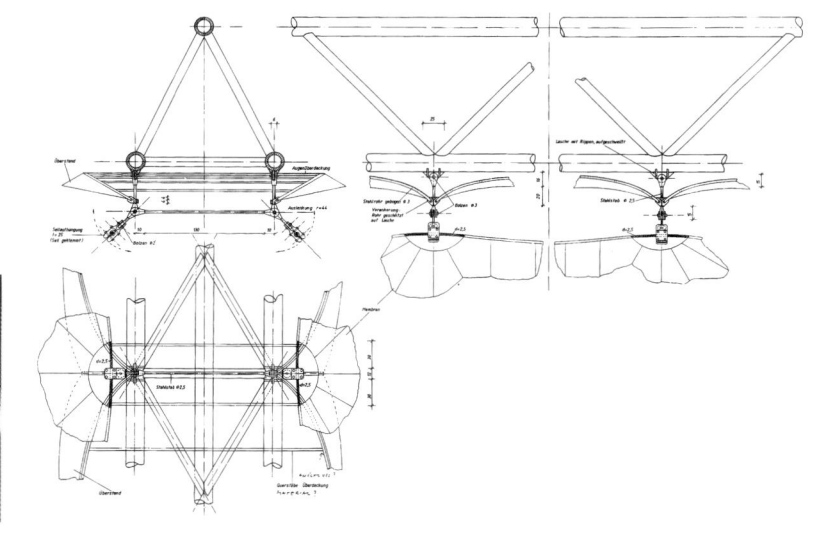

Fußballstadion Stuttgart-Waldau

Vertiefungsentwurf 1991

Aufgabenstellung
Für einen Stuttgarter Fußballverein sollte ein Stadion mit 24000 Sitzplätzen geplant werden, das in wirtschaftlicher, funktionaler und gestalterischer Hinsicht den aktuellen Anforderungen entspricht. Das Raumprogramm forderte die Nutzungen Zuschauerbereich, Medienbereich, Mannschafts- und Funktionsbereich, Bürobereich, interne Dienste, Polizei, Technikräume, Verkaufsflächen und Kfz-Stellplätze. Die Schwerpunkte der Bearbeitung lagen in der Entwicklung eines Funktionsschemas für die getrennte Erschließung durch Sportler und Besucher, der sinnvollen Anordnung der Nebenräume und der konstruktiven Ausbildung von Sitzrängen und Überdachung.

cand.-arch. Maik Buttler
cand.-ing. Michael Vitzthum

Betreuung
Prof. Dr. techn. h.c. Kurt Ackermann
Dipl.-Ing. Klaus Brückerhoff
Dipl.-Ing. Christian Brunner

Förderpreis des Deutschen Stahlbaus 1992, 3. Preis

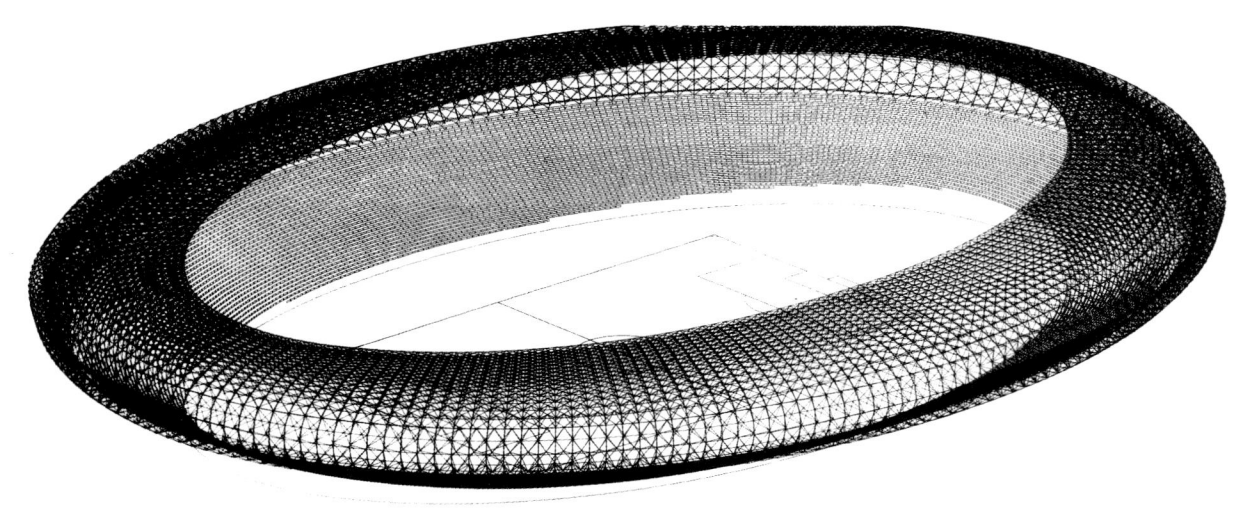

Leitgedanken
Das Stadion soll sich als geschlossene Großform die Vorteile des Ringschlusses für die Konstruktion zunutze machen. Das aus räumlich vernetzten, zug- und druckbeanspruchten Elementen bestehende Dachtragwerk soll geometrisch in die Tribünenkonstruktion übergehen.

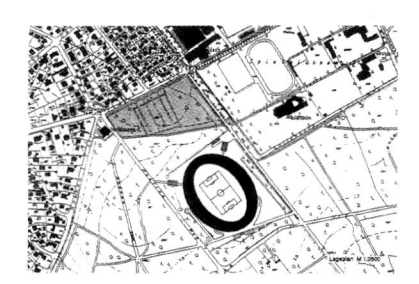

Räumliche Konzeption
Das Grundstück zeichnet sich durch seine periphere Lage in unmittelbarer Nähe einer Wohnbebauung im Nordwesten und locker gruppierte Sport- und Freizeitanlagen im Nordosten aus.
Den Charakter des Orts kennzeichnet eine aufgelockerte Bewaldung in leichter Hanglage.

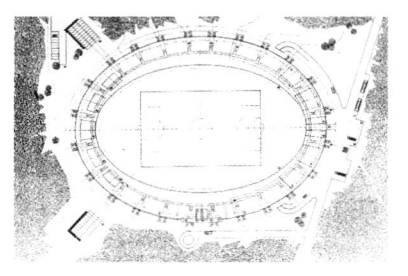

Die unterschiedlichen Nutzungen werden auf zwei Ebenen angeordnet:
Ebene A (+ 6,00 Meter): Zuschauerbereich mit Kassenanlage, Verkaufs- und Sanitärbereich
Ebene B (+ 0,00 Meter): Ehrengastbereich, Sportlerbereich, Medienbereich, Polizei- und Sanitätsbereich, Verwaltungsbereich und Parkierungsflächen
Diese Funktionen sind frei unter die Tribünenkonstruktion gestellt. Die Erschließungsebene für die Besucher befindet sich auf einem mittleren Niveau zwischen der Ebene A und der Ebene B. 24 Treppentürme gewähren eine reibungslose Erschließung und im Brandfall schnelle Entleerung des Stadions.

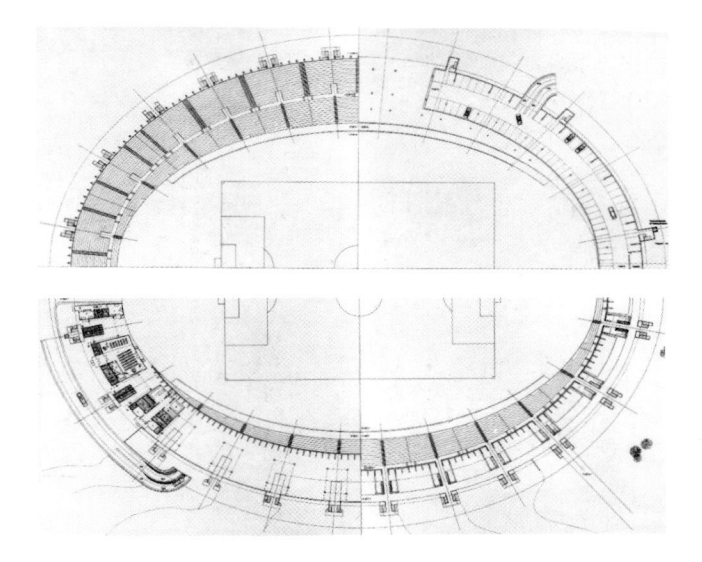

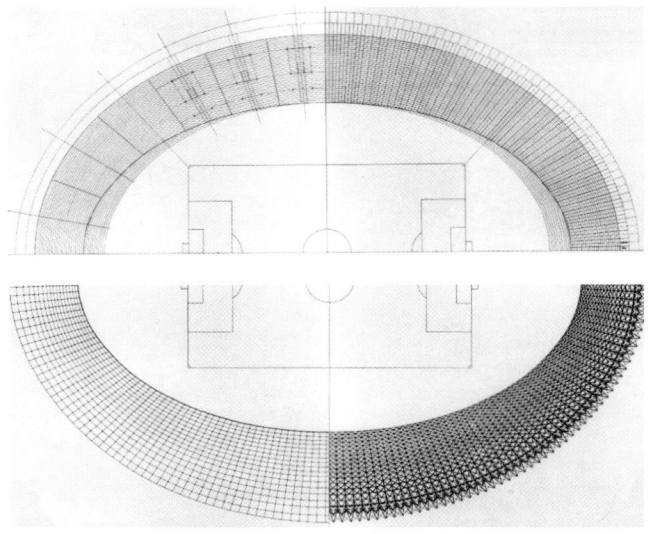

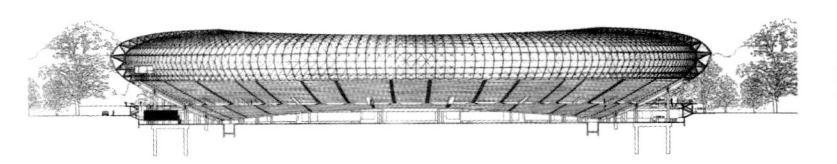

110

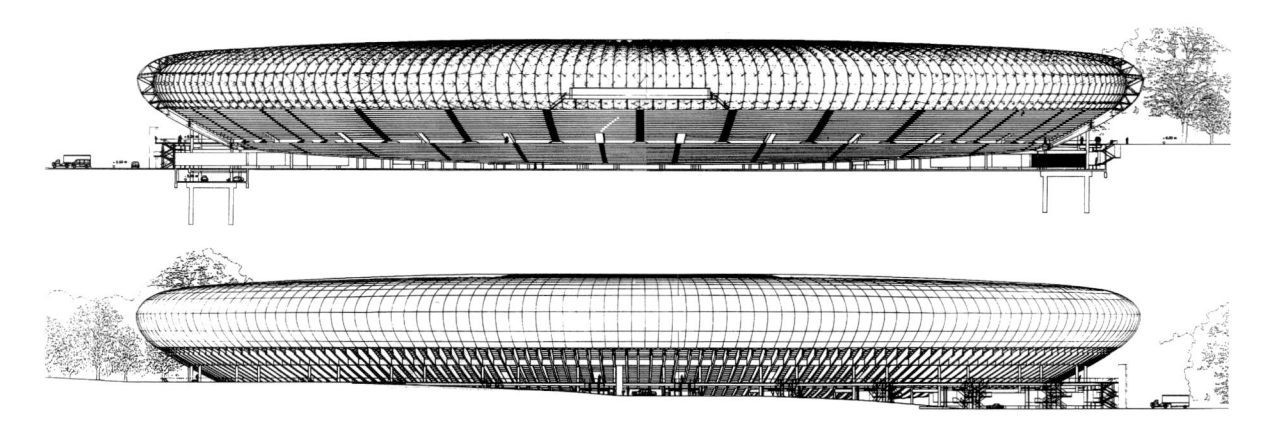

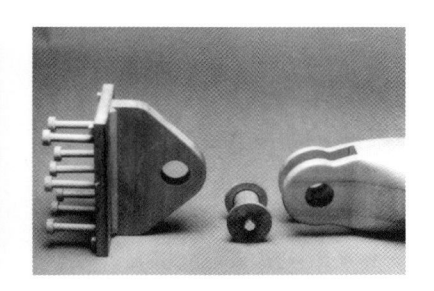

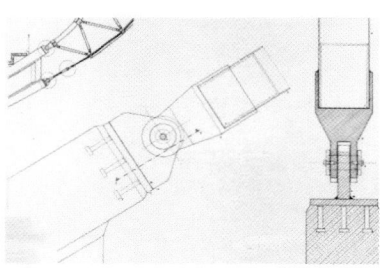

Konstruktion

Die Tribünenkonstruktion ruht auf 24 Vierlingsstützböcken aus Ortbeton. Als Stahlbetonfertigteile hergestellte Bindersegmente werden in zwei höhenversetzten, polygonalen Ringzügen auf die Stützböcke aufgelegt und vergossen. Auf die beiden Ringträger werden im Abstand von drei Metern Tribünensegmente gelegt, die durch L-förmige Sitzstufensegmente gekoppelt werden. Die Tribünenüberdachung ist stützenfrei als verräumlichtes, auskragendes Tragwerk in elliptischer Großform entwickelt. Korbbogenförmig gekrümmte Kragrohre mit tetraederförmig angeschlossenen Stäben werden an den Stirnseiten der Tribünensegmente befestigt. Über die Spitzen der Tetraeder sind Seile geführt, die nach Anbringung eines Ringseils vorgespannt werden können. Die wechselnde Bauhöhe der verräumlichten Kragstruktur entspricht der Geometrie des Momentenverlaufs. Der Nachweis der maximalen Verformungen und die Bemessung der Querschnitte erfolgten rechnerunterstützt. Die Seilstruktur wird durch punktförmig aufgelagertes, UV-beständiges Makrolon mit Neoprene-Kederdichtung eingedeckt.

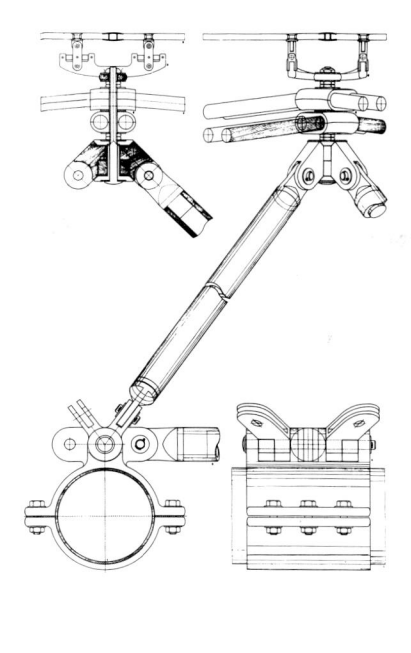

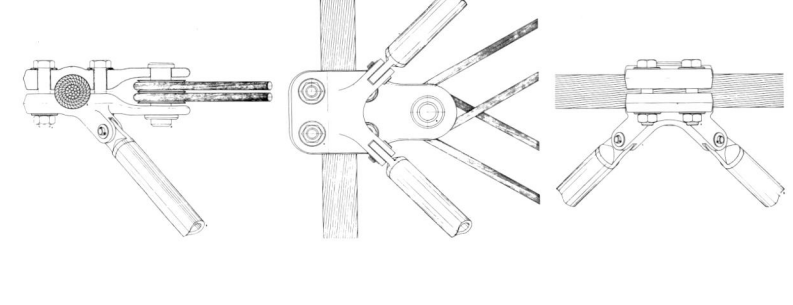

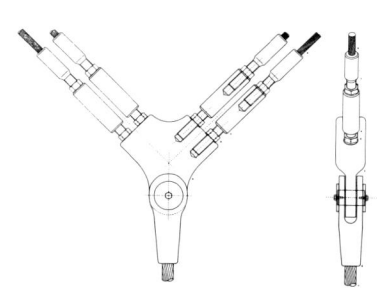

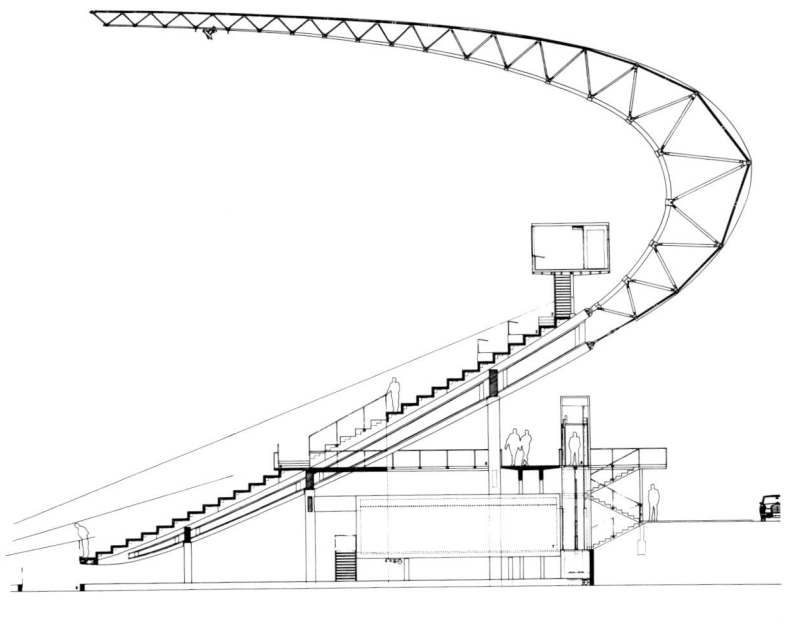

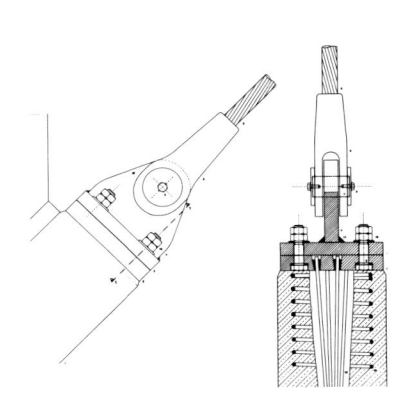

Mietfabrik in Geschoßbauweise

Vertiefungsentwurf 1992

Aufgabenstellung
Kleinen und mittleren Betrieben mit geringen Schadstoffemissionen sollten in einer Mietfabrik Produktionsflächen angeboten werden. Das Raumprogramm sah 12000 m² Gewerbefläche in 6 Geschossen vor. 36 vermietbare Unternehmenseinheiten mit jeweils 300 m² Nutzfläche sollten sich zu größeren Einheiten von 600 bzw. 1200 m² koppeln lassen. Die unabhängige Funktion jeder Betriebseinheit bezüglich Erschließung und Installationsführung war zu gewährleisten. Den Produktionsflächen sollte eine Cafeteria von 570 m² angegliedert sein. Für jede Betriebseinheit mußten 10 Kfz-Stellplätze nachgewiesen werden.

cand.-arch. Manfred Hoffmann
cand.-ing. Markus Labor

Betreuung
Prof. Dr. techn. h.c. Kurt Ackermann
Dipl.-Ing. Susanne Dürr
Dipl.-Ing. Dietmar Kirsch

Beton-Fertigteilpreis 1994, Anerkennung

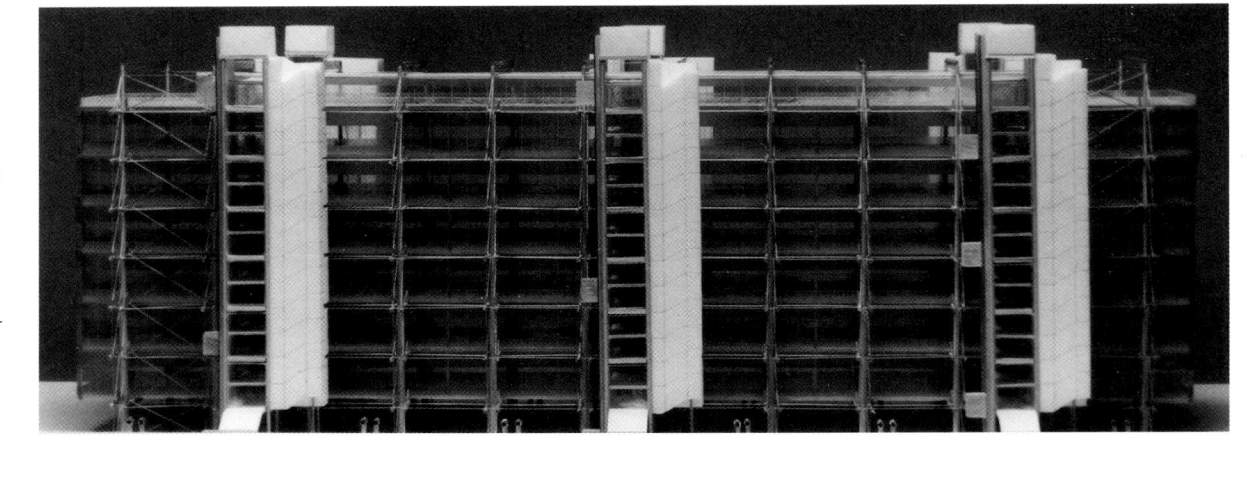

Leitgedanken
Das Ziel ist es, ein Gebäude mit größtmöglicher Flexibilität bei der Grundrißgestaltung zu konzipieren. Die horizontale Addierbarkeit sämtlicher Einheiten pro Geschoß in einem horizontalen Zusammenschluß und die zusätzliche Kombination übereinanderliegender Produktionsbereiche in einem vertikalen Zusammenschluß sollten ermöglicht werden.

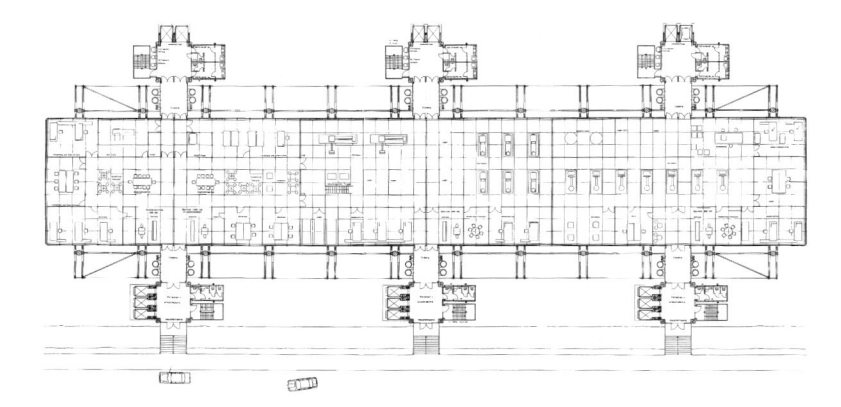

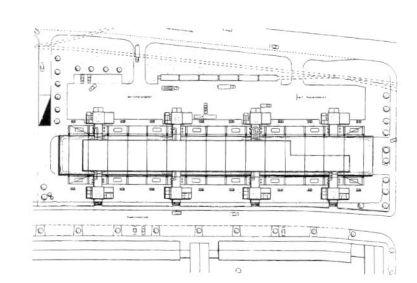

Räumliche Konzeption
Das Grundstück liegt zwischen der Siedlung Pragfriedhof und dem Güterbereich des Hauptbahnhofs in Stuttgart. Im ersten bis zum sechsten Obergeschoß sind Produktionsflächen angeordnet. Die Cafeteria befindet sich im Dachgeschoß. Das Erdgeschoß dient als Anlieferungsebene mit Besucherparkplätzen. Die Parkplätze für Angestellte, Container- und Technikräume befinden sich im ersten und zweiten Untergeschoß.
Mitarbeiter und Besucher gelangen über 3 Erschließungskerne an der Ostseite des Gebäudes in die einzelnen Stockwerke. Den Erschließungszonen sind Fluchttreppenhaus, Aufzüge und Sanitärräume angegliedert.

An den Erschließungstürmen auf der Anlieferungsseite sind ebenfalls ein Fluchttreppenhaus, Umkleide- und WC-Räume, Lastenaufzüge, Müllabwurfschächte und Kleingüteraufzüge angeordnet. Da alle notwendigen Versorgungs- und Erschließungselemente aus dem Grundriß herausgerückt wurden, ergibt sich die Möglichkeit einer freien Unterteilung der einzelnen Geschoßflächen.

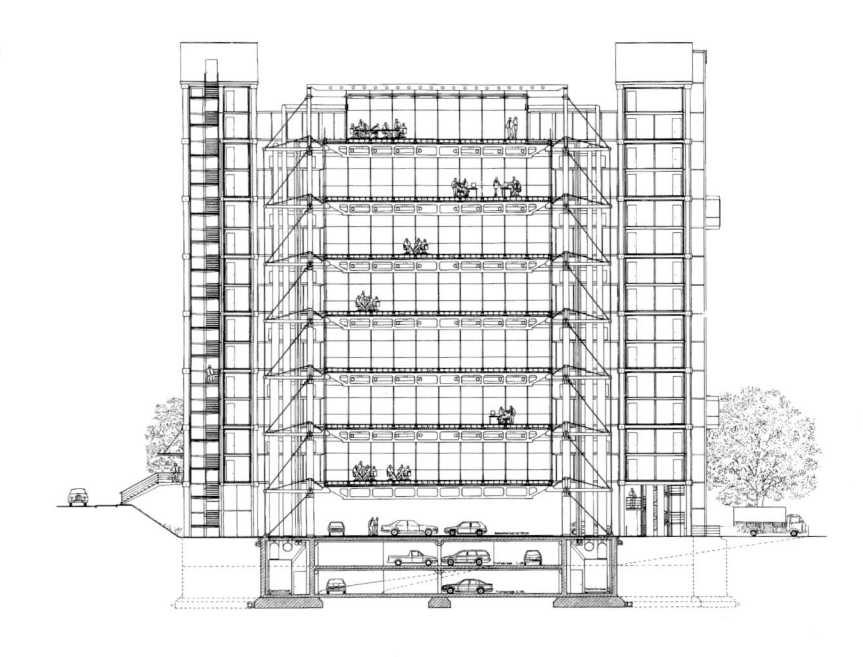

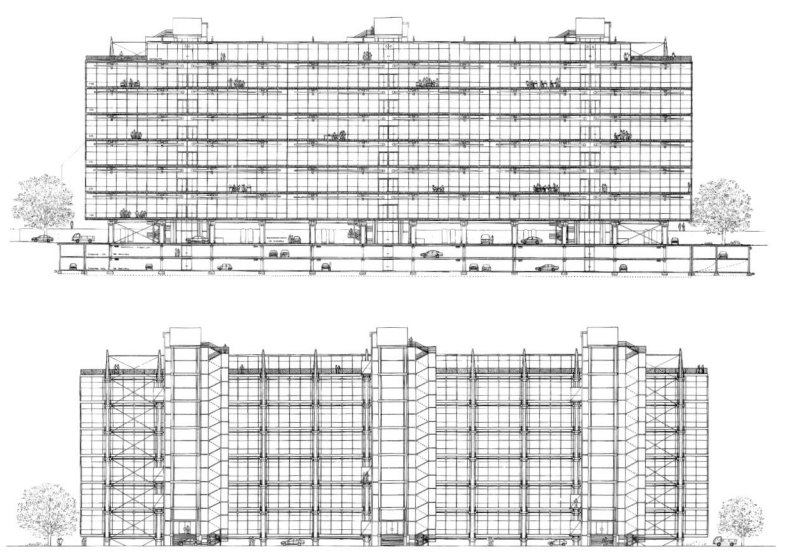

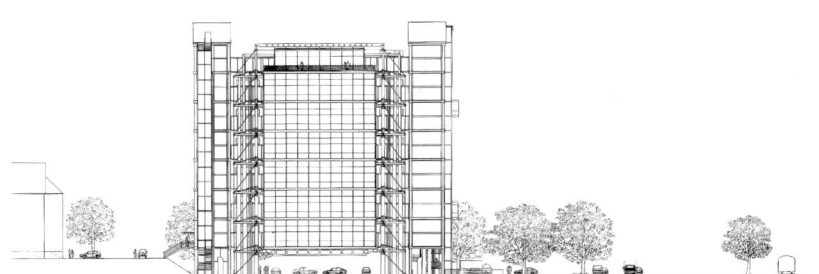

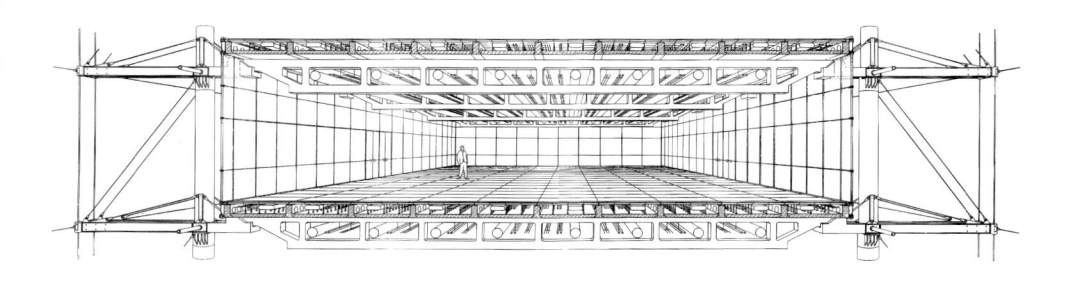

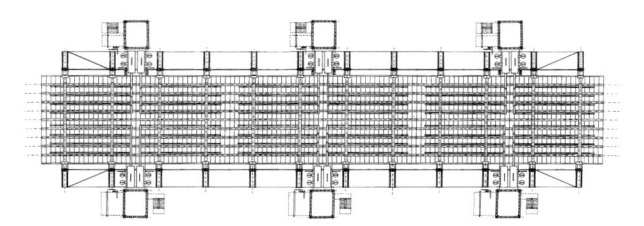

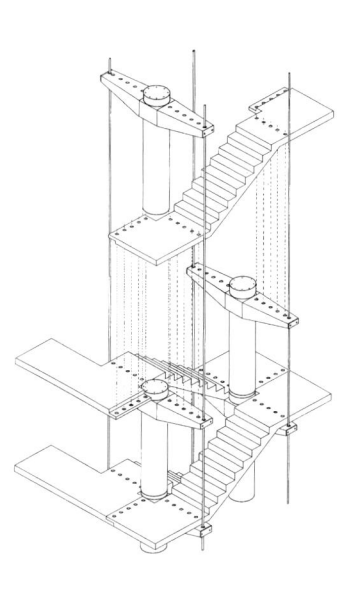

Konstruktion
Mit Außenmaßen von 120 x 45 Metern nimmt das Gebäude eine Fläche von 3100 m² bei einem Rauminhalt von 155000 m³ ein.
Es ist als flexibles Regal konzipiert, in dem die Produktionsflächen horizontal und vertikal durch Entfernen einzelner Bodenelemente gekoppelt werden können, ohne das statische System zu verändern bzw. die Standsicherheit zu beeinträchtigen.
Die Primärkonstruktion besteht aus Stahlbetonfertigteilstützen und Gerberetten. Die Aussteifung erfolgt durch Auskreuzungen; alle Verbindungen sind gelenkig ausgeführt. In das Primärtragwerk werden Haupt- und Nebenträger sowie Decken aus Stahlbetonfertigteilen eingehängt. Durch die Gerberetten lassen sich die Spannweiten der Hauptträger verkürzen. Der gelenkige Anschluß verhindert die Einleitung von Momenten in die Stützen. Die Gerberetten sind überspannt, somit wird die Lastabtragung durch Biegung in eine Ableitung durch Normalkräfte überführt, was eine Verringerung der Bauteilquerschnitte ermöglicht. Die Gerberette ist im Bereich des Brandüberschlags als Verbundkonstruktion ausgeführt. Bei geringeren Feuerwiderstandsklassen wurde aus Gründen der besseren Kraftübertragung der Werkstoff Stahl gewählt.

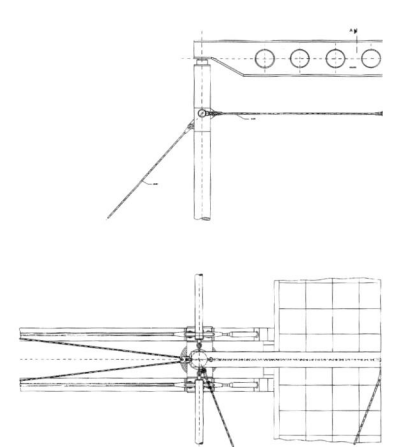

Haustechnik

Die vertikale Installationsführung befindet sich zwischen den ausgerückten Versorgungskernen und den Geschoßflächen. Die horizontale Installationsführung unter den Geschoßplatten wird durch die Vierendeelkonstruktion der Hauptträger ermöglicht. Der aufgeständerte Boden bildet eine zusätzliche Installationsschicht.

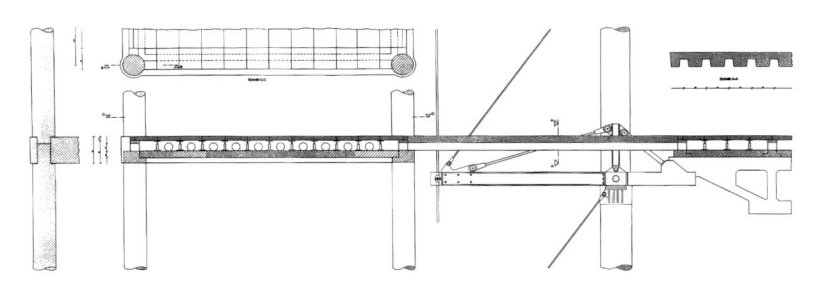

Raumabschluß

Der vertikale Raumabschluß besteht aus 2 Meter breiten, stockwerkshohen elementierten Fassadenteilen. Aus Gründen des Brandüberschlags sind die Brüstungsbereiche mit F 90-Verglasungen versehen, die Gebäudehülle ist zweischalig ausgebildet. Um ein tieferes Ausleuchten des Innenraumes bei gleichzeitigem Schutz vor Blendung zu gewährleisten, sind die übrigen Flächen der Fassade mit lichtstreuenden Tageslichtelementen bestückt. Im Scheibenzwischenraum befindet sich ein Hitze- und Blendschutz aus einer transparenten Folie. Die Treppenhäuser sind mit feuerbeständigen Paneelen verkleidet.

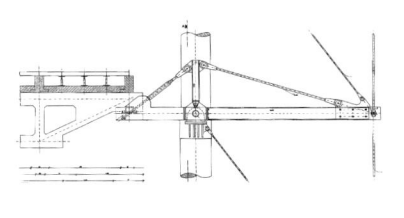

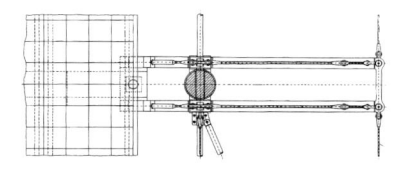

Betriebshof für Abfallwirtschaft

Vertiefungsentwurf 1993

Aufgabenstellung
Für die Abfallbetriebswirtschaft der Stadt Stuttgart sollte ein dezentraler Betriebshof von prototypischem Charakter entwickelt werden. Als möglicher Standort stand eine Fläche in Stuttgart-Vaihingen zur Verfügung, die sich durch ihre Grenzlage zwischen Zonen industrieller Nutzung und einem Einfamilienhausgebiet auszeichnet.
Das zu entwickelnde Modul war für 54 dreiachsige Lkw, 90 Pkw und deren Mannschaften auszulegen. Die Trupps verlassen den Hof morgens und bringen tagsüber ihre Ladung im Pendelverkehr von den Haushalten zur Aufbereitung, zur Verbrennung oder zur Deponie. Nach der Tagestour müssen die Fahrzeuge gereinigt werden. Entsprechend forderte das Raumprogramm Stellflächen für Fahrzeuge, Reinigungs- und Servicehallen, eine Fahrdienstleitung mit Verwaltung sowie Wasch-, Umkleide-, Sanitär- und Pausenräume für 300 Mitarbeiter.

cand.-arch. Bernd Liebel
cand.-ing. Christoph Ackermann

Betreuung
Prof. Dr. techn. h.c. Kurt Ackermann
Prof. Dr.-Ing. Drs. h.c. Jörg Schlaich
Dipl.-Ing. Susanne Dürr
Dipl.-Ing. Dietmar Kirsch

Förderpreis des Deutschen Stahlbaus 1994, Anerkennung

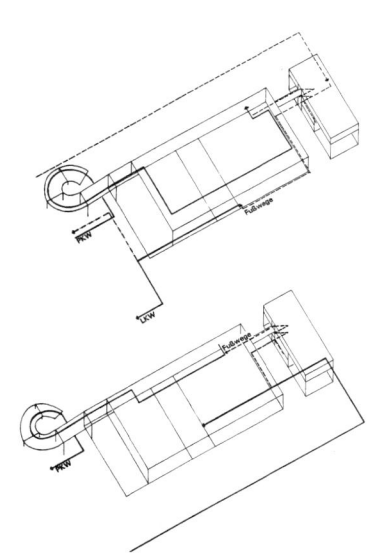

Leitgedanken
Die Planung soll den verschiedenen Anforderungen aus unterschiedlichen Lastannahmen und der Bauphysik durch differenzierte Baukörper gerecht werden; die verschiedenen Nutzungen sollen ablesbar werden. Eine sinnvolle additive Stapelung der verschiedenen Bereiche soll den Flächenverbrauch auf ein Mindestmaß reduzieren. Durch eine freispannende Dachkonstruktion sollen die einzelnen Baukörper zu einer formalen Einheit zusammengefaßt werden.

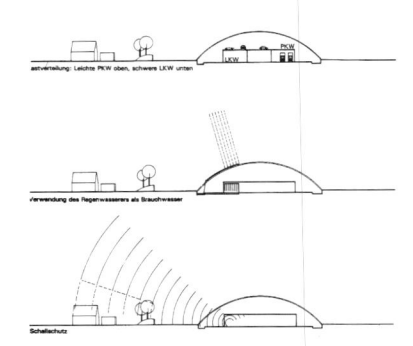

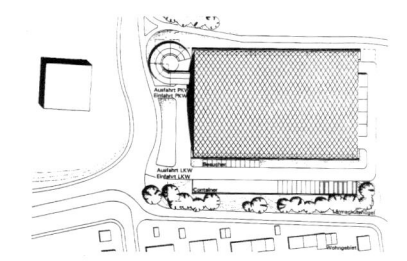

Räumliche Konzeption
Um eine aufwendige Tiefgaragenkonstruktion zu vermeiden, werden die 30 Tonnen schweren Müllsammelfahrzeuge auf erdgleichem Niveau belassen, die leichteren Sondermüllfahrzeuge auf einem darüberliegenden Parktisch abgestellt. Die kompakte Anordnung der Funktionen hält die innerbetrieblichen Wege und die Fahrstrecken außerhalb der Halle kurz, um so die Lärm- und Abgasbelastung zu minimieren. Die verbleibende Restfläche kann mit dem anfallenden Bodenaushub zu einem landschaftsgärtnerisch gestalteten Grünhügel als Lärmabschottung genutzt werden.
Der Betriebsablauf sieht vor, daß die Müllsammelfahrzeuge um 5 Uhr morgens den Betriebshof verlassen, um den gesammelten Müll zu entsorgen. Um ca. 14 Uhr kommen die Fahrzeuge auf das Betriebsgelände zurück. Im Kopfteil des Gebäudes werden die Fahrzeuge gewaschen und gewartet, um danach auf den Parkflächen abgestellt zu werden.

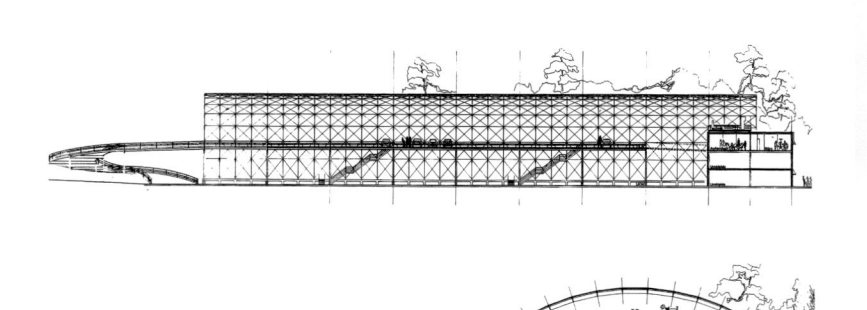

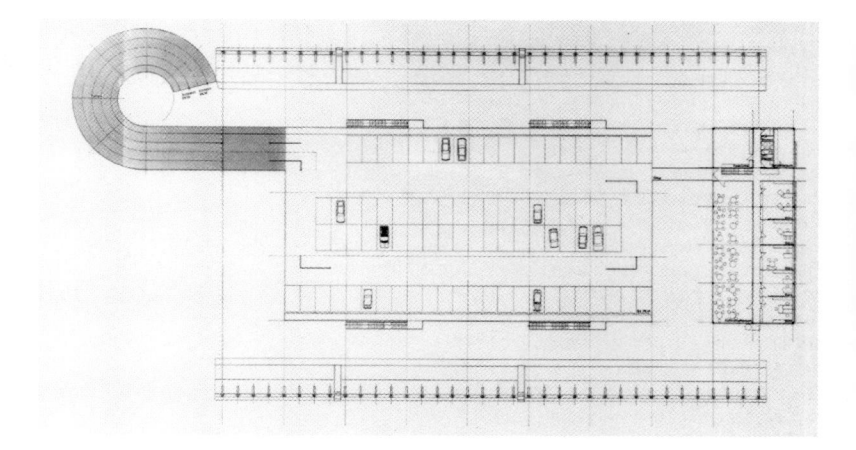

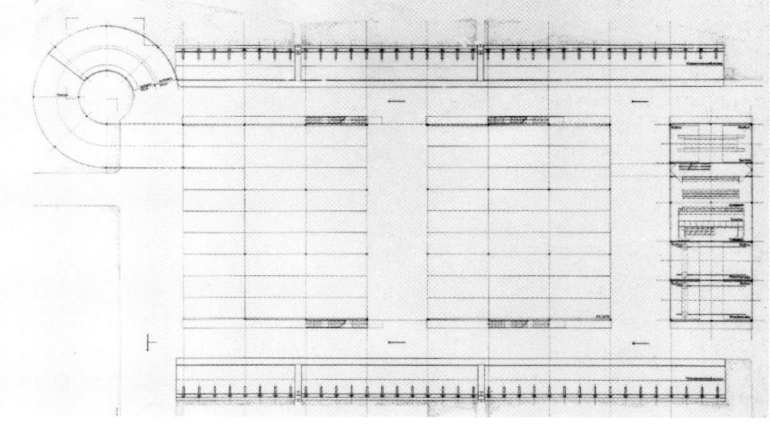

Konstruktion

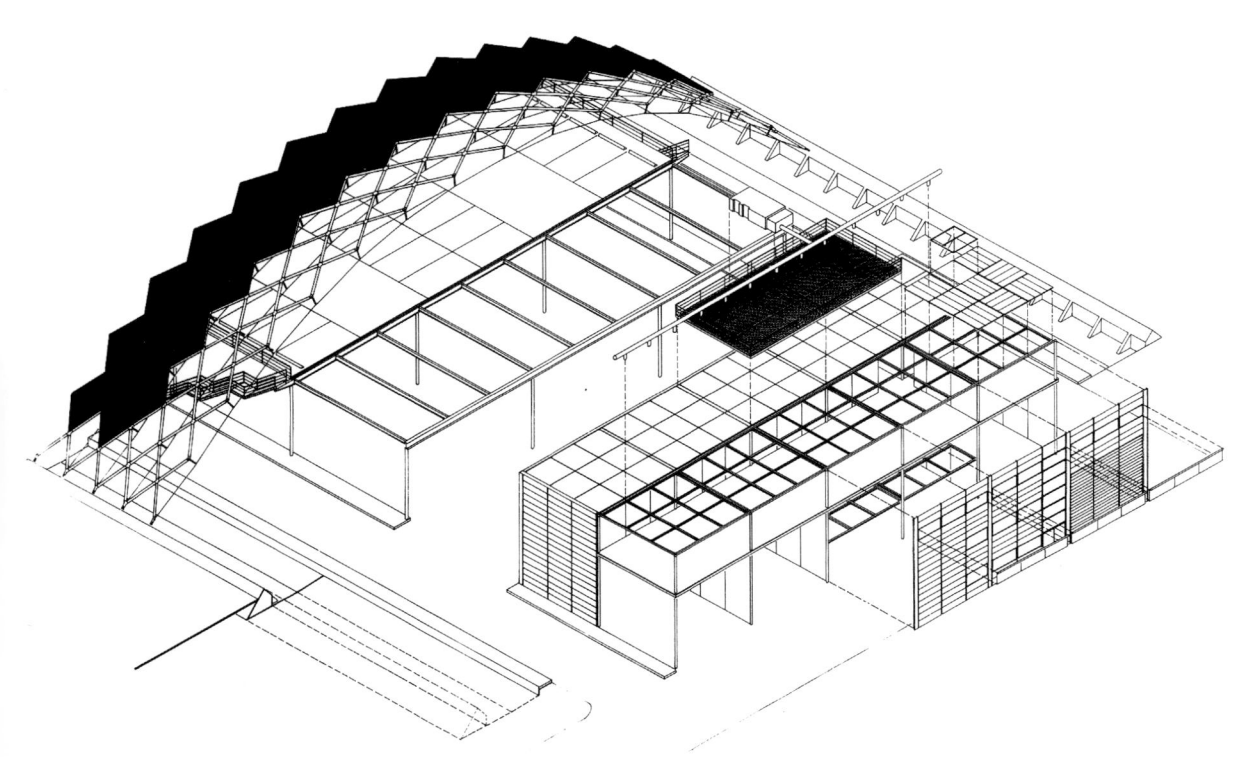

Das besondere Augenmerk bei der Konstruktion wird auf eine rationelle Fertigung der einzelnen Tragwerksteile gelegt. Wenige unterschiedliche Bauteilelemente ermöglichen Vorfertigung und eine rationelle Montage.
Die Geometrie der Tonne wird von einem Kreisbogensegment abgeleitet. Sie besteht aus zwei gekrümmten Tragwerksebenen, die der Stützbogenlinie angenähert sind. Der Kreissegmentbogen hat den fertigungstechnischen Vorteil der konstanten Winkeländerung und wird der statisch günstigeren Stützbogenlinie vorgezogen. Dadurch wird es möglich, die Verbindungselemente mit einem einheitlichen Knotendetail zu fügen.

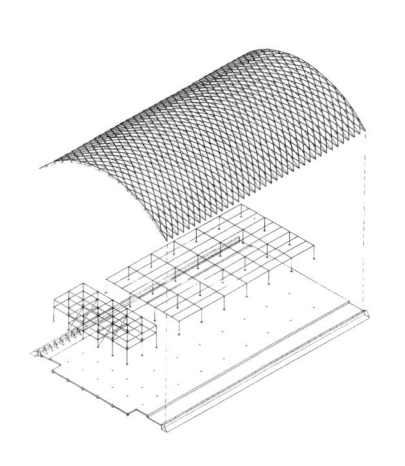

Die äußere Schale trägt als Stabwerknetztonne die ständigen Lasten aus Eigengewicht über Druck ab. Sie setzt sich aus standardisierten Stahlrundrohren und Gußverbindungsstücken zusammen. Die vorgefertigten, X-förmigen Elemente mit einer Größe von 2,75 x 4,76 Metern werden auf der Baustelle montiert.
Die Unterspannung dient der Stabilisierung bei Biegebeanspruchung aus asymmetrischen Lasten. Zur Aufnahme von Druckspannungen aus negativen Momenten wird zusätzlich eine Vorspannung aufgebracht. Die bogenförmige Überdachung hat eine Spannweite von 62,5 Metern und eine Überhöhung von 14,5 Metern. Die Länge der Halle beträgt 96,45 Meter. Der Parktisch ist aufgrund der hohen Lastannahmen als Stahlverbundkonstruktion mit einem Grundraster von 7,2 x 11,0 Metern ausgeführt. Der Service- und Verwaltungskomplex besteht aus einer ungerichteten Stahlskelettkonstruktion mit Außenmaßen von 14,2 x 36,0 Metern.

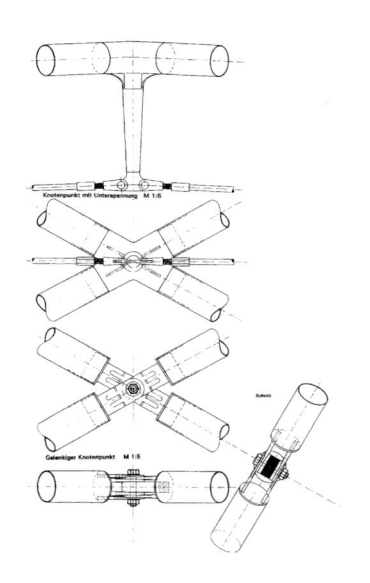

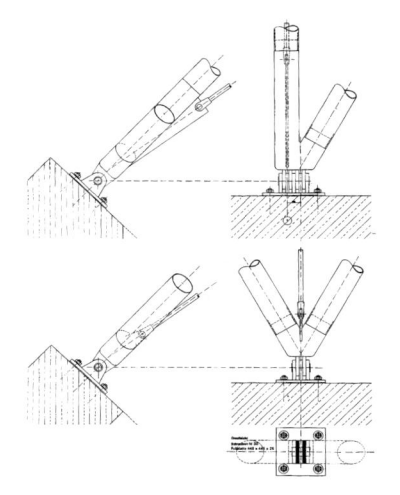

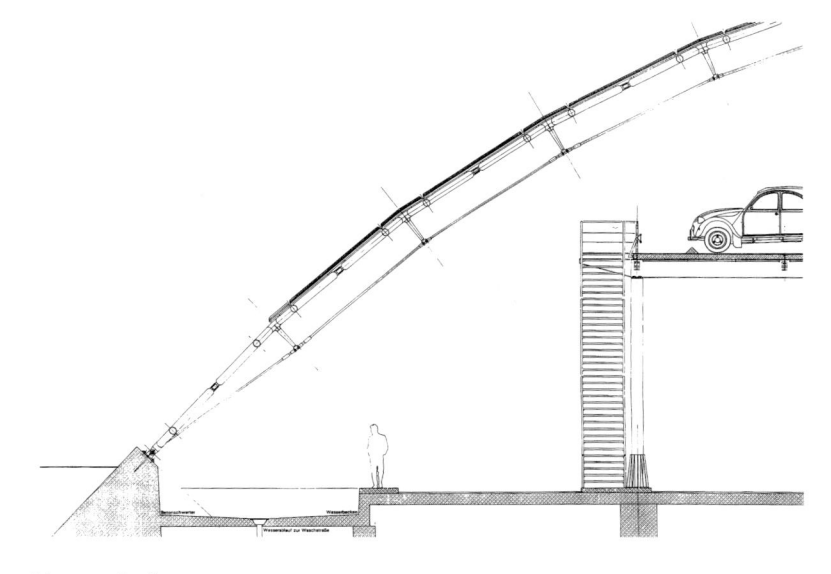

Haustechnik
Durch die Aufteilung in verschiedene Baukörper beschränkt sich die technische Gebäudeausrüstung auf das jeweils Notwendige. Die Halle wird durch natürliche Längs- und Querzirkulation belüftet.
Das vom Dach ablaufende Regenwasser wird in seitlichen Auffanggräben gesammelt und nach Aufbereitung der Waschstraße zugeführt.

cand.-arch. Herwig Rott
cand.-ing. Robert Pawlowski

Betreuung
Prof. Dr. techn. h.c. Kurt Ackermann
Prof. Dr.-Ing. Drs. h.c. Jörg Schlaich
Dipl.-Ing. Dietmar Kirsch
Dipl.-Ing. Beate Schmidt

Förderpreis des Deutschen
Stahlbaus 1994, Anerkennung

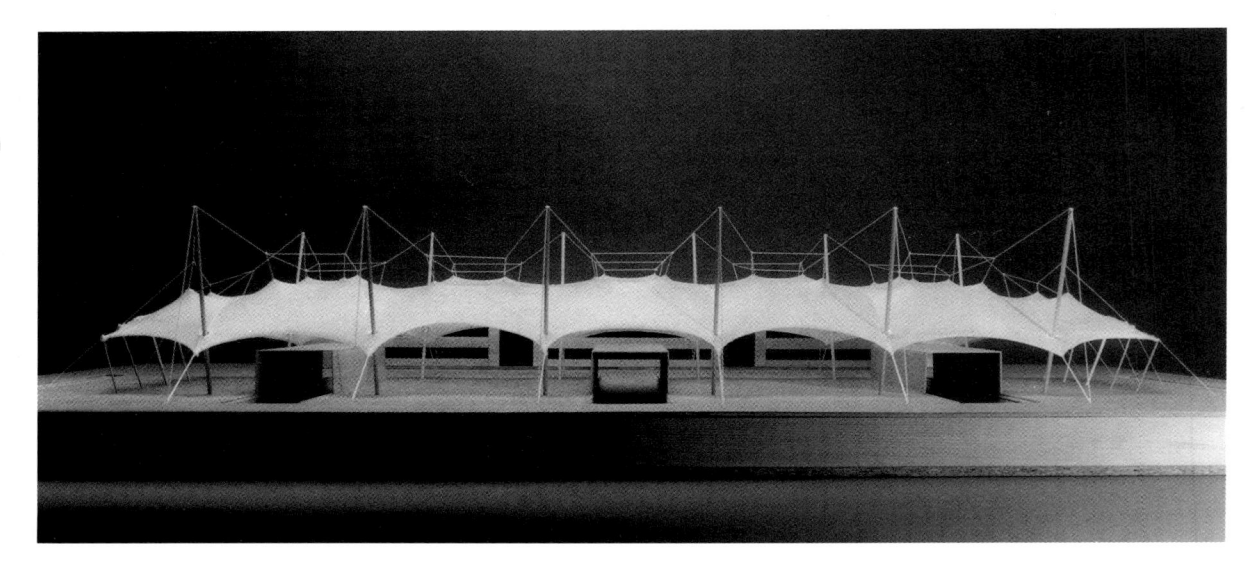

Leitgedanken
Meistens wird die Abfallentsorgung als notwendige, aber mit negativen Assoziationen behaftete Dienstleistung der Öffentlichkeit ferngehalten. Die Konzeption des neuen Betriebshofs soll dazu beitragen, das Bewußtsein für die Umweltproblematik und den Umgang mit Abfall zu schärfen. Das der Abfallwirtschaft eigene, schlechte Image soll aufgewertet werden. Alle Betriebsabläufe sind für Passanten einsehbar; der Entwurf soll Helle, Leichtigkeit und Transparenz ausstrahlen. Die Baukörpermodulierung und Materialwahl leiten sich aus diesen Prinzipien ab.

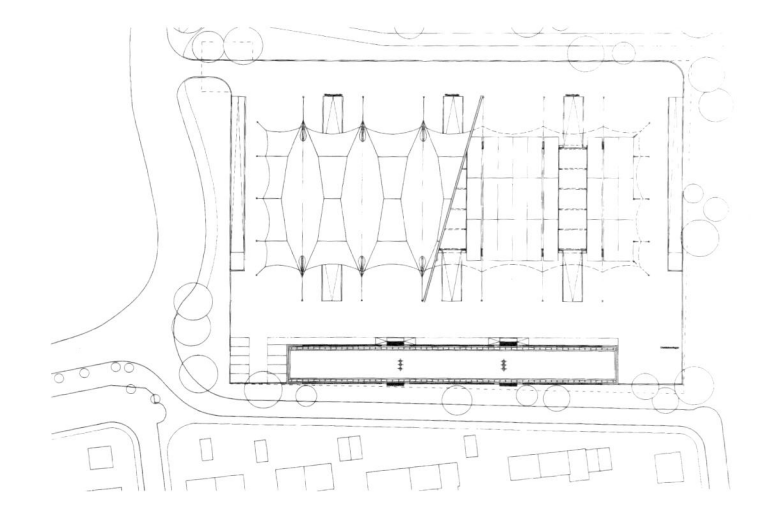

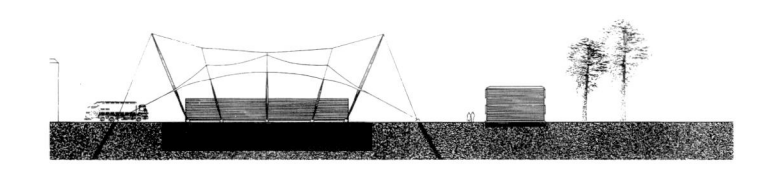

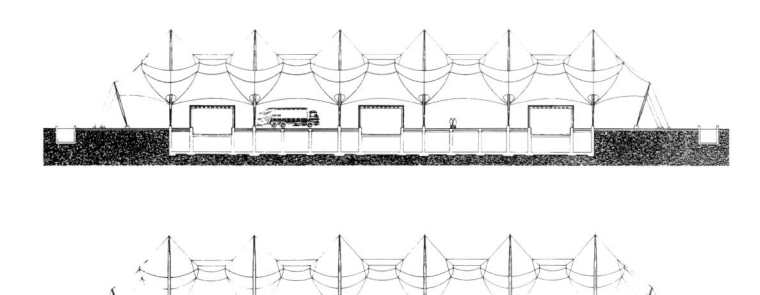

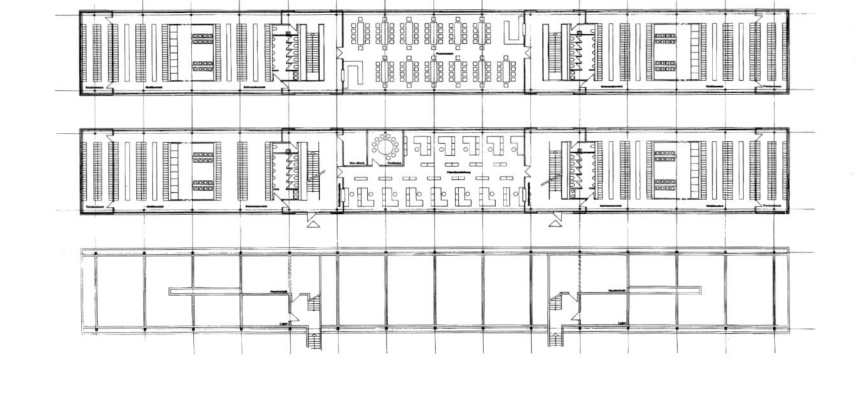

Räumliche Konzeption
Ein weitgespanntes Membrandach bietet Witterungsschutz für die Lkw und integriert die Bauten für Wartung und Fahrzeugreinigung. Das Parken erfolgt in einer Tiefgarage darunter. Die Großform der Halle schließt an die großmaßstäbliche Bebauung des Industriegebiets an. Ihr vorgelagert ist ein langer, schlanker Riegel mit Umkleide- und Waschräumen, der Fahrdienstleitung und dem Pausenbereich. Dieses Gebäude vermittelt durch seine große Länge und geringe Traufhöhe vom großflächigen Industriegebiet zur Kleinteiligkeit der Wohnhäuser.
Der auch dem Lärmschutz dienende Gebäudekörper ermöglicht Passanten durch seine stellenweise Transparenz Ein- und Durchblicke zum Betriebshof.

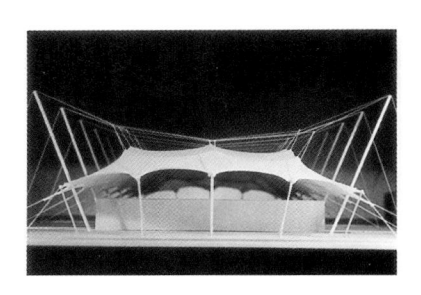

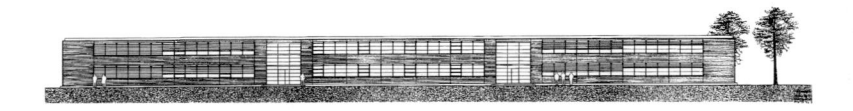

Konstruktion

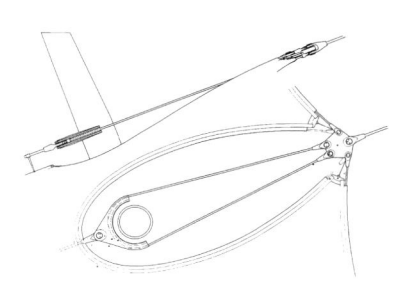

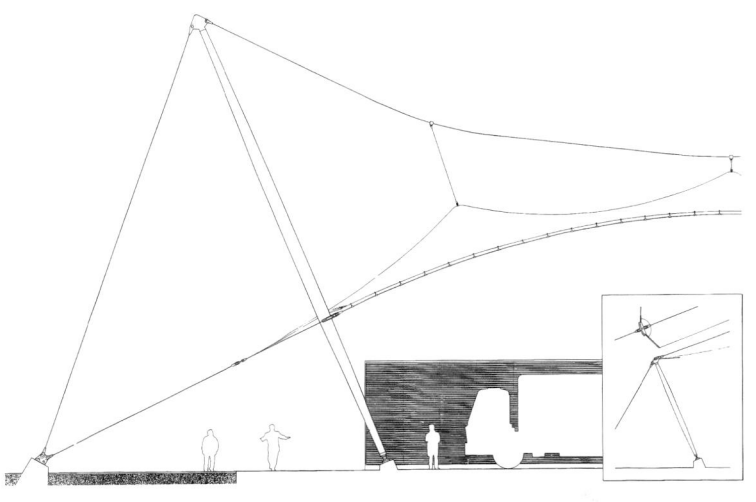

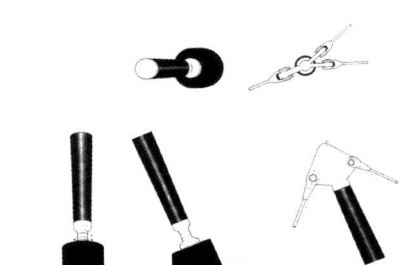

Das Membrandach überspannt fünf Hauptfelder von 28 x 16 Metern; mit den Randfeldern ergibt sich eine überdachte Fläche von 101 x 40,2 Metern. Pylone von 18 Metern Höhe halten an Seilen die Hochpunkte des zweiachsig gekrümmten Dachs. Die vorgespannte Membrane ist gleichzeitig Tragglied und Raumabschluß. Die Reduktion der Bauteile auf wenige lineare Elemente und die durch ihre Transluzenz annähernd immaterielle Membrane sind Ausdruck der Entwurfsidee. Die Formfindung der Überdachung und die statische Bemessung erfolgten rechnergestützt. Die eingestellten Container für Waschanlagen und Wartung besitzen ein Skelett aus Stahlrahmen auf einem Grundraster von 7,2 x 5,6 Metern. Die Hülle bildet eine Pfosten-Riegel-Konstruktion. Dach und Seitenwände sind mit einem engreihigen Aluminiumwellblech verkleidet, die Frontseiten werden durch vollverglaste Segmenttore geschlossen. Die Konstruktion des zweistöckigen Riegelbaus variiert diese Elemente: Stahlgeschoßrahmen im Rastermaß von 9,6 x 6,0 Metern bilden das tragende Gerüst, eine Pfosten-Riegel-Fassade die Hülle. Durch einheitliche Profilierung und Proportionierung bilden die festen Gebäude dem leichten Dach gegenüber eine formale Einheit.

Haustechnik

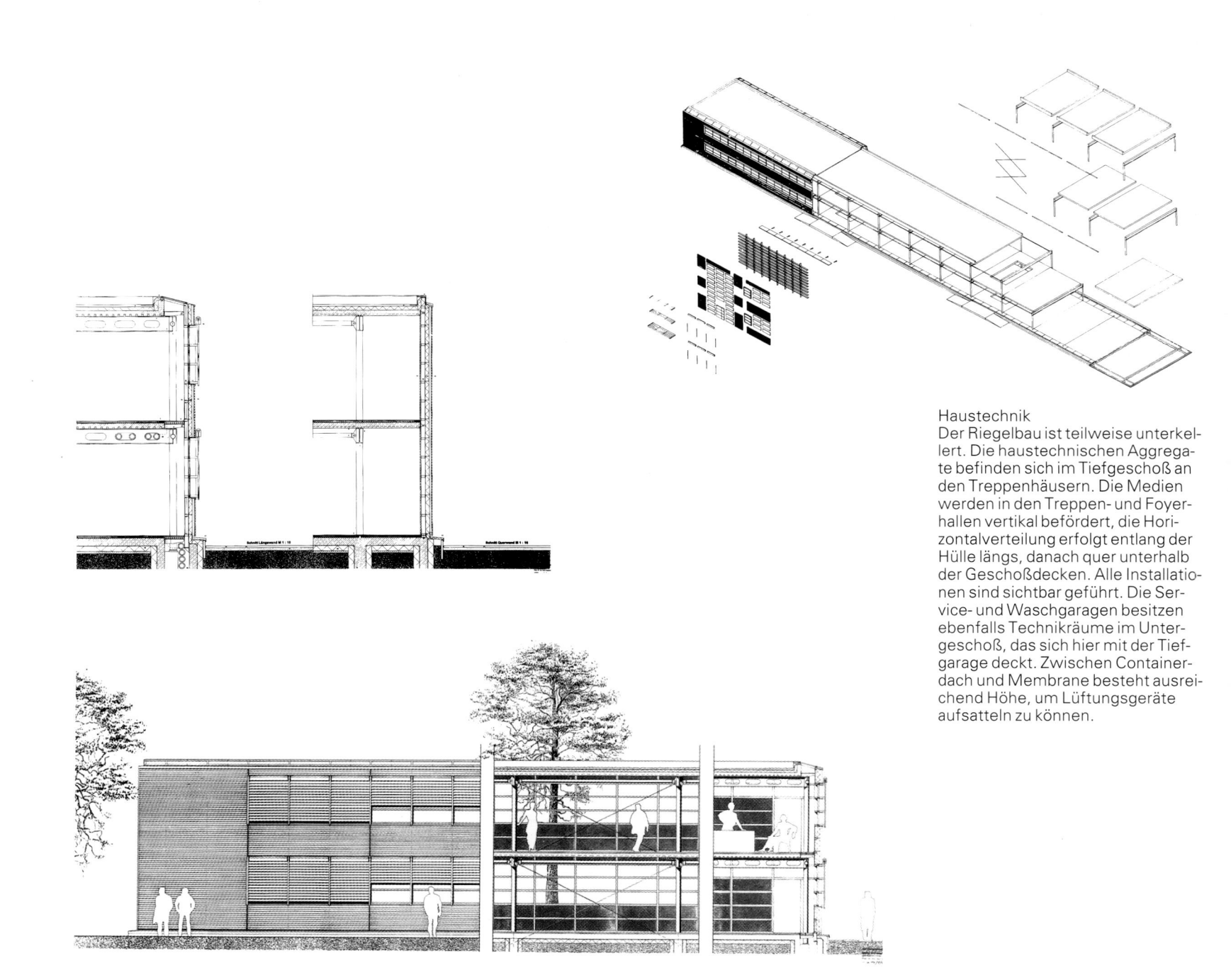

Der Riegelbau ist teilweise unterkellert. Die haustechnischen Aggregate befinden sich im Tiefgeschoß an den Treppenhäusern. Die Medien werden in den Treppen- und Foyerhallen vertikal befördert, die Horizontalverteilung erfolgt entlang der Hülle längs, danach quer unterhalb der Geschoßdecken. Alle Installationen sind sichtbar geführt. Die Service- und Waschgaragen besitzen ebenfalls Technikräume im Untergeschoß, das sich hier mit der Tiefgarage deckt. Zwischen Containerdach und Membrane besteht ausreichend Höhe, um Lüftungsgeräte aufsatteln zu können.

Christof Simon

Diplomarbeit Architektur, Bauingenieurwesen

Die Diplomarbeit bildet den Studienabschluß für Architektur- und Bauingenieurstudenten gleichermaßen. Sie ist ein wesentlicher Bestandteil und Endpunkt des zweiten Studienabschnittes.

Bei den Architekturstudenten ist das Ziel ein Entwurf mit konstruktivem Schwerpunkt auf der Grundlage selbst erarbeiteter Randbedingungen.

Die Aufgabenstellung steht im Zusammenhang mit dem Themenschwerpunkt des Studienjahres. Der zweisemestrige Ablauf gliedert sich in eine drei Monate dauernde, theoretische Vertiefungsphase zu Beginn des Wintersemesters und die eigentliche, sechs Monate währende Entwurfsphase.

Die im ersten Arbeitsschritt seminaristisch erarbeiteten Grundlagen und Randbedingungen werden in einem allen Diplomanden verfügbaren, gemeinsamen Vertiefungsbericht in gebundener Form dokumentiert. Das Institut betreut nach Absprache durch ein Team aus Architekt und Ingenieur.

Bei den Bauingenieurstudenten schließt das Studium ebenfalls mit einer Diplomarbeit ab. Voraussetzung für die Bearbeitung einer Diplomarbeit am Institut für Entwerfen und Konstruieren ist die Teilnahme am Vertiefungsstudium des Lehrstuhls.

Die Diplomanden können sich aus einem vom Institut zusammengestellten Katalog ein Thema zur weiteren Bearbeitung auswählen. Die Diplomthemen sind inhaltliche Schwerpunkte aus der aktuellen Arbeit des Lehrstuhls und Oberbegriffe aus der Lehre wie Entwurf, Tragwerk und Konstruktion: gebäudetypologische Themen, historische Konstruktionen, artverwandte Konstruktionen, Ingenieurbauwerke, Industriebau, materialgerechtes Konstruieren.

Die Ergebnisse der Diplomarbeiten werden in schriftlichen Berichten zusammengefaßt und als Bestandteil der Institutsbibliothek den Studenten zugänglich gemacht. So bilden die Berichte oft die theoretische Grundlage für Entwürfe der Architekturstudenten.

Es besteht außerdem die Möglichkeit, zusammen mit einem Architekturstudenten als Objektentwurf eine gemeinsame Diplomarbeit anzufertigen.

Während der Betreuung der Diplomarbeiten wird eine Zusammenarbeit mit anderen Instituten praktiziert.

Diplomthemen
Architektur

1977
Verwalten und Wohnen am Feuersee

1980
Innerstädtische Hallensportanlage

1982
Sportflughafen

1983
Verdichteter Wohnbau

1984
Computerfabrik

1985
Leichtathletikhalle

1986
Fußgängerbrücke mit S-Bahnstation

1987
Arbeiten, Wohnen, Freizeit

1988
Fabrik für Klimameßgeräte

1989
Mietfabrik in Geschoßbauweise

1989
Kläranlage

1990
Technologiepark

1991
Leistungszentrum für Leichtathletik

1992
Gebäude für Entwicklung und Produktion

Diplomthemen
Bauingenieurwesen

1973
Nutzung und Konstruktion bei Wohnhäusern am Beispiel Spänner
Klimatisierung von Überbauungen und deren Einfluß auf die Tragkonstruktion
Flexibilität im Wohnungsbau
Durchbildung eines Reihenhauses in Holz

1974
Fassaden im Industriebau
Hängewerksbrücken
Verknüpfung von Nutzungsanforderungen und Tragwerkeigenschaften
Katalog weitgespannter Deckensysteme im Industriebau

1975
Lineare Dachtragwerke im Industriehallenbau
Offene Umgänge an Büro- und Verwaltungsbauten
Bausysteme im Brückenbau

1976
Hängehaus, Kopftragwerk, Hänger
Darstellung der Zusammenhänge im Randbereich des Bürobaus
Konstruktionen von Schüttgutanlagen

1977
Die nordamerikanischen Holzbrücken des 19. Jahrhunderts
Traglufthallen im Industriebau
Rampenbereiche bei Lager- und Produktionsbauten
Verknüpfungen von Raumabschluß und Tragwerk
Lastfall Erdbeben

1978
Didaktische Aufbereitung von Tragwerken im Wohnbau
Stahlbetonfertigteilsysteme im Industriehallenbau
Die Fügung von Stütze und Decke im Skelettbau
Tragwerke aus Mauerwerk

Entwickeln von Tragwerken
Installationsintegration in Tragwerke von Industriebauten

1979
Die Küche in der Wohnung I
Die Küche in der Wohnung II
Die Aussteifung von Tragwerken
Didaktische Aufbereitung von Holzbaukonstruktionen im Wohnungsbau
Baukonstruktion von einläufigen geraden Treppen

1980
Grundformen und Konstruktionen von Pergolen
Fügen tragender Bauteile aus unterschiedlichen Materialien
Wohnbauten am Hang
Fügung gleicher Materialien im geschichtlichen Vergleich
Glas als äußerer Raumabschluß

1981
Materialgerechtes Konstruieren mit Beton
Konstruktionen alter Speicherbauten
Materialgerechtes Konstruieren mit Stahl
Materialgerechtes Konstruieren mit Holz
Materialgerechtes Konstruieren mit Mauerwerk
Das Fügen tragender Konstruktionsteile aus ST 37 unter dem Aspekt der Kräfte und der Geometrie

1982
Mehrachsige lastabtragende Dachkonstruktionen aus Stahl
Schinkel-Wettbewerb (Entwurf einer Halle für Luft- und Raumfahrt)
Fügungsprinzipien historischer Eisenkonstruktionen
Tragwerke für Kirchen in Stahlbauweise
Holzbau in den Tropen
Gittermasten

1983
Der Gerberträger
Abhängigkeit zwischen Deckentragwerk und Installation
Silobauten
Die Entwicklung in der Stahlkonstruktion weitgespannter Bahnsteighallen des 19. Jahrhunderts
Unterspannte Träger
Historische Entwicklung des Industriebaus
Kühltürme

1984
Untersuchung der Verwendungsmöglichkeit von Holzschalungsträgern
Problematik hybrider Tragsysteme

1985
Konstruieren mit textilen Baustoffen
Fachwerkträger aus Stahl
Eisenbahnbrücken in Deutschland (1935–1960)
Geschichte und Entwicklung der Eisen- und Stahlbrücken
Einfeldträger

1986
Gustave Eiffel

1987
Gekrümmte Flächentragwerke
Auf- und abbaubare Krane
Tragwerke stationärer Krantypen
Tragwerksform und Beanspruchung bei Bogentragwerken
Tragsysteme für Industriehallen
Französische Eisenbahnbrücken im 19. Jahrhundert
Der Vierendeelträger

1988
Entwurfsgrundlagen, Konstruktion und Bemessung von Treppen
Fassaden im Industriebau
Tragwerksform und Beanspruchung bei Rahmentragwerken
Englische Eisenbahnbrücken
Tragwerkssystematik

1989
Glas als tragender Baustoff
Mietfabrik in Geschoßbauweise
Die Ingenieurbauten der Wutachtalbahn

Entwicklung der Stahlbetonskelettbauweise im mehrgeschossigen Industriebau (1830–1920)
Flüssigkeitsbehälter für Brauereianlagen
Ingenieurbauwerk Wasserbauwerke für Versorgung und Verkehr
Mechanisch gespannte Membrantragwerke
Tragsysteme Dreigurtfachwerksystem
Gußkonstruktionen im Bauwesen
Offshore-Bauwerke

1990
Glaskonstruktionen und Verglasungen
Einlagige, räumlich gekrümmte Stabtragwerke
Schrägseilbrücken
Gerüstbausysteme
Ebene Seilbinder
Hochregallager
Sandwichkonstruktionen

1991
Stabilisierung von Bogentragwerken mit Hilfe vorgespannter Konstruktionen
Tragwerke für Geschoßbauten im Industriebau
Flüssigkeitsbehälter aus textilbeschichteten Geweben
Membrantragwerke
Tragwerke für Wellenempfänger (Parabolantennen)
Wandelbare Dächer

1992
Tragwerke für Bahnhofshallen
Verbundkonstruktionen im Geschoßbau
Stahlskelettkonstruktionen für Geschoßbauten

1993
Freistehende Schornsteine
Hochregallager

Verwalten und Wohnen am Feuersee

Diplomarbeit 1977

Aufgabenstellung
Auf einem Grundstück am Feuersee im Stuttgarter Westen war ein Behördenzentrum mit Wohnungen zu planen.
Das Raumprogramm sah eine Gesamtfläche von 11288 m² für Verwaltung, Kleingewerbe, Läden, Wohnungen, ein Restaurant und einen Kindergarten mit Spielplatz vor. Die innerstädtische Lage des Grundstücks an der stark befahrenen Rotebühlstraße verlangte eine intensive Auseinandersetzung mit der Zonierung der unterschiedlichen Nutzungen. Weitere Schwerpunkte bildeten die detaillierte Ausarbeitung des Tragwerks, der Fassade, der Textur und der Farbgebung.

cand.-arch. Peter Seitz

Betreuung
Prof. Dr. techn. h.c. Kurt Ackermann
Dipl.-Ing. Rainer Plehn

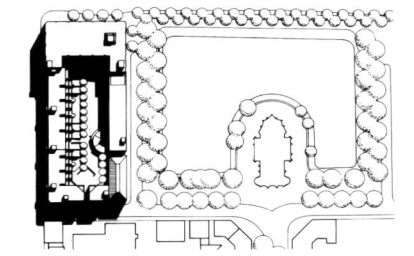

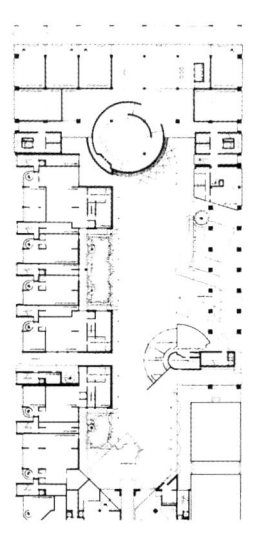

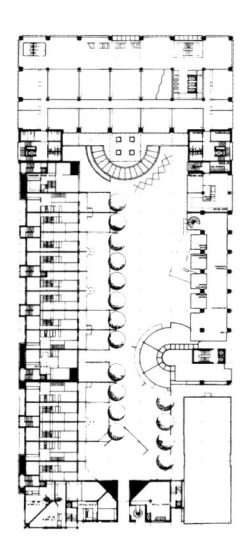

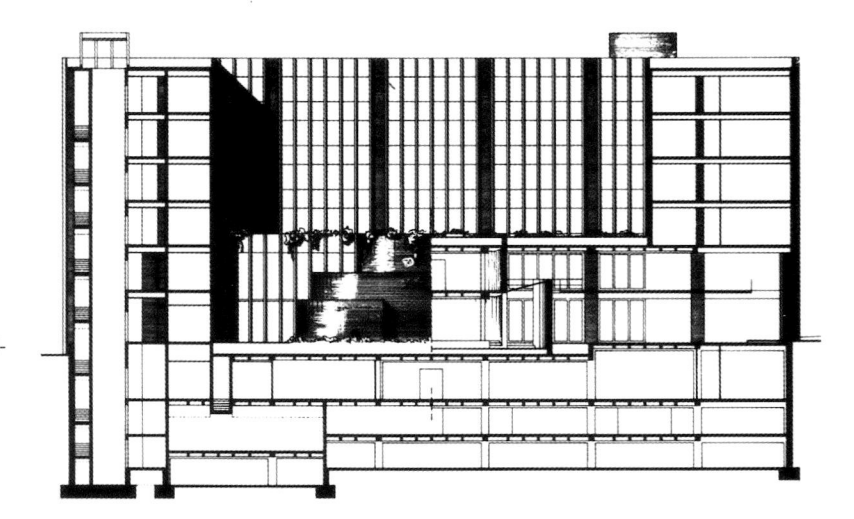

Leitgedanken
Das historische Stadtgefüge des Stuttgarter Westens, das aus einzelstehenden Gebäuden und Blockrandbebauungen besteht, ist weitgehend erhalten. Das formale Konzept des Entwurfs soll sich diesem Prinzip unterordnen und seine Regeln beachten. Auf der Ebene der Funktion erfuhr der Stadtteil in der Vergangenheit eine Verdrängung des Wohnens durch Gewerbe, Handel und Dienstleistung.
Ziel des Entwurfs ist es zu zeigen, daß Wohnungsbau in diesem städtischen Gefüge möglich ist, ohne die Öffentlichkeit von privat genutzten Freizeitbereichen auszuschließen.

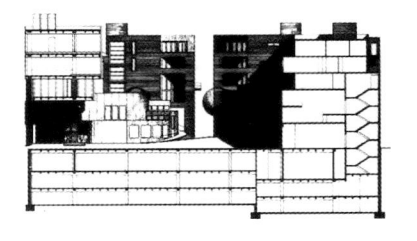

Räumliche Konzeption
Das Behördenzentrum ist als kompaktes Volumen im Südosten des Grundstücks an der Rotebühlstrasse angeordnet. Als Lärmschutz ist den Bürozonen eine mehrgeschossige Erschließungshalle mit Aufenthalts- und Wartezonen vorgelagert. Die im zweiten Obergeschoß liegenden Sondernutzungen wie Bibliothek, Kantine und EDV sind zum Feuersee orientiert. An bevorzugter Stelle wird ein öffentliches Restaurant mit Bar vorgeschlagen.
Die Erdgeschoßzone an der Silberburgstraße im Nordosten enthält Läden und auf der Rückseite Werkstätten für Kleingewerbe. Diese werden im Untergeschoß angedient. Für die erforderlichen Pkw-Stellplätze ist eine dreigeschossige Tiefgarage vorgesehen.

Die darüberliegenden, von der Silberburgstraße erschlossenen, in Zuschnitt und Flächenangebot differenzierten Wohnungen orientieren sich weitgehend in den begrünten Innenhof. Dieser ist in einen privaten und einen öffentlichen Bereich gegliedert, dem auch ein Kindergarten zugeordnet ist.
Ein strenges rechtwinkliges Raster überzieht den Grundriß des gesamten Grundstücks. Die Sondernutzungen greifen die Geometrie des Kreises auf.

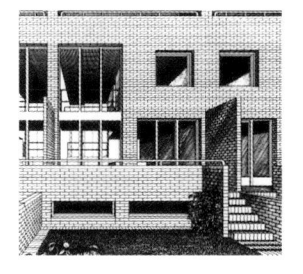

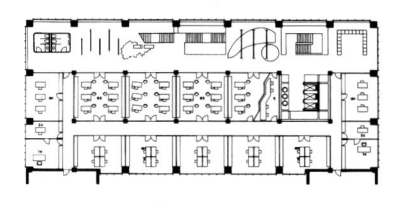

Konstruktion
Die Tragkonstruktion des Gebäudes basiert auf einem Raster von 8,40 x 8,40 Metern bzw. 8,40 x 5,40 Metern. Stockwerksrahmen aus Ortbeton tragen Kassetten- bzw. Rippendecken im Verwaltungsbau. Das Ausbauraster ist gegenüber dem Konstruktionsraster versetzt. Der Wohnbau ist in Stahlbeton-Schottenbauweise mit leichten Trennwänden geplant.

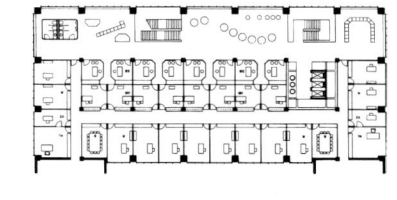

Raumabschluß
Die Fassade des Wohnbereiches besteht aus vorgeblendetem Mauerwerk im Normalformat. Die geschlossenen Fassadenflächen des Verwaltungsbaus sind ebenso behandelt. Die vorgehängte Glasfassade besteht aus einer Aluminium-Sprossenkonstruktion und Sonnenschutzglas.
Als Farben sind ausschließlich die Materialfarben von dunkelrotem Ziegel und natureloxiertem Aluminium vorgesehen.

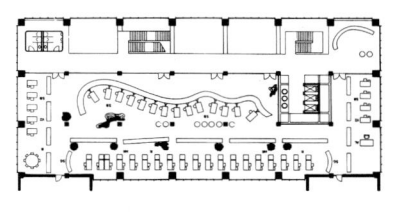

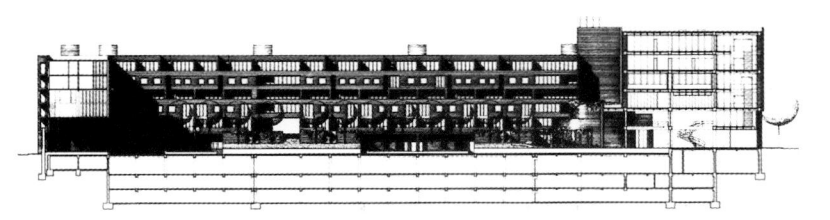

Computerfabrik

Diplomarbeit 1984

Aufgabenstellung
Für die Tochterfirma eines internationalen Elektronikkonzerns war eine Fertigungsanlage für Computer-Hardware von annähernd 20000 m² Nutzfläche zu konzipieren.
Das Raumprogramm bestand aus Lagerflächen, Fertigung, Prüfung, Hard- und Software-Labor, Büroräumen, Vorführungs-, Schulungs- und Sozialbereichen.
Da in der Computerbranche große Zuwachsraten ein schnelles Reagieren auf das Marktgeschehen notwendig machen, war die Anlage auf Erweiterbarkeit und Integration neuer Fertigungstechnologien auszulegen. Die Infrastruktur von drei angebotenen Grundstücken war zu prüfen oder eine geeignete, selbstgewählte Fläche nachzuweisen. Die Bearbeitung umfaßte die Konzeption der Gesamtanlage nach verfahrenstechnischen Gesichtspunkten und die detaillierte Durcharbeitung von Tragwerk und Hülle.

cand.-arch. Martin Webler

Betreuung
Prof. Dr. techn. h.c. Kurt Ackermann
Dipl.-Ing. Werner Kaag

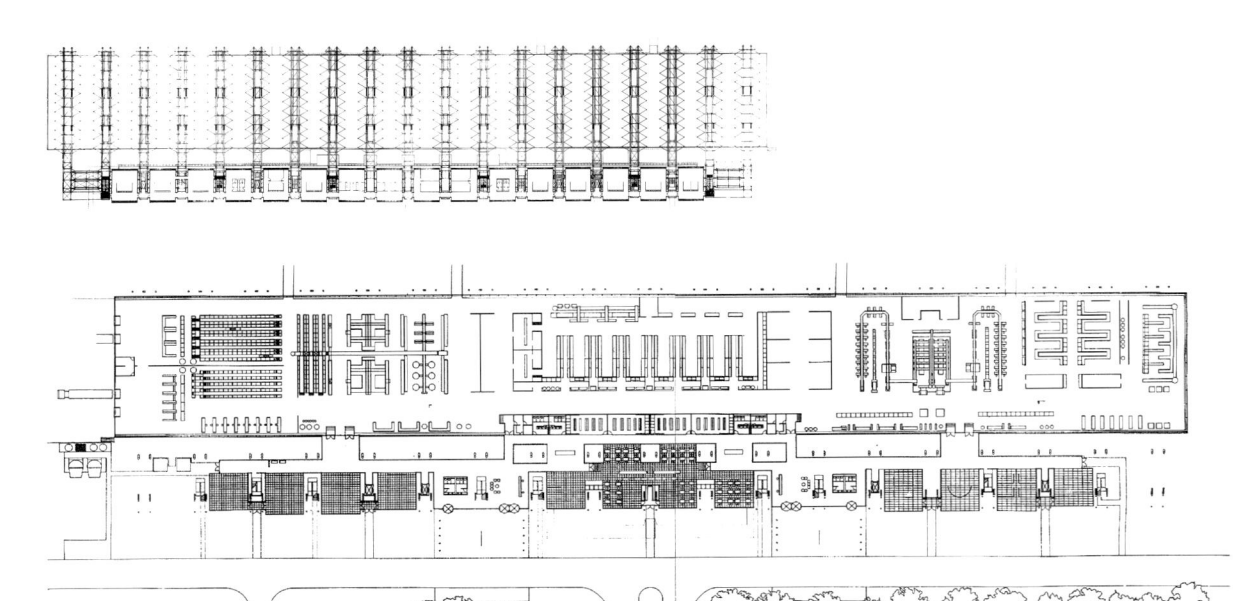

Leitgedanken
Die unverwechselbare Gestalt von Gebäuden kann zum Imageträger eines Konzerns werden. Damit die Großform ihre Prägnanz nicht durch An- und Umbauten verliert, sind die absehbaren Erweiterungen Teil der geplanten Gebäudestruktur. Das außenliegende Tragwerk reduziert die zu konditionierenden Raumvolumina und führt zu einer technischen Erscheinung des Bauwerks.

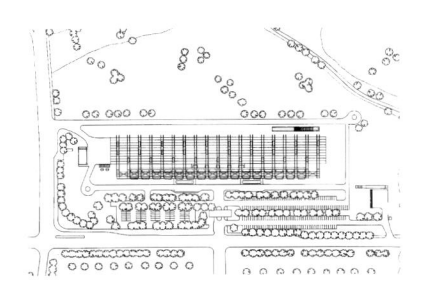

Räumliche Konzeption

Das gewählte Grundstück zeichnet sich durch eine gute Verkehrsanbindung aus. Die Erschließung erfolgt getrennt für den Personenverkehr von der Langseite und den Lieferverkehr von der Schmalseite. Die Computerfabrik gliedert sich in einen stützenfrei überdeckten Großraum von 37,2 x 298,2 Metern Seitenlänge bzw. 11000 m² Grundfläche und eine diesen Großraum parallel begleitende, dreigeschossige Serviceschiene.

Der Produktionstrakt markiert die Grenze zwischen Stadt und Landschaft über die gesamte Länge des Grundstücks. Vor dem Servicetrakt verbleibt ein zunächst für die Parkierung genutzter Freibereich, der eine spätere Erweiterung der Computerfabrik bis zur doppelten Grundfläche ermöglicht.

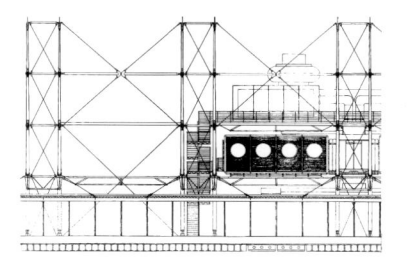

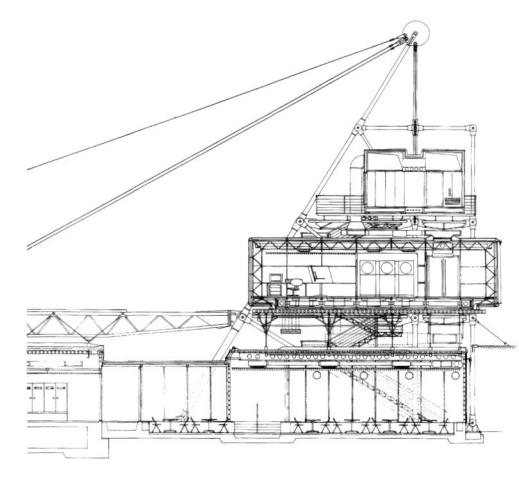

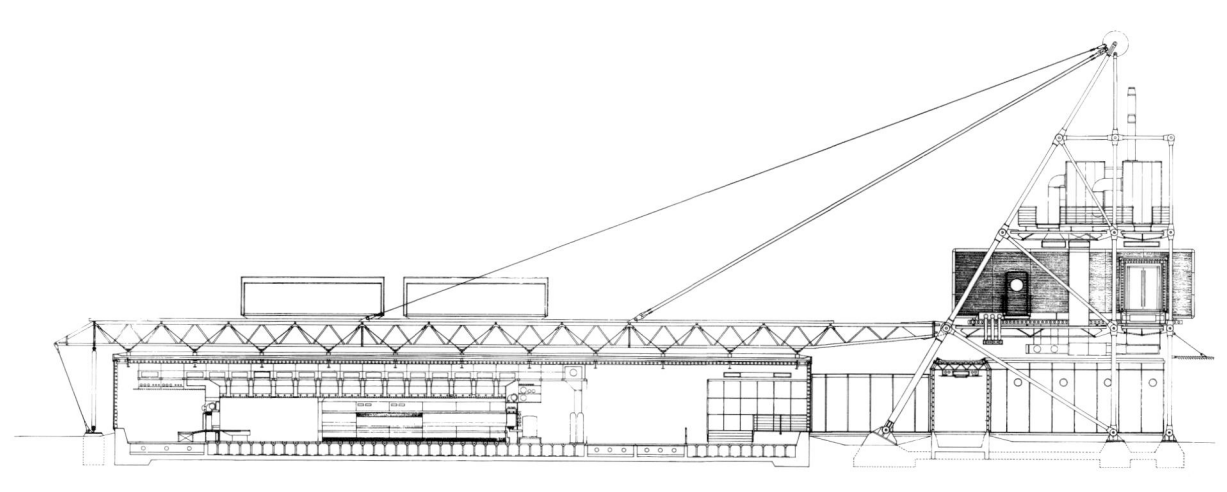

Konstruktion
Das Tragwerk der Computerfabrik besteht aus 38 paarweise angeordneten, zu den Auflagern gevouteten Dreigurtbindern von 1 Meter Bauhöhe, einem Abstand untereinander von 3 Metern und einem Achsabstand von 14,5 Metern. Die Träger sind durch Abspannungen in den Drittelspunkten je zweimal unterstützt.
Ein Bocksystem von 15,2 Metern Tiefe und 21,1 Metern Höhe nimmt die Seilkräfte auf und leitet sie in das Fundament. In das Bocksystem sind die Nutzungen der Serviceschiene dreigeschossig eingestellt. Ein Auflager der Hauptträger bildet das Bocksystem, am anderen durch eine Pendelstütze gehaltenen Auflager wird durch einen Kragarm und eine vorgespannte Rückverankerung zusätzlich eine Entlastung des Feldmomentes bewirkt.
Unter die außenliegende Primärstruktur ist im Hallenbereich ein Rost aus I-Profilen gehängt. Die Feldgröße beträgt 6,2 x 3,6 Meter. Jeder Kreuzungspunkt gibt seine Lasten über diagonale Abhängungen in die Hauptträger ab.

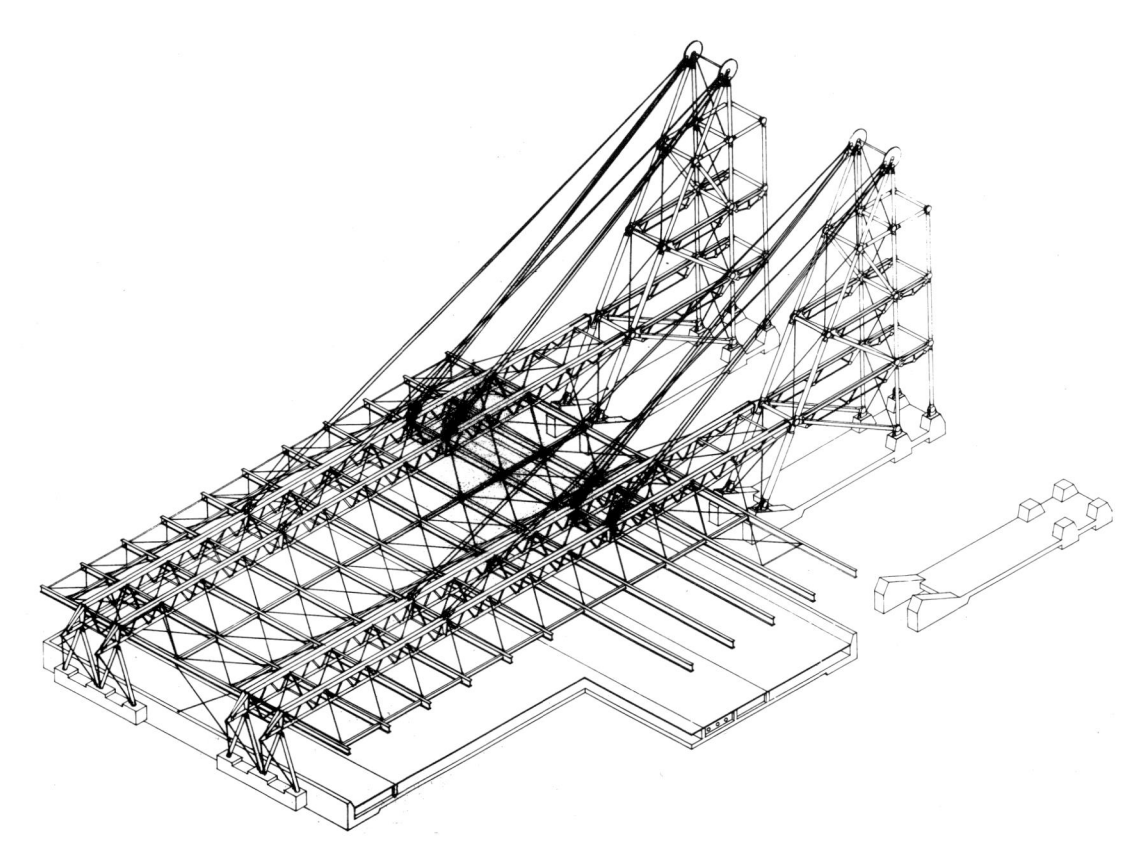

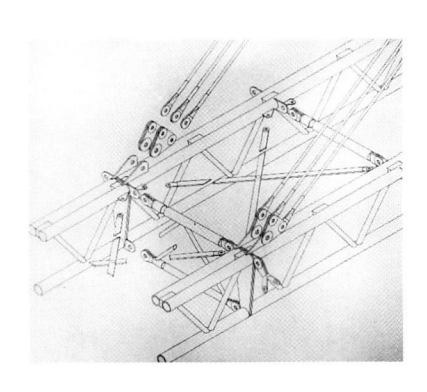

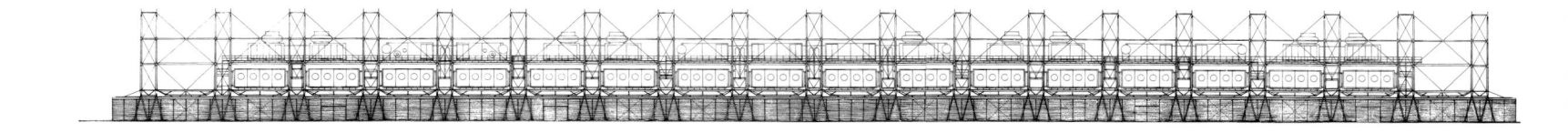

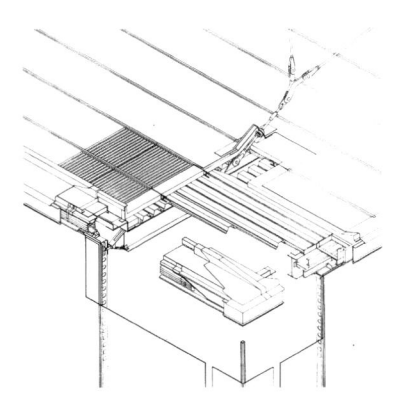

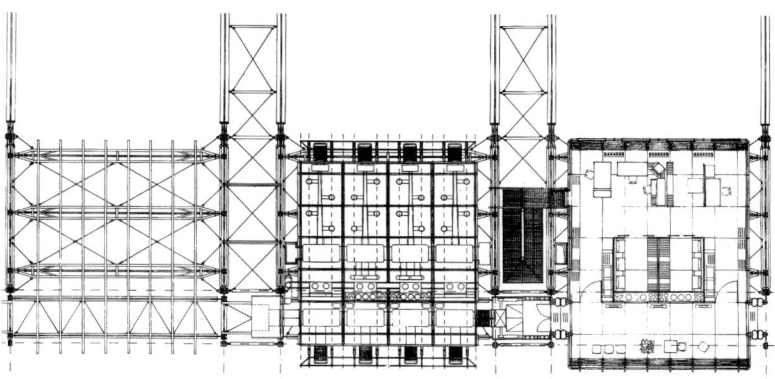

Haustechnik
Um die Installationsstränge kurz zu halten, werden die Aggregate der Raumkonditionierung in dezentralen Modulen angeordnet. Jeweils am Ort des Bedarfs sind diese Einheiten auf das Hallendach aufgesattelt oder im zweiten Obergeschoß des Bocks eingeschoben. Ein Doppelboden gewährleistet die flexible Umgruppierung von Produktionseinheiten. Wo möglich und sinnvoll, sind die Leitungen an der Gebäudeaußenseite frei sichtbar angeordnet.

Raumabschluß
In allen Gebäudebereichen werden vorfertigbare Hüllelemente auf entsprechenden Unterkonstruktionen verwendet. Neben den Vorteilen der kurzen Montagezeiten, der Großserienfertigung und der damit verbundenen Präzision bietet der Fassadenbaukasten alle Möglichkeiten, auf sich ändernde Anforderungen flexibel zu reagieren.

Leichtathletikhalle

Diplomarbeit 1985

Aufgabenstellung
Für die Universität Stuttgart war eine Leichtathletikhalle für den Breitensport zu entwerfen, die auch den Anforderungen nationaler und internationaler Wettkämpfe genügen mußte. Das Raumprogramm sah neben den Sportflächen Tribünen für tausend Zuschauer, ein Restaurant und die zugehörigen Nebenräume vor.
Als Bauplatz wurde ein Grundstück in Stuttgart-Vaihingen ausgewiesen, das sich durch seine Nachbarschaft zu dem im Bau befindlichen Stadion der Universität, zu Studentenwohnheimen und einem projektierten Technologiepark auszeichnet. Die Überprüfung der Eignung des Geländes und die städtebauliche Einbindung in die vorhandenen Strukturen wurden gefordert. Der Entwurf beinhaltete eine Durcharbeitung bis zu detaillierten Aussagen über Tragwerk und Hülle.

cand.-arch. Stefan Blume

Betreuung
Prof. Dr. techn. h.c. Kurt Ackermann
Dipl.-Ing. Werner Kaag
Dipl.-Ing. Gustl Lachenmann
Dipl.-Ing. Werner Sobek

Leitgedanken
Die Leichtathletikhalle soll so konzipiert sein, daß der Blick in das Tal erhalten bleibt und die Architektur nicht mit der umgebenden Bebauung konkurriert. Die Sportfläche soll möglichst leicht und materialsparend überdeckt werden.

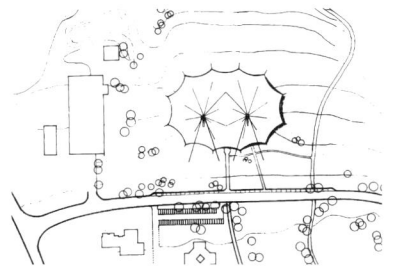

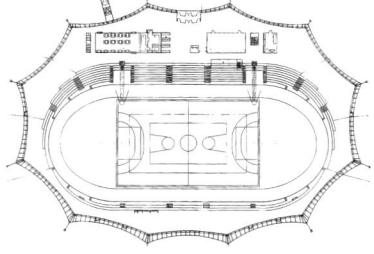

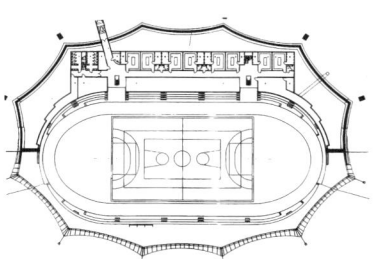

Räumliche Konzeption
Die Erschließung der Halle erfolgt hangseitig. Tribüne, Nebenräume, ein frei in die Halle eingestelltes Restaurant sowie die Pylone sind längs des Spielfeldes parallel zum Hang angeordnet. Zuschauer und Sportler erhalten somit freie Sicht in das direkt angrenzende Büsnauer Tal.
Die freie Form des leichten Dachtragwerks konkurriert nicht mit der umgebenden Bebauung. Zwei Pylone definieren die Endpunkte des Universitätsgeländes.

Konstruktion

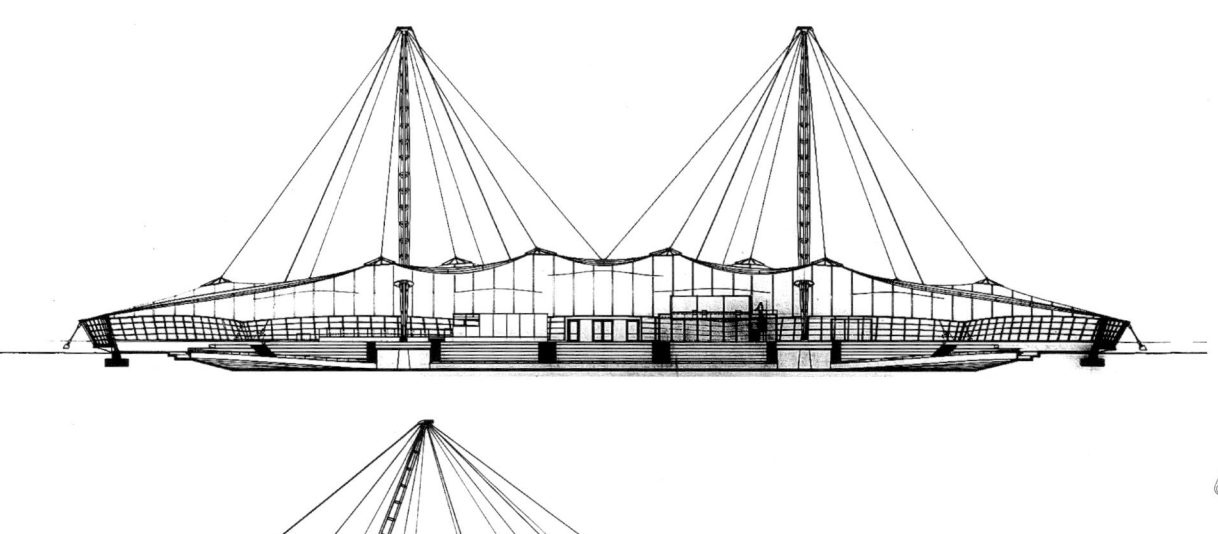

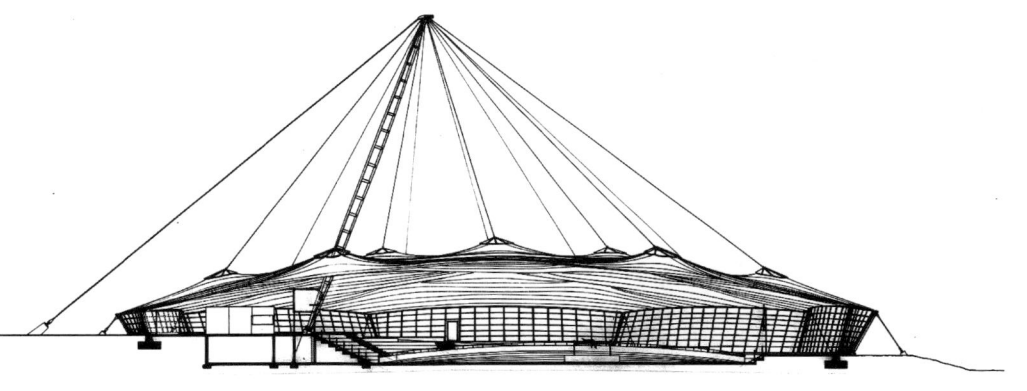

Die vorgegebene Fläche von 7350 m² (116 x 84 Meter) soll möglichst materialsparend überdacht werden. Die beiden Pylone von 36 Metern Höhe bestehen aus jeweils drei Rohren, die in ihrer fischbauchartigen Ausbildung die Knickbeanspruchung einer Pendelstütze nachbilden.
Zur Überdachung des Spielfeldes werden die beiden kreisförmigen Einflußfelder der Pylone zu einem Oval zusammengefaßt. Die Rückverankerung der Stützen erfolgt durch Erdreibungsanker.

Um die notwendigen membranstabilisierenden Flächenkrümmungen zu erreichen, wird die Dachfläche durch zwei an den Pylonköpfen befestigte Seilscharen mehrfach abgehängt.
Dadurch kann das Dach als reine Membrane aus PVC-beschichtetem Glasfasergewebe ausgebildet werden. Klarsichtfolien, die von unten durch ein offenes Gewebe geschützt sind, bilden wärmedämmende Luftkissen.

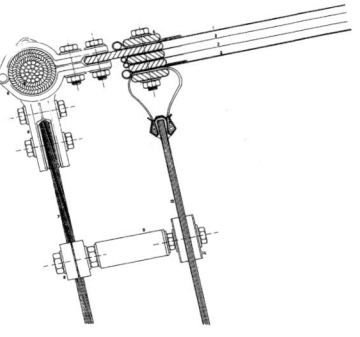

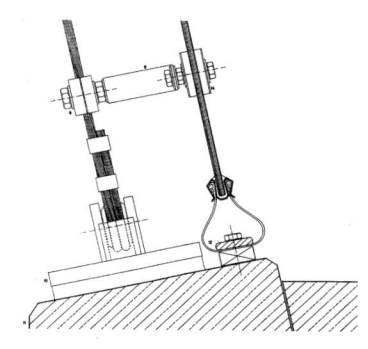

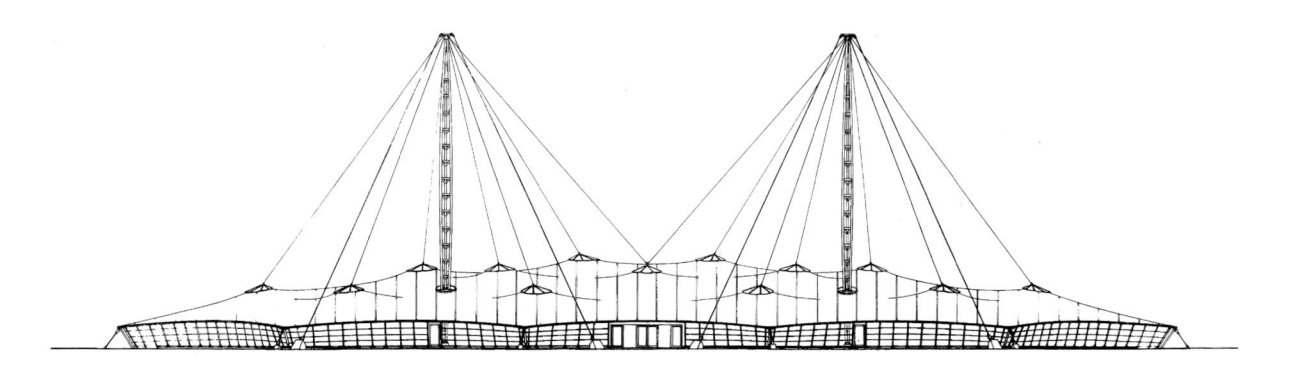

Raumabschluß
Durch die Verglasung der Hochpunkte wird die außenliegende Konstruktion auch im Innenraum sichtbar.
Die transluzente Membrane verspricht eine gleichmäßige natürliche Belichtung der Spielfläche. Die Fassade kann die konstruktionsbedingten Verformungen aufnehmen. Sie besteht aus Glasscheiben, die an gespannten Seilen punktförmig befestigt sind und durch ein Netz aus Neopreneprofilen abgedichtet werden.

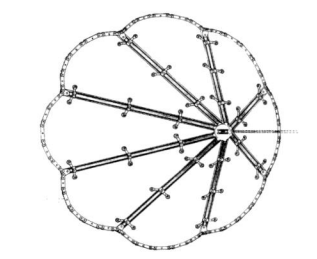

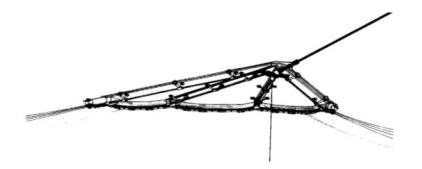

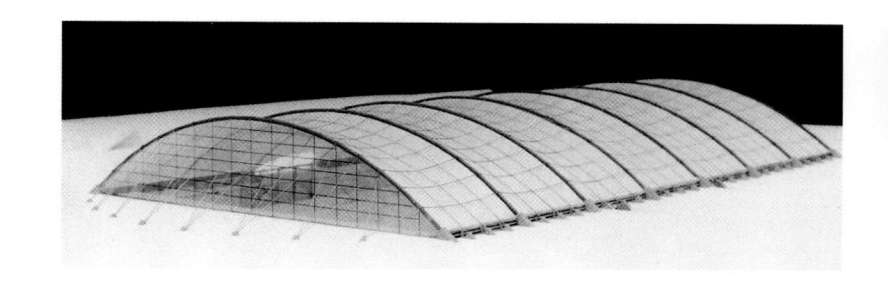

cand.-arch. Marco Goetz

Betreuung
Prof. Dr. techn. h.c. Kurt Ackermann
Dipl.-Ing. Werner Kaag
Dipl.-Ing. Gustl Lachenmann

Preis der Freunde der Universität
Stuttgart e.V. 1986

Leitgedanken
Die gewählte Konstruktion überspannt die Sportfläche mit minimalem Materialeinsatz. Dies gelingt durch die Verwendung einer Membrane, die zu ihrer hüllenden Funktion die Stabilisierung des Primärtragwerks übernimmt.

Räumliche Konzeption
Der Haupteingang und ein Zuschauerumgang sind ebenerdig angeordnet. Die Sportebene mit einer 200-Meter-Laufbahn, Sprintstrecken und den Einrichtungen für Hoch- und Weitsprung ist gegenüber dem Gelände um 3,4 Meter abgesenkt. Längs der Halle sind einseitig die Umkleiden, Geräteräume und Sanitärbereiche, gegenüberliegend Teleskoptribünen sowie die Lüftungs- und Heizzentrale angeordnet. Die Tribünen bieten Platz für 1200 Zuschauer.

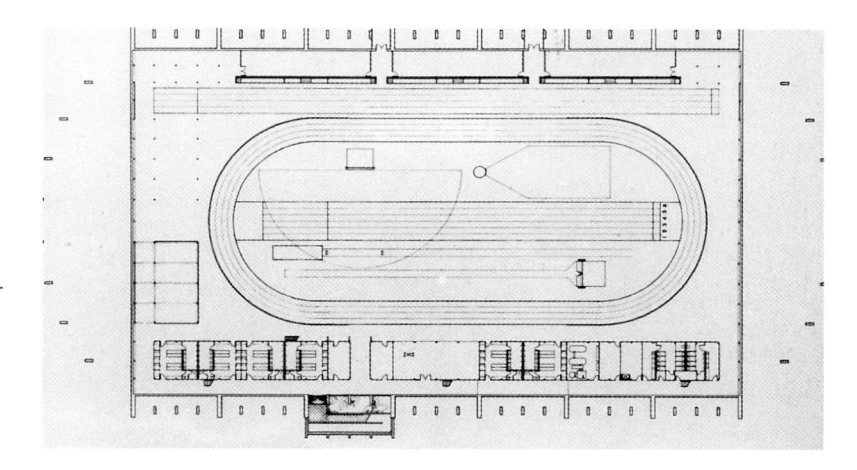

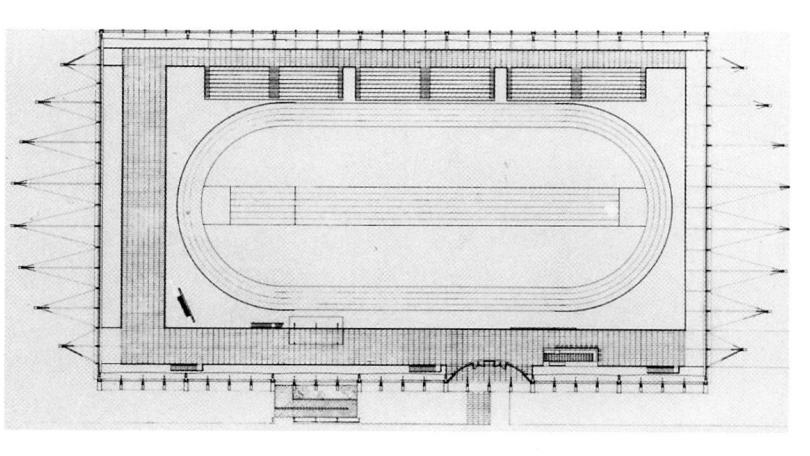

Konstruktion

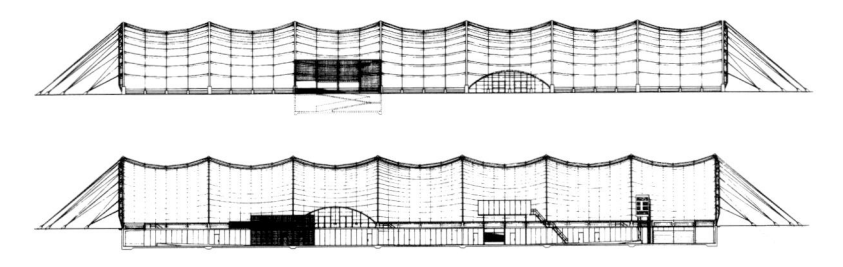

Die 112 x 66 Meter große Leichtathletikhalle wird durch acht Stahlrohrbögen im Abstand von 16 Metern überspannt. Am Auflager sind die Bögen eingespannt, um eine einfache Montage zu gewährleisten. Sie werden durch über Seile eingebrachte Vorspannung stabilisiert. Orthogonal über das Primärtragwerk gespannte Seile verbinden die Bögen untereinander. Sie sind an den Stirnseiten in Zugfundamenten verankert. Durch parallel zu den Bögen verlaufende Spannseile wird Vorspannung erzeugt. Das so gebildete Seilnetzraster hat eine Maschenweite von 4,0 x 4,0 Metern. Die äußerste Schicht im Bereich der Dachhaut besteht aus beschichtetem Glasfasergewebe. Die Dachhaut wird an Schienen fixiert, die zwischen der Geometrie der kontinuierlichen Krümmung der Membrane und den aus geraden Segmenten bestehenden Bögen vermitteln. Die Schienen sind mit dem Bogen nur an den Abspannungskanten verbunden. Die Außenhaut wird durch zwei Lagen transparenter Folien ergänzt. Die zwischen den Folien entstehenden Luftpolster hemmen die Kondensatbildung.

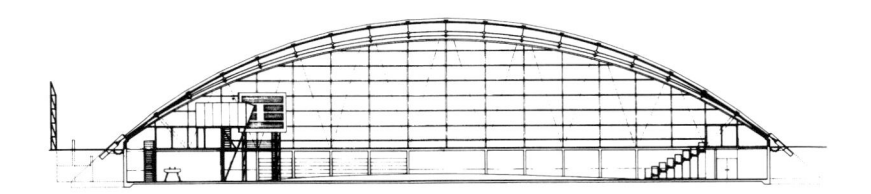

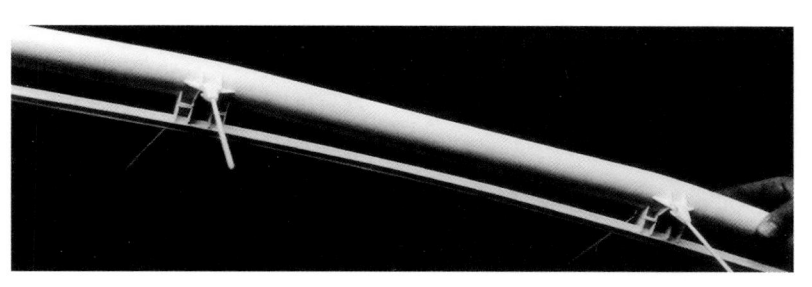

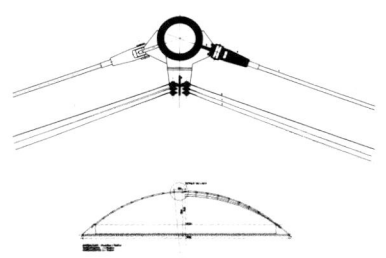

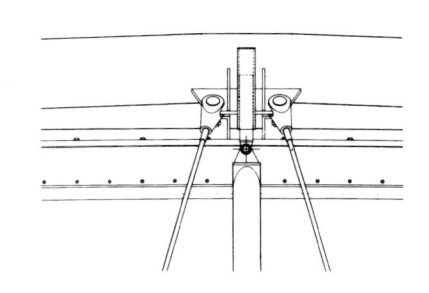

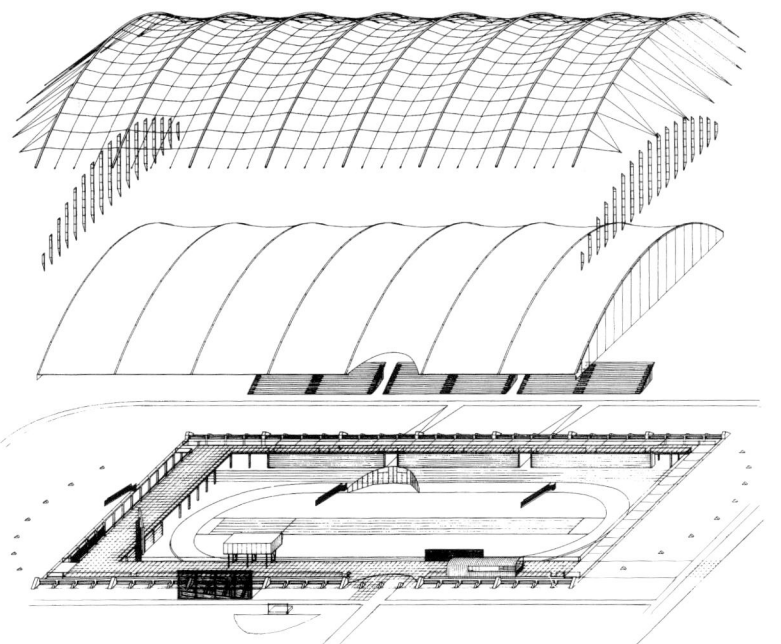

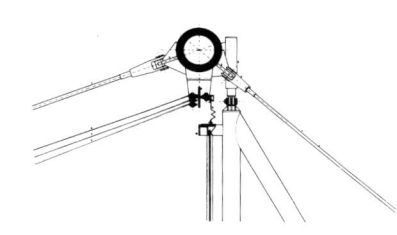

Raumabschluß

Die Stirnfassade besteht aus Einscheiben-Sicherheitsglas. Sie wird durch Vierendeelträger aus Stahlrundrohren getragen, welche die Windlasten je zur Hälfte in das Haupttragwerk und die Fundamente ableiten. Um die durch Wind- und Schneelasten bedingten Verformungen zwischen der Dach- und Fassadenkonstruktion zu ermöglichen, sind die Fassadenstützen gelenkig am Boden befestigt. Der Anschluß am Primärtragwerk erfolgt über gelenkig gelagerte Dämpfer, die zwängungsfreie Verformungen zwischen Bogentragwerk und Fassade ermöglichen. Die Abdichtung zwischen Dach und Fassade übernimmt eine Neopreneschürze.

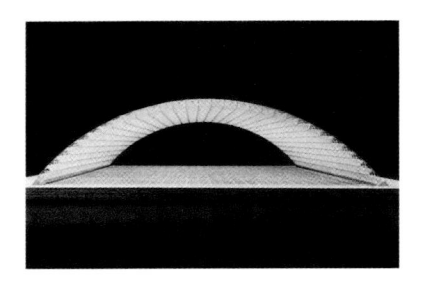

cand.-arch. Friedbert Vogelsang

Betreuung
Prof. Dr. techn. h.c. Kurt Ackermann
Dipl.-Ing. Werner Kaag
Dipl.-Ing. Gustl Lachenmann

Leitgedanken
Das an zwei Seiten abfallende Grundstück eröffnet die Möglichkeit des ungestörten Blicks in das angrenzende Büsnauer Tal. Das Gebäude soll sich als Großform von der heterogenen Umgebung abheben und so seine andersartige Nutzung verdeutlichen.

Räumliche Konzeption
Die Halle ist parallel zur Erschliessungsstraße in Nord-Süd-Richtung an der Spitze des Hangs plaziert. Ein tonnenförmiges Dach überwölbt alle im Programm geforderten Flächen. Tribünen mit Sitzplätzen sind parallel der Ostseite, Stehtribünen entlang der Nordfassade angeordnet. Alle übrigen Räume wie Restaurant, Presselokal, Geräteräume, Umkleiden und Sanitärräume befinden sich unter den Stehplätzen bzw. hinter den Sitzreihen. Der Hallenboden ist um ein Geschoß abgesenkt, so daß die obersten Ränge der Tribünen mit dem anschließenden Gelände ein Niveau bilden. Der Zugang mit Kassenanlage erschließt die Halle auf dem unteren Niveau an einer Schmalseite. Drei überdeckte Stege verbinden das obere Niveau mit dem Freibereich. Sie dienen als Sportlerausgang und Fluchtweg.

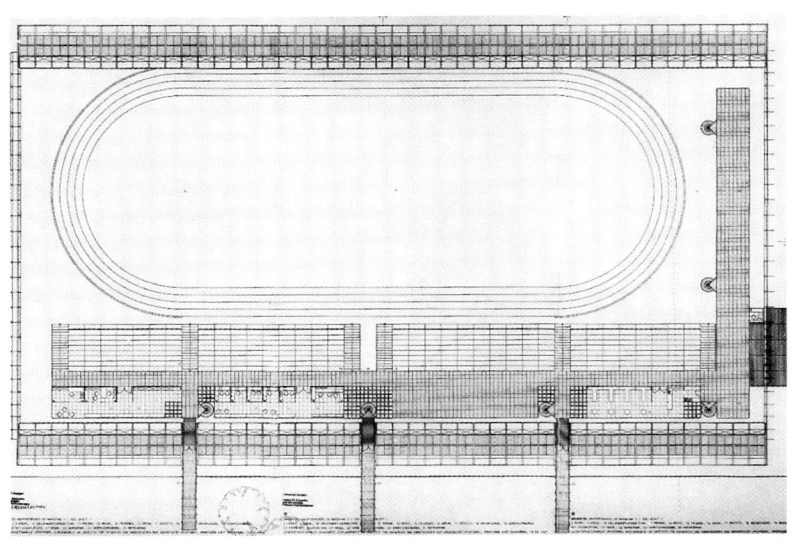

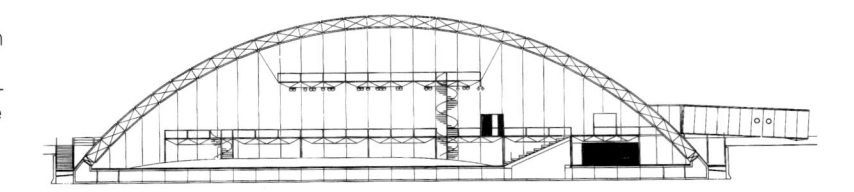

Konstruktion

Die abgesenkte Bodenwanne wird von einem verräumlichten Tonnentragwerk mit 76,6 Metern Spannweite überwölbt. 46 Achsabschnitte mit jeweils 2,7 Metern Achsbreite ergeben eine Hallenlänge von 124,2 Metern; die maximale Raumhöhe beträgt 18,9 Meter, die Konstruktionshöhe des Tragwerks 1,6 Meter.
Die Bögen gliedern sich in jeweils 30 Trapeze, in denen Diagonalverbände angeordnet sind. Jeder Eckpunkt eines Trapezes ist mit dem benachbarten verbunden; die sich ergebenden Rechtecke sind ebenfalls ausgekreuzt. Der auftretende Bogenschub wird an den gelenkigen Auflagern in die Bodenwanne eingeleitet und dort über Zugbänder kurzgeschlossen.
Die Tribünen werden von Einfeldträgern auf Pendelstützen getragen; alle abgeschlossenen Räume sind containerartig eingestellt.
Trag- und Verformungsverhalten wurden rechnerunterstützt ermittelt und dargestellt.

Raumabschluß

Die Bogenränder schließen direkt an die Bodenwanne an, die vertikale Hüllfläche ist auf die Stirnseiten beschränkt. Ein zweischaliger transluzenter Raumabschluß ober- und unterhalb des Tragwerks ermöglicht die Belichtung mit Tageslicht und bildet einen Klimapuffer. Die Stirnflächen erhalten Vollverglasung in Pfosten-Riegel-Konstruktion, um den Bezug zum Außenraum zu gewährleisten.

Haustechnik

Der eigentliche Hallenboden ist auf der Bodenplatte aufgeständert. Der so entstehende Hohlraum ermöglicht eine beliebige horizontale Installationsführung. Die Ausleuchtung der Halle mit Kunstlicht erfolgt über eine am Hallendach abgehängte, begehbare Plattform.

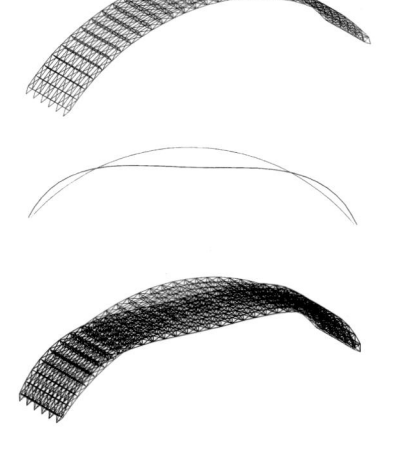

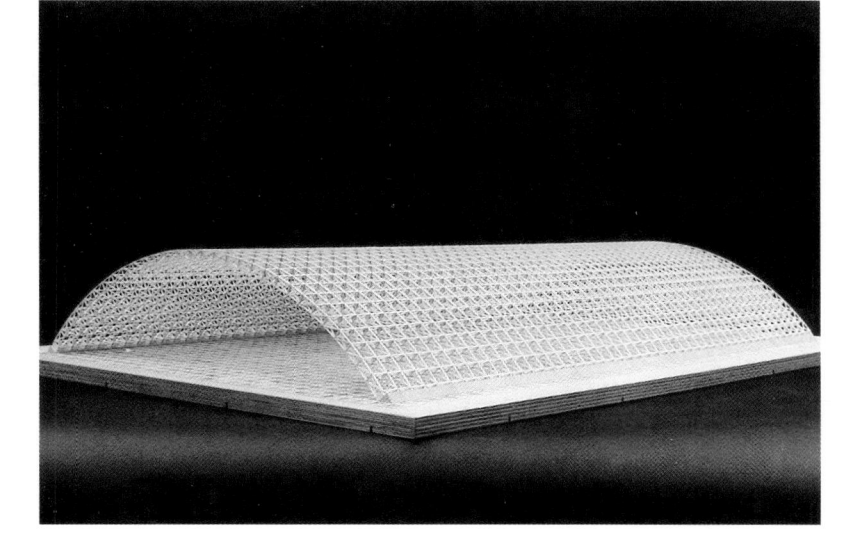

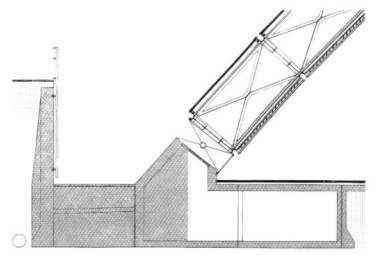

**Fußgängerbrücke
mit S-Bahn-Station**

Diplomarbeit 1986

Aufgabenstellung
Im Rahmen der Internationalen Gartenbauausstellung Stuttgart sollten die innerstädtischen Grünanlagen in ein zusammenhängendes Fußgängernetz eingebunden werden. Die Verbindung vom Höhenpark Killesberg zum Rosensteinpark war mit einem Brückenbauwerk über die Gleisanlagen der DB am Löwentorzentrum vorgesehen. Das Raumprogramm sah zusätzlich einen Anschluß an die neue S-Bahnhaltestelle Stuttgart-Löwentor vor.
Zwischen dem Wohngebiet am Rosensteinpark und den Grünanlagen Killesberg besteht ein Höhenunterschied von ca. 6 Metern, der überwunden werden mußte.
Die städtebaulich prägnante Situation verlangte nach Lösungen, die den städtischen Raum prägen sollten.

cand.-arch. Manfred Rudolf

Betreuung
Prof. Dr. techn. h.c. Kurt Ackermann
Dipl.-Ing. Fritz-Ulrich Buchmann
Dipl.-Ing. ETH Edward Dolk
Dipl.-Ing. Udo Pütz

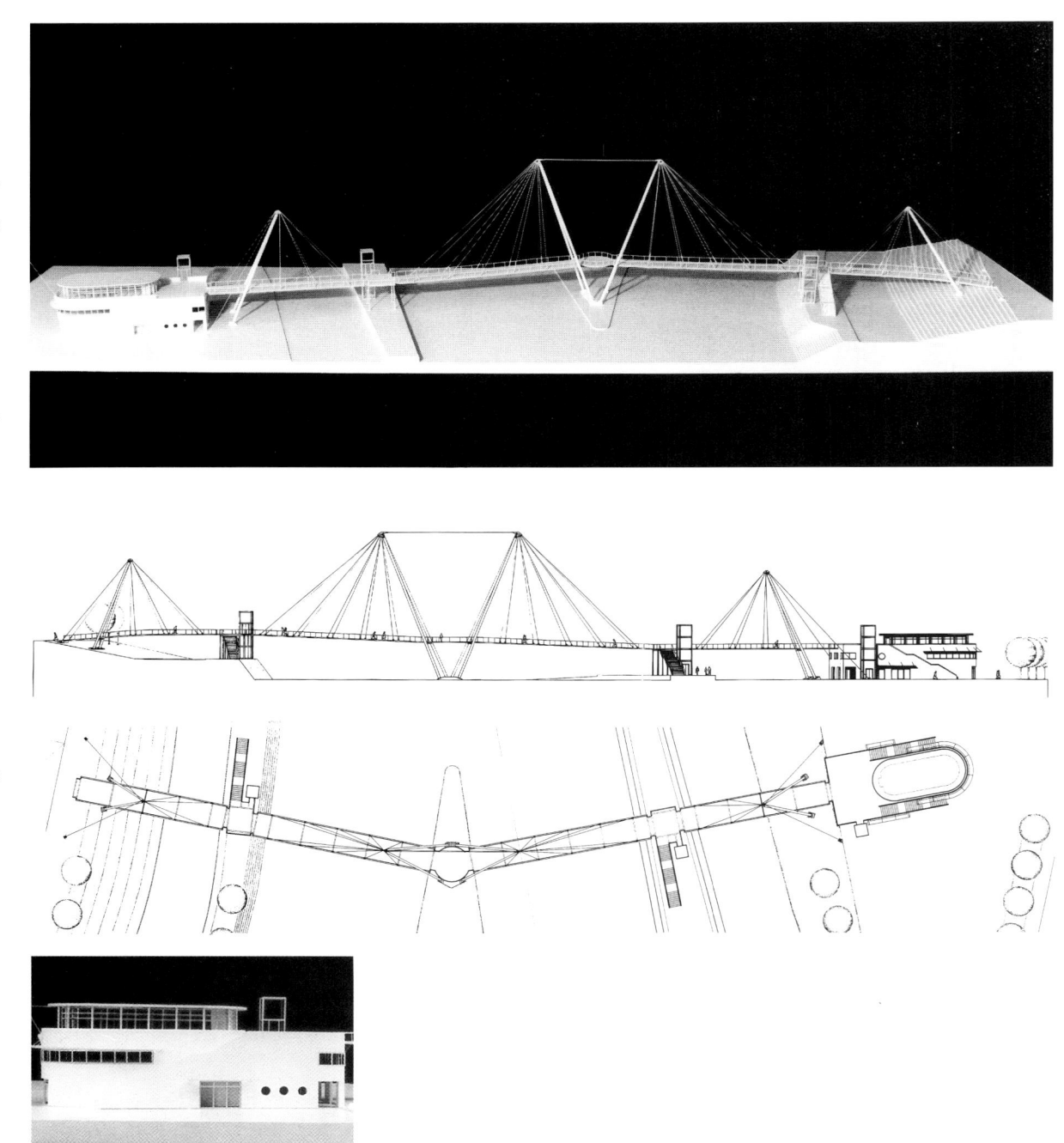

Leitgedanken

Angestrebt wird eine möglichst filigrane Konstruktion und ein Brückenkopf im Bereich des Wohngebiets Rosensteinpark.
Die Fügung der tragenden Teile sowie die Ausbildung der Detailpunkte sollen es dem Benutzer ermöglichen, den Kräfteverlauf der Konstruktion nachzuvollziehen.
Ein weiteres Ziel ist es, den Bahnbetrieb während des Montageablaufs nicht zu beeinträchtigen.

Räumliche Konzeption

Der Höhenunterschied im Bereich Rosensteinpark wird durch ein Brückenbauwerk mit Café überwunden. Sein geradliniger Verlauf mit einem Umlenkpunkt in der Mitte integriert zwei zusätzliche Treppenaufgänge mit Aufzügen im Bereich der S-Bahn-Haltestelle. In Richtung Killesberg befindet sich ein ebenerdiger Zugang.

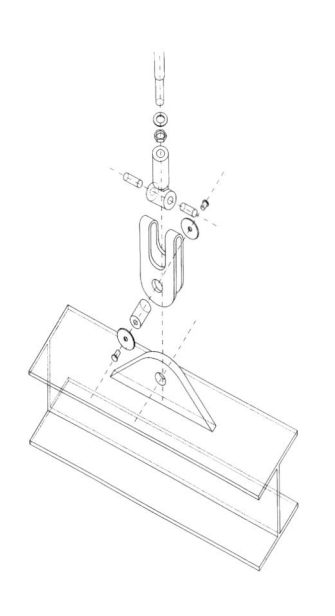

Konstruktion

Die ca. 154 Meter lange Fußgängerbrücke ist als Schrägseilbrücke konzipiert.
Die Konstruktion besteht aus zwei geneigt angeordneten Pylonen in den Endfeldern und einem symmetrischen Mittelbereich mit V-förmig gespreizter Pylonanordnung. Die maximale Spannweite beträgt ca. 70 Meter.
Der Brückenträger wird von Seilen getragen, die an gegeneinander geneigten Stahlpylonen mit einer maximalen Höhe von 29 Metern befestigt sind. Zwei Randträger aus Walzprofilen und Trapezblech mit aufgebrachtem Stahlbeton bilden die vier Meter breite Gehbahn. Sie soll im Freivorbau ohne Gerüst montiert werden. Die durch die Schrägstellung der Seile auftretenden Druckkräfte werden in der Betonplatte kurzgeschlossen. Die massive Ausbildung der Gehbahn verleiht dem Längsträger Steifigkeit in Querrichtung.
Durch die Schrägstellung der Pylone und die daraus resultierenden steilen Anstellwinkel wird eine Verkürzung der Hänger erreicht.
Die Abhängung der Längsträger im Abstand von sieben Metern reduziert die freie Spannweite der Stegplatte und führt zu einer schlanken Ausbildung der Längsträger.
Die gegeneinander geneigten Pylone steifen das Brückenbauwerk in Querrichtung aus, während die Längsaussteifung durch Dreiecksbildung zwischen Hängern, Pylonen und Stegplatte erreicht wird.
Das Kräftegleichgewicht an den Köpfen der Randpylone wird durch die Rückverankerung am Brückenkopf gewährleistet.

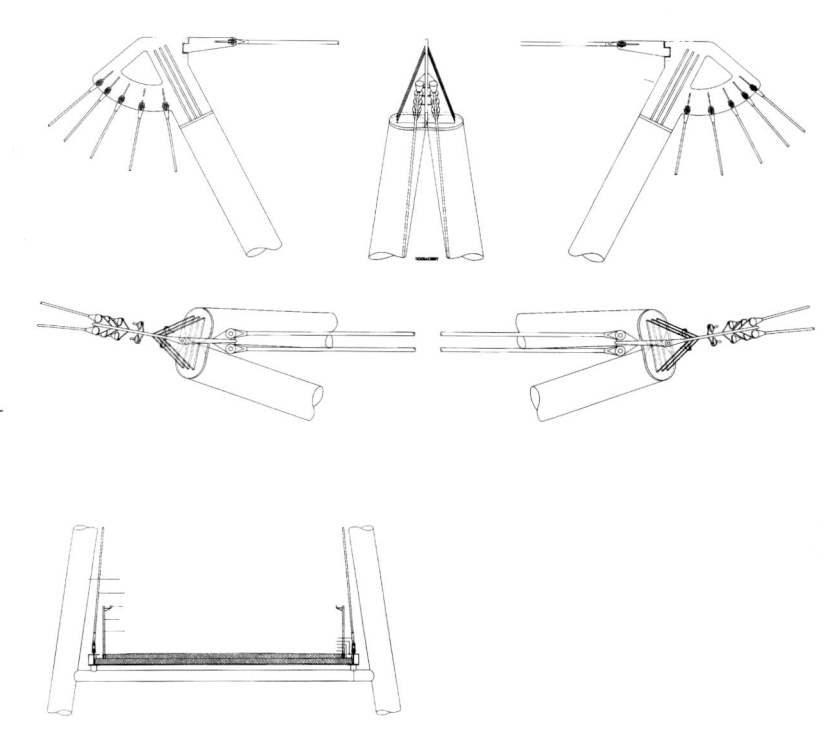

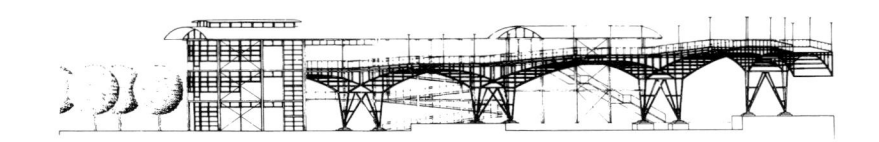

cand.-arch. Gabriele Selgrath

Betreuung
Prof. Dr. techn. h.c. Kurt Ackermann
Dipl.-Ing. Fritz-Ulrich Buchmann
Dipl.-Ing. ETH Edward Dolk
Dipl.-Ing. Udo Pütz

Förderpreis der Deutschen
Zementindustrie 1986/87,
Auszeichnung

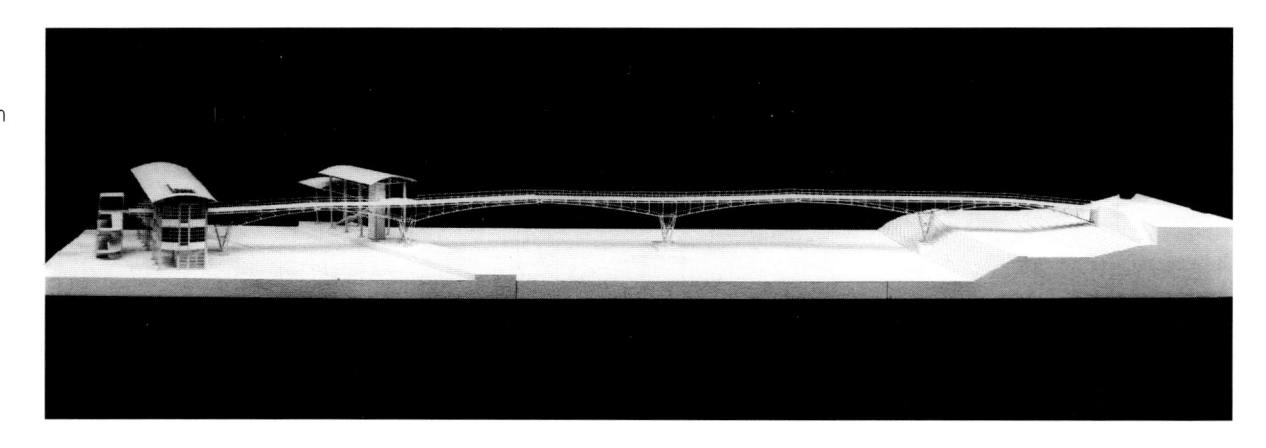

Leitgedanken
Für den durch Bahngleisanlagen geprägten Standort der Brücke wird eine aufgelöste Konstruktion in Anlehnung an historische Vorbilder gewählt.

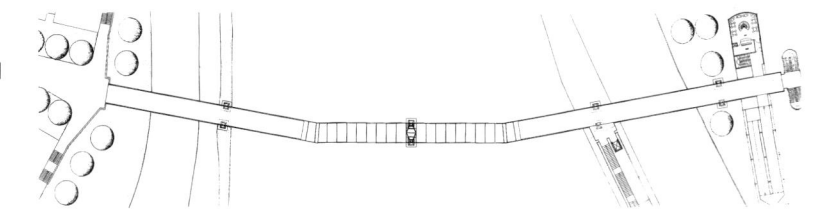

Räumliche Konzeption
Der vorhandene Höhenunterschied im Bereich Rosensteinpark wird durch ein Café mit Treppe und Rampenanlage überwunden. Das Brückenbauwerk besteht aus drei geradlinig verlaufenden Gehbahnen mit zwei Umlenkpunkten. Ein zusätzlicher Treppenaufgang mit Aufzug wird zur Erschließung des tieferliegenden Bahnsteigs an das Brückenbauwerk gestellt. Im Bereich Killesberg wird eine ebene Begehung und der Anschluß zu der parallel zu den Gleisanlagen verlaufenden Straße durch Treppen angeboten.

Konstruktion

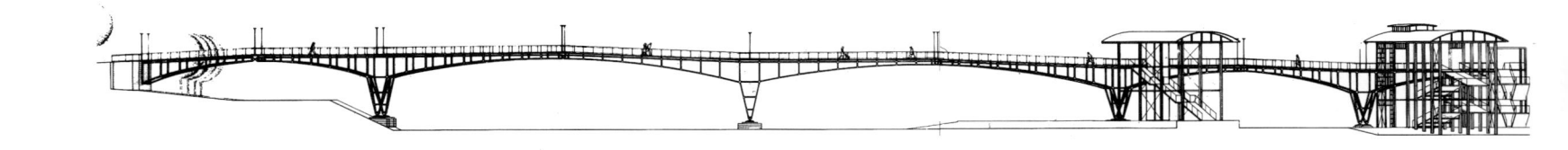

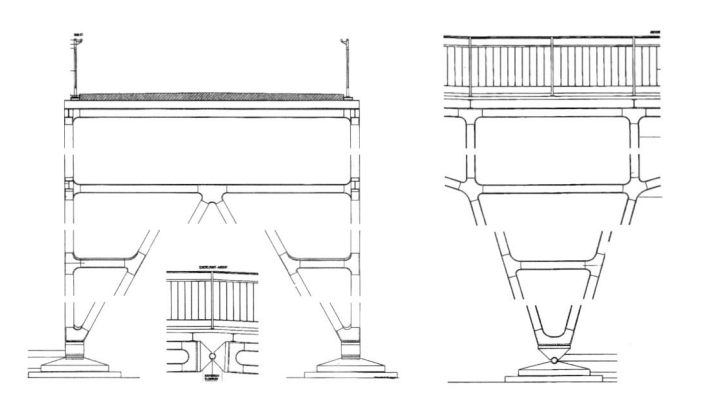

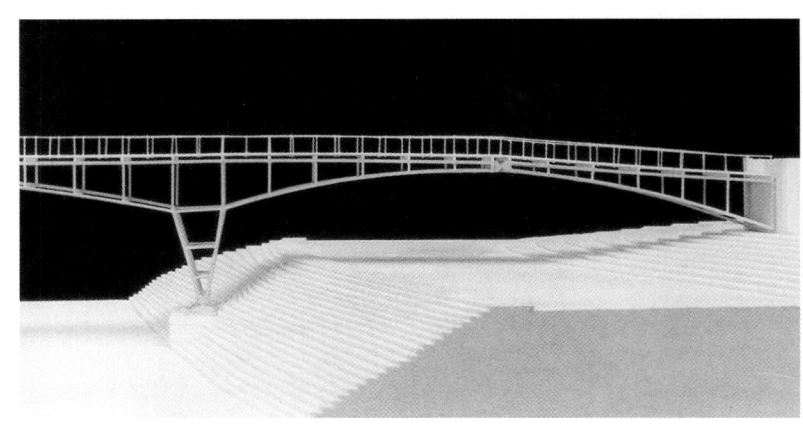

Das Tragwerk besteht aus einer nach dem Vierendeel-Prinzip ausgebildeten Halbrahmenkonstruktion. Die Spannweite von 155 Metern wird durch vier gelenkig gekoppelte T-förmige Halbrahmen und einen Kragarm im Endfeld überbrückt. Die größte Spannweite beträgt 40 Meter.

Die T-förmigen Elemente setzen sich aus geraden Stäben zusammen, die an den Knotenpunkten biegesteif miteinander verbunden sind. Die Tragwerksgeometrie ist entsprechend der statischen Beanspruchung ausgebildet. Die maximalen Bauhöhen befinden sich im Bereich der größten Momente über den Rahmenstielen. Dadurch wird ein biegesteifer Anschluß der Stiele mit den Rahmenriegeln erreicht. Durch die Koppelung der Teilsysteme zu einem Gesamtsystem erfolgt auch bei feldweiser Beanspruchung eine Lastabtragung durch das Gesamtsystem. Die Rahmenstruktur und die Verankerung des Kragarms im Widerlager steifen das System in Längsrichtung aus.

Die Aussteifung in Querrichtung erfolgt über die biegesteif angeschlossenen Querträger und A-förmig ausgebildeten Vierendeelstützen. Die Torsionssteifigkeit wird ebenfalls durch Auflösung der Querschnitte in Stäbe mit biegesteifen Verbindungen erzielt. Die Brückenkonstruktion besteht aus Walzprofilen, die biegesteifen Verbindungen erfolgen durch Gußteile, was einfache, standardisierte Anschlüsse erlaubt und die bei geschweißten Konstruktionen erforderlichen geometrischen Verschneidungen vermeidet. Die Verbindungen der Einzelrahmensegmente untereinander sind gelenkig ausgebildet, was durch ein Gußteil verdeutlicht wird. Die Gehbahn besteht aus einer Betonplatte, die über Querträger ihre Lasten auf das Haupttragwerk ableitet.

Flüssigkeitsbehälter für Brauereianlagen

Diplomarbeit 1989

Aufgabenstellung
Die Entwurfsaufgabe bestand in der Planung einer Gär- und Lagertankanlage für Bier mit einem Fassungsvermögen von 200000 Hektolitern. Für die Bearbeitung war die Auseinandersetzung mit betriebsinternen Arbeitsprozessen und Verfahrensabläufen einer Großbrauerei Voraussetzung. Neben den konstruktiven Aspekten standen die Integration der brautechnischen Systeme und die innovative Konzeption der Behälterstruktur im Vordergrund. Ferner war eine schnelle und die Betriebsabläufe nicht behindernde Montage nachzuweisen.

cand.-ing. Knut Göppert

Betreuung
Prof. Dr. techn. h.c. Kurt Ackermann

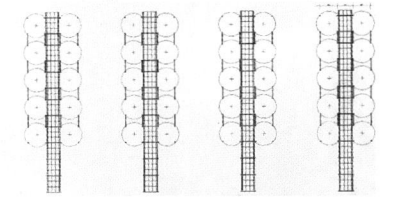

Leitgedanken
Die Aufgabe ist mit einer Vielzahl technischer Anforderungen und Sachzwängen verbunden. Es soll gezeigt werden, daß das funktionsgeprägte Bauen für die Industrie und formale Ansprüche sich nicht gegenseitig ausschließen.
Das Ziel ist eine Baukörperanordnung, die eine flexible Nach- und Umrüstung ermöglicht und eine für Revision und Säuberung zugängliche und durch kurze Wege kostenminimierte Integration der technischen Komponenten erreicht.

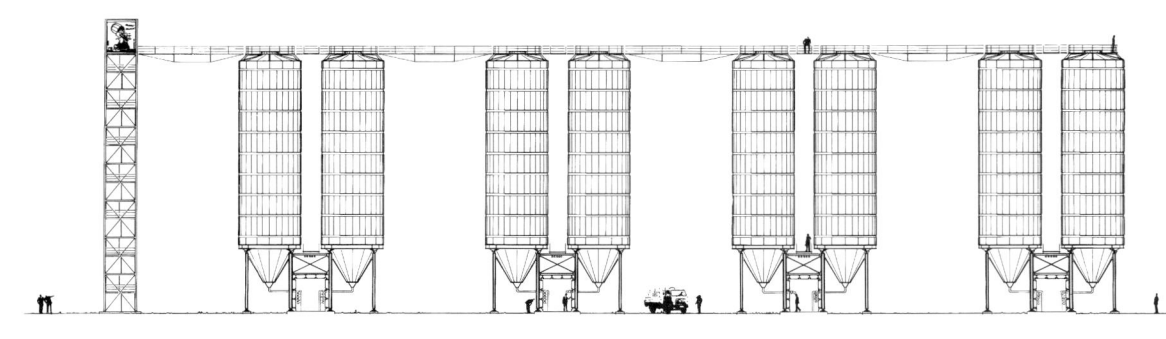

Räumliche Konzeption
Jeweils zehn Behälter mit einem Fassungsvermögen von je 5000 Hektolitern werden zu einer Betriebseinheit gekoppelt. Die Zylinder von 27,6 Metern Gesamthöhe und 6,4 Metern Durchmesser gruppieren sich zu beiden Seiten eines Mittelstegs, der Installationsträger für Zufluß-, Abfluß- und Kühlmittelleitungen ist. Auf diesem Steg ist eine begehbare Plattform zu Revisionszwecken angeordnet.
Insgesamt vier Betriebsgruppen sind im Achsabstand von 25,2 Metern aufgereiht. Ein brückenartiger oberer Revisionsgang überspannt die gesamte Anlage und endet in einem achtgeschossigen Treppenturm.

Konstruktion

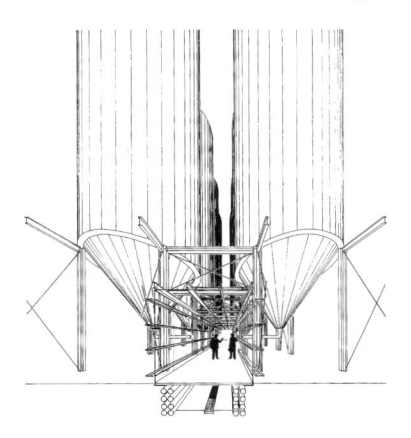

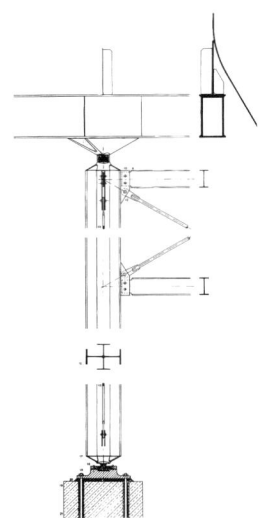

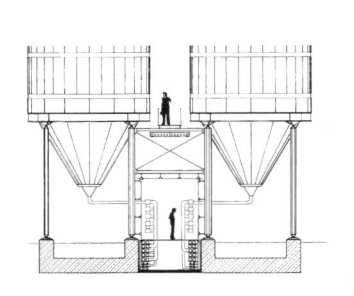

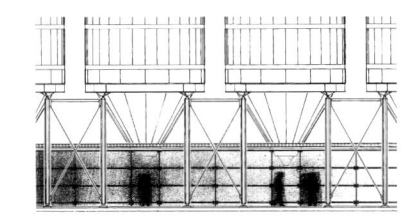

Die Behältergruppen werden jeweils auf zwei wannenförmig ausgebildeten Fundamenten gegründet. Hierdurch entsteht ein Zwischenraum, der als Wartungs- und Installationsgang genutzt wird. Die Behälter sind auf vier aus Walzstahlprofilen gefertigten Kreuzstützen mit einem abschließenden Ringträger aufgelagert. Jede Behältergruppe wird in Querrichtung durch Zweigelenkrahmen mit aufgelöstem Riegel, in Längsrichtung durch Diagonalverbände ausgesteift. Die Behälter selbst bestehen aus einem Dom, acht kegelförmigen Zylinderelementen und einem Auslauf. Diese selbsttragenden, radialen Elemente sind durch Zugringe gekoppelt, die ihrerseits die bei Befüllung entstehenden Horizontalkräfte gegen die Behälterwand aufnehmen. Der obere Revisionssteg wird auf den Domdeckeln aufgelagert. Die verbleibende Spannweite von 16,8 Metern zwischen den einzelnen Betriebsgruppen beziehungsweise zwischen Behälter und Treppenturm wird durch unterspannte Stahlträger bewältigt, die gleichzeitig die Behälter einer Gruppe im oberen Bereich koppeln.

Die Behälterwände werden segmentiert vorgefertigt und auf der Baustelle durch Zugringe gekoppelt. Sie bestehen aus einem mehrlagigen Aufbau, der den Anforderungen der Hygiene, der Statik, der Wärmeleitfähigkeit, der Installationsführung und des Witterungsschutzes entsprechend konstruiert wird.

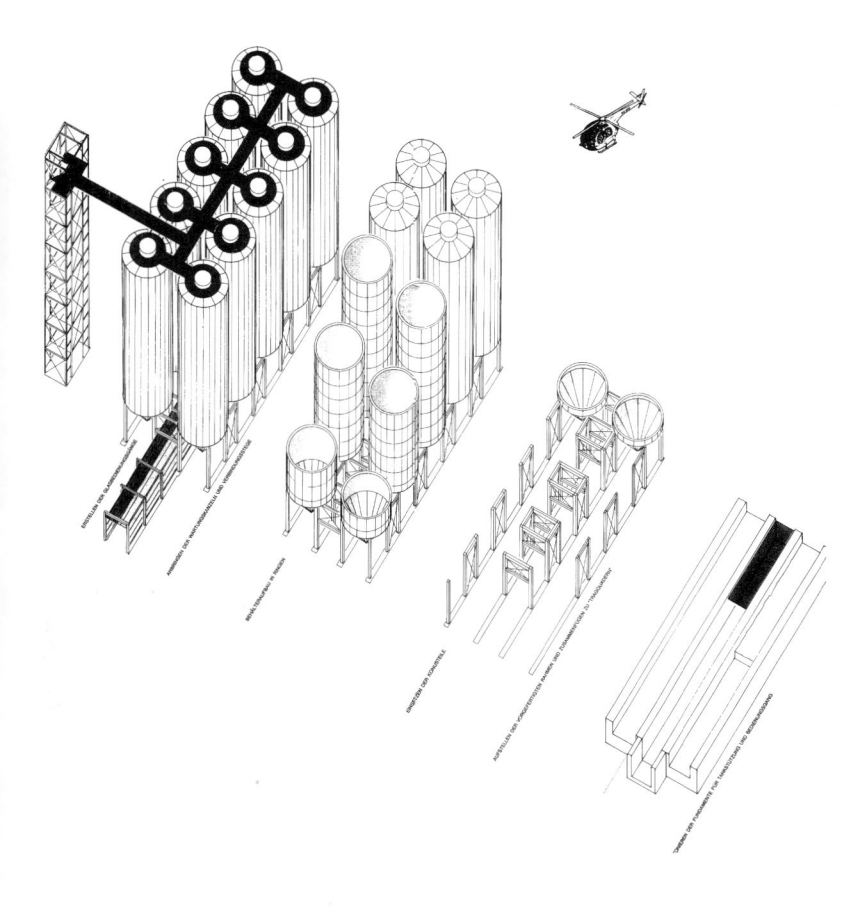

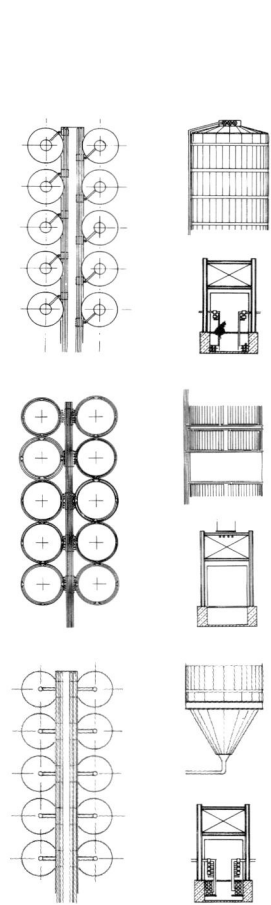

Mietfabrik in Geschoßbauweise

Diplomarbeit 1989

Aufgabenstellung
Gegenstand der Entwurfsaufgabe war die Planung einer Mietfabrik auf einem Grundstück am nördlichen Eingang Stuttgarts, das an ein Gewerbegebiet in Feuerbach angrenzt. Das Raumprogramm umfaßte vermietbare, nutzungsneutrale Produktions-, Forschungs- und Verwaltungsflächen und einen Dienstleistungsbereich bestehend aus Empfangs-, Schulungs-, Technologieberatungs- und Ausstellungsräumen sowie ein Kasino für Mitarbeiter und Besucher.
Zusätzlich mußten Flächen für Anliefer-, Pkw- und Fußgängerverkehr bzw. Parkierungszonen ausgewiesen werden.
Ein Schwerpunkt bei der Bearbeitung war die städtebauliche Berücksichtigung der Kaltluftschneise in Richtung Feuerbacher Tal.
Die räumliche Konzeption sollte einerseits größtmögliche Nutzungsflexibilität vorhalten, gleichzeitig wurde die Möglichkeit der Abgeschlossenheit einzelner Produktionsbereiche gefordert.
Im Vordergrund der Aufgabenstellung standen die konstruktive Bearbeitung von Tragwerk und Raumabschluß genauso wie die Integration des erforderlichen Installationssystems und innovativer Fördertechnologien.

cand.-arch. Matthias Sieveke
cand.-ing. Christian Brunner

Betreuung
Prof. Dr. techn. h.c. Kurt Ackermann
Dipl.-Ing. Michael Jockers
Dipl.-Ing. Stefan Zimmermann

Wettbewerb für die Constructa 1990, 1. Preis

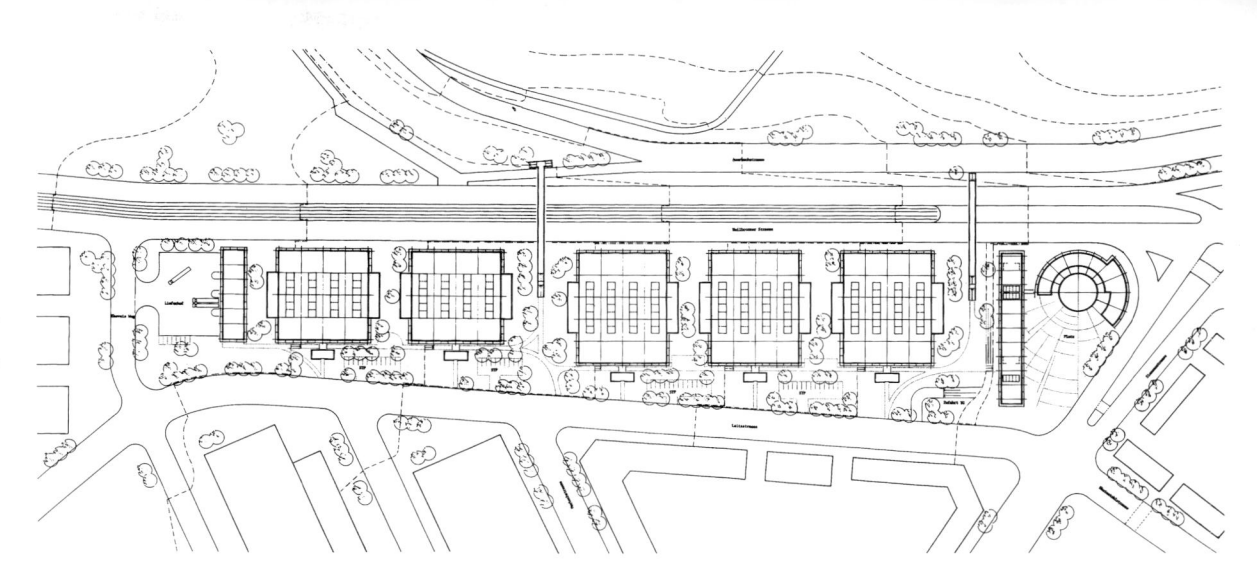

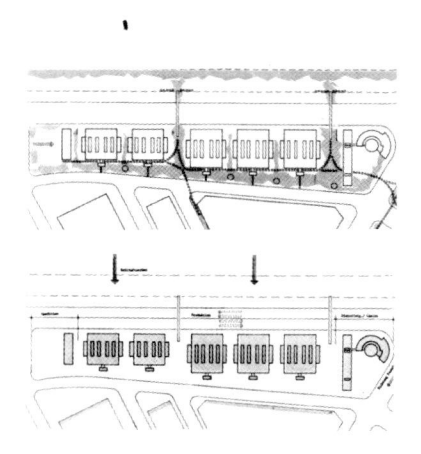

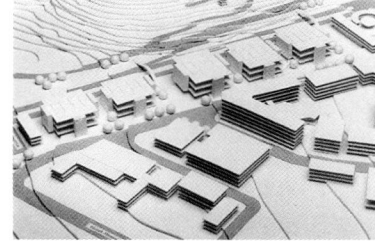

Leitgedanken
Aus topographischen und klimatologischen Gründen wird eine offene Baustruktur gewählt, innerhalb der eine größtmögliche Nutzungsflexibilität, aber auch die Abgeschlossenheit einzelner Produktionsbereiche sowie eine funktionsgerechte Infrastruktur garantiert werden soll. Ziel ist eine den Funktionsablauf nicht beeinträchtigende Wartungs- und Austauschmöglichkeit der technischen Installationen. Im Bereich der Arbeitsplatzausbildung steht die Aufhebung der Trennung von „Blau und Weiß" im Vordergrund.

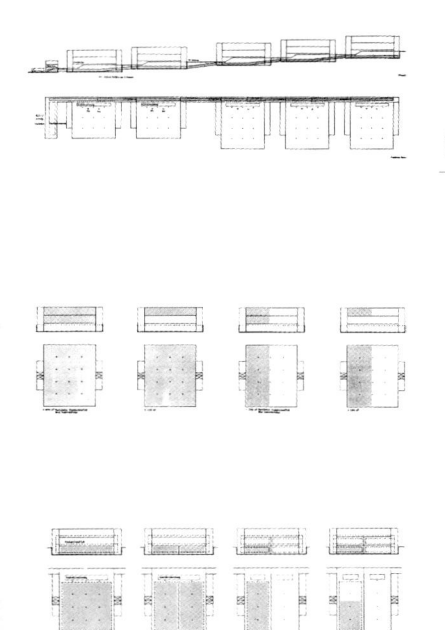

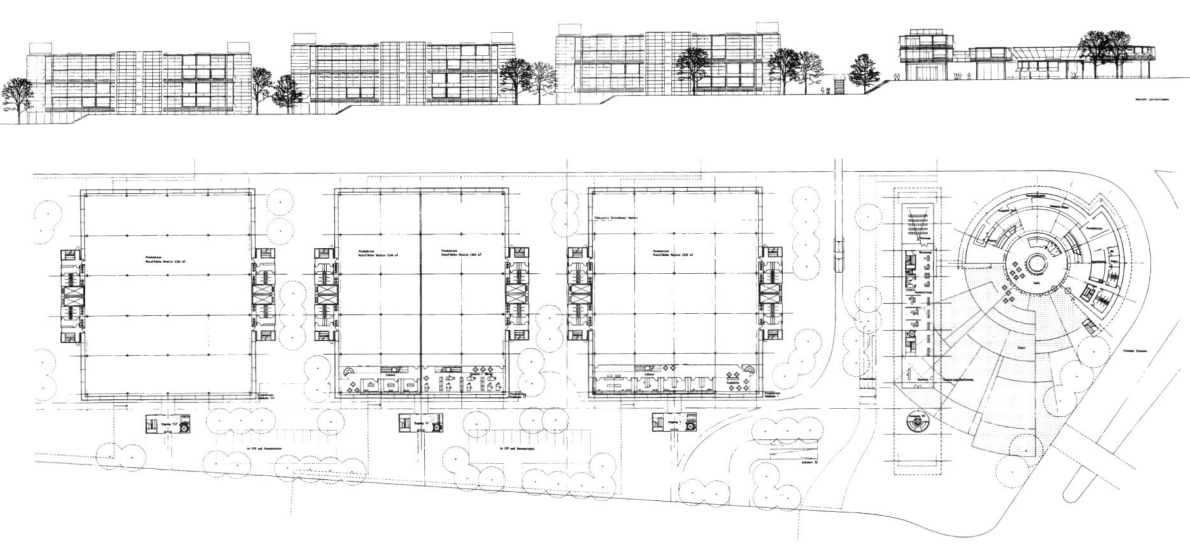

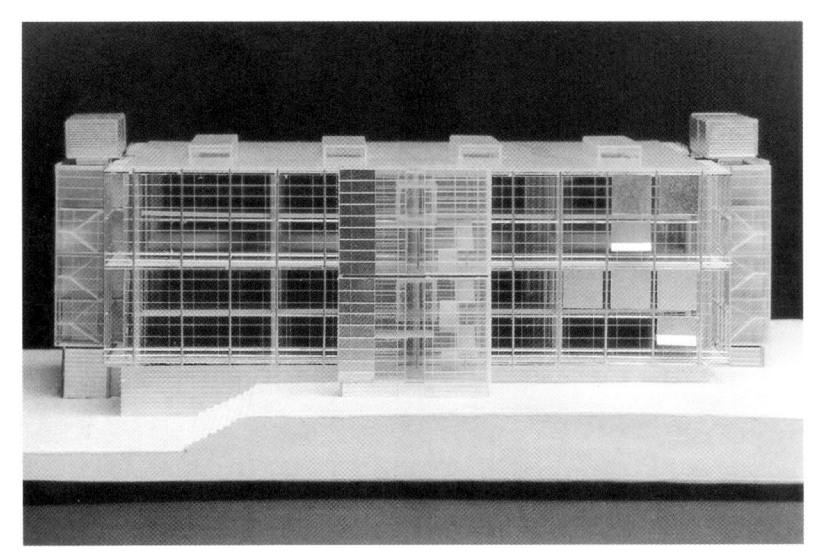

Räumliche Konzeption
Die offene Baustruktur besteht aus einer Reihe einzelner Produktionspavillons von 54,0 x 43,2 x 14,4 Metern Größe und einem südöstlich vorgelagerten Dienstleistungs- und Empfangskomplex. Die überbaute Fläche beträgt 2400 m², der umbaute Raum 124400 m³.
Die Fußgänger- und Besuchererschließung sowie die Zufahrt zu einer Tiefgarage unterhalb des Dienstleistungszentrums erfolgen von der Leitzstraße. Von einem Lieferhof im nordwestlichen Bereich des Grundstücks aus wird die Ver- und Entsorgung der einzelnen Produktionseinheiten durch fahrerlose Transportsysteme gewährleistet. Daraus ergibt sich eine klare Trennung von Lkw-, Pkw- und Fußgängererschließung.
In den dem Geländeverlauf entspre-

chend abgestuften, zweigeschossigen Pavillons sind die Produktionsflächen angeordnet. Die größtmögliche, geschoßweise zusammenhängende Nutzfläche beträgt 2332 m²; sie ist in kleinere Einheiten unterteilbar. Den Produktionseinheiten sind Forschungslabors und Büros direkt zugeordnet. Alle zum Produktionsprozeß gehörenden technischen Einrichtungen befinden sich an den Längsseiten der Baukörper; hierdurch wird eine völlig nutzungsneutrale, flexible Produktionsfläche geschaffen. Die Abgeschlossenheit einzelner Produktionsbereiche wird durch additiv zu den Hauptbaukörpern stehende Erschließungstürme, die auch die technische Infrastruktur beinhalten, erreicht. Der Austausch bzw. die Wartung des Installationssystems ist somit ohne Beeinträchtigung des Produktionsflusses möglich.
Im Dienstleistungs- und Repräsentationskomplex liegt die gemeinsame Infrastruktur aller Mieteinheiten, wie Empfang, Technologieberatung, Ausstellung, Schulung und das Kasino.

Konstruktion
Das Tragwerk der Produktionspavillons besteht aus einer ungerichteten, zweigeschossigen Stahlskelettkonstruktion, die sich aus Pendelstützen, Randträgern und eingehängten Trägerrosten in einem Grundmodul von 10,8 x 10,8 Metern zusammensetzt.
Die Trägerroste werden aus Fachwerkträgern, die aus L-Profilen bestehen, gefügt. Die statische Bauhöhe im Erdgeschoß beträgt 1,3 Meter, im Obergeschoß 0,9 Meter. Die Querschnittsfläche der aus Listenprofilen zusammengesetzten Stützen wird der Belastung entsprechend differenziert. Die Zwischendecke und die Dachscheibe sind in Verbundbauweise konstruiert.

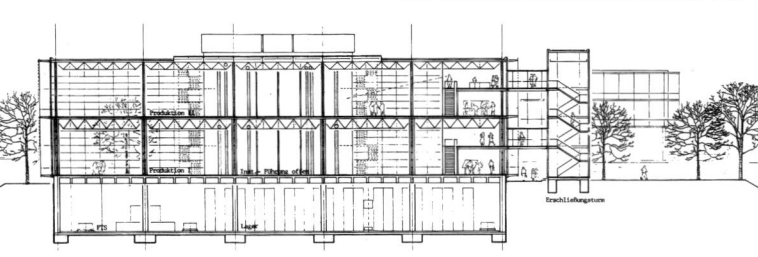

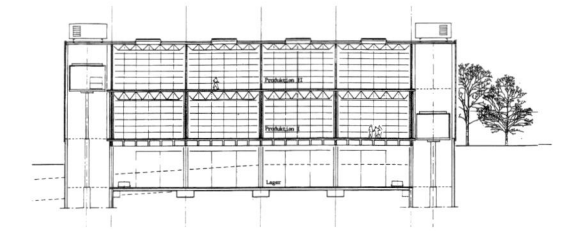

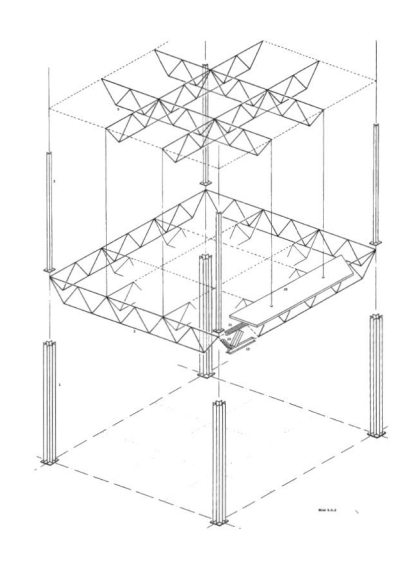

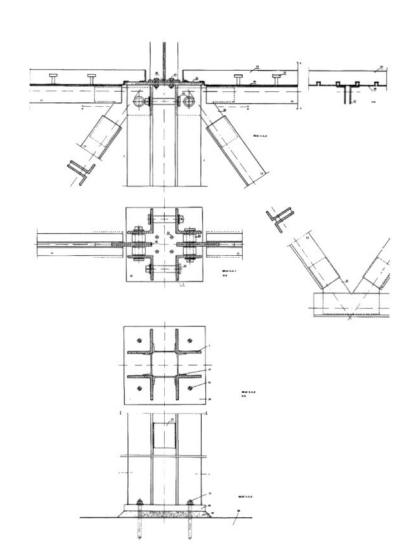

Die horizontale Aussteifung der Gebäude erfolgt durch die additiven Erschließungs- und Installationskerne und die Geschoßplatte.
Das Tragwerk des Dienstleistungsgebäudes bildet ein Zweigelenk-Rahmensystem mit angepaßtem Stützenquerschnitt in Stahlbauweise.
Im Bereich des Kasinos besteht die Konstruktion aus radial angeordneten Zweigelenkrahmen aus Stahl.

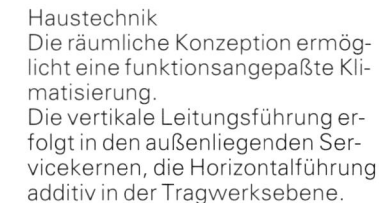

Haustechnik
Die räumliche Konzeption ermöglicht eine funktionsangepaßte Klimatisierung.
Die vertikale Leitungsführung erfolgt in den außenliegenden Servicekernen, die Horizontalführung additiv in der Tragwerksebene.

Raumabschluß
Der Raumabschluß ist als elementierte Vorhangfassade mit Wartungs- und Fluchtbalkons ebenso wie die Installationsführung additiv zum Tragwerk gefügt.

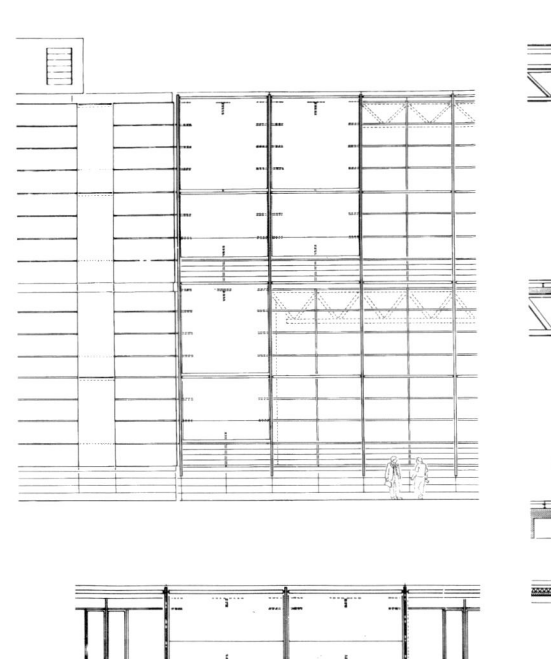

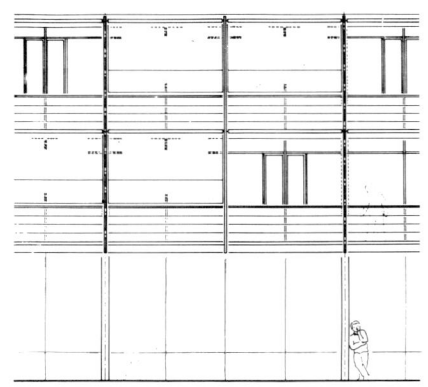

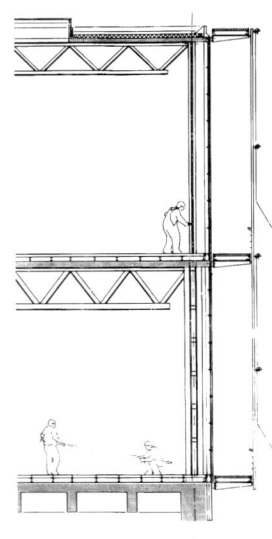

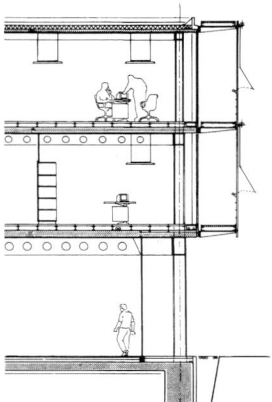

Kläranlage

Diplomarbeit 1989

Aufgabenstellung

Für die im Bereich der Stadtwerke Stuttgart liegenden Gemarkungen Kemnat und Plieningen war eine Kläranlage zu konzipieren. Der Einzugsbereich umfaßt 60000 Personen. Betriebsgebäude, Klärbecken, ein Schlammpumpwerk, zwei Faul- und ein Gasbehälter waren entsprechend den verfahrenstechnischen Anforderungen anzuordnen.
Die Einarbeitung in fachspezifisches Wissen des Siedlungswasserbaus war Grundlage des Entwurfs. Der sensible Umgang mit der Topographie und die landschaftliche Einbindung der Baumaßnahme waren zu berücksichtigen.

cand.-arch. Georg Straub
cand.-ing. Jörg Hoffmeyer-Zlotnik

Betreuung
Prof. Dr. techn. h.c. Kurt Ackermann
Dipl.-Ing. Günter Leonhardt
Dipl.-Ing. Stefan Zimmermann

Techtextil-Förderpreis 1993
Industriepreis Fa. Carl Nolte,
4. Preis

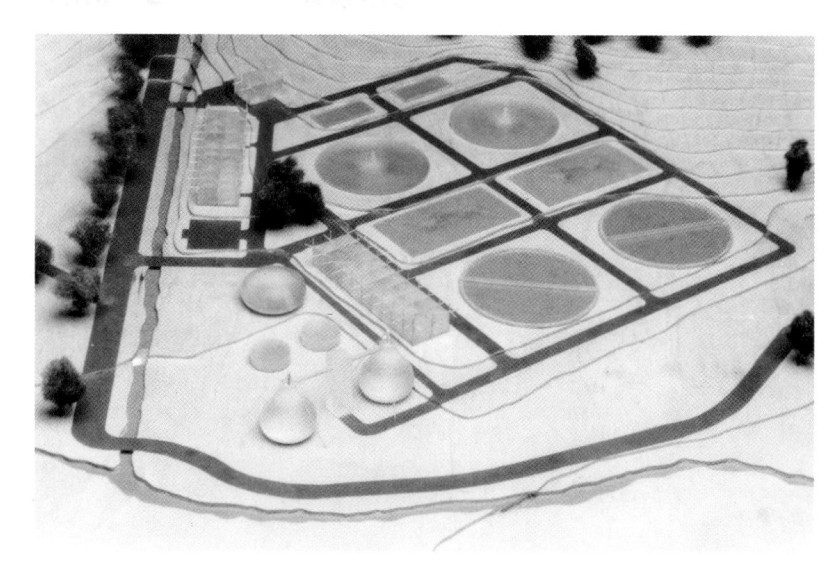

Leitgedanken

Das Ziel ist es, die Anlage dem funktionalen Ablauf entsprechend im Hinblick auf Erweiterungsmöglichkeiten in die Topographie einzupassen. Die technische Aufgabe soll in eine einfache und klar gegliederte Baukörperstruktur umgesetzt werden.
Es wird versucht, durch den Einsatz zugbeanspruchter Konstruktionen und textiler Materialien eine Alternative zu konventionellen Konstruktionen anzubieten.

Räumliche Anordnung

Das Grundstück liegt am Ortsrand von Plieningen, am Zusammenfluß von Remsbach und Körsch in einer leichten Hanglage. Zwischen dem Zufluß des zu klärenden Wassers und der Einleitung in den Vorfluter besteht ein Höhenunterschied von 6 Metern.

Die Anlage besteht aus dem mechanischen Teil (Rechengebäude, belüfteter Sandfang, Vorklärbecken), dem biologischen Teil (Belüftungsbecken, Nachklärbecken), der Schlammbehandlung (Schlammeindicker, Faulbehälter und Gasbehälter) und den Betriebsgebäuden. Alle technischen Bauwerke liegen entlang eines Installationsrückgrates. Da das Abwasser die Anlage mit konstantem Gefälle durchlaufen soll, ergibt sich die Anordnung der einzelnen Prozeßstufen aus der Topographie des Geländes. Die Belegung des Hauptstranges erfolgt einseitig, damit eine spätere Nachrüstung und eine Vergrößerung auf die doppelte Kapazität ermöglicht wird.

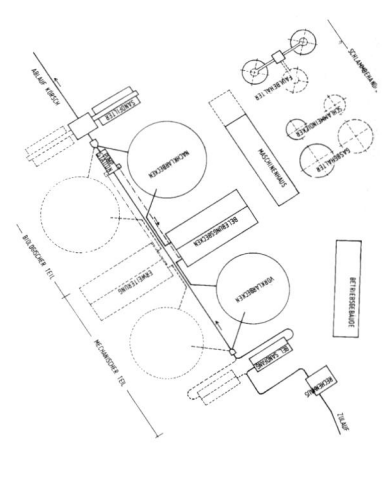

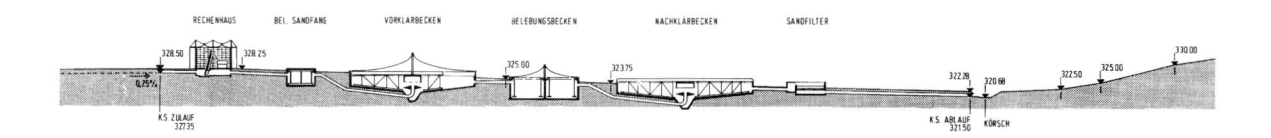

Konstruktion

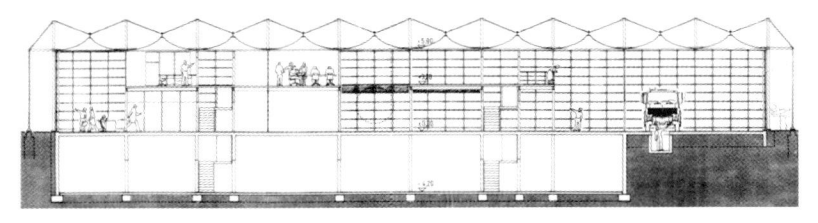

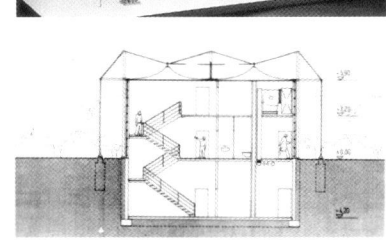

Die Betriebsgebäude bestehen aus einer erweiterbaren Stahlkonstruktion. Für die Bedachung sind zweischalige Kunststoffelemente vorgesehen. Durch die Vereinheitlichung der Betriebsgebäude ist eine industrielle Teilvorfertigung möglich. Vorklär- und Belebungsbecken sind mit beschichteten Polyester-Membranen gegen Geruchsbelästigung abgedeckt.
Das Haupttragwerk der Faulbehälter bilden 22 Meter hohe Masten, die durch drei Abspannseile fixiert sind. Der größte Durchmesser der aus hochfestem Polyestergewebe bestehenden Behälter beträgt 14 Meter. Die Behälter stabilisieren sich durch den vorhandenen Innendruck selbst. Den Gasbehälter bilden vier vorkonfektionierte Membrane aus beschichtetem Aramidgewebe.

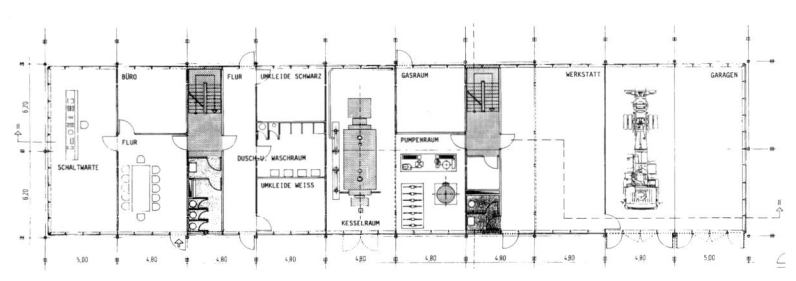

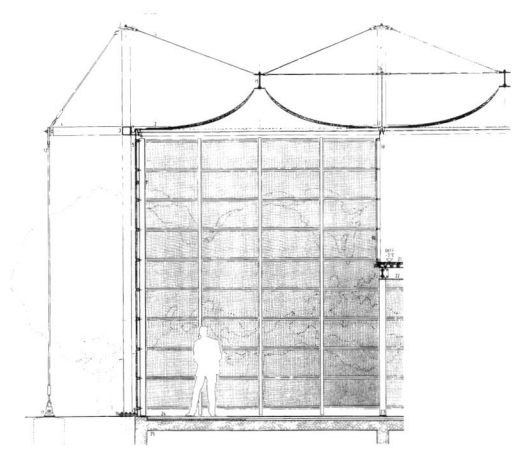

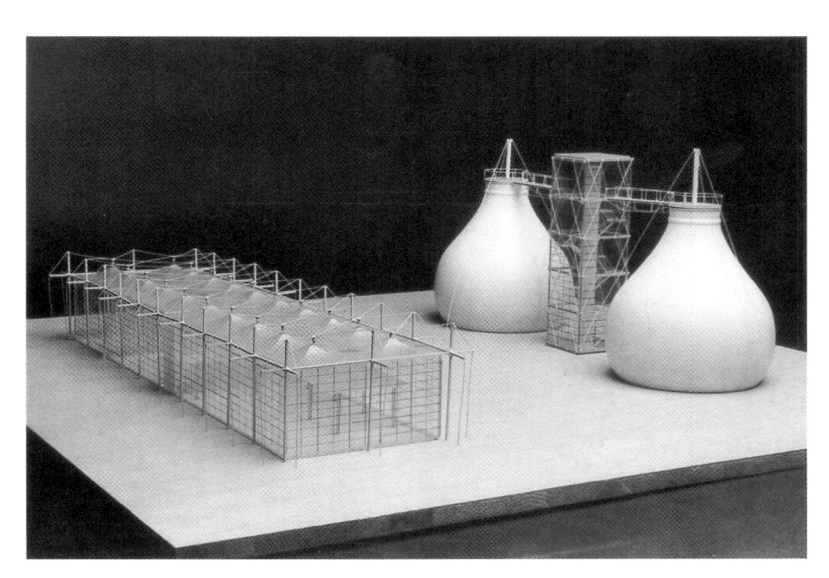

Durch den Innendruck bleibt die Behälterform bei Einwirkung äußerer Lasten unverändert. Das Behältervolumen ist durch eine Innenmembrane geteilt. Bei Einleitung von Gas entweicht die vorhandene Luft durch ein Überdruckventil, bei der Entnahme wird über einen Kompressor Außenluft zugeführt, um einen konstanten, formstabilisierenden Innendruck zu erreichen.

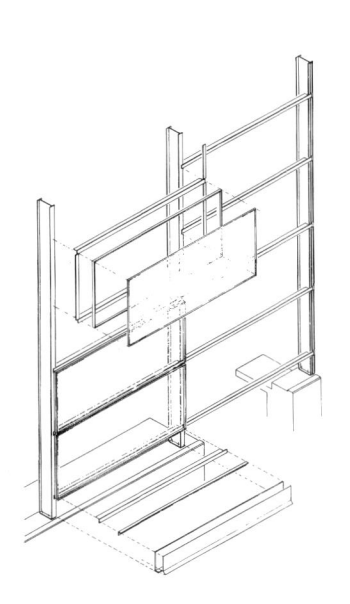

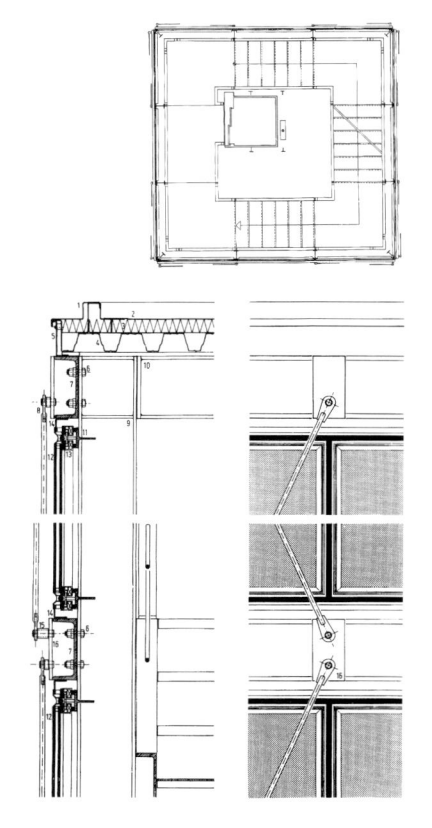

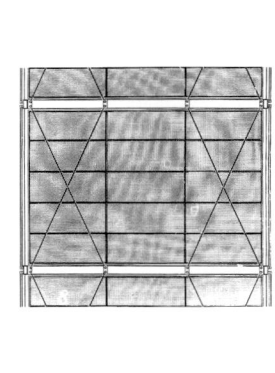

Technologieausstellungs- und Beratungszentrum

Diplomarbeit 1990

Aufgabenstellung
Auf einem Grundstück in Stuttgart-Vaihingen sollte in unmittelbarer Nähe der naturwissenschaftlichen Fakultäten der Universität Stuttgart ein Technologiepark mit Dienstleistungszentrum geplant werden. Für ein Bauwerk der Gesamtplanung wurde ein Raumprogramm erarbeitet, die Konstruktion von Tragwerk und Raumabschluß waren Bestandteil der Aufgabenstellung.

cand.-arch. Andreas v. Fürstenberg
cand.-ing. Ulrich Breuninger

Betreuung
Prof. Dr. techn. h.c. Kurt Ackermann
Dipl.-Ing. Michael Jockers
Dipl.-Ing. Dietmar Kirsch

Leitgedanken
Das Technologieausstellungs- und Beratungszentrum soll leicht und veränderbar wirken. Der Entwurfsansatz sieht die ungestörte Ausdehnung der umgebenden Grünbereiche unter dem aufgeständerten Bauwerk vor.
Das Gebäude soll eine zentrale Funktion für den neu entstehenden Technologiepark einnehmen.

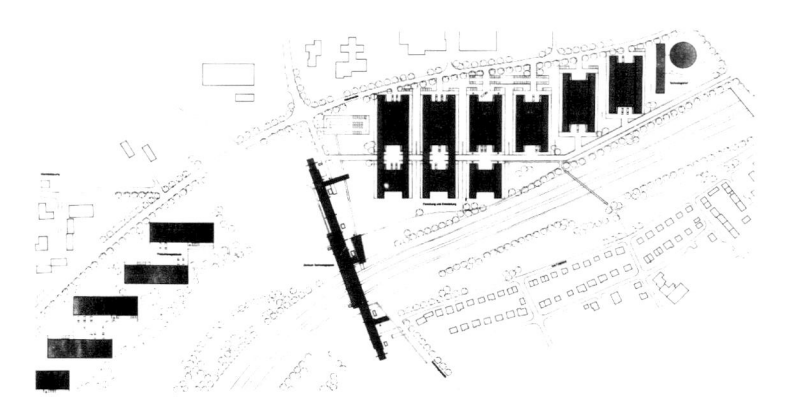

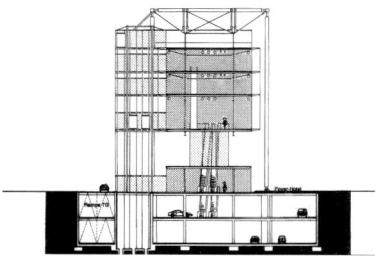

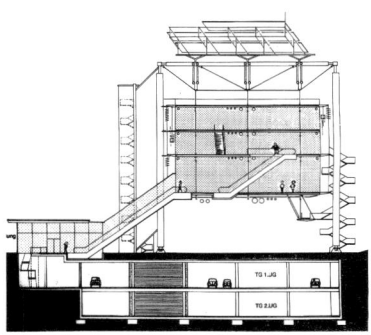

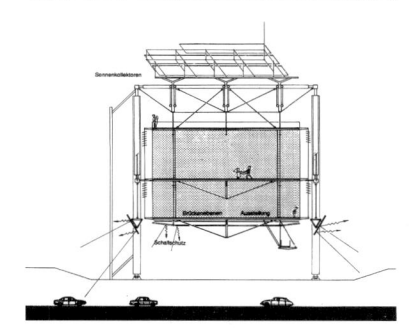

Räumliche Konzeption
Die brückenartige Ausbildung des Gebäudes ermöglicht den Erhalt eines vom Büsnauer Tal aufziehenden Grüngürtels und die Querung der in diesem Bereich in einem Geländeeinschnitt verlaufenden Autobahn. Der Technologiepark verfügt mit der U-Bahn, der Buslinie Universität und der Autobahn Stuttgart-Vaihingen über eine gute Anbindung an den regionalen und überregionalen Verkehr. Die Erschließung des Ausstellungs- und Beratungszentrums für den Individualverkehr erfolgt über die Nobelstraße, die Anlieferung durch eine interne Erschliessungsstraße.
Die drei Hauptnutzungszonen werden über drei separate Eingangspavillons erschlossen. Diese Zonen sind: ein Hotel mit Gastronomie und Konferenzräumen im nördlichen Parkbereich, zentral im Gebäude gelegene Messe- und Veranstaltungsräume mit Blickkontakt zur Autobahn, ein zum südlichen Wohnbezirk von Vaihingen orientiertes Dienstleistungszentrum.
Alle drei Bereiche erstrecken sich über zwei bis drei Geschosse und sind im Inneren direkt, außen über abgehängte Fußgängerbrücken miteinander verbunden. Die überbaute Fläche des Bauwerks beträgt 5800 m², der Rauminhalt 81200 m³.

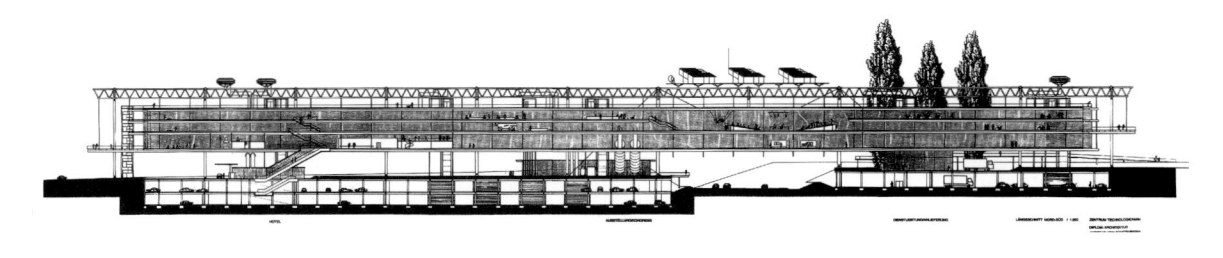

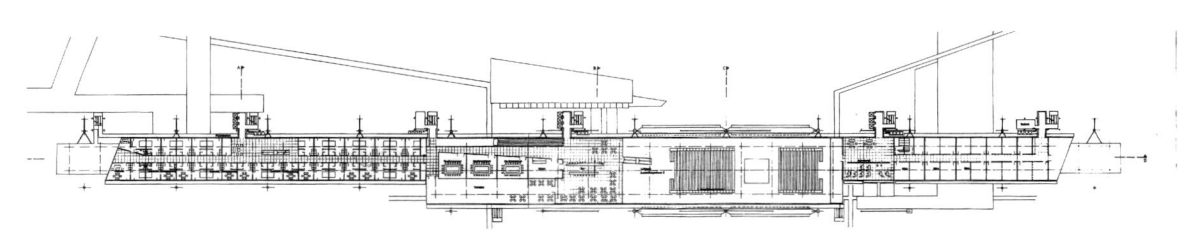

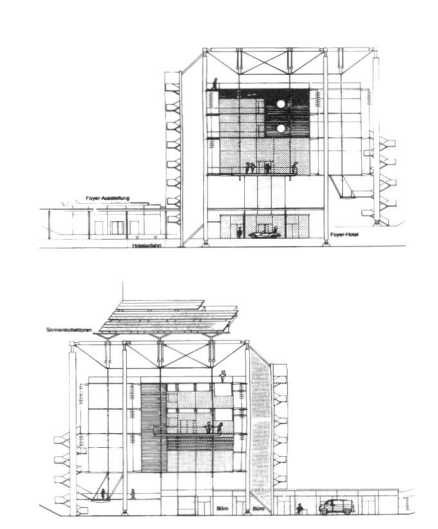

Konstruktion
Um die Erschließungszone des Bauwerks von Stützen freizuhalten, werden die Geschoßplatten von einem außenliegenden Tragwerk abgehängt. Das Kopftragwerk besteht aus Querträgern von 4 Metern Höhe, die im Bereich der zu überspannenden Autobahn durch Luftstützen getragen werden. Drei paarweise angeordnete Längsträger verbinden die Querträger untereinander. Von den Querträgern sind Träger in Längsrichtung abgehängt, auf welchen die Geschoßplatten aufgelegt sind.
Die Längsaussteifung erfolgt über Seile, die im Baugrund verankert werden, in Querrichtung durch angelagerte Scheiben an den Stützen der Ostseite.
Die Horizontalaussteifung erfolgt über Diagonalverbände in der Dachebene.

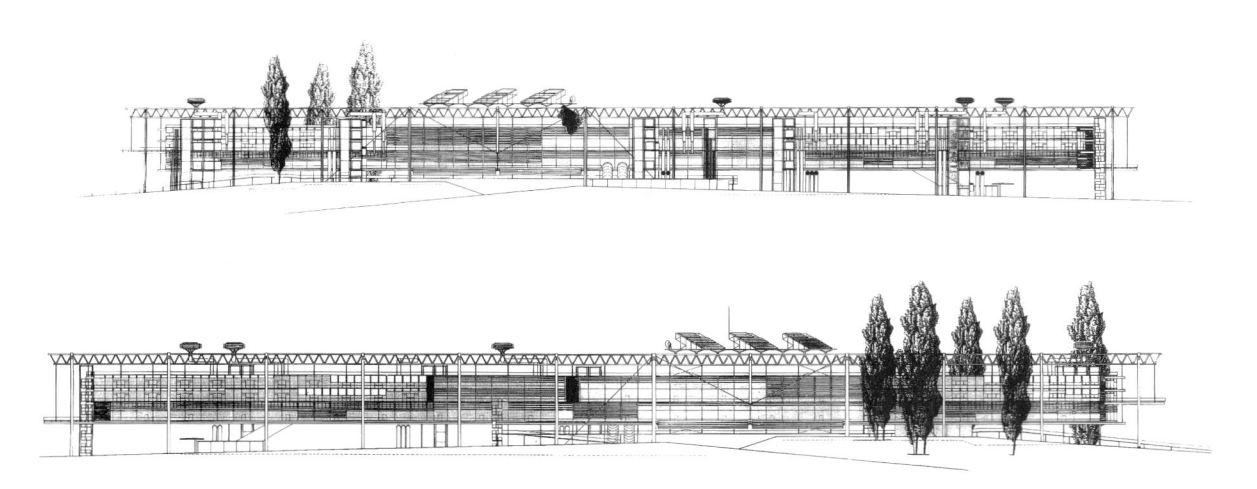

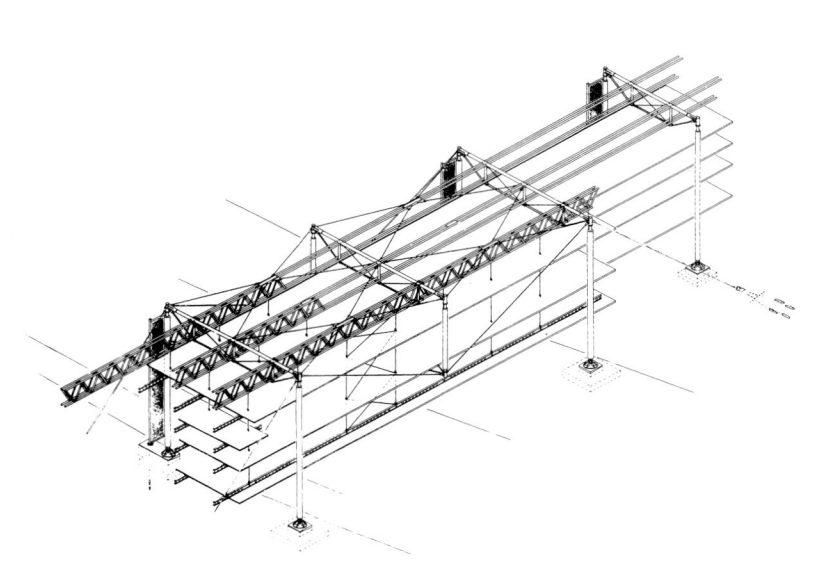

Raumabschluß

Die Fassade besteht aus einer Pfosten-Riegel-Konstruktion mit Fluchtbalkons hinter dem Haupttragwerk. Das gesamte Volumen wird klimatisiert. Im Hotel- und Dienstleistungsbereich wird zusätzlich eine natürliche Lüftung über Öffnungsflügel erreicht.

Alle Hauptversorgungsleitungen und Sanitärräume liegen im Bereich der Erschließungstürme an der Ostseite des Gebäudes. Technikräume und Aggregate sind im Tiefgeschoß und oberhalb des Kopftragwerks angeordnet.

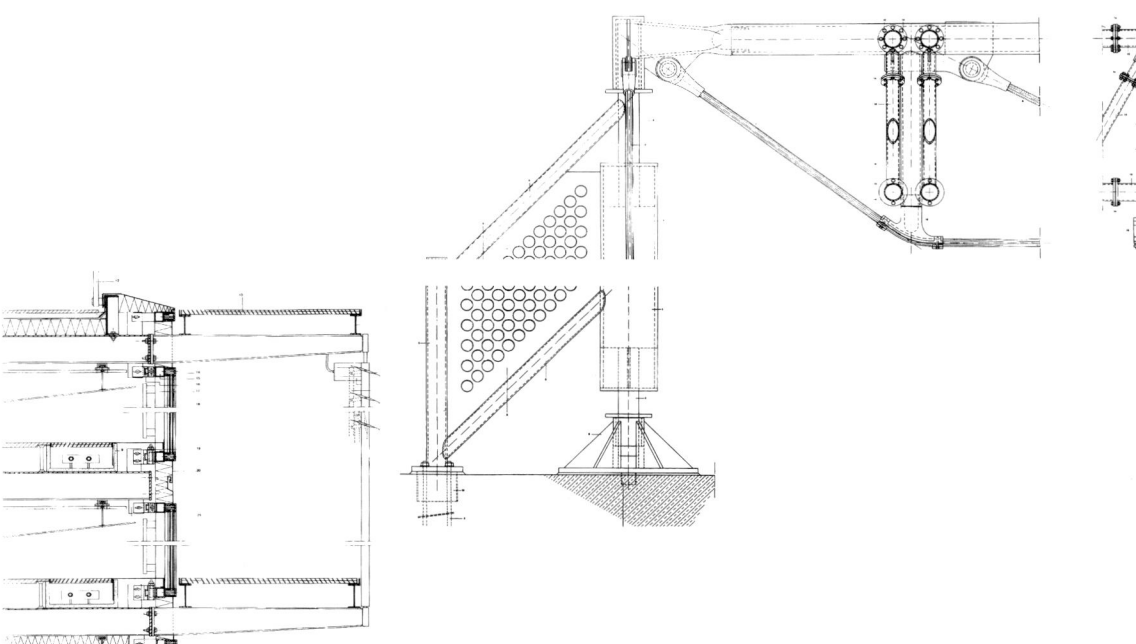

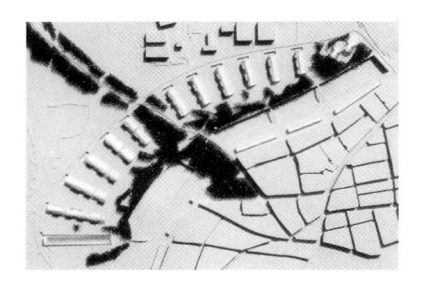

cand.-arch. Christof Simon
cand.-ing. Michael Fleck

Betreuung
Prof. Dr. techn. h.c. Kurt Ackermann
Dipl.-Ing. Michael Jockers
Dipl.-Ing. Dietmar Kirsch

Förderpreis der Deutschen
Zementindustrie 1990, 1. Preis
BDB Förderpreis 1991, 2. Preis
Stahl-Innovationspreis 1991, 2. Preis
Beton-Fertigteilpreis 1992, 1. Preis
Förderpreis des Deutschen
Stahlbaus 1992, 2. Preis

Leitgedanken
Das Ziel bei der Planung des Technologieausstellungs- und Beratungszentrums war die Schaffung eines Gebäudes, in dem alle im Technologiepark ansässigen Firmen ständig vertreten sind.
Das Gebäude bietet einen räumlichen Rahmen für Informations- und Öffentlichkeitsarbeit in Form von Messen, Vorträgen und Beratungen.
Es soll das Produkt der Anwendung neuester Technologien im Bauwesen sein.

Räumliche Konzeption
Das ebene Grundstück wird durch die ca. 5 Meter tiefer gelegene Bundesstraße 14 und die daran angrenzende Wohnbebauung im Süden, durch die an das Zentrum angelagerten naturwissenschaftlichen Fakultäten der Universität Stuttgart im Norden, ein Gewerbegebiet im Westen und niedere Wohnbebauung im Osten flankiert. Das südwestlich vorgelagerte Autobahnkreuz ermöglicht einen leistungsfähigen Anschluß an das Fernstraßennetz und somit günstige Anfahrmöglichkeiten für den Individualverkehr und die Belieferer des Industrieparks.

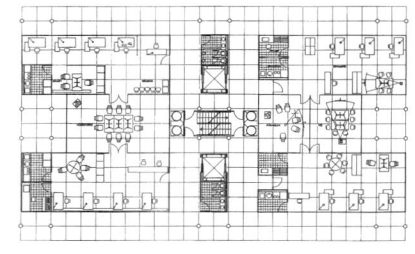

Die Andienung der Gebäude und die Parkierung erfolgt durch eine teilweise überdeckte Tiefstraße, die direkt mit dem Autobahnzubringer verbunden wird.
Man betrit das Ausstellungs- und Beratungszentrum über einen Eingangssteg, von dem aus die weitere horizontale Erschließung entlang der Fassade erfolgt. An beiden Erschließungswegen sind im Wechsel Firmenvertretungen und Ausstellungsbereiche aufgereiht. Der Erdgeschoßgrundriß gliedert sich in vier voneinander unabhängige, inselartige Einbauten, die unter die stützenfreie Großhülle gestellt sind.

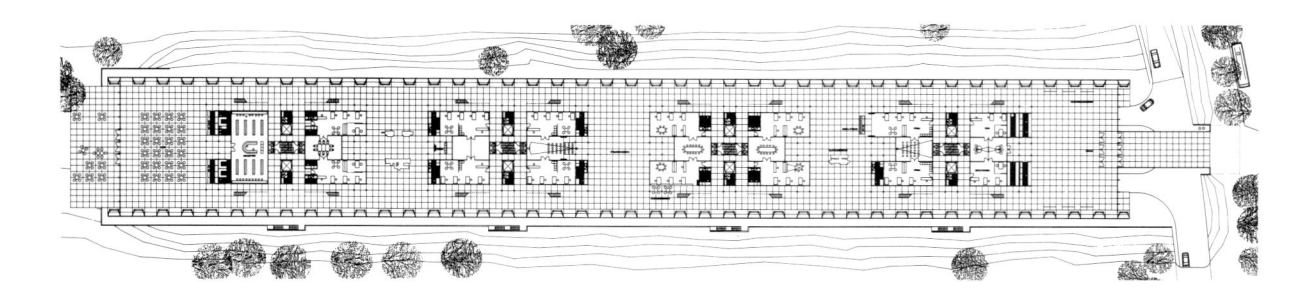

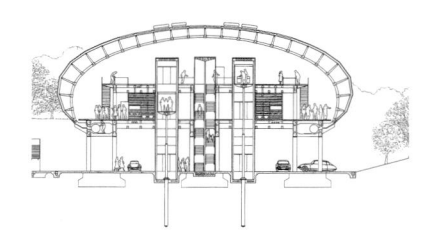

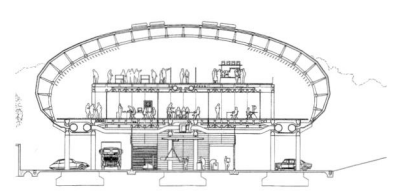

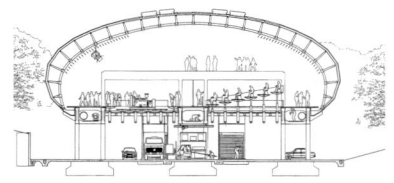

Sie sind völlig autark und verfügen jeweils über ein eigenes Fluchttreppenhaus, Aufzüge und vorgefertigte WC-Module. Unter jedem Einbau befinden sich vier Firmenvertretungen mit gemeinsam nutzbaren Besprechungsräumen. Für die Firmen selbst stehen vorgefertigte Archiv-, Teeküchen-, Lager- und Labormodule zur Verfügung, die an beliebiger Stelle angeordnet werden können.

Die Unabhängigkeit der Einbauten erlaubt es, die Gebäudegröße mit dem Überbauungsgrad des Technologieparks wachsen zu lassen. Im maximalen Erweiterungszustand finden, entsprechend den zwölf Parzellen des Industrieparks, zwölf Firmenvertretungen im Technologieausstellungs- und Beratungszentrum Platz.

Im Untergeschoß des aufgeständerten Gebäudes befinden sich Lagerbereiche, eine Offsetdruckerei, eine Werkstatt, die Wärme- und Kältezentrale und das Brennstofflager mit Notstromaggregat.

Eine Umfahrt mit Parkbuchten für Lkw, Parkplätze für Besucher und Angestellte stellen die Erschließung durch den Individualverkehr sicher.

Konstruktion

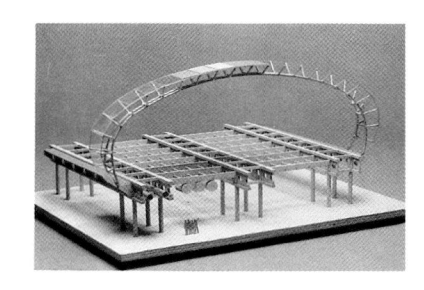

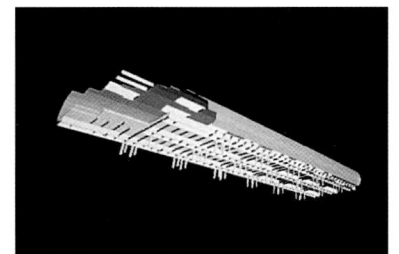

Die stützenfreie Halle ruht auf einem Tisch aus Stahlbeton-Fertigteilen, der aus drei begehbaren Torsionsträgern, die auch zur Medienlängsleitung dienen, und dazwischenliegenden Rostelementen besteht. Eingespannte Stützen bilden Vierlingsböcke, welche die Lasten in die Fundamente leiten und den Betontisch in Horizontalrichtung aussteifen.

Der eigentliche Hallenboden besteht aus vorgefertigten Platten, die über den Rosten und den Torsionskastenträgern aufgeständert sind. Der verbleibende Zwischenraum wird zur Medienunterverteilung herangezogen. Alle Elemente der Haustechnik wie Klimatisierungsmodule, Sprinklertanks und Hubbühnenelemente mit Hydraulikölbehältern und Kompressor können von der darunterliegenden Umfahrt aus direkt an den Betontisch angedockt und leicht ausgetauscht bzw. nachgerüstet werden.

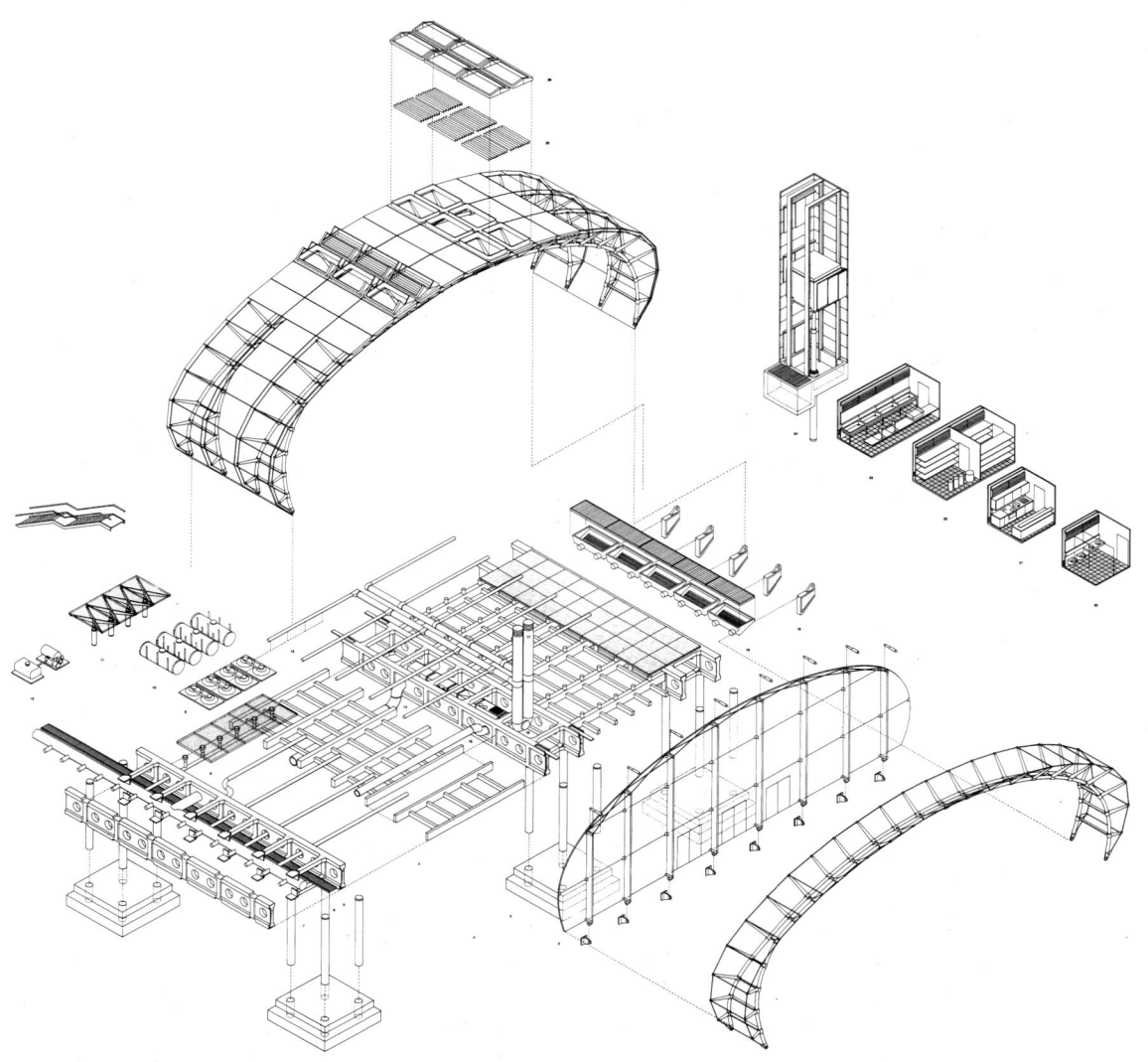

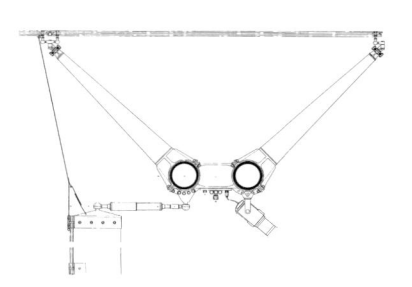

Das Hallentragwerk selbst bilden korbbogenförmige, gekrümmte, extern vorgespannte Rahmenelemente mit einer Auflagerweite von 31,5 Metern, einer Scheitelhöhe von 11,8 Metern und einer Tiefe von jeweils 3,15 Metern. Die im Abstand von 3,15 Metern gelenkig am Betontisch angeschlossenen Rahmenelemente bestehen aus zwei Rundrohren, die durch Gußelemente gekoppelt werden. Durch das hydraulische Einpressen der anfänglich stärker gespreizten Rahmen in die Auflager werden die konfektionierten Seile vorgespannt. Die Gußteile am Ende der Spreizen bilden ein einachsig gekrümmtes Netz mit einer Maschenweite von 3,15 x 2,1 Metern, das durch vorgefertigte Aluminium-, Glas- oder Lüftungselemente variabel eingedeckt werden kann.

Durch rechnerunterstützte Parameterstudien zur Geometrie, Bauhöhe und Seilvorspannung wird das Tragverhalten der Rahmenelemente optimiert.
Der hohe Grad der Vorfertigung und die Vereinheitlichung der Tragwerkdetails versprechen eine hohe Präzision, kurze Erstellungszeiten und eine einfache Montage des Bauwerks.

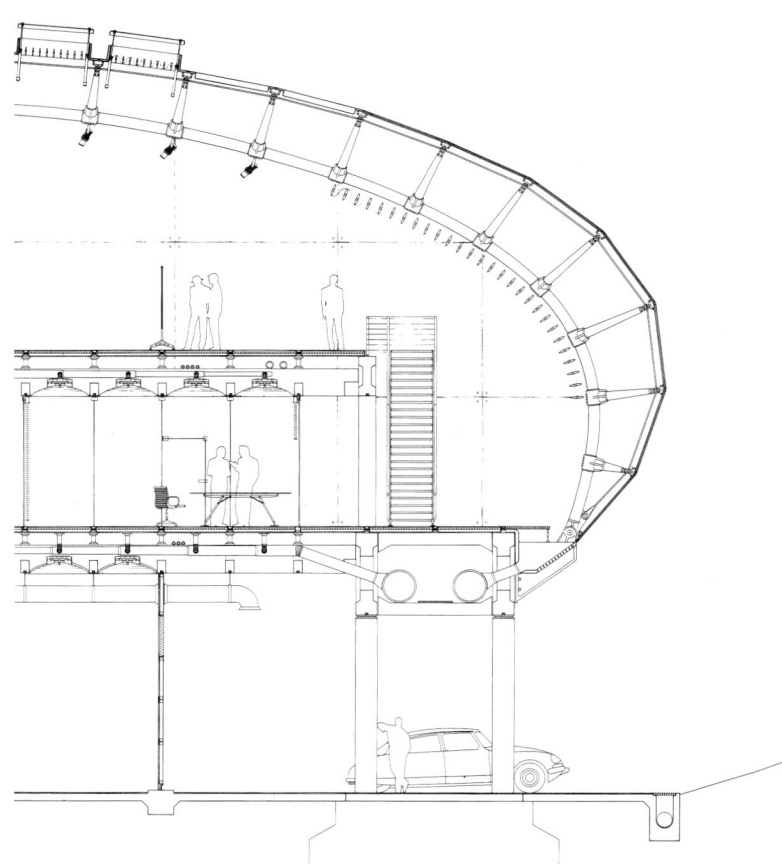

Leistungszentrum für Leichtathletik

Diplomarbeit 1991

Aufgabenstellung
Gegenstand der Aufgabe war der Entwurf eines Leichtathletikleistungszentrums für 100 Sportler auf dem Gebiet des Cannstatter Wasens. Der Standort bietet, vor allem im Hinblick auf die Leichtathletikweltmeisterschaften, Vorzüge der Erschließung durch den öffentlichen Nahverkehr und die Nähe zum Stuttgarter Zentrum.
Das Raumprogramm beinhaltete eine überdachte Leichtathletikhalle mit Wettkampfeinrichtungen, Freianlagen, einen Verwaltungs- und Repräsentationsbereich und Wohnungen für 100 Sportler.
Neben den Anforderungen an die städtebauliche Einbindung und die Nutzungsflexibilität war die Schaffung neuer Grünzonen Bestandteil der Aufgabenstellung. Die konstruktive Bearbeitung von Tragwerk und Gebäudehülle bildete einen weiteren Schwerpunkt.

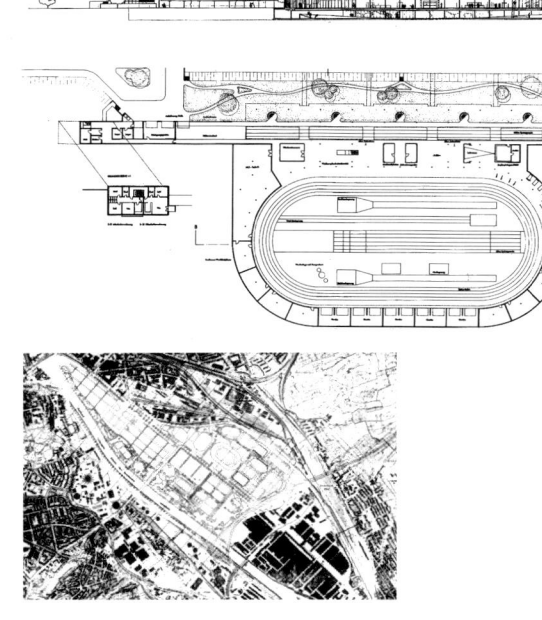

cand.-arch. Peter Esslinger

Betreuung
Prof. Dr. techn. h.c. Kurt Ackermann
Dipl.-Ing. Michael Jockers
Dipl.-Ing. Dietmar Kirsch

Förderpreis des Deutschen Stahlbaus 1992, 1. Preis

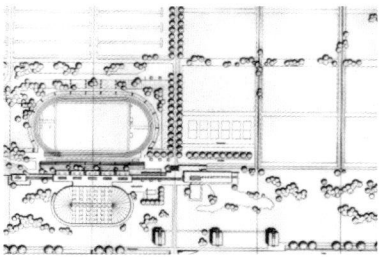

Leitgedanken
Der Entwurf eines Leistungszentrums für Leichtathletik bedeutet die programmatische Umsetzung spezifischer Anforderungen und die bauliche Umsetzung eines immer anspruchsvolleren Bereichs unserer Gesellschaft, dem Leistungssport.
Das Ziel ist es, jedes Bauteil des Entwurfs formal eigenständig und nutzungsentsprechend in einen Park einzubetten und über einheitliche Gestaltungsmerkmale miteinander zu verbinden.

Räumliche Konzeption
Das Leistungszentrum liegt innerhalb des neu zu schaffenden „Freizeitpark Cannstatter Wasen"; es ist ein Baustein entlang der Nekkartalaue, die den vorhandenen Grüngürtel über den Rosensteinpark und das IGA-Gelände bis Esslingen erweitern soll.
Die Besucher nutzen die Parkierungsmöglichkeiten der anliegenden Großsportstätten, um in dem renaturierten Auenbereich des Nekkartals verschiedenen Freizeitaktivitäten nachzugehen.
Das Leistungszentrum mit einer überbauten Fläche von 9500 m² und einem umbauten Raumvolumen von 68000 m³ gliedert sich in drei Bereiche: die überdachte Leichtathletikhalle mit wettkampfgerechten Einrichtungen und angegliedertem Freianlagenbereich (106 x 53 x 9 Meter), den Verwaltungsbau mit Kantine und Repräsentationsbereich (67 x 16 x 8 Meter), die Wohnbauten, bestehend aus drei Athletentürmen für 120 Sportler (19 x 15 x 27 Meter) und einem Hausmeistergebäude (20 x 10 x 6 Meter).
Alle öffentlichen Bereiche liegen auf Erdgeschoßniveau, die privaten Zonen sind in den Obergeschossen angeordnet.

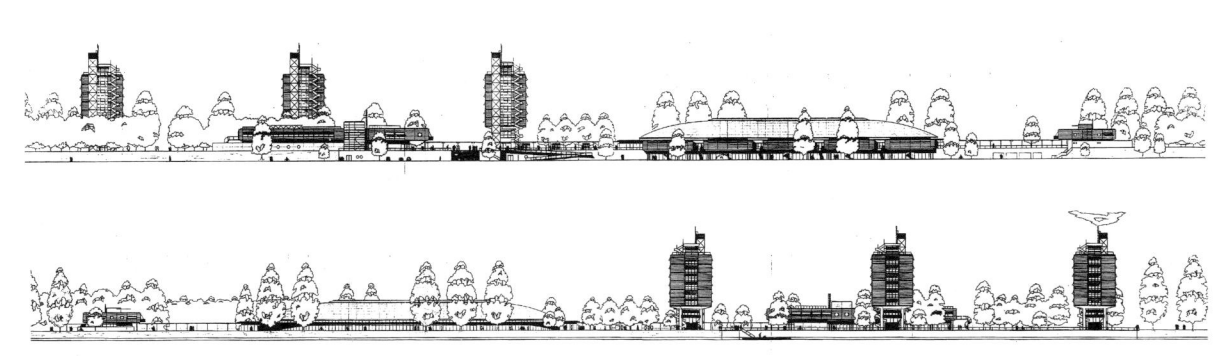

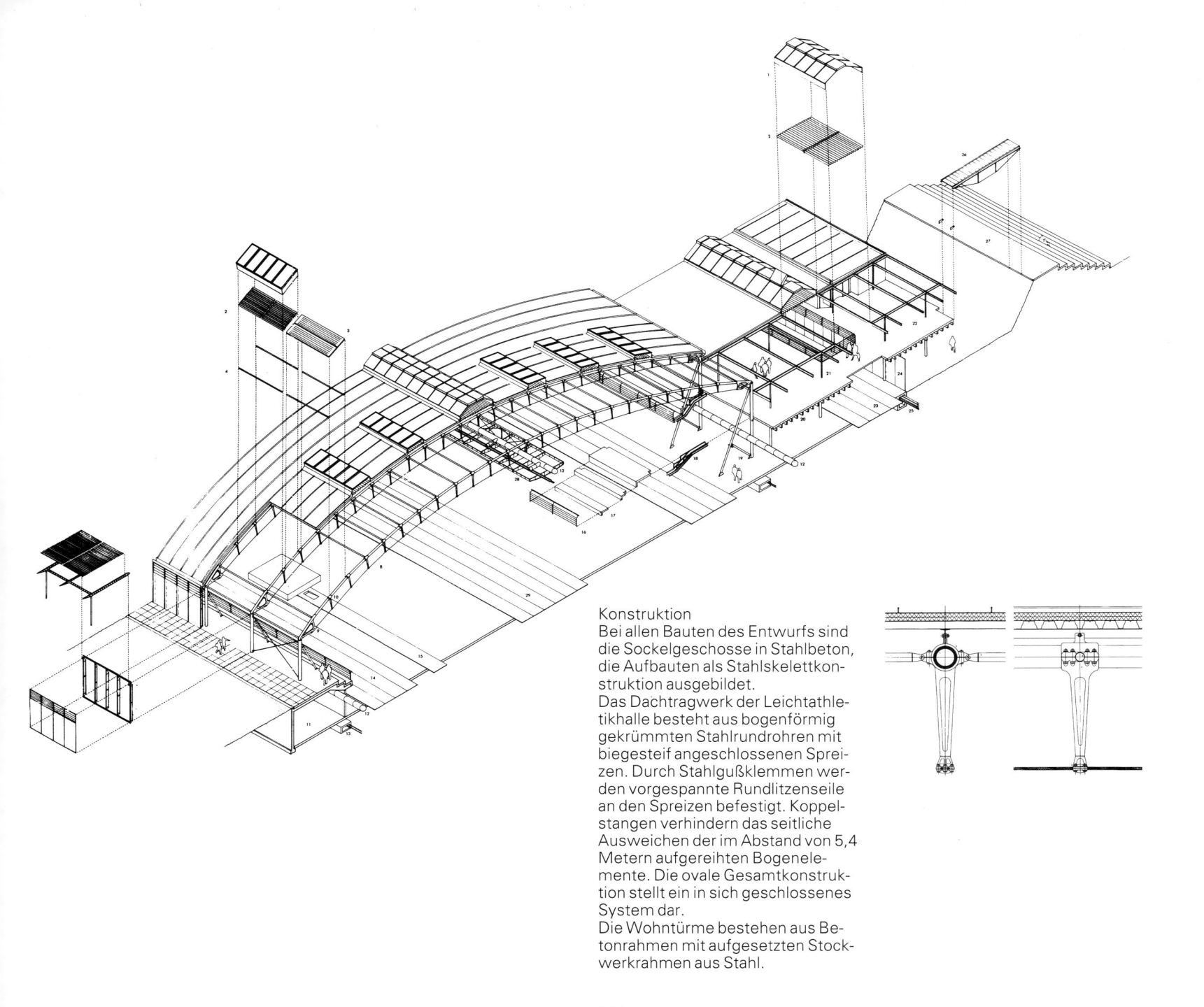

Konstruktion
Bei allen Bauten des Entwurfs sind die Sockelgeschosse in Stahlbeton, die Aufbauten als Stahlskelettkonstruktion ausgebildet.
Das Dachtragwerk der Leichtathletikhalle besteht aus bogenförmig gekrümmten Stahlrundrohren mit biegesteif angeschlossenen Spreizen. Durch Stahlgußklemmen werden vorgespannte Rundlitzenseile an den Spreizen befestigt. Koppelstangen verhindern das seitliche Ausweichen der im Abstand von 5,4 Metern aufgereihten Bogenelemente. Die ovale Gesamtkonstruktion stellt ein in sich geschlossenes System dar.
Die Wohntürme bestehen aus Betonrahmen mit aufgesetzten Stockwerkrahmen aus Stahl.

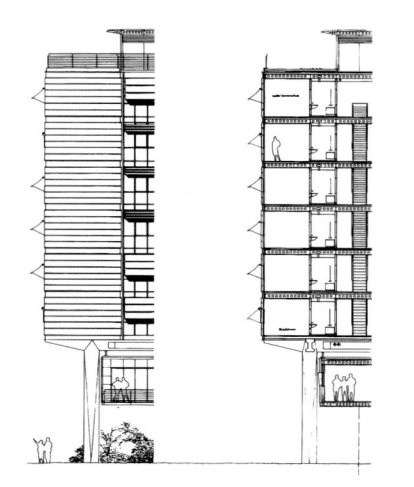

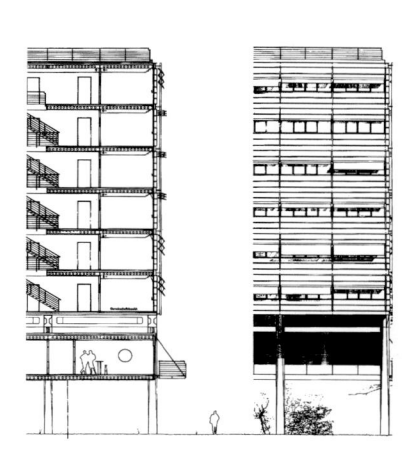

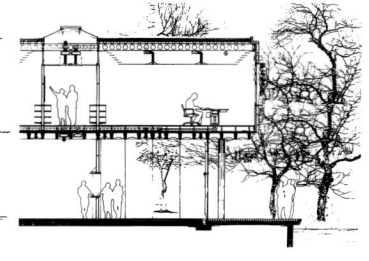

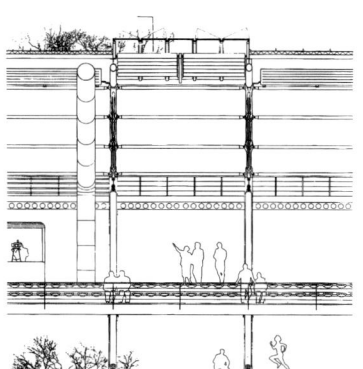

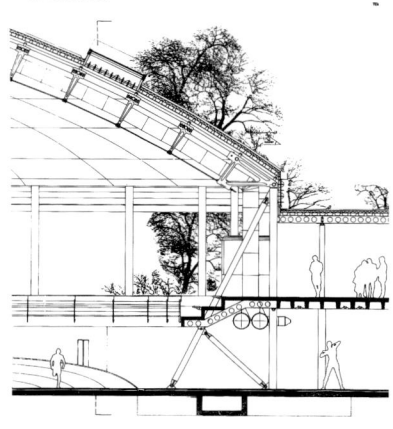

Raumabschluß
Das Ausbauraster aller Gebäude basiert auf einem Grundmodul von 1,2 Metern.
Die Gebäudehüllen sind als Kaltfassaden mit Aluminiumkassetten verkleidet, die auf einer Unterkonstruktion aus Aluminium bzw. Stahl befestigt werden. Die einheitliche Fassadenteilung schafft einen formalen Zusammenhang zwischen den Gebäuden unterschiedlicher Nutzung. Der Verwaltungs- und Wohnbereich wird natürlich be- und entlüftet.

cand.- arch. Matthias Rottner

Betreuung
Prof. Dr. techn. h.c. Kurt Ackermann
Dipl.-Ing. Michael Jockers
Dipl.-Ing. Dietmar Kirsch

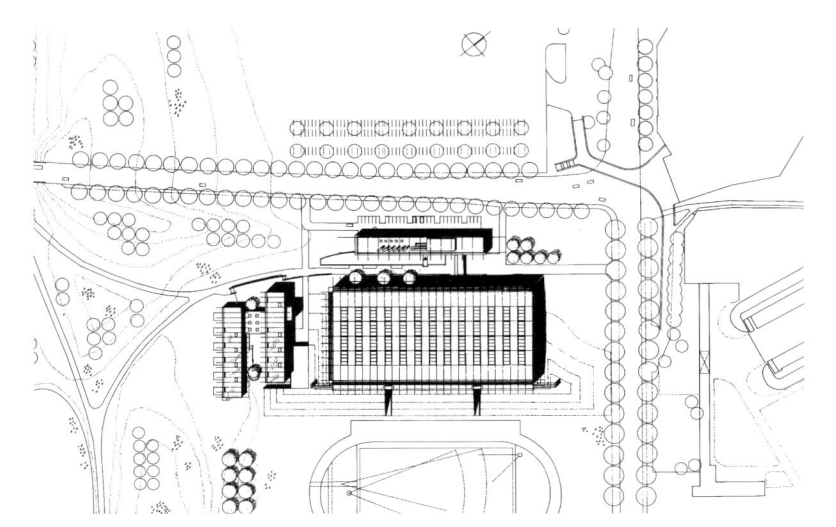

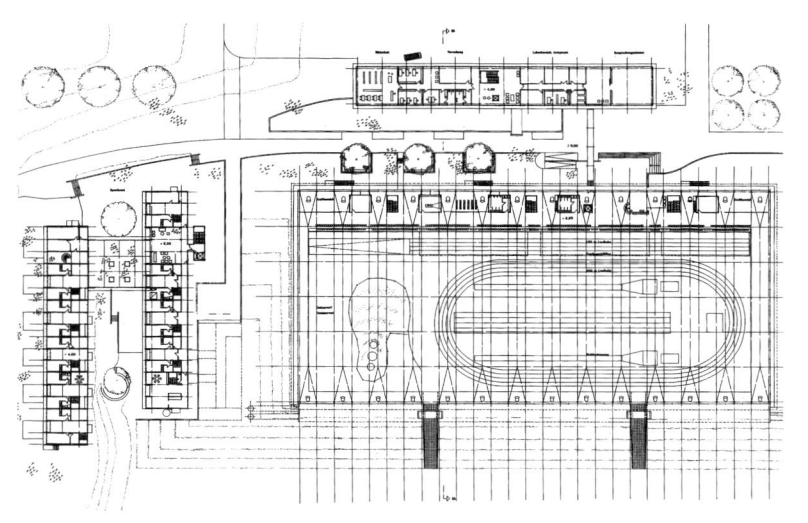

Leitgedanken
Die Anlage bildet den Eingangsbereich zu einer zukünftigen Naherholungs- und Parkanlage entlang des Neckarufers.
Die einzelnen Bereiche des Sportzentrums werden getrennt, um die unabhängige Nutzung der verschiedenen Funktionen zu gewährleisten. Mit der Einbindung in die Freizeitanlage soll das Zentrum selbstverständlicher Bestandteil des neuen Naherholungs- und Sportbereichs am Neckarufer werden.

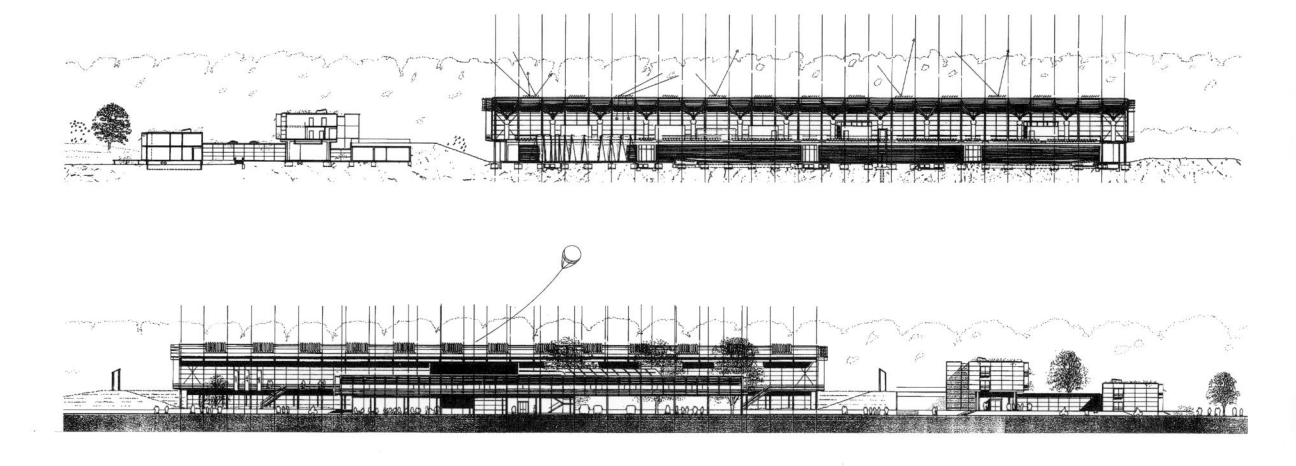

Räumliche Konzeption
Das Gelände liegt gegenüber der Hanns-Martin-Schleyer-Halle in Bad Cannstatt.
Der hochstehende Grundwasserspiegel der ehemaligen Neckarauen wird bei der Planung berücksichtigt. Der Eingangsbereich, Umkleideräume, Geräteraum, Technikzentrale und Spielfelder mit Tribünen sind auf Erdgeschoßniveau unter das Hallendach gestellt. Eine Galerie für die Besucher, die Krafträume und Container mit Analysegeräten liegen im ersten Obergeschoß.
Beim Verwaltungsgebäude sind über dem Erdgeschoß mit Eingangsbereich und Cafeteria die Verwaltung, eine Bibliothek, Besprechungsbereiche und ein Behandlungsraum angeordnet.

Küche, Essensausgabe und Speiseräume des Hotels liegen an das Foyer anschließend zu ebener Erde. Im ersten und zweiten Obergeschoß sind die Gästezimmer zu Einheiten von vier oder fünf Zimmern zusammengefaßt.

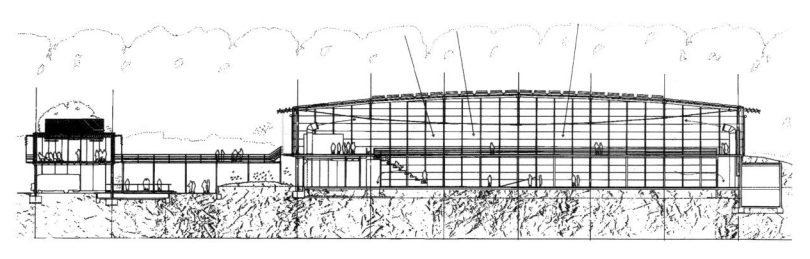

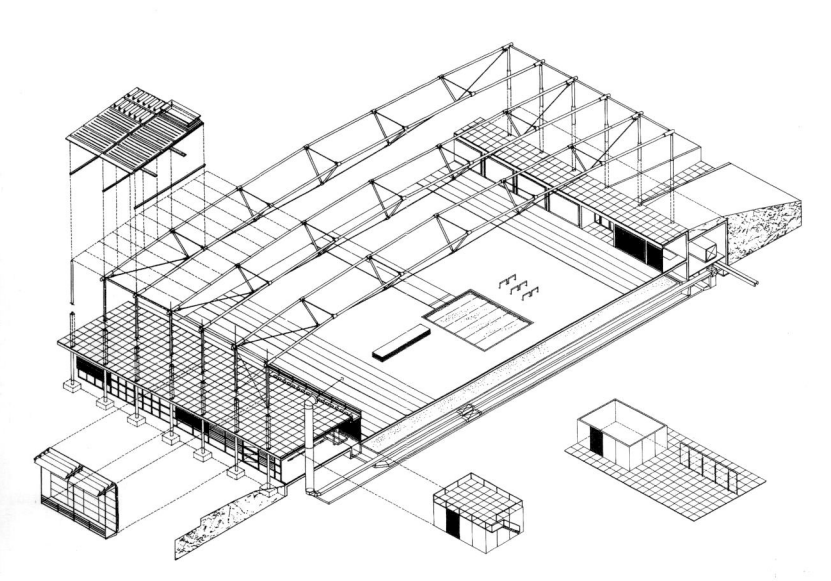

Konstruktion
Die Sporthalle hat eine Grundfläche von 136 x 61 Metern und eine Firsthöhe von 12,5 Metern. Ein eingestellter Tisch aus einer Stahlbetonflachdecke und Rundstützen trägt das Obergeschoß.
Überhöhte Träger aus parallel verlaufenden, gekoppelten Rundrohren werden durch zwei Seile fischbauchartig unterspannt. Die V-förmigen Spreizen bilden mit ihrer zur Trägermitte wachsenden Bauhöhe den Momentenverlauf des Einfeldträgers nach. Die Spannweite beträgt 60 Meter, der Achsabstand der Träger untereinander 5 Meter. Zug- und Druckglieder der Stahlkonstruktion sind durch Bolzenverbindungen gefügt.

Im Verwaltungsgebäude bilden Rippendecken und Rundstützen aus Stahlbeton einen Tisch von 90,8 x 12,8 Metern Grundfläche. Das erste Obergeschoß überspannen Stahlrahmen. Die Traufhöhe des Baus liegt bei 9 Metern.
Das Tragwerk des Sporthotels bilden Stahlbetondecken und Stahlbetonschotten im Achsraster von 3,75 Metern. Das Hotel mißt 67,5 x 12,5 Meter; die Traufhöhe beträgt 9,8 Meter im höheren und 5,3 Meter im niedrigeren Bereich.

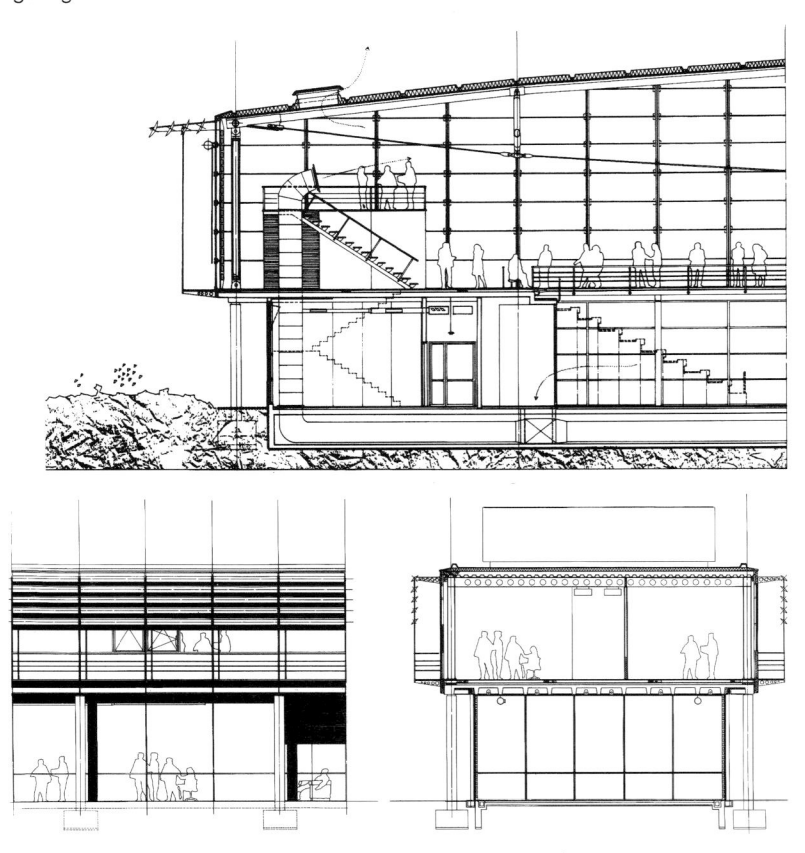

Raumabschluß
Die Gebäudehülle befindet sich bei allen Gebäuden der Planung vor der Tragkonstruktion.
Die Hülle im Erdgeschoßbereich der Sporthalle besteht aus einer Pfosten-Riegel-Fassade. Den Anforderungen entsprechend können Festverglasungen, Öffnungsflügel, Lüftungslamellen oder geschlossene Paneele aus geprägtem Blech in die Unterkonstruktion eingesetzt werden. Das Obergeschoß ist vollständig verglast und mit einem außenliegenden Sonnenschutz versehen.
Die Verglasung wird punktförmig an der Unterkonstruktion befestigt.

Die äußere Gestalt des Hotels und des Verwaltungsgebäudes wird durch eine Pfosten-Riegel-Fassade geprägt. Umgänge und Balkons sind additiv hinzugefügt.
Der außenliegende Sonnenschutz ist der inneren Nutzung entsprechend ausgebildet: bei den Büroräumen sorgen Lamellenstores für eine blendfreie Tageslichtbeleuchtung, im Hotelbereich finden Markisen Anwendung.

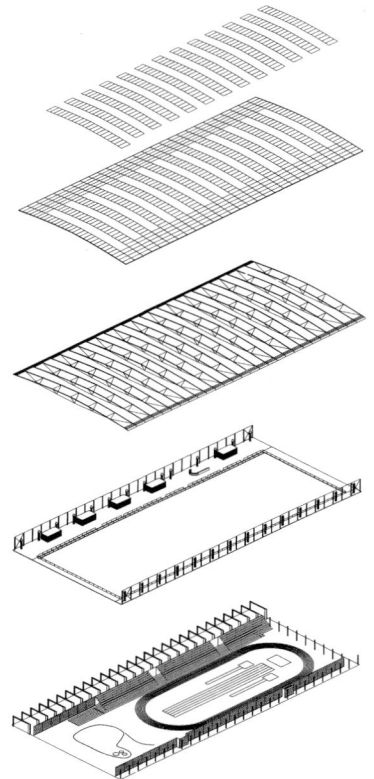

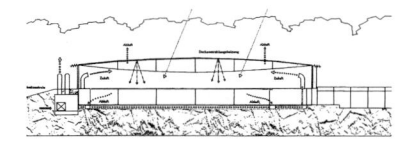

Haustechnik
Die Konditionierung der Sporthalle erfolgt über die in einem begleitenden Riegel eingegrabene Technikzentrale. Die Zuluftauslässe befinden sich auf Galerieebene, die Abluft wird über im Boden der Tribünen und im Gerätelager integrierte Gitter abgeführt. Die horizontale Installationsführung erfolgt unter dem Hallenboden. Im Winter wird die Hallenerwärmung durch Deckenradiatoren unterstützt.
Hotel und Verwaltungsgebäude decken ihren Heizwasserbedarf zum Teil durch Sonnenkollektoren. Mehrere dezentrale Einheiten für Lüftungstechnik befinden sich im Dachbereich; die Horizontalverteilung erfolgt sichtbar jeweils unter den Geschoßdecken.

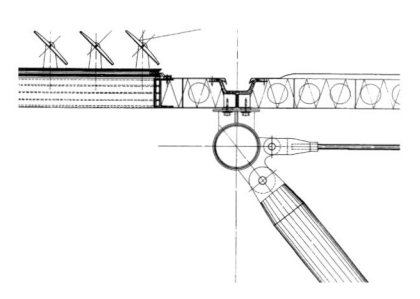

cand.-arch. Erik Volz

Betreuung
Prof. Dr. techn. h.c. Kurt Ackermann
Dipl.-Ing. Michael Jockers
Dipl.-Ing. Dietmar Kirsch

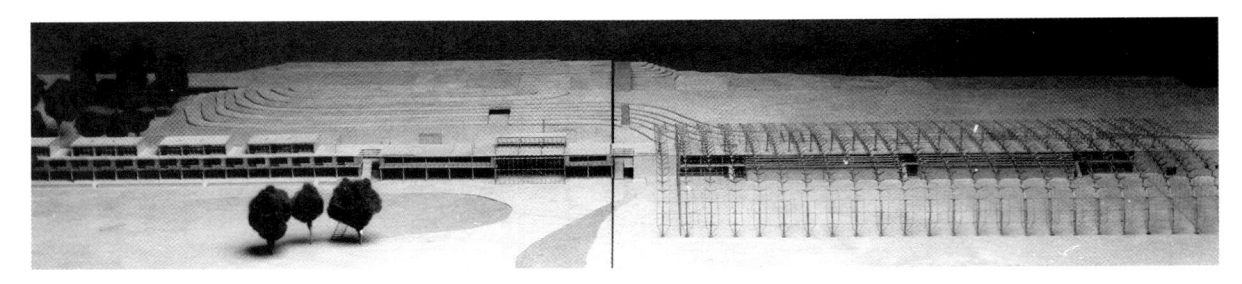

Leitgedanken
Durch neue Grünzonen und Sportanlagen soll das Neckarufer aufgewertet und eine attraktive Verbindung zum Rosensteinpark geschaffen werden. Die städtebauliche Erweiterbarkeit der Sportflächen auf der Grundlage eines Rastersystems wird angestrebt. Das eigentliche Leichtathletikzentrum soll durch eine klare Zonierung in dieses System integriert werden.

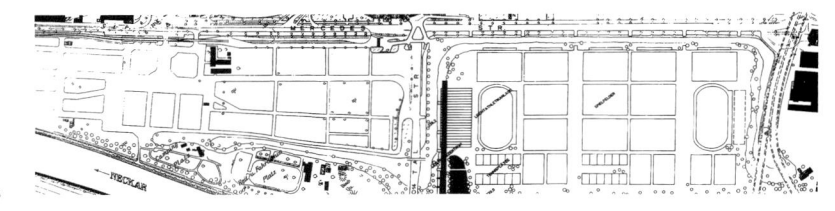

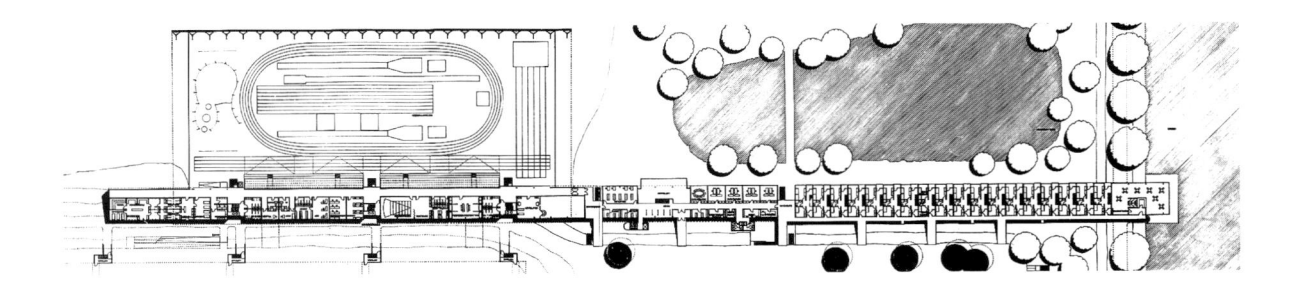

Räumliche Konzeption
Die vorhandenen Parkierungsflächen werden entlang der angrenzenden Hauptstraße angeordnet. Durch die Geländemodellierung entsteht ein Grünwall mit einer attraktiven Fußgängerverbindung zum Rosensteinpark. Die Entfernung der bestehenden Zufahrt ermöglicht die Bildung einer Grünzone am Neckarufer. In der entstehenden Mittelzone des Grundstücks befinden sich die Sportflächen, die auf einem einheitlichen Modulraster aufbauen.
Das Leichtathletikzentrum besteht aus einem linearen Baukörper, in dem die Nutzungsbereiche Wohnen, Verwaltung, Kantine und Sporthallennebenräume auf drei Ebenen angeordnet sind. Ein leichtes Tragwerk bildet den Raumabschluß der 1000 Sitzplätze fassenden Leichtathletikhalle.
Die Erschließung aller Gebäudeteile erfolgt von Nordwesten über Stege. Der Bezug zum Neckar wird durch ein Café mit schwimmender Uferterrasse erreicht.

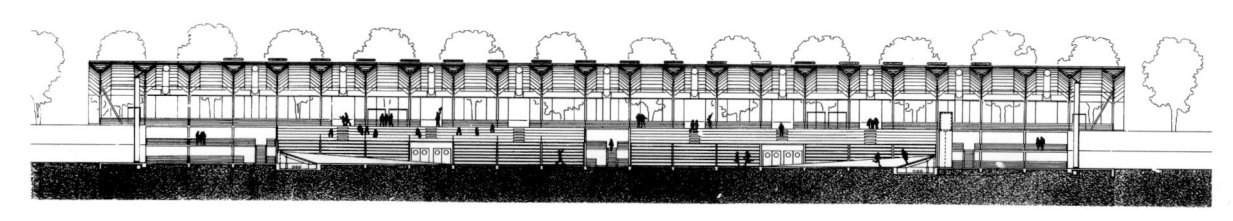

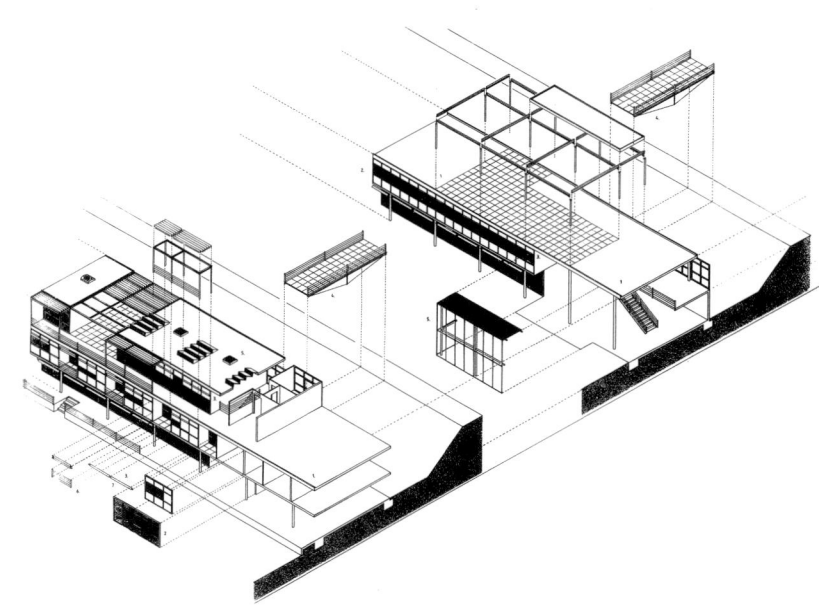

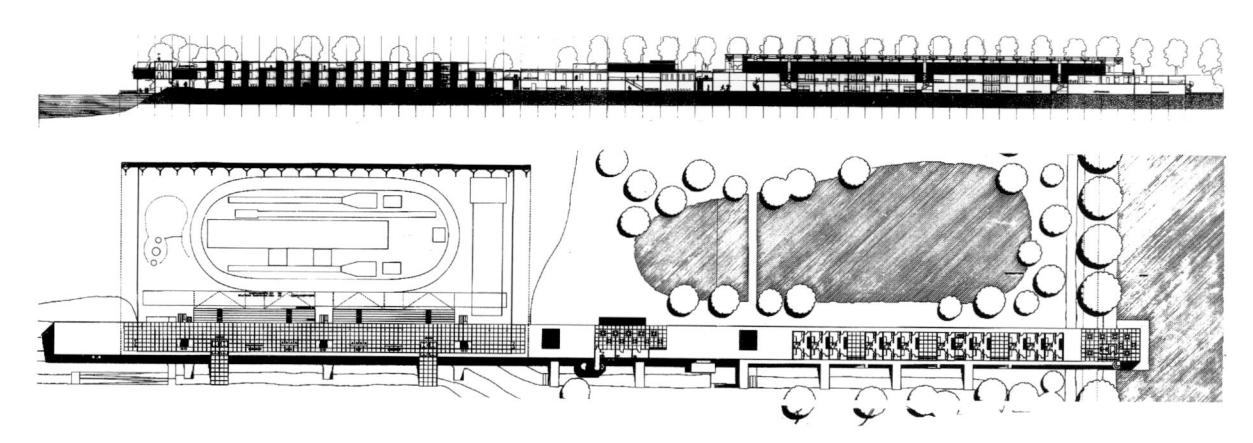

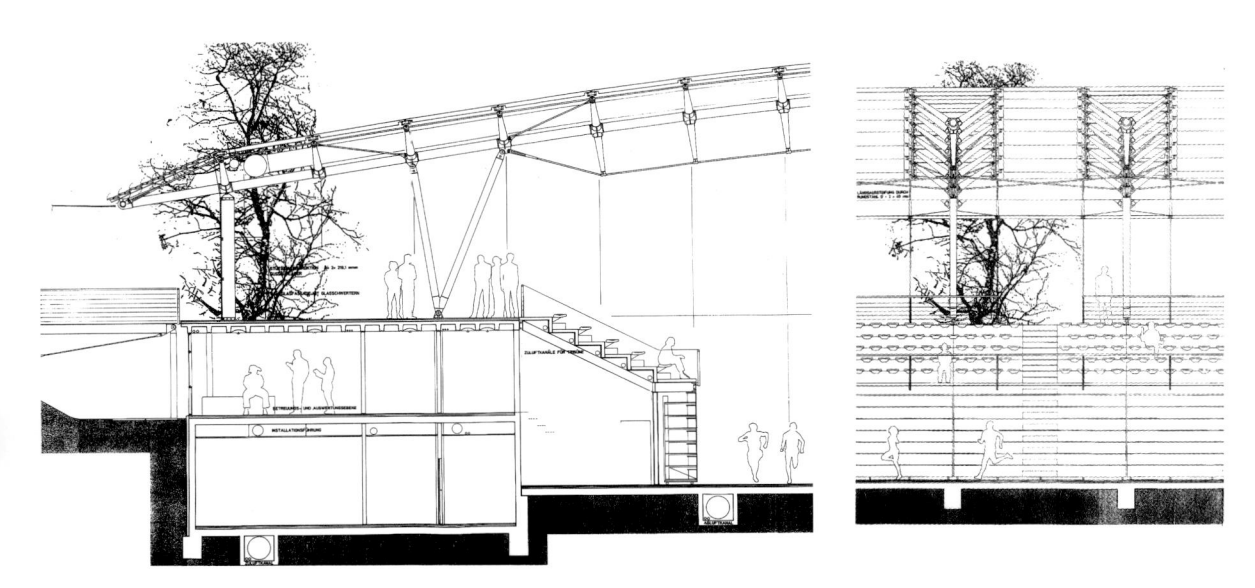

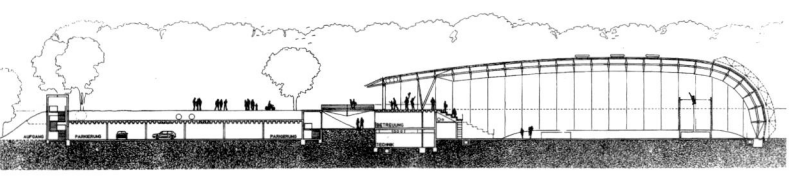

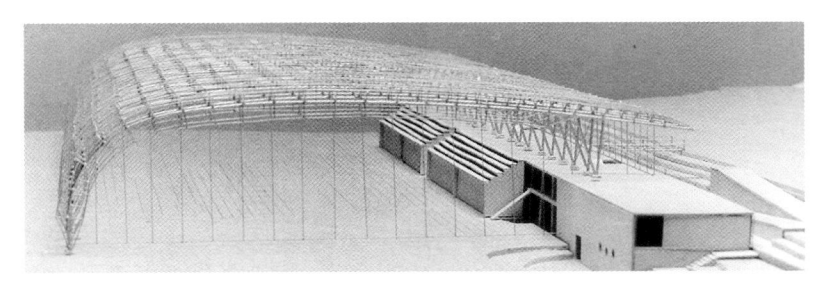

Konstruktion
Der lineare Baukörper ist im Hinblick auf seine vielfältigen Nutzungen und deren Veränderbarkeit in Stahlbetonskelettbauweise mit einem Stützenabstand von 5,8 Metern konzipiert. Den Raumabschluß bildet eine Pfosten-Riegel-Fassade. Das Tragwerk der Leichtathletikhalle besteht aus zentrisch vorgespannten, gekrümmten Halbrahmen mit einer freien Spannweite von 52 Metern. Sie liegen im Abstand von 5,8 Metern auf gelenkig gelagerten V-Stützen auf. Die im Querschnitt Y-förmigen Halbrahmen mit einer Bauhöhe von 2,6 Metern bestehen aus einem zentralen Rohr mit biegesteif angeschlossenen Spreizen, über deren Ende Seile zur räumlichen Stabilisierung geführt werden. Im Bereich der Dachfläche benötigt das Tragwerk keine zusätzlichen Aussteifungselemente.

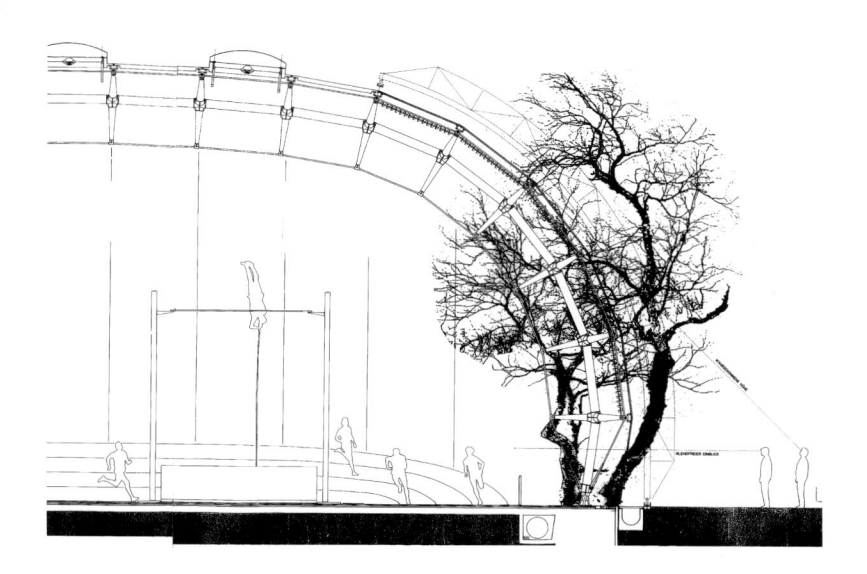

Die Gebäudehülle besteht im Dachbereich aus punktförmig gelagerten, gedämmten Aluminiumpaneelen, deren Abmessungen von 2,9 x 2,9 Metern aus der Trägerbreite resultieren. Im stärker gekrümmten Fassadenbereich der Gebäudehülle werden anstelle der Paneele Isolierglaselemente mit innenliegendem Blendschutz eingesetzt. Den Raumabschluß der Stirnseiten und der Längsseite im Foyerbereich der Halle bildet eine Ganzglasfassade mit tragenden Glasschwertern.

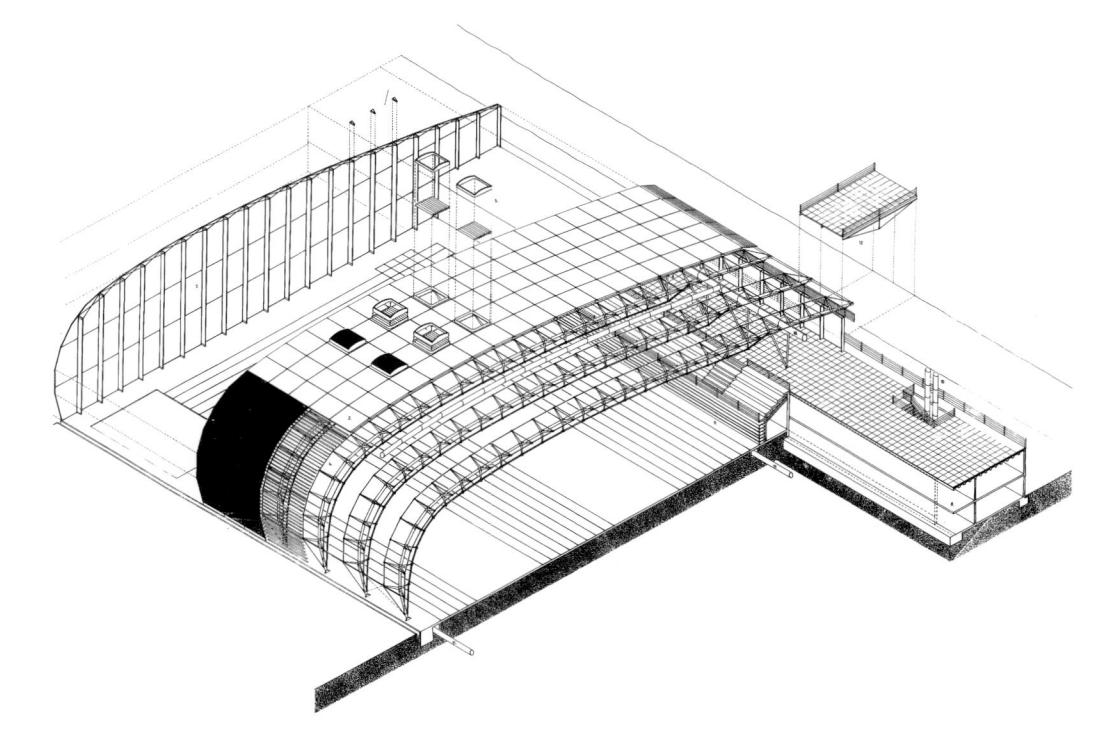

Gebäude für Entwicklung und Produktion

Diplomarbeit 1992

Aufgabenstellung
Für ein im Bereich der Mikroelektronik angesiedeltes Unternehmen sollte ein Gebäude geplant werden, das die inhaltlich unterschiedlichen, bisher räumlich getrennten Arbeitsbereiche zusammenfaßt. Dies sollte zu einer Verbesserung der innerbetrieblichen Funktionsabläufe und damit zu einer höheren Effektivität führen.
Das Raumprogramm setzte sich aus den Arbeitsbereichen Forschung und Entwicklung, Prüfungstechnologieentwicklung, Baugruppenprüfung, Anlagenprüfung und Sonderbereichen zusammen.
Es wurde ein Grundstück im Innenstadtbereich Stuttgarts gewählt, das in einem Mischgebiet an der stark befahrenen Mercedesstraße gegenüber dem Cannstatter Wasen liegt.
Aufgrund des knappen Angebots an Gewerbe- und Industrieflächen und aus städtebaulichen Gründen war das Projekt in Geschoßbauweise zu planen.

cand.-arch. Maik Buttler
cand.-ing. Bernd Stimpfle

Betreuung
Prof. Dr. techn. h.c. Kurt Ackermann
Dipl.-Ing. Klaus Brückerhoff
Dipl.-Ing. Dietmar Kirsch

Förderpreis des Deutschen
Stahlbaus 1992, 3. Preis

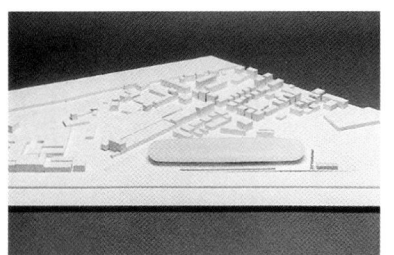

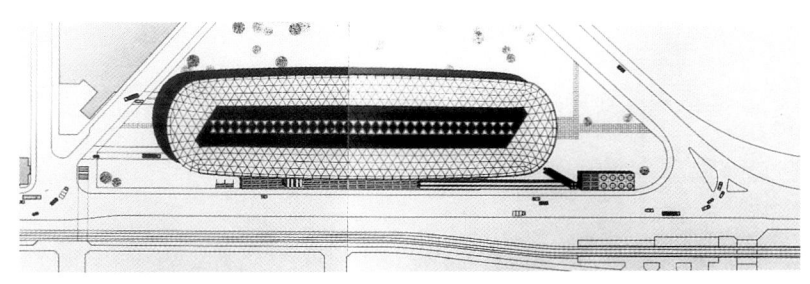

Leitgedanken
Die räumliche und strukturelle Neuordnung eines expandierenden Unternehmens im Bereich der Mikroelektronik verlangt die Bildung einer komplexen, vernetzten Nutzungsstruktur, welche die internen Funktionsabläufe zwischen Entwicklung und Produktion optimiert. Im Mittelpunkt steht die enge Kommunikation der verschiedenen Firmenbereiche untereinander. Die unterschiedlichen Nutzungen sollen sich innerhalb einer Großform den sich ändernden Anforderungen anpassen können.

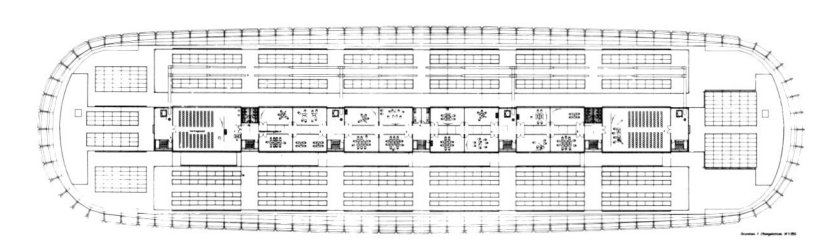

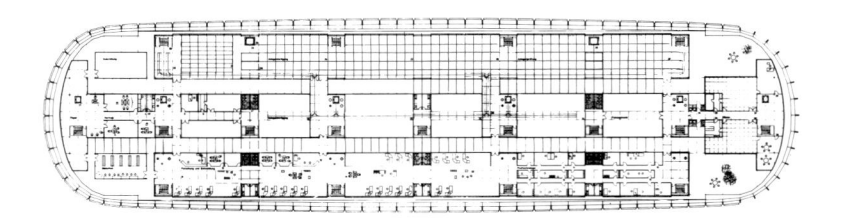

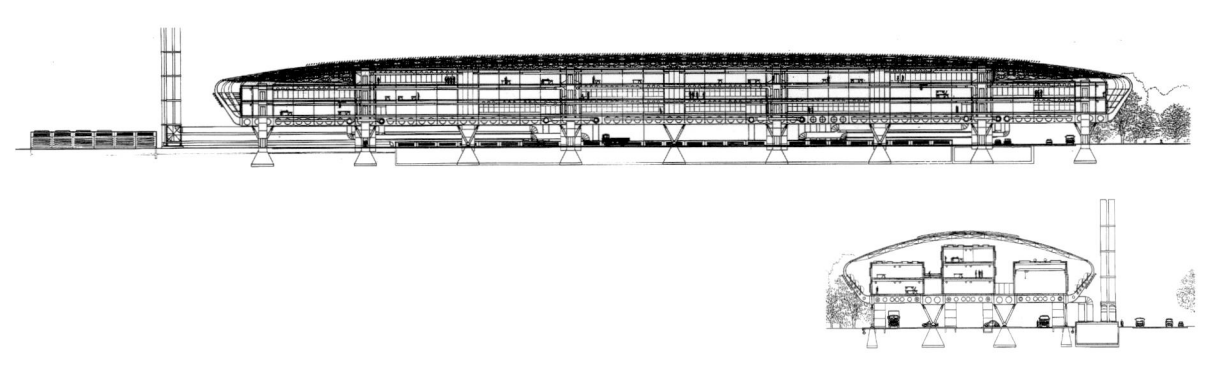

Räumliche Konzeption
Das ebene Baugrundstück, eine ca. 3 Hektar große Fläche im Süden Bad Cannstatts, wird im Norden durch den Veielbrunnenweg, im Osten durch die Daimlerstraße und im Südwesten durch die verkehrsreiche Mercedesstraße begrenzt.
Die Erschließung ist durch den angrenzenden Güterbahnhof und die am gegenüberliegenden Neckarufer liegende Bundesstraße 10 gewährleistet. S- und Straßenbahnhaltestellen befinden sich in unmittelbarer Nähe.

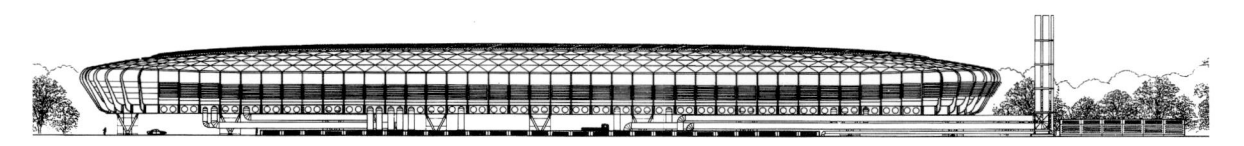

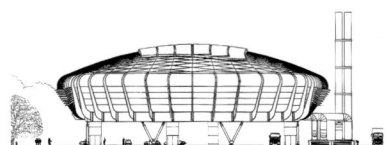

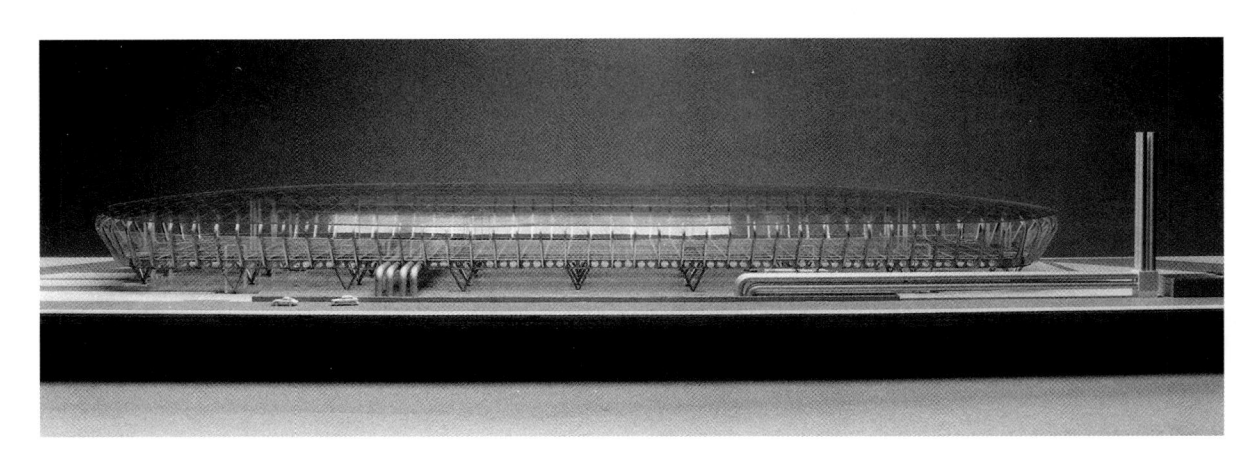

Der Entwurf sieht die Entfernung von vorhandenen Gewerbebauten vor. Die Wohnbebauung bleibt erhalten und wird durch das neu geplante Entwicklungs- und Produktionsgebäude vor Lärm und Emissionen der Mercedesstraße abgeschirmt.
Das aufgeständerte Bauwerk wird von einer Unterfahrt aus angedient. Hier befinden sich über Treppen- und Aufzugskerne angebundene Parkplätze. Die inneren Nutzungen gliedern sich in drei unter der Großhülle längs verlaufende, frei eingestellte Raumspangen. Sie sind entsprechend der Lärm- und Schadstoffbelastung abgestuft angeordnet. Ihre Geschoßhöhe, Belichtung und technische Ausrüstung variiert nach den Nutzungsanforderungen.

Konstruktion

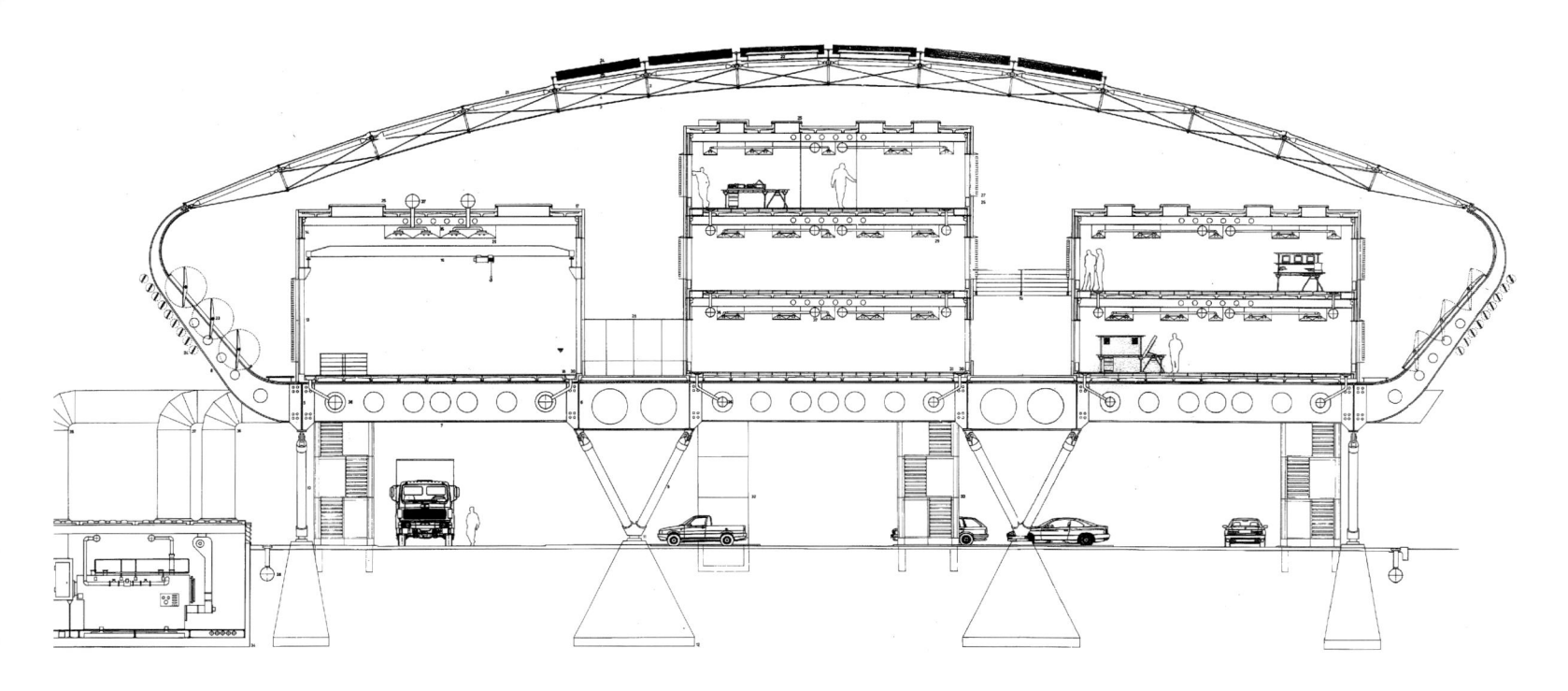

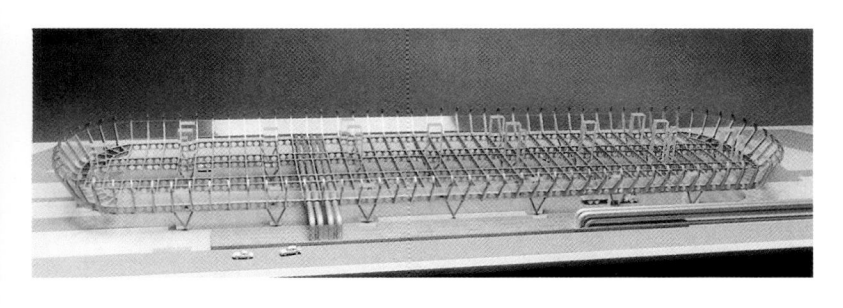

Die Konstruktion gliedert sich in drei Teile: in ein Großdach, das die drei inneren Nutzungsspangen überspannt, frei eingestellte Einbauten und einen aufgeständerten Rost, der die Einbauten und das Großdach trägt.

Das Großdach bildet eine in Dreiecke unterteilte Gitterschale, die gegen asymmetrische Lasten und daraus resultierende Momente räumlich unterspannt ist.

Die Verbindungen der Rundrohre untereinander und mit den Unterspannungen werden durch Gußteile hergestellt.

Die Geometrie der Gitterschale wurde mit Formfindungsprogrammen ermittelt und überprüft.

Die Tischkonstruktion besteht aus in Längsrichtung verlaufenden Kastenträgern aus Stahl. Zwischen den Kastenträgern sind gelochte Einfeldträger angebracht. An den Rändern der Tischkonstruktion sind gevoutete Kragarme als Auflager für die Dachkonstruktion biegesteif befestigt.

Den unteren Raumabschluß bilden Betonfertigteile, die auf dem aufgeständerten Tisch aufliegen.

Tetraederförmige Stützböcke aus Rundrohren steifen den Tisch in Horizontalrichtung aus. Die Hauptverteilung der Medien erfolgt in der Ebene der Tischkonstruktion. Die inneren Einbauten sind als Stockwerksrahmen aus Stahl konstruiert.

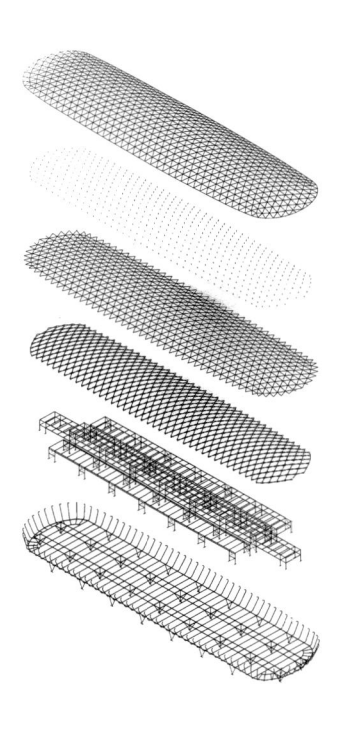

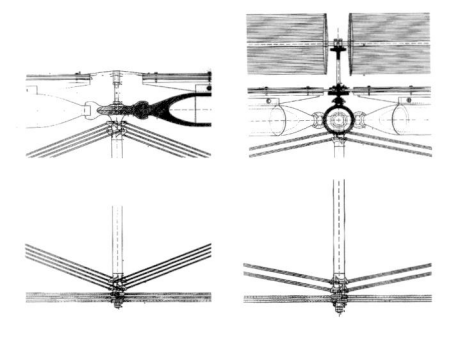

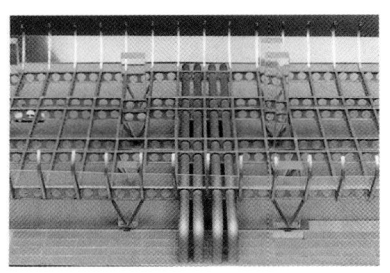

Die äußere Hülle der Großform besteht aus Sonnenschutzglas, im mittleren Bereich und an den hinterschnittenen Außenkanten aus Klarglas mit außenliegenden Lamellenprismen, die das Zenitlicht einspiegeln und gleichzeitig das direkte Sonnenlicht ausblenden können. Die inneren Einbauten werden der Nutzung entsprechend mit offenen, halboffenen oder geschlossenen Elementen beplankt.
Die Großhülle bildet durch die Einfachverglasung einen lichtdurchfluteten Klimapuffer für die inneren Nutzungen. Die Feinkonditionierung der Räume wird durch die Fassaden der Einbauten gewährleistet.

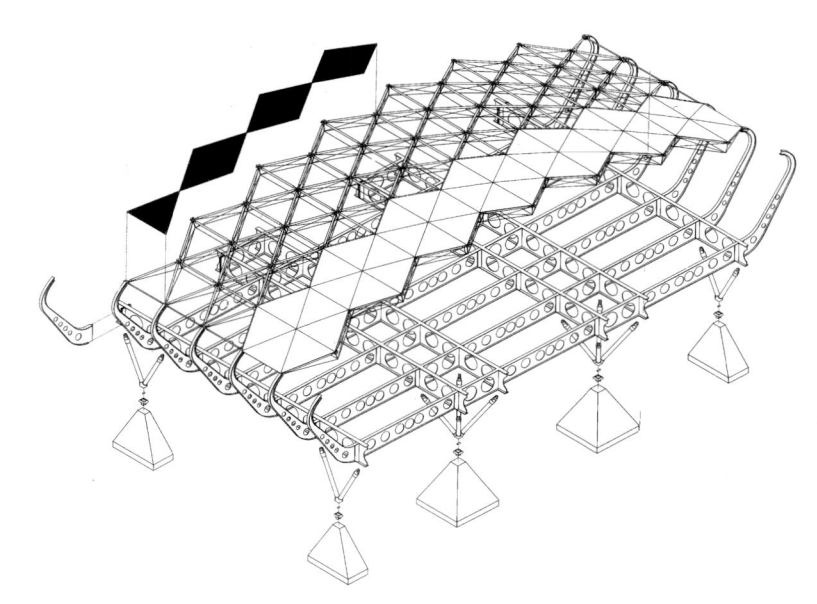

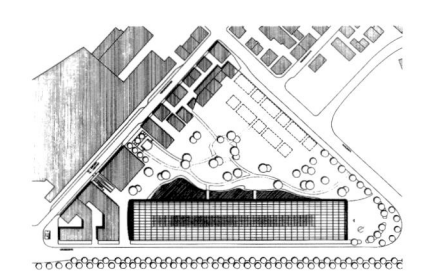

cand.-arch. Bettina Rall

Betreuung
Prof. Dr. techn. h.c. Kurt Ackermann
Dipl.-Ing. Klaus Brückerhoff
Dipl.-Ing. Dietmar Kirsch

Förderpreis des Deutschen
Stahlbaus 1994, Anerkennung

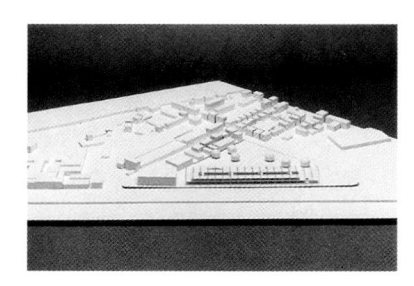

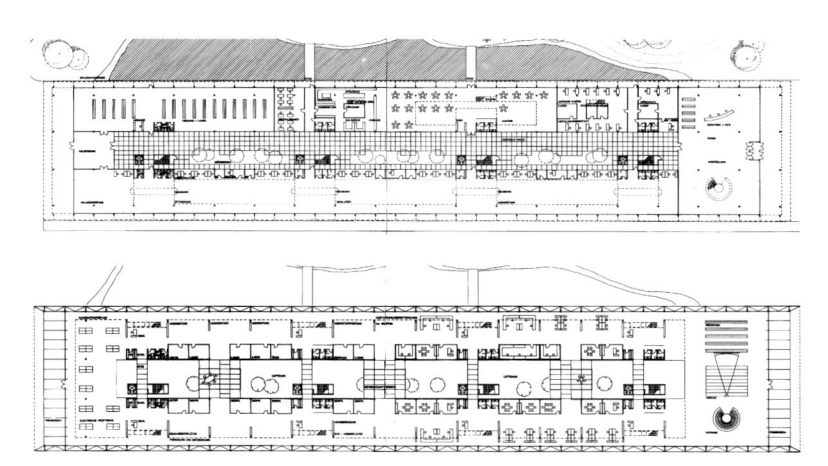

Leitgedanken
Angestrebt wird ein Gebäude, dessen Organisationsschema Teamwork unter den einzelnen Abteilungen ermöglicht und gleichzeitig die Ausbildung hochwertiger und attraktiver Arbeitsplätze fördert.

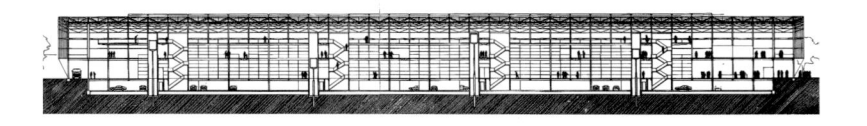

Räumliche Konzeption

Das Grundstück besitzt eine direkte Anbindung an den Bahnhof, an die S-Bahn und damit an die Innenstadt Stuttgarts.

Die unterschiedlichen Funktionen sind auf drei Ebenen verteilt und durch eine gemeinsame Hülle zu einer Großform zusammengefaßt, die sich linear entlang der Mercedesstraße entwickelt.

Die Gebäudehülle überspannt einen zentralen Luftraum, in dem sich die Erschließungskerne befinden. Verschiedene vertikal gestapelte Arbeitsbereiche werden durch die Kerne miteinander verbunden. Die zentrale Halle ermöglicht die Belichtung innenliegender Arbeitsplätze.

Im Erdgeschoß sind Funktionen wie Versand, Kantine, Werkstätten, Anlieferung und Anlagenprüfung angeordnet. Sie sind stärker frequentiert und daher geräuschintensiv.

Die Anlagenprüfung, die zu den lautesten Bereichen zählt, wird entlang der stark befahrenen Mercedesstraße angeordnet. Sie schottet die zentrale Halle und andere Abteilungen vom Verkehrslärm ab.

Die Bereiche Forschung und Entwicklung, Baugruppenprüfung und Prüfungstechnologieentwicklung sind über je zwei Ebenen im ersten und zweiten Obergeschoß organisiert und miteinander über gemeinschaftlich genutzte Bereiche wie Werkstoffprüfung und Bibliothek verbunden.

Im Untergeschoß befindet sich die Tiefgarage mit Technik-, Heizungs-, Lüftungs- und Nebenräumen.

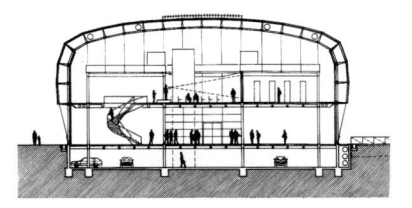

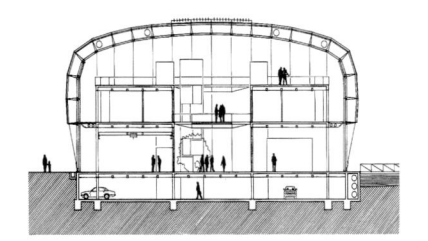

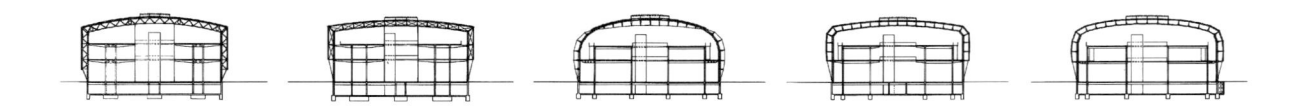

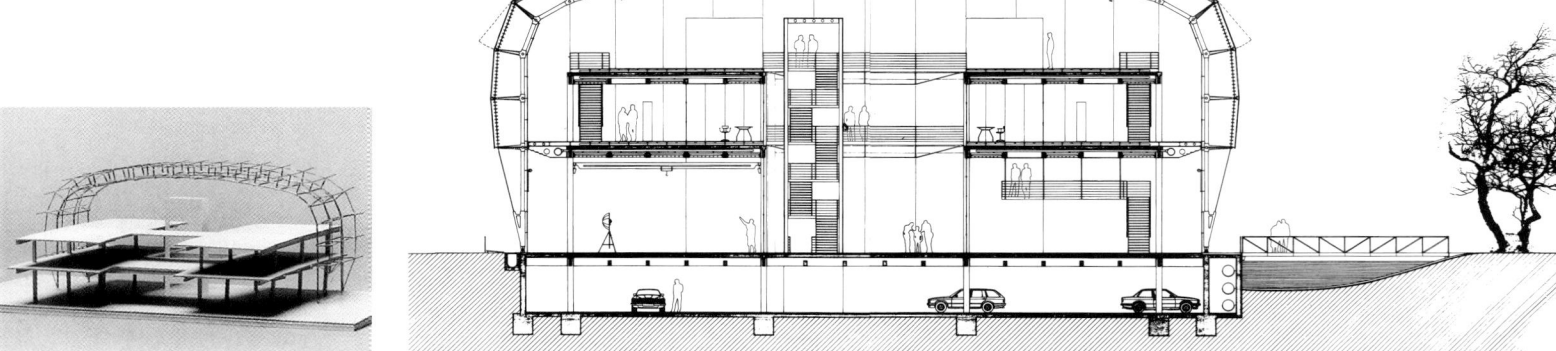

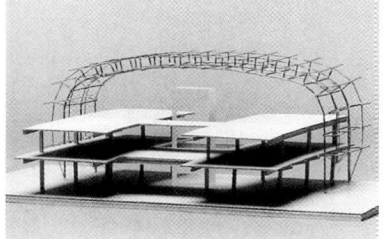

Konstruktion
Das Hallentragwerk ist als überspannte Rahmenkonstruktion mit ausgerundeten Rahmenecken und einer Spannweite von 37,4 Metern konstruiert.
Der Achsabstand beträgt 5,6 Meter. Die einzelnen Stahlrahmen sind in Längsrichtung durch Stahlrohre und diagonalverlaufende Zugstäbe, die jeweils an den Tragwerksrändern über ein Randseil kurzgeschlossen werden, gekoppelt und ausgesteift. Die Vorspannung und Eckausrundung der Rahmenelemente sorgt für einen kontinuierlichen Kräfteverlauf und gleicht Eck- und Feldmomente einander an.
Im Bereich der Arbeitsplätze wird ein Tragsystem von Tischebenen aus Stahlbetonskelett-Fertigteilen gewählt, das spätere Veränderungen zuläßt. Die Betontische sind durch Hauptträger in Längsrichtung unterstützt, die Nutzebenen werden durch zwischen die Längsträger eingelegte Betonroste unterstützt. Durch die Aufständerung der Tischebenen über den Betonrost ergibt sich ein Zwischenraum, der zur Installationsführung genutzt wird.

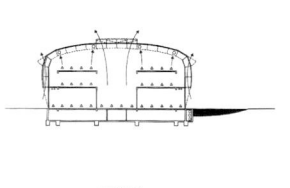

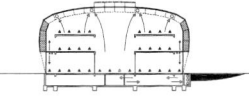

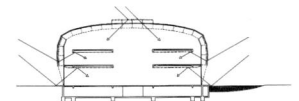

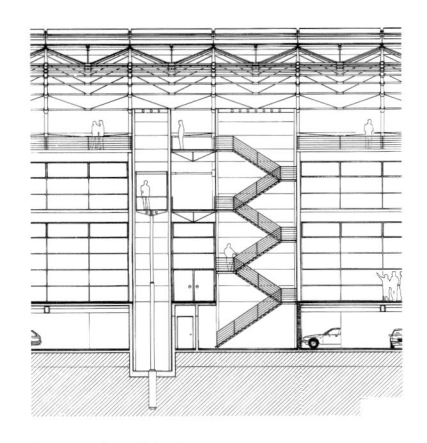

Raumabschluß
Im Dachbereich über der zentralen Halle besteht die Gebäudehülle aus punktförmig gelagerten Isolierglasscheiben, oberhalb der Arbeitsebenen werden gedämmte Aluminiumpaneele verwendet. Die senkrechten Fassaden sind weitgehend verglast.

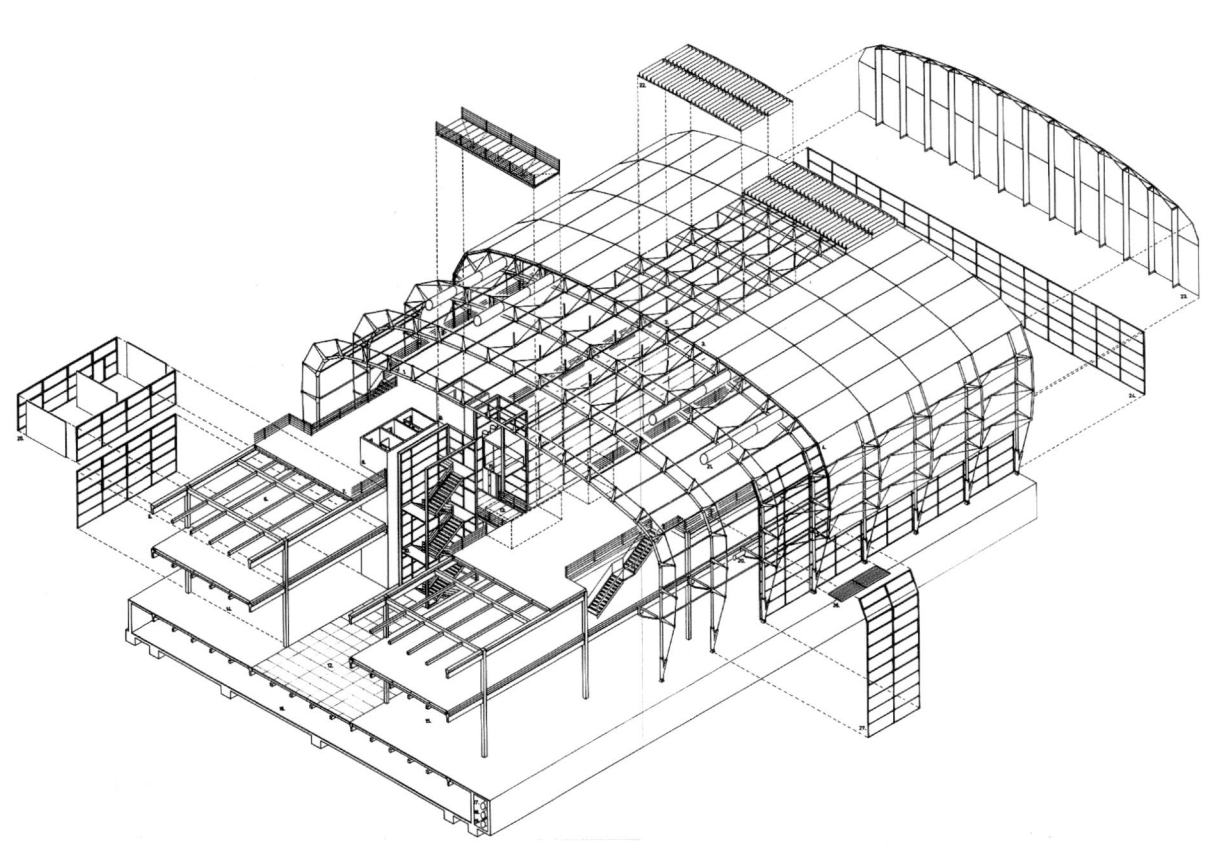

Kurt Ackermann

Forschung am Institut

Für bestimmte Fachgebiete ist die einschlägige Literatur noch verhältnismäßig dünn. Daß ein Architekt bei den Bauingenieuren lehrt, wurde um 1908 eine Tradition der Stuttgarter Schule. Die damaligen Lehr- und Studienpläne, wenn es sie je gab, sind verschollen oder bestehen aus Einzelbeiträgen der „Geschlechterfolge", die von Paul Bonatz bis Hans Kammerer reicht.
Was liegt dem Leiter eines Instituts näher als mit den wissenschaftlichen Mitarbeitern die Dinge zu erkunden, die man nicht richtig weiß oder aus Halbwahrheiten bestehen. Für eine sinnvolle Logik in der Lehre auf dem Gebiet des Entwerfens und Konstruierens sind Wissen und Methodik schlechterdings Voraussetzung. Einen weiteren Anstoß gab die Absicht, die Tradition der Stuttgarter Schule fortzusetzen, zu verbreitern und zu vertiefen. Wir stellten uns die Aufgabe, die fachübergreifende Ausbildung von Architekten und Bauingenieuren neu zu definieren und für die Lehre in beiden Disziplinen handhabbar zu machen. Damit war die weitere Absicht verbunden, neue intelligente Konstruktionen mit den daraus entstehenden Konsequenzen in alle Lehrveranstaltungen einzufügen.
Mein besonderes Anliegen war, für die Aufgabe „Bauen als Gemeinschaftsarbeit" um Verständnis und Einsicht zu werben und Möglichkeiten für die notwendige und vernünftige Zusammenarbeit von Architekten und Bauingenieuren aufzuzeigen. Die nicht immer auf allen Gebieten erfreuliche fortschreitende Spezialisierung in den Einzeldisziplinen behindert die ganzheitliche Betrachtung. Die Einführung neuer Baustoffe, die Erfindung zukunftsträchtiger Technologien und die Herausbildung neuer, bisher unbekannter ästhetischer Empfindungen müssen auf die Zukunft neugierig machen. Wie soll im nächsten Jahrhundert die Architektur ausschauen? Die Technik und ihre Entwicklung schafft neue und andere Erscheinungsformen, macht eine intensive Auseinandersetzung mit den anstehenden und den künftigen Problemen selbstverständlich notwendig.

Stand der Forschung – Allgemein

Die Forschung im Bauwesen umfaßt zwei Bereiche: die Architekturforschung und die Bauforschung. Während sich die Bauforschung mit materiellen Teilproblemen des Bauwerks, wie Bauphysik und -chemie, oder wirtschaftlichen und bautechnischen Fragen beschäftigt, befaßt sich die Architekturforschung nach Franz Füeg mit dem Zusammenhang von Bauwerk und seiner Architektur. Es ist Aufgabe der Architekturforschung, sich mit den Zusammenhängen zwischen Gebautem und dessen Wirkung auf den Menschen auf unterschiedlichen Betrachtungsebenen – psychologisch, soziologisch, physiologisch usw. – auseinanderzusetzen.
Architekturforschung – ebenso wie Architekturtheorie – wird in Europa noch zaghaft betrieben; die Bereiche, in denen gearbeitet wird, sind oft mehr zufällig ausgewählt. Im Bereich der Architekturforschung fehlt eine Methodik, die für die systematische Erarbeitung von Architekturproblemen einen allgemeingültigen Weg darstellt, wie es im Bereich der Naturwissenschaft das wiederholbare Experiment in Verbindung mit der Statistik darstellt. Die Einflußfelder der Architektur sind zu vielfältig und komplex, als daß eine Wissenschaftsmethodik sie befriedigend erfassen könnte. Es besteht sogar die Gefahr, daß ein zu methodisches Vorgehen eine Fülle von unwesentlichen Teilkomponenten erbringt, die es unmöglich machen, die gewünschte Aussage herauszukristallisieren. Daher muß für die jeweils gestellte Aufgabe eine Methode erarbeitet werden, die den Rahmen für den Gesamtkontext nicht so weit steckt, daß die zu treffenden Aussagen zu allgemein und oberflächlich – und damit letztlich wertlos – werden, aber ebensowenig die Teilaspekte bis zum letzten hypothetischen Fall betrachtet.

Das Fügen tragender Bauteile

Forschungsarbeit, gefördert von der Deutschen Forschungsgemeinschaft DFG 1981–1988
Zwischenbericht des Instituts für Entwerfen und Konstruieren, herausgegeben im Eigenverlag 1987.
Das Ergebnis ist in der Buchpublikation „Tragwerke in der konstruktiven Architektur" von Kurt Ackermann zusammengefaßt.

Die Bedeutung der Tragwerke als Träger der Architektur wird in dieser Arbeit verdeutlicht. Das Tragwerk selbst ist als statisch-konstruktives System immer mit einer Form identisch und prägend für das Erscheinungsbild eines Gebäudes. Dabei ist es unerheblich, ob das Tragwerk in seiner reinen Form gezeigt oder verkleidet wird. Bei einem unverkleideten Tragwerk dient allerdings die Struktur als Ordnungsprinzip und wirkt somit gestaltbildend. Die geometrischen Gesetzmäßigkeiten bestimmen die Abhängigkeit der einzelnen Elemente und deren Wechselwirkung zur Tragstruktur.

Auch bei einem verkleideten Tragwerk sollen Tragsystem und Bauweise erkennbar bleiben. Ist das Tragwerk nach dem Prinzip des Massenbaus konzipiert, muß die massive Bauweise spürbar bleiben, wie die pure Verkleidung die Ablesbarkeit der tragenden Wirkung nicht verstecken darf.

Neben allgemeinen Grundlagen für das Entwerfen und Konstruieren werden einzelne Begriffe und Tragwerkteile definiert und gegliedert. Die Tragwerke sind eingeteilt in Gesamtsysteme, Subsysteme, Tragwerkteile und Elemente. Die Verknüpfung der einzelnen Teile untereinander und deren Fügung werden nach Aspekten der Geometrie, Kraft und Form untersucht. Mit Analysen, die an charakteristischen Stahlbauobjekten vorgenommen und unter ganzheitlichen Gesichtspunkten behandelt werden, entsteht eine Gebäudedokumentation, in der auch auf die theoretische Architekturbetrachtung und die formale Haltung der jeweiligen Architekten eingegangen wird. Die Wechselwirkung zwischen Tragwerk, Material, Technik und Form in der Architektur wird ebenso hergestellt wie der direkte Bezug zwischen der Logik der statisch-konstruktiven Ausbildung und der daraus entwickelten Tragwerkform. Die Übereinstimmung von Kräfteverlauf und Form, die Erkennbarkeit und die Ablesbarkeit der Konstruktionen und deren Durchgängigkeit waren bei der Auswahl der Beispiele ein wichtiges Kriterium.

Exakte Gebäudeanalysen sollen zu fundierten, auf sachlichen Kriterien gestützten Urteilen in konstruktiver und gestalterischer Hinsicht führen. Architekten und Ingenieure können die aus den Analysen gewonnenen Erkenntnisse dem eigenen Wissen und ihren Erfahrungen gegenüberstellen und sie für neue, eigenständige Lösungen ihrer Bauaufgaben auswerten. Die Notwendigkeit einer engen Zusammenarbeit zwischen den Disziplinen des Bauens wird für eine konstruktive Architektur, die durch intelligente Tragwerke geprägt ist, zu einer selbstverständlichen Voraussetzung. Im Vordergrund stehen die Wechselwirkung und die Abhängigkeit ingenieurmäßiger und gestalterischer Aspekte beim Entwerfen und Konstruieren.

Zwischen den beiden Berufszweigen Architekt und Bauingenieur ist das Tragwerk die Nahtstelle. Am Institut für Entwerfen und Konstruieren wird seit vielen Jahren gezielt an Lehrinhalten und an der Formulierung von Lehrkonzepten für das Entwerfen und Konstruieren gearbeitet. Die komplexen Nutzungen der meisten Bauaufgaben erfordern eine enge Zusammenarbeit verschiedener Sonderfachleute in der Planung. Ziel dieser Kooperation ist es, die Vielfalt der Einflüsse und Anforderungen zu sichten und in übergeordneter und verbindlicher Weise in einem ganzheitlichen System zu behandeln.

Zur Verbesserung der Arbeitsergebnisse ist die Teamarbeit zwischen Architekten und Ingenieuren unerläßlich. Die Zusammenarbeit muß über die bloße Aufgabenverteilung hinausgehen. Entwerfen und Konstruieren sind keine unabhängigen Tätigkeiten. Die gemeinsame Auseinandersetzung an Tragwerken fördert das gegenseitige Verständnis und das Bewußtsein für die Auswirkungen von Entscheidungen auf die Architektur und für die Wirkung von Formentscheidungen auf die Konstruktion.

Für die Forschungsarbeit wurde das Ziel gesetzt, der Logik nachzuspüren, die Bauwerken zugrunde liegt, bei denen das Tragwerk einen wesentlich gestaltprägenden Bestandteil des architektonischen Erscheinungsbildes darstellt. Die Frage wird untersucht, inwieweit sich die Gestaltqualität aus der richtigen Umsetzung von konstruktiven Gesetzmäßigkeiten ableiten läßt und wie groß bei einer positiven Einstellung zum ingenieurmäßigen Denken der Entscheidungsspielraum ist, der neben den rein rationalen Kriterien den Entwurfs- und Formfindungsprozeß beim Konstruieren bestimmt.

Die fortschreitende Spezialisierung in den Einzeldisziplinen, die Einführung neuer Baustoffe und die Erfindung neuer Technologien bringen es mit sich, daß gegenseitigen Abhängigkeiten größere Aufmerksamkeit zu schenken ist.

Ziel dieser Arbeit ist es, die Abhängigkeiten sehr unterschiedlicher Faktoren und deren Einfluß auf das Tragwerk darzustellen. Das Aufzeigen der vielfältigen Anforderungen an ein Tragwerk dient dazu, Architektur- und Bauingenieurstudenten den direkten Zusammenhang von planerischen Zielsetzungen und statischen und konstruktiven Vorgaben zu erläutern und die daraus resultierenden Bauformen bewußtzumachen. Aus der Vielzahl der Faktoren, die beim Entwerfen und Konstruieren Einfluß auf das Tragwerk haben, werden im Rahmen dieser Arbeit diejenigen betrachtet, die keinen Markt- oder Wirtschaftlichkeitskriterien unterliegen und dadurch ständigen Wandlungen unterworfen sind. Aussagen zu den Konstruktionen werden nicht nur theoretisch erarbeitet, sondern auch in Analysen von Tragwerken abgeleitet. Die Arbeit steht in diesem Bereich in der Tradition der Erkenntnisse von Curt Siegel, der diese in seinem Buch „Strukturformen" niedergelegt hat. Siegel zeigt den Einfluß auf, den die einem Entwurf zugrundeliegende statische oder konstruktive Struktur auf die Form eines Bauwerks hat.

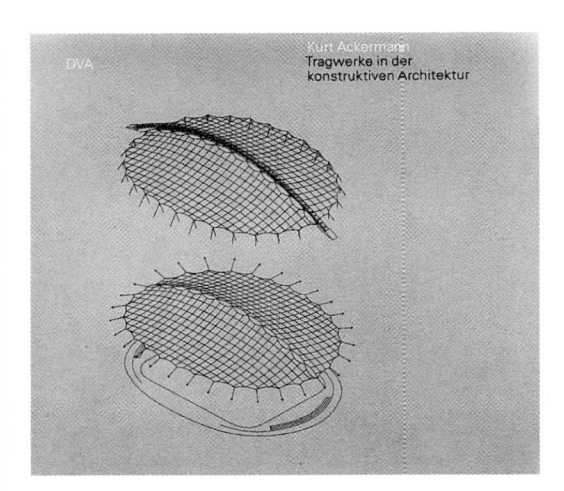

Die differenzierte Betrachtung der Tragwerke berücksichtigt rationale und subjektive Bedingungen, denen komplexe Tragsysteme zugrundeliegen. In den Analysen werden Anforderungen und Einflüsse an das Tragwerk aus Entwurf, Planung und Konstruktion aufgezeigt. Dabei sind folgende Bereiche von Bedeutung:
Idee, Konzept
Zielvorstellungen: Bauherr, Architekt, Bauingenieur, Sonderfachleute, Projektanten
Ort: städtebauliche Situation, Baugrund
Programm: Nutzung, Raumgröße, Raumform
Erschließung: Personen, Waren, Versorgungsleitungen
Tragwerk
Raumabschluß: horizontal und vertikal, Belichtung, Sonnenschutz
Installation: Systeme, Leitungsführung und Tragwerk
Der Schwerpunkt der Untersuchung liegt beim Tragwerk und dessen konstruktivem Detail. Ausführlich werden betrachtet:
der Zusammenhang zwischen Beanspruchung und Tragwerksform, die Auswirkung von Tragsystem, Tragwerksteil, Tragwerkselement und deren Fügungen auf die funktionale Gestalt.

Neben der Bedeutung der Ausbildung des Details für die Form wird dessen konstruktive Grundlage nachvollziehbar und die logische Umsetzung in gebaute Form verständlich gemacht.

Als Zielsetzung der Arbeit gilt auch die von Curt Siegel vor über 25 Jahren gefundene, noch gültige Formulierung: „Wenn es aber zum kritischen Denken anregt, wenn es zur Achtung vor dem beiträgt, was auch in der Architektur eindeutig und nachweisbar ist, wenn es der Aufrichtigkeit und Sauberkeit im architektonischen Gestalten dient und damit formalistischen Erscheinungen und modischen Effekten in der heutigen Architektur fundierte Qualität entgegenzustellen hilft, dann hat es seinen Zweck erfüllt."

Industriebau

Im Auftrag des Kulturkreises im Bundesverband der Deutschen Industrie, gefördert vom BDI und dem Landesgewerbeamt Baden-Württemberg, 1982–1984
Das Ergebnis ist in der Katalog- und Buchpublikation „Industriebau" von Kurt Ackermann zusammengefaßt.

Der Kulturkreis im Bundesverband der Deutschen Industrie e.V. initiierte eine Ausstellung über Industriebau. Es war daran gedacht, die Leistungsfähigkeit der deutschen Industrie in ihren Bauwerken aufzuzeigen. Dies haben wir uns zu eigen gemacht, aber zugleich versucht, den internationalen Industriebau vor dem Hintergrund seiner historischen Entwicklung und der heutigen Architektur darzustellen.

Die Ausstellung soll die Bedeutung und Aktualität des Industriebaus für Umwelt, Städte und Regionen dokumentieren. Der gesellschaftspolitische Kontext von Mensch und Industrie ist eine Grundlage für das menschliche Zusammenleben und den Wohlstand des Landes.

Die herausragenden Beispiele des Industriebaus sollen die kulturelle Verpflichtung verdeutlichen. Eine gute und qualitätvolle Architektur wird vor allem an der Einheit von Funktion, Konstruktion und Form gemessen. Die verschiedenartigen Nutzungen, auf den menschlichen Maßstab und die entsprechenden Bedürfnisse ausgerichtete Arbeitsräume, neue Materialien und intelligente Konstruktionen geben den hochinstallierten Gebäuden eine eigenständige, unverwechselbare, durch die Technik geprägte Gestalt. Wird der Industriebau als eine Disziplin der angewandten Technik auf den Grundlagen der wissenschaftlichen Erkenntnisse, aus den Konstellationen und Strömungen der Zeit gesehen, so wird die Erscheinungsform eine „Technische Ästhetik" aufweisen.

Die Ausstellung wird durch eine durchgehende Darstellung und Analyse der historischen Entwicklung begleitet. Aus ihr wird das konstruktive und formale Erbe für das neue Bauen abgeleitet. Weiter sollen das industrialisierte Bauen und der Fertigteilbau – die heute meist polemisch dargestellt werden – Anstöße zum Bessermachen geben. Industriebau soll mit den Mitteln der Industrie realisiert werden, mit der Industrie und nicht gegen sie. Die technischen Mittel und Methoden eröffnen vielfältige Möglichkeiten gerade für eine individuelle Gestaltung von Architektur.

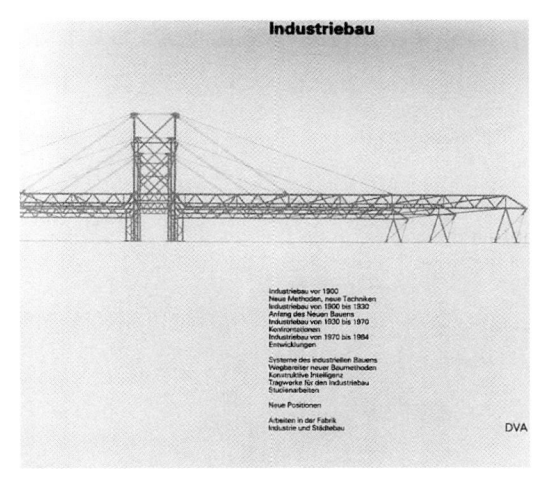

Sichtbare Konstruktionen und ablesbare Tragwerke können deutlich machen, ob für eine Bauaufgabe die angemessene Lösung gefunden wurde, ob das Resultat Gültigkeit und Bestand haben kann.

Es werden Entwicklungslinien und Tendenzen dargestellt, die sich für den Industriebau aufgrund wirtschaftlicher und sozialer Umbrüche ergeben.

Veränderungen werden heute in Gang gesetzt durch Roboter und Computer, Probleme der Energieversorgung, des Umweltschutzes oder durch neue Formen des Freizeitverhaltens. Die beispielhaften Bauten der Industrie zeigen, daß Wirtschaftlichkeit und architektonische Qualität keine Gegensätze sind und sich gegenseitig nicht ausschließen.

Der Industrie als Bauherr und Auftraggeber, den Politikern, den kommunalen und staatlichen Verwaltungen, den Architekten, den Ingenieuren, den Studenten und Bürgern soll mit dieser Ausstellung und dem Katalog die kulturelle Verantwortung für das Erscheinungsbild unserer Industrie- und Gewerbegebiete wieder bewußt werden. Die Ausstellung will Anstöße geben zur Auseinandersetzung mit der Erneuerung und Fortsetzung des Neuen Bauens, der Entwicklung unserer Architektur und somit der Gestaltung unserer Umwelt.

Gedanken zur vierten Auflage

Zehn Jahre sind seit der Eröffnung der Ausstellung „Industriebau" und der ersten Auflage des Katalogs vergangen. Der architektonische Zeitgeist firmierte unter dem Rubrum Postmoderne. Überschritten war der Scheitelpunkt dieser symbolverhafteten Architektur mit der Einweihung der Stuttgarter Staatsgalerie noch nicht. Mit der inhaltlichen Ausrichtung der Ausstellung und mit dem ausführlichen Katalog wurde für die konstruktiv betonte und strukturelle Architektur eine deutliche Gegenposition bezogen. Die Gegensätze in den Architekturauffassungen sind geblieben. Neue Positionen, wie Dekonstruktivismus, ein romantisch-nostalgischer Regionalismus und als neueste Richtung die traditionelle steinerne Architektur, kamen hinzu. Konfusion und Unsicherheit sind geblieben, wie der schöne Schein, mit edlen Materialien und historisierenden Attributen oder jetzt mit einem neuen konstruktivistischen Manierismus der Baukunst auf die Beine zu helfen.

Genauso oberflächlich wie Palladio, Schinkel, Klenze, Mies oder Le Corbusier zitiert werden, sind nun auch Foster, Piano oder Rogers dran. Die sichtbaren Konstruktionen werden zu vordergründigen, neuen Architekturelementen und somit zur puren dekorativen Kunstrichtung hochstilisiert. Durch solche unbegreiflichen Mißverständnisse nimmt die Architektur eine seltsame Entwicklung. Jeder will dabei und möglichst ganz vorne sein. Jede Modeströmung wird aufgenommen. Gebaut wird, was gerade gefragt ist. Wo bleibt die Vernunft? Zeigt der Industriebau der letzten 150 Jahre doch beispielhaft die vielfältigen Möglichkeiten, mit konstruktiven Techniken und neuen Materialien eine individuelle, ästhetisch klare Baukunst für eine humane Umwelt zu schaffen.

Der Inhalt des Buches hat die Zeit ohne wesentliche Abstriche überstanden. Der Industriebau bleibt trotz allem eine positive Disziplin. Die Resultate haben eine gültige Beständigkeit und machen die kulturelle und soziale Verpflichtung im Bauen deutlich sichtbar.

Industriebau – Aufgabe der Zukunft

Forschungsarbeit, gefördert durch das Ministerium für Wissenschaft und Kunst des Landes Baden-Württemberg, 1988–1989
Schlußbericht für das Ministerium und für die Universität Stuttgart, herausgegeben im Eigenverlag des Instituts für Entwerfen und Konstruieren, 1989

Das Institut für Entwerfen und Konstruieren befaßt sich seit vielen Jahren mit dem Thema Industriebau. Die vom Institut 1983/84 konzipierte Wanderausstellung „Industriebau" und der zugehörige Katalog haben sich mit dem historischen und dem modernen Industriebau auseinandergesetzt. Die Universität Stuttgart hat diese Forschungsarbeiten und die Aktivitäten des Instituts immer unterstützt. Gemeinsam suchen wir Verbindung zur Industrie und zur Praxis. Die Zusammenarbeit von Hochschule und Industrie fördert den Technologietransfer, der der gesamten Industrie und den mittelständischen Betrieben besonders zugute kommt.

Interdisziplinäre Forschungsgruppen sollten neue Problemlösungen für den Industriebau als Aufgabe der Zukunft für Produkt- und Verfahrensinnovationen anbieten. Die Aktualität des Industriebaus, seine Bedeutung für die Umwelt, für die Städte und die Regionen und die optimale Qualität der Arbeitsplätze verlangen nach besseren Lösungen. An den herausragenden Bauten der Industrie wird die kulturelle Verpflichtung und die Chance der Industrie für gute Architektur sichtbar. Die Fabriken der Zukunft, die heute noch unbekannte Produkte herstellen, verlangen nach Produktionsstätten, die bei aller Funktionalität in erster Linie einen menschlichen Maßstab ausdrücken und deren Arbeitsräume und Arbeitsplätze an den Bedürfnissen des Menschen ausgerichtet sind. Kommende Nutzungen und Produktionsmethoden erfordern intelligente Konstruktionen, auch mit neuen Materialien.

Diese Faktoren geben den meist hochinstallierten Gebäuden eine eigenständige und unverwechselbare, vom Inhalt geprägte Gestalt. Wird der Industriebau als eine Disziplin der angewandten Technik auf die Grundlagen wissenschaftlicher Erkenntnisse gesehen, dann haben die baulichen Ergebnisse eine technische Ästhetik in ihrer Erscheinungsform aufzuweisen und damit ein adäquates Erscheinungsbild.

Diese Arbeit will die Voraussetzungen schaffen, den Industriebau vor allem in fachübergreifender Zusammenarbeit zu erforschen und nach Mitteln und Methoden suchen, um für den Bau von immer komplexer werdenden Produktionsstätten neue Wege aufzuzeigen. Experten aus unterschiedlichen Fachgebieten bringen die Tendenzen ein, die aufgrund fertigungstechnischer, wirtschaftlicher und sozialer Umbrüche entstehen. Um die Folgen der Veränderungen, die heute schon in Gang gesetzt sind – Roboter, Computer, Informationssysteme, Probleme der Energieversorgung, Energieeinsparung, Umweltschutz, neue Formen des Freizeitverhaltens – analysieren und rechtzeitig bewältigen zu können, ist eine interdisziplinäre, kooperative Forschung notwendig. Es müssen Grundlagen in verschiedenen Themenbereichen für den Industriebau aufbereitet und dann die Aufgaben mit klarer Zielsetzung für die Forschung formuliert werden. Als Basiswissen dienen die mit den einzelnen Experten geführten Gespräche über die mögliche Entwicklung des Industriebaus. Die Auswertung dieser Gespräche wurde in einer Klausurtagung, der Expertenrunde, vorgenommen. Anhand von zwei Szenarien wurden der Flachbau und der Geschoßbau im Industriebau mit ihren spezifischen Merkmalen nach unterschiedlichen Kriterien gegenübergestellt, diskutiert und gestaltet. In einer weiteren Gesprächsrunde wurden die Probleme der Revitalisierung vertieft behandelt. Die wichtigen städtebaulichen Probleme wurden in Einzelgesprächen erörtert. An der Expertenrunde nahmen teil:
Professor Dr.-Ing. Heinz Bach, Professor Dr.-Ing. habil. Hans Jörg Bullinger, Professor Dr.-Ing. habil. Dr. h.c. Karl Gertis, Dr.-Ing. E.h. Hans C. Koch, Professor Dr. rer. nat. Ernst W. Messerschmid, Professor Dr.-Ing. Dr. E.h. Gallus Rehm, Professor Dr.-Ing. Drs. h.c. Jörg Schlaich, Dr. Karl-Alfred Storz, Professor Dr.-Ing. Dr. h.c. mult. Hans-Jürgen Warnecke, Professor Dipl.-Ing. Uli Zech

Geschoßbauten für den Industriebau

Forschungsarbeit, gefördert durch die Deutsche Forschungsgemeinschaft DFG, 1990–1993
Zwischenbericht für die DFG, herausgegeben im Eigenverlag des Instituts für Entwerfen und Konstruieren, 1992
Das Ergebnis wurde in der Buchpublikation „Geschoßbauten für Gewerbe und Industrie" von Kurt Ackermann zusammengefaßt.

Die Arbeit wurde aus Erkenntnissen entwickelt, die wir aus der vom Land Baden-Württemberg geförderten Forschungsarbeit „Industriebau – Aufgabe der Zukunft" gewonnen haben. Der echte Stellenwert, den der Industriebau weltweit als Bauaufgabe einnimmt, wurde bereits in der Ausstellung und dem Katalog „Industriebau" 1984 öffentlich zur Diskussion gestellt. 1991 ist eine englische Ausgabe des Buches „Industriebau" erschienen. Neue Aufgaben für alle Planungsebenen sind hinzugekommen: die Bedeutung der Arbeitsstätten für die gesamte gesellschaftliche Entwicklung, für die wirtschaftliche Lebenskraft der Städte und die Vitalität der Regionen. Um den brennenden Problemen in der Gestaltung der Umwelt und dem drohenden Infarkt des Individualverkehrs zu begegnen, bedarf es einer konsequenten Richtungsänderung in der bisherigen Planungspolitik. Die durch Planungsideologien auseinanderdriftenden Bereiche Arbeiten, Wohnen und Freizeit brauchen in Zukunft wieder eine engere räumliche Verknüpfung mit den Dienstleistungsbereichen, den Gewerbe- und Industriebetrieben.

Wohnen und Arbeiten setzt aber notwendigerweise eine optimale Ausnutzung neu auszuweisender, erschlossener und vorhandener Gebiete und eine konsequente städtebauliche Nachverdichtung der Randzonen der Innenstädte voraus. Die Zersiedlung der Stadtrandgebiete und der zu sorglose, ja verschwenderische Umgang mit den ausgewiesenen Bauflächen oder noch vorhandenen Baulandreserven verhindern das Entstehen kompakter und wirklich durchmischter Stadtbauquartiere für Wohnen, Handwerk, Gewerbe und Produktion, die je nach der Art und dem Maß der Nutzung als Kennzeichen von Urbanität gelten. Die neuen Technologien und Produktionsformen, die geringeren Emissionen schaffen künftig bessere Voraussetzungen für die Verträglichkeit und räumliche Nähe der unterschiedlichen Nutzungen. Die Chancen der Vermischung mit dem Ziel der Reduktion des Verkehrsaufkommens lassen altbekannte und bewährte städtebauliche Zielsetzungen als wieder erstrebenswert zu. Das bedeutet aber auch Abbau von Berührungsängsten vor gestapelten und durchmischten Wohn- und Arbeitsbereichen. Es bedeutet weiter eine noch deutlichere Steigerung der Anforderungen an die bauliche und gestalterische Qualität unserer Umwelt.

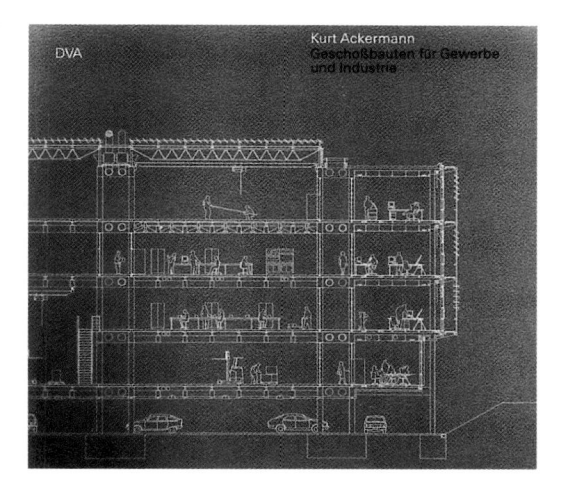

Um den zukünftigen Flächenbedarf für neue Produktionsformen zu decken und die Fabrikationsbetriebe in den städtischen Regionen zu halten, müssen alle erdenklich möglichen Lösungen für die Stapelbarkeit von Gewerbe- und Produktionsflächen untersucht werden. Der behutsame und sparsame Umgang mit den Baulandreserven trotz weiterhin steigender Nachfrage führt nicht nur beim Wohnungsbau über die Mehrgeschossigkeit, dies gilt ebenso für den Gewerbe- und Industriebau. Mehrgeschossige Hochbauten mit übereinanderliegenden Nutzflächen, die untereinander durch vertikale Transporteinrichtungen verbunden sind, reagieren besser auf die knappen Baulandreserven und auf die zu verändernden städtebaulichen Voraussetzungen, um den künftigen weiter expansiven Entwicklungen von Industrie und Gewerbe – auch ohne mögliches Wachstum – gerecht zu werden.

In der Arbeit verfolgten wir das Ziel, den Geschoßbau auf seine Tauglichkeit für Gewerbe und Industrie und seine Auswirkungen in städtebaulicher, struktureller, konstruktiver und funktioneller Hinsicht zu untersuchen. Es werden Ideen aufgegriffen, welche die Professoren Walter Henn und Hans Kettner vor zwanzig Jahren entwickelt hatten. Vor allem die gedanklichen Anstöße von Walter Henn, dem Nestor des deutschen Industriebaus, aus seinem Forschungsbericht „Untersuchung über die Eignung von Industriebetrieben zur Unterbringung in Geschoßbauten unter Berücksichtigung der Wirtschaftlichkeit" sind in die Arbeit mit eingeflossen. Walter Henns stadtbaupolitische Aussagen über die gesellschaftlichen und stadtplanerischen Entwicklungen für den Industriebau wurden im Jahre 1972 einfach nicht zur Kenntnis genommen. An den Versäumnissen der damaligen Planungspolitik kranken heute unsere Städte und Regionen.

Die Darstellung der historischen Entwicklung des mehrgeschossigen Industriebaus, eine der Grundlagen der Arbeit, macht deutlich: Geschoßbauten waren früher und sind auch heute eine optimale Lösung ohne wesentliche bauliche Mehrkosten zur Gewinnung von neuen Betriebsflächen für Gewerbe und Produktion. In interdisziplinärer Zusammenarbeit von Architekten und Bauingenieuren meines Instituts und freischaffender Experten für den technischen Ausbau, die Lichtplanung und die Produktionstechnik haben wir Möglichkeiten für gangbare Wege für die Bauherren, Stadtplaner, Architekten und Politiker aufgezeigt, den Geschoßbau für Gewerbe und Industrie wieder als konstantes Element in die städtebaulichen Überlegungen und Objektplanungen einzuführen. Die Anforderungen an die Konzeption, die Funktion, die Konstruktion und an die technische Gebäudeausrüstung für die große Mehrzahl aller Produktionstechniken ohne betriebsorganisatorisches Risiko voll erfüllbar.

Notwendig ist in erster Linie der Abbau der Vorurteile gegen die Geschoßbauweise bei allen Planungsbeteiligten und bei den Entscheidungsträgern. Der unerhebliche bauliche Mehraufwand ist in die Relation zum sparsamen Umgang und geringeren Verbrauch von Bauland zu den langfristigen gemeinschaftlichen Interessen von Städten und Gemeinden zu setzen, die der Lebensqualität aller Bürger dienen.

Die Analyse von analogen Beispielen aus dem Bereich des Bürobaus, interdisziplinär aufbereitet, hat ergeben: notwendige neue Organisationsformen und vor allem die bautechnischen Voraussetzungen stimmen mit den künftigen Anforderungen der Produktion in Geschoßbauten in ganz vielen Bereichen überein und sind realisierbar. Es werden die technischen Möglichkeiten und die vielfältigen Erscheinungsformen aufgezeigt, die zur innovativen Auseinandersetzung mit dem Thema Geschoßbau herausfordern. Eine globale und weitschauende regionalplanerische Steuerung künftiger Gewerbeansiedlungen in Hinsicht auf Art und Maß der Bebauung und hinsichtlich Quantität und Qualität erscheint für die Stadtplanung unverzichtbar.

Sie ist mit dem Schutz unserer natürlichen Lebensgrundlagen und der Vorsorge zu begründen, wirtschaftliche Folgelasten auch langfristig gemeinsam tragen zu müssen. Zersiedelte Lebensräume und unnötig überbaute und versiegelte Flächen können wir den folgenden Generationen nicht hinterlassen.

Die Zusammenfassung unserer Arbeitsergebnisse könnte Grundlage für weitergehende konzeptionelle Arbeiten sein. Einige Themenbereiche verlangen nach Vertiefung und Fortentwicklung. Die Umsetzbarkeit der bezogenen Positionen sollte bald diskutiert und vor allem beispielhaft realisiert werden. Den Anstoß, den Walter Henn gegeben hat, wollten wir weitertreiben und nach gangbaren Wegen in die andere Richtung suchen.

Zusammenfassung

Gerade die Auseinandersetzung mit den selbstgestellten Forschungsaufgaben war neben den parallel stattfindenden, oft sehr dicht gedrängten Lehrveranstaltungen besonders schwierig, manchmal waren die Beteiligten auch überfordert. Nur in der vorlesungsfreien Zeit machten die zeitaufwendigen Arbeiten in der Forschung wirklich echte Fortschritte. Die Motivation der Mitarbeiter für diese „salärlose" Nebentätigkeit zu erhalten, war oft ein kritischer Punkt. Deshalb danke ich heute mit Hochachtung allen wissenschaftlich „geprüften" und „ungeprüften" Mitarbeitern und vielen Kollegen für ihr Engagement.

Wir haben uns mit den Arbeiten unserer Forschung nach bestem Wissen und Gewissen auseinandergesetzt und recht passable und brauchbare Ergebnisse erzielt.

Gustl Lachenmann

Wissenschaftliche Mitarbeit am Institut für Entwerfen und Konstruieren

Nach einer 5-jährigen Berufspraxis im Ingenieurbüro Leonhardt & Andrä kam ich 1981 an das Institut für Entwerfen und Konstruieren von Kurt Ackermann; zunächst als wissenschaftlicher Assistent, ab 1982 als akademischer Rat.

Die Stellen der wissenschaftlichen Mitarbeiter waren, entsprechend den Zielvorstellungen des Instituts einer Kooperation von Architekt und Ingenieur, immer mit Bauingenieuren und Architekten besetzt.

Die Möglichkeit der engen Zusammenarbeit mit Architekten hat mich damals in erster Linie bewogen, das Angebot von Kurt Ackermann anzunehmen, an seinem Institut mitzuarbeiten.

Auch die Möglichkeit, im Rahmen der Lehrverpflichtungen des Instituts Architektur- und Bauingenieurstudenten in Vorlesungen, Übungs- und Entwurfsbetreuungen das konstruktive Entwerfen näherzubringen, hat mich interessiert, zumal die wissenschaftlichen Mitarbeiter am Institut für Entwerfen und Konstruieren schon immer relativ selbständig in die Durchführung der Lehraufgaben mit einbezogen wurden, ganz im Gegensatz zu vielen anderen Instituten der Universität.

Die Tätigkeit bei Kurt Ackermann war durch drei Schwerpunkte geprägt; meine Aufgaben waren die Mitarbeit bei der Lehre, bei den Forschungsvorhaben und bei der Verwaltung des Instituts.

Was mich zu Beginn meiner Tätigkeit besonders beeindruckt hat, war die inhaltliche Konsequenz und Durchgängigkeit des Lehrkonzeptes Kurt Ackermanns.

Das Lehrangebot war vom ersten bis zum letzten Studiensemester nach wissenschaftlichen und didaktischen Gesichtspunkten gegliedert; alle Lehrveranstaltungen waren aufeinander abgestimmt.

Die inhaltlichen und organisatorischen Grundlagen des jeweiligen Studiensemesters wurden in den „Klausuren" erarbeitet. Diese mehrtägigen Besprechungen fanden immer zu Beginn der vorlesungsfreien Zeit fernab vom hektischen Institutsbetrieb statt. Sie waren geprägt durch intensive konzeptionelle Arbeit; offene und vorbehaltlose, immer aber konstruktive Kritik war gefordert. An oberster Stelle stand Kurt Ackermanns Kredo, das Beste sei gerade gut genug! Dies galt für die Lehrinhalte, aber auch für das Erscheinungsbild des Instituts nach innen und außen.

Der zweite Schwerpunkt war die Mitarbeit bei den Forschungsvorhaben, die während meiner Zugehörigkeit zum Institut bearbeitet wurden. Zum einen war dies die inhaltliche Auseinandersetzung mit dem Thema Industriebau, mit der Erarbeitung der gleichnamigen Ausstellung und des zugehörigen Kataloges. Für mich war diese Zeit der Vorbereitung der Ausstellung ein Höhepunkt meiner Arbeit am Institut. Insbesondere die Zusammenarbeit mit Otl Aicher, einem engen Freund Kurt Ackermanns, hat mir und allen Beteiligten sehr viel positive Erfahrung – nicht nur in fachlicher Hinsicht – gebracht.

Dann kam die Fortführung der Forschungsarbeit „Das Fügen tragender Bauteile", die ein Stück des Weges Karl Spies betreut hat. Das auf der Grundlage dieser Forschungsarbeit von Kurt Ackermann herausgegebene Buch „Tragwerke in der konstruktiven Architektur" steht, wie das Buch „Industriebau", längst in allen Hochschulbibliotheken und gehört zur Grundausstattung bei den Fachbüchern der Architektur- und Bauingenieurstudenten.

Die Mitarbeit bei diesem Forschungsvorhaben hat bei mir die Einsicht verstärkt, wie wichtig die interdisziplinäre Arbeit im Bereich des Entwerfens und Konstruierens ist.

Der dritte Schwerpunkt meiner Tätigkeit, die Mitarbeit bei der Organisation und Verwaltung des Instituts als akademischer Rat, war eine interessante und vielfältige Aufgabe. In enger Zusammenarbeit und Abstimmung mit Kurt Ackermann mußten die verschiedensten Interessen, Wünsche und Ziele aufgenommen, gewertet und dann realisiert werden. Das Institut hatte zu dieser Zeit neben der Stammbesatzung 7 wissenschaftliche Mitarbeiter und bis zu 15 wissenschaftliche Hilfskräfte. Es wurden neben dem „normalen" Lehr- und Forschungsbetrieb Ausstellungen organisiert, Exkursionen durchgeführt und nicht zuletzt auch schöne Feste gefeiert.

Diese Organisationsarbeit hat mir auch eine Vielzahl von persönlichen Begegnungen mit Architekten und Ingenieuren gebracht; so waren z. B. Roland Reiner, Werner Wirsing, Gustav Peichl, Christian Menn, Santiago Calatrava, Pierre Vago um nur einige wenige zu nennen, Gäste des Instituts im Rahmen der „Silbernen Reihe".

Die Tätigkeit als wissenschaftlicher Mitarbeiter am Institut für Entwerfen und Konstruieren gab viele Anstöße und hat die Notwendigkeit zur Kooperation aufgezeigt. Bei den Studienarbeiten wurden beispielhafte Ergebnisse erzielt. Dies zeigen die zahlreichen Preise, mit denen viele Entwürfe ausgezeichnet wurden.

Die Zeit bei Kurt Ackermann war Grundlage und Voraussetzung für die eigene Lehrtätigkeit. Viele der damals erarbeiteten Ziele und Vorstellungen bilden das inhaltliche und didaktische Fundament meiner Lehrveranstaltungen. Für das wesentliche Ziel, die Zusammenarbeit von Architekt und Ingenieur, lohnt es sich, weiterzuarbeiten, in Lehre und Praxis.

Karl Spies

Konstruktives Erkennen

„Einen Komplex wahrnehmen, heißt wahrzunehmen, daß sich seine Bestandteile so und so zueinander verhalten.

Dies erklärt wohl auch, daß man die Figur auf zweierlei Art als Würfel sehen kann; und alle ähnlichen Erscheinungen.

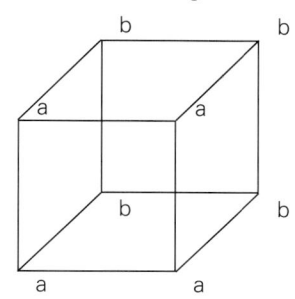

Denn wir sehen eben wirklich zwei verschiedene Tatsachen. (Sehe ich erst auf die Ecken a und nur flüchtig auf b, so erscheint a vorne und umgekehrt.)" (1)

Wie in diesem Beispiel will ich zwei Bestandteile des Komplexes „Institut für Entwerfen und Konstruieren – Professor Dr. techn. h.c. Kurt Ackermann" betrachten.

Die Institutsmitglieder

Ich sehe auf die Ecken a: Kurt Ackermann – der Kopf, Maximilian Meier, Karl Spies – die Bauingenieure, Franz Göger, „Lionel" Plehn – die Architekten, im Rückblick ein phantastisches Team, natürlich mit vielen Helfern – ein Glücksfall.

Welche Einflüsse prägten das Team? Auf der einen Seite – am quadratischen Bibliothekstisch zwischen RAL 9009-blauen Bücherregalen – langandauernde Fachdiskussionen sowie vielfältige Gespräche über Gott und die Welt, eine exzellente eigene Küche mit zugehörigem Keller und sehr trockenen Weinen, klare Strategien beim Schafkopf; auf der anderen Seite regelmäßige Institutskonferenzen, Gespräche unter vier Augen, Ausstellungen, Gastvorträge sowie in jedem Semester eine Klausurwoche mit Arbeit und Training, mit kritischem Semesterrückblick und umfassenden, einheitlichen Zielvorstellungen für das kommende Semester.

Leicht nachzuvollziehen bei aller Ordnung im einzelnen besaß das Ganze auch eine Menge „Unregelmäßigkeiten": auf dieser kreativen Basis wuchs die Freude für konstruktives Erkennen.

Die Lehrinhalte, das Lehrkonzept

Ich sehe auf die Ecken b: Ich will drei Lehrveranstaltungen herausgreifen – die Grundlagenvorlesung in der Unterstufe „Grundlagen der Planung und Konstruktion im Hochbau", die Grundfachvorlesung „Nutzung und Konstruktion", das Vertiefungsseminar „Konstruktion und Form" – und ihre gemeinsamen Merkmale benennen.

Für jede Vorlesung gab es immer drei Verantwortliche: Kurt Ackermann und zwei Assistenten, Bauingenieur und Architekt. Die Assistenten entwickelten die fachlichen Einzelfäden, Kurt Ackermann knüpfte die Knoten und bestimmte Form und Gestalt.

Keine Vorlesung ohne die Sätze „Nutzung, Konstruktion und Form bilden ein untrennbares Ganzes" und „Entwerfen und Konstruieren ist ein einheitlicher Prozeß".

Alle Beteiligten haben die Verpflichtung, aus der Nutzung, Konstruktion und Form ein Optimum zu suchen, das optimale Bauwerk zu schaffen.

Auf den Punkten b und c läßt sich auch heute noch vortrefflich aufbauen. Da sich Berlin an unserer Hochschule zur Zeit noch den Luxus der kleinen Kurse leisten kann, ist auch Punkt a mit den Studenten durch geschicktes Rollenspiel gut machbar.

Berlin hat vier Architektenausbildungsstätten. Laut Gesetz ist unsere Fachhochschule eine gleichwertige Hochschule, aber andersartig. Zwanzig Professoren und vierzig Lehrbeauftragte für 700 Studenten im Fachbereich Architektur, pro Vorlesungskurs vierzig Studenten, im Übungskurs zwanzig Studenten, auf dem Papier eigentlich ein Idealzustand, in der Praxis eine andauernde Auseinandersetzung mit gewachsenen Strukturen.

Ein neuer Studienplanentwurf stimmt aber sehr hoffnungsvoll. Zwei Punkte sollen herausgehoben werden:
Entwurf und Konstruktion bilden einen Kern, der vom ersten Semester bis zur Diplomarbeit studiert werden muß.

Parallel zur Grundlagenerarbeitung laufen mehrere Projekte. Professoren und Studenten bilden ein Projektteam, je nach Projektschwerpunkt z. B. Entwurf, Bauerhaltung und Tragwerklehre oder Entwurf, Baukonstruktion und Bauwirtschaft usw.

Ein Einwurf zum Verhältnis Bauingenieur und Architekt: Im Rahmen unserer Studienplandiskussion wurde überdeutlich, daß „Entwurfsarchitekten" und für Tragwerkslehre berufene Bauingenieure als geschlossene Einheit vortrefflich mit sogenannten „Bauwirtschaftsarchitekten", „Haustechnikarchitekten", „CAD- und AVA-Architekten", „Bauleiterarchitekten" usw. streiten können.

Feststellungen, die den Architekten grundsätzlich als den Generalisten, den Besseren, und den Bauingenieur als den Spezialisten, den Schlechteren, charakterisieren, sind auch aufgrund meiner Erfahrung falsch.

Für meine Lehre sind drei Komponenten konstitutiv:
die prinzipiellen Grundlagen,
die Wege und Methoden der Problemlösung,
der Planungsprozeß/die Zieldefinition.

Da Tragwerklehre in allen Semestern eine Pflichtveranstaltung ist (Grundlagen Tragwerke 1–3, Tragwerkentwurf 1–3), müssen in regelmäßigen Abständen diese Komponenten auf den Prüfstand und mit Studenten hinterfragt werden. Steht die Grundlagenvermittlung noch in Beziehung zum gewünschten Ergebnis oder ist sie Selbstzweck geworden?
Ist das Ziel einfach/komplex genug definiert in bezug auf Grundlagen, Arbeitsmethodik, vorhandene Zeit?
An welcher Stelle, zu welchem Zeitpunkt ist das Schwergewicht der Betrachtung vom Analytischen zum Synthetischen zu verlagern?
Sind die Wechselwirkungen geänderter Planungs- und Konstruktionsteile abgeprüft („Wir ändern auch die Änderungen...")?
Welche Arbeitsschritte sind abgeschlossen, welche Arbeitsschritte folgen mit welchen Abhängigkeiten?

Gerade bei der Betreuung von Entwurfsprojekten wird eine Stellungnahme, werden Hilfestellungen bei diesen Fragen von studentischer Seite gewünscht. Das freie „Laufenlassen" sowie das Überfrachten mit Einzelteilen ist keine Alternative zu einem geordneten Entwurfs- und Konstruktionsprozeß in einem offenen Lehrkonzept.

Da statisch-konstruktive Unkenntnis vielfältige Gelegenheit zum Irren bietet, ist es entscheidend, die richtige Bedeutung der eingesetzten Systeme zu kennen. Jede analysierende, isolierende Vorgehensweise/Lehrweise ist zwecklos, wenn den Studierenden nicht im gleichen Atemzug verständlich gemacht wird, welchen Wert diese Spezialkenntnis für das Ganze hat.
Fazit: Das erarbeitete, erprobte und praktizierte Lehrkonzept des Instituts für Entwerfen und Konstruieren unter Prof. Dr. techn. h.c. Kurt Ackermann ist standsicher und gebrauchsfähig, auch wenn die Wege von Architekt und Bauingenieur sehr weit auseinander liegen. Für diese weiten Wege hat Kurt Ackermann mit seiner Lehre eine Vielzahl von intelligenten Kreuzungen, Knotenpunkten und Fügungen geschaffen. Hier werden sich die Wege treffen. Interessierte werden das konstruktiv erkennen.

(1) Wittgenstein, Ludwig: Tractatus logico-philosophicus, logisch-philosophische Abhandlung. Erste Auflage. Frankfurt am Main: Edition Suhrkamp, 1963. – ISBN 3-518-10012-2.– S. 86

Werner Kaag
Gustl Lachenmann

Arbeit am Institut

Unter der Leitung von Kurt Ackermann verstand das Institut für Entwerfen und Konstruieren seinen Namen nicht als Aufzählung unabhängiger Tätigkeiten, sondern als Einheit. Entwerfen und Konstruieren sind sich gegenseitig bedingende Tätigkeiten. Deshalb ist das Institut mit Architekten und Ingenieuren besetzt, um den Schwerpunkt des Instituts in Forschung und Lehre verfolgen zu können: die Kooperation beider Disziplinen. Diese Zusammenarbeit wurde in gemeinsamen Seminaren, Exkursionen, Entwürfen, Diplomarbeiten praktiziert. Die Richtigkeit dieses Lehrkonzeptes zeigte sich in vielen Preisen und Auszeichnungen, mit denen am Institut betreute Studienarbeiten ausgezeichnet wurden.

Die Kooperationsbereitschaft blieb jedoch leider im wesentlichen auf den Bereich des Instituts für Entwerfen und Konstruieren beschränkt. Es wurden viele Versuche unternommen, andere Institute einzubeziehen. Dies gelang kaum. Zu groß war die Skepsis, insbesondere bei Bauingenieurkollegen, sich mit Architekten offen und ohne Vorbehalte auseinanderzusetzen. Das Institut blieb in der Verfolgung seines besonderen Anliegens, die Kooperation weiterzubringen, weitgehend auf sich selbst gestellt.

Mit der Zusammenarbeit in der Praxis steht es ähnlich. Die Erfahrungen sind nicht gerade ermutigend. Sieht man von einigen Ausnahmen ab, so zeigt sich das gewohnte Bild: Entwurf und Kon-struktion sind in fester (Architekten-) Hand, die Ingenieure kümmern sich, inzwischen ausgerüstet mit FEM-, CAD-, 3D-Programmen, um die Standsicherheit. Gerechnet wird viel und (fast) alles, konstruiert wird wenig. Im Brückenbau wurden für einige spektakuläre Projekte Wettbewerbe für Ingenieure und Architekten ausgelobt. Doch die große Mehrheit der Ingenieurbauten wird immer noch in den technischen Büros der Baufirmen geplant und gerechnet. Von „Entwerfen und Konstruieren" ist nicht allzuviel zu bemerken.

Worin liegen die Ursachen für diesen Zustand? Das Problem ist vielschichtig. Das Bauingenieurstudium wird immer „digitaler". Kreativität wird ersetzt durch einfacheres und weniger aufwendiges Aneignen und Anwenden von Fachwissen. Viele Ingenieure ziehen sich zurück in ihre Computerwelt. Andererseits unterliegen immer mehr Architekturstudenten der Versuchung, die Disziplinen, die für das Bauen notwendig sind, auszuklammern und verstehen sich als Designer; die Fachingenieure werden's schon richten!

Die Tätigkeit als wissenschaftlicher Mitarbeiter am Institut für Entwerfen und Konstruieren hat viele Anstöße gegeben, die Notwendigkeit zur Kooperation aufgezeigt und beispielhafte Ergebnisse gebracht. Sie hat Illusionen geweckt, von denen sich einige sogar erfüllt haben.

Beim Fußgängersteg in Vaihingen hat eine vorbehaltlose Zusammenarbeit von Ingenieur und Architekt zu einer besonderen Lösung geführt. Voraussetzung war, daß sich beide Partner auf das eigene Aufgabengebiet konzentrierten, ohne die Gesamtsicht und die Anliegen und Belange der Partnerdisziplin aus den Augen zu verlieren. Wichtig war, daß Probleme gemeinsam diskutiert und entschieden wurden, daß das Hinterfragen von Entscheidungen erwünscht war. Diese Art der Zusammenarbeit erfordert Disziplin und Standfestigkeit von Ingenieur und Architekt und lohnt sich, wie im vorliegenden Fall, fast immer.

**Der Fußgängersteg in Vaihingen –
Randbemerkungen zu einer unorthodoxen Konstruktion**

Architektur- und Ingenieurwesen sind zwei Disziplinen, von denen man sagt, daß sie sich immer mehr voneinander entfernen, obwohl sie früher einmal eins waren.

Das mag daran liegen, daß die Architekten die Ingenieure in eine Rolle gedrängt haben, in der sie eine vorgefaßte Form nur noch bestätigen sollen. Der Ingenieur, der dieses nicht bewerkstelligt, wird zum Feind und Zerstörer formaler Ansprüche – und letztlich von Architektur.

Es kann aber auch sein, daß die Ingenieure – um einer Auseinandersetzung zu entgehen – sich auf ihr Wissen zurückziehen, auf eine unangreifbare, von Sicherheitsdenken geprägte Position, weil sie aufgrund der scheinbar unbegrenzten Möglichkeiten, die ihnen die moderne Werkstoff- und Computertechnik an die Hand gibt, in der Lage sind, jede auch noch so komplexe Lösung zu realisieren – und sei sie der größte Unsinn. Beide jedenfalls, Architekt und Ingenieur, verlieren dabei nie den Blick für die Untrennbarkeit von Entwurf und Konstruktion. Bauen sei aber, so wird von beiden Seiten beteuert, eine ganzheitliche Aufgabe. Masten von Seilbahnen am Arlberg, mit diesen Bildern hat Kurt Ackermann jedes Jahr seine Einführungsvorlesung im Seminar für Ingenieure und Architekten begonnen. Ich habe sie 1975 als Student zum ersten Mal gesehen. Die reinen Konstruktionen, hineingestellt in die Bergwelt, zeigten zweierlei: einmal, daß jedes Bauwerk ein Eingriff in die Natur ist und zum anderen, daß es eine Trennung in Architektur- und Ingenieurbauten nicht gibt – für beide gelten die gleichen Kriterien der Qualität.

Die Einheit von Nutzung, Konstruktion und Form als das gemeinsame Ziel für Architekten und Ingenieure bei ihren Bauten – das war es eigentlich, was diese Bilder den Studenten nahebringen sollten.

Landläufig allerdings herrscht die Auffassung, der Architekt entwerfe und der Ingenieur trage mit der Statik zur Realisierung bei, oder der Ingenieur konstruiere eine Brücke und der Architekt dürfe das Geländer und die Straßenlampen dazu gestalten. Insofern ist der Fußgängersteg in Vaihingen sicher eine Ausnahme, da weder das eine noch das andere zutrifft.

Daß ein Architekt an der Gestaltung von Ingenieurbauwerken wesentlich mitwirkt, hat Tradition in der Stuttgarter Schule, man denke nur an Paul Bonatz oder Wilhelm Tiedje, auch Hans Kammerer und Kurt Ackermann. Die besondere Qualität ihrer Arbeiten beruht in erster Linie darauf, daß sie die Sprache der Ingenieure verstanden und ihnen ihre Anliegen verständlich machen konnten. Diese Architekten haben die Gestaltung immer auf die Aufgabe bezogen, aus den technischen Möglichkeiten abgeleitet, die gute Ingenieure wie Fritz Leonhardt oder Jörg Schlaich ihnen aufgezeigt haben. Umgekehrt haben sie die Ingenieure durch das Einbringen übergeordneter Entwurfsziele zu innovativen technischen oder konstruktiven Lösungen inspiriert, die gewiß nicht von vornherein auf der Hand lagen.

Damit aber kein falsches Bild entsteht: Wer von den Ingenieuren eine rationale Basis für Gestaltung erwartet oder erhofft, die formale Willkür oder Beliebigkeit ausschließt oder gar ästhetische Mißgriffe rechnerisch nachweist, wird enttäuscht. Ingeniöses Denken und architektonisches Entwerfen sind bei aller Verschiedenheit der Mittel gleichermaßen fehlbar und anfällig, sich auf Irrwegen zu verlieren.

Der Fußgängersteg ist Sonderfall einer Brücke: trotz aller Zwänge durch Vorschriften und Richtlinien gibt es beträchtliche Freiheiten für den Entwurf. Er läßt sich im Gegensatz zu einer Straßenbrücke in eine städtische Situation einfügen, und auch die Nutzung folgt anderen Prioritäten als denen der Sichtwinkel, Gradienten und Klothoiden, also der Verkehrsgerechtigkeit. Obwohl dieser Steg mit einem Minimum an Masse auskommt, war technische Höchstleistung, das Höher, Leichter, Weiter nicht Ziel unserer Überlegungen.

Vielmehr ging es darum, die Brücke für den Benutzer erlebbar zu machen: das Gefühl des Schwebens auszulösen, das weiche Schwingen bis zum Einstellen des Gleichgewichts zwischen äußeren und inneren Kräften; und damit eine spezifische Qualität zu erzeugen.

Ich habe in der Diasammlung des Instituts alte japanische Beispiele gefunden, wo dieses deutlich wird. Der Bogen, eigentlich Urbild einer Brücke, auf dem direkt wie über einen Katzenbuckel gegangen wird, und der waghalsige Hängesteg, der bei jedem Schritt mit einer Formänderung reagiert und das Begehen zum Seiltanz werden läßt.

Eine solche Unmittelbarkeit des Zusammenhangs von Funktion und Form geht weit über das hinaus, was selbstverständliche Qualität eines solchen monofunktionalen Bauwerks sein sollte. Ein vernünftiger Ingenieur würde nie auf die Idee kommen, ein Seil so zu spannen, um es dann quer zur Achse zu belasten, denn so kann es eigentlich keine Lasten abtragen: die erforderliche resultierende Seilkraft müßte unendlich groß sein. Durch die Auslenkung des Seils wird jedoch – ähnlich einem Flitzbogen – eine Kraft quer zur Seilachse erzeugt.

Der extrem biegeweiche Bogen stützt sich auf das Seil, allein die Auslenkung, die zugelassen wird, und die Seilvorspannung, die aufgebracht werden muß, halten das System im Gleichgewicht. Die scheinbare Instabilität birgt dabei etwas spielerisch Leichtes in sich. Im Prinzip des aktiven Reagierens, des Abfederns der Lasten, des Ausnützens der einwirkenden Kraft zur Erzeugung einer Gegenkraft steckt eine Art Intelligenz der Konstruktion. Damit wird aus einem gewohnten Schema ausgebrochen: das Tragwerk ist nicht mehr starr, unbeweglich, statisch gegen jegliche Verformung ausgelegt.

Diesem Steg liegt ein anderes, dynamisches Konzept von Konstruktion zugrunde, das vom Ingenieur eine besondere Auffassung von Statik erfordert, nämlich Verformungen nicht als ein die Gebrauchsfähigkeit einschränkendes und daher auf ein Mindestmaß zu beschränkendes Übel zu begreifen, sondern bei entsprechend folgerichtiger Ausbildung der Konstruktion als willkommenen Faktor bei der Stabilisierung des Tragwerks. Dies ist ein durchaus neuer Gedanke, in dem einiges Potential liegt.

Die Form entsteht letztendlich als Reaktion auf äußere Kräfte und Einflüsse. Sie wird entwickelt und ist nicht vorgefaßt, sie entspricht einer technisch-ingeniösen Denkweise und nicht einer formal-künstlerischen, wobei technisches Denken Gesichtspunkte der Ästhetik durchaus mit einschließt.

Interessant erscheint das Projekt im Zusammenhang mit einer Frage, die beständig im Mittelpunkt von Diskussionen am Institut stand, nämlich, ob fortgeschrittene Technik Architektur beeinflußt oder verändert.

Oberflächlich tut sie das sicher, aber diese Art der Veränderung, von der mit modernsten CNC-Maschinen gefertigten Echtholz-Landhaustür bis zur punktweise aufgehängten Glasvorhangfassade, ist für sich wertblind.

Entscheidend ist, wie wir mit moderner Technik Architektur verändern, welche Auffassung wir von Technik haben und wie intelligent wir sie einsetzen. Noch vor nicht allzu langer Zeit wurden beispielsweise gläserne Bürohäuser gebaut, in denen mit riesigem Aufwand an Energie und modernster Technik behagliche raumklimatische Verhältnisse geschaffen werden mußten.

Technik richtig aufzufassen bedingt heute, nicht gegen die Natur, in diesem Fall die Licht- und Wärmestrahlung, zu arbeiten, sondern diese mit Hilfe der Technik zu nutzen, zur Schonung von Ressourcen bei gleichzeitiger Schaffung qualitativ bestmöglicher Lebensbedingungen.

Jedes alte Bauernhaus lehrt, wie durch eine sinnvolle Bauweise die Anordnung und Orientierung gegen Sonne, Wind und Wetter und einen Raumabschluß mit vielfältig steuerbaren Öffnungen das erreicht wurde, was unter heutigen Voraussetzungen gegeben wäre. Nicht das Prinzip ist neu, nur die Mittel müssen den fortgeschrittenen Anforderungen entsprechend weiterentwickelt werden.

Technik hat nichts mit dem Erscheinungsbild zu tun. Was technisch aussieht, ist nicht automatisch auch intelligent gemacht und umgekehrt. Denn gibt es ein besseres, flexibleres System zur Ableitung von Regenwasser als eine geneigte, aus lose aufeinandergelegten schuppenförmigen Platten gebildete Keramikhaut das Ziegeldach?

Der Fußgängersteg scheint diese Gedanken zu bestätigen: Der Maschendrahtzaun, den wir als Brüstung genommen haben, ist unter dem Aspekt der Technik – mit geringstem Aufwand die bestmögliche Wirkung zu erzielen – ganz einfach das beste System, um bei der vorhandenen Geometrie und den zu erwartenden Verformungen die Anforderungen an dieses Bauteil zu erfüllen.

Der Steg ist als ein ungewöhnlich funktionales und ästhetisch faszinierendes Stück Gebrauchsarchitektur gelobt worden. Er steht für eine Auffassung vom Bauen, die ihre Wurzeln am Institut für Entwerfen und Konstruieren hat.

Michael Jockers
Dietmar Kirsch

**Lehre – Praxis
Das Büro- und Lagergebäude der Firma Schwarzenberger + Endres**

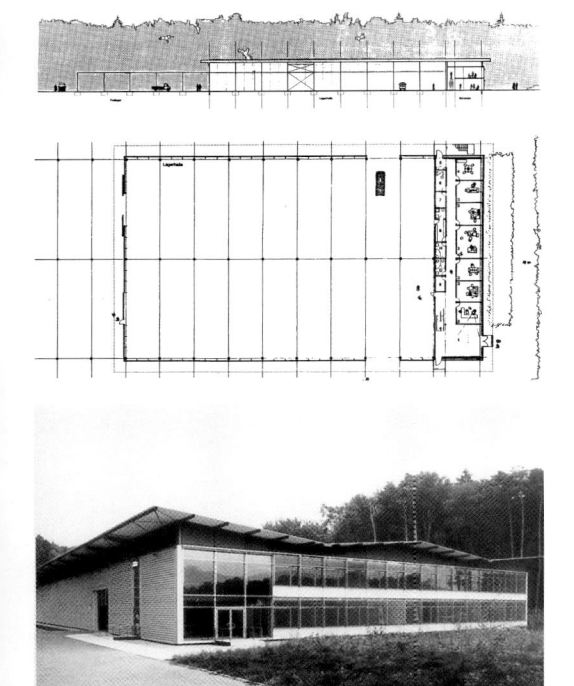

Das Tragwerk bleibt auch in Zukunft zwischen beiden Berufszweigen Architekt und Bauingenieur die Nahtstelle der Zusammenarbeit. Die Auseinandersetzung mit dem Tragwerk ermöglicht die ganzheitliche Betrachtung eines Bauwerks. Diese Auseinandersetzung bestimmte zunehmend unsere Assistentenzeit am Institut für Entwerfen und Konstruieren, auch die Diskussion um Architekturpositionen. Aus dieser Sicht heraus wurden gelegentlich willkürliche formale Entscheidungen zur Konstruktion bzw. zum gestaltprägenden Anteil des Tragwerks für die architektonische Gestalt deutlich, und der Ingenieur erkannte die Vielzahl der Faktoren, die beim Entwerfen und Konstruieren auf die Gestalt eines Baus Einfluß nehmen und die nur selten mit Markt- und Wirtschaftlichkeitskriterien zu beurteilen sind.

Während unserer gemeinsamen Assistentenzeit am Institut für Entwerfen und Konstruieren haben wir – Architekt und Ingenieur – alle architektonischen Wettbewerbsarbeiten konstruktiv miteinander diskutiert. Dies lehrte uns, wie es in der Lehre am Institut so gedacht war, im Team zu arbeiten. Die vorurteilsfreie Zusammenarbeit am Lehrstuhl war dann bei den ersten Realisierungen sehr hilfreich.

Stegreifartig waren Architekt und Ingenieur in der Lage, ein ganzheitliches Konzept für Nutzung, Tragwerk, Haustechnik und das äußere Erscheinungsbild des Gebäudes zu entwickeln. Dies soll an folgendem Projekt anschaulich dargestellt, bzw. das realisierte Ergebnis des Büro- und Lagergebäudes für die Firma Schwarzenberger + Endres soll zur Diskussion gestellt werden:

Situation/Bauaufgabe

Das Gebäude liegt in einem neu geschaffenen Gewerbegebiet mit uneinheitlicher Bebauung. Kostengünstig und schnell (Planungs- und Bauzeit 11 Monate) sollte ein Gebäude für Verwaltung, Produktion und Lagerung von Stahlhalbzeugen (wie z. B. Bewehrungsmatten) errichtet werden. Alle Gebäudefunktionen sollten in das Konzept „Alles unter einem Dach" integriert werden, da die Kommissionierung und Bereitstellung der Ware auf kürzestem Weg erfolgt. Der rege Kundenverkehr beim An- und Abtransport der Waren erforderte großzügige Umfahrungsflächen auf dem 14000 m² gorßen Grundstück.

Nutzung

Die dem Wesen nach unterschiedlichen Nutzungsbereiche Lager/Produktion bzw. Verwaltung/Kommissionierung werden durch ein über alle Nutzungsbereiche reichendes Dach zusammengefaßt. Diese Hülle aus beschichteten Aluminium-Wellblechen für alle Dach- und Wandfunktionen dient als Witterungsschutz. Durch offen ausgebildete Fugen in den punktförmig befestigten Glasbändern entlang der Gebäudeseiten kann die Halle natürlich und ohne mechanische Unterstützung be- und entlüftet werden. Die weit auskragenden Dächer schützen vor Schlagregen.

Der zweigeschossige Bürotrakt, in dem sich auch alle erforderlichen Nebenräume befinden, ist von Dach- und Hallenkonstruktion wärme- und schalltechnisch abgelöst und als „Kaltdach" ausgebildet. Die flexiblen Büros können gleichzeitig von außen und vom Lager über ein zweigeschossiges Foyer erschlossen werden. Fußbodenheizung und außenliegender, beweglicher Sonnenschutz sorgen für ein behagliches Arbeitsumfeld. Alle installationsreichen Nutzungen wie Toiletten- und Waschräume, Teeküche und Heizung werden in einer schmalen Spange zusammengefaßt, die von der Lagerhalle und den Büros gleichermaßen zugänglich ist.

Die Lager- und Produktionsflächen bleiben frei von jeglichen Einbauten. Dies erlaubt den Austausch, die Verkleinerung und Erweiterung der einzelnen Flächen ohne Störung des laufenden Betriebs. Die lichte Raumhöhe der zweischiffigen Halle von 6,50 Metern erlaubt auch den Einbau von Regalsystemen mit Zwischenebenen. Die über die gesamten Lagerflächen innen wie außen fahrenden Krane garantieren ein reibungsloses Materialhandling.

Konstruktion

Schon zum Zeitpunkt der Vorentwurfsplanung wurde der Ingenieur in die Planung des Architekten beratend eingebunden, um für die dem Bauherren vorgestellten alternativen Tragwerksvorschläge zu entwerfen. Parallel zur Entwicklung des Hallenquerschnitts mit den markant nach außen angehobenen Dachflächen wurden Anforderungen an das Tragwerk formuliert. Mögliche Bereiche, um das Tragwerk anzuordnen, ergaben sich im Luftraum über der Kranbahn und im Bereich des Dachüberstandes. Aufgelöste Konstruktionen, Fachwerkträger oder unterspannte Träger kamen nicht in Frage, da die Bauwerkshöhe zugenommen hätte und der Innenraum der Halle durch optische Überschneidungen der Tragwerkelemente sehr unruhig geworden wäre.

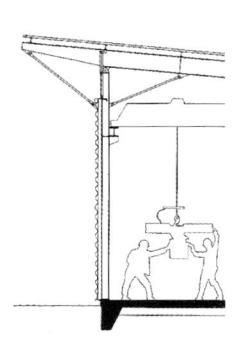

Es sollten möglichst IPE 550 zum Einsatz kommen, da diese dem Bauherrn als Stahlhändler zum damaligen Zeitpunkt kostengünstig zur Verfügung standen. Die Profilwahl ist bei der vorgegebenen Spannweite von rund 22,0 Metern für ein Rahmentragwerk nicht ausreichend tragfähig. Auf der Suche nach Lösungen zur Reduzierung des großen Stützmomentes über der Mittelstütze und einer Aussteifung haben wir uns an ein altes, im Holzbau seit Jahrhunderten angewandtes Prinzip, Kopfband oder auch Bug genannt, erinnert: Die Idee der Kopfbänder basiert auf einer Reduzierung der Spannweiten und steift die Konstruktion gleichzeitig aus. Überträgt man dieses Prinzip auf den Stahlbau, kann die Leistungsfähigkeit des Kopfbandes in Holz noch um die Übertragung von Zugkräften in den Diagonalen ergänzt werden.

Umgesetzt wurde dies in der konstruktiven Ausformung der Diagonalen der Außenstützen als Zugstab, um über den Außenstützen je nach Windrichtung die innenliegende oder die außenliegende Diagonale Zugkräfte abtragen lassen zu können. Die Diagonalen bilden zusammen mit dem Träger eine aufgelöste Rahmenecke.

Für das Tragwerk wurde ein einachsig erweiterbares Stahlskelett mit stützenfreien Feldern von 7,20 x 21,60 Metern entwickelt. Die statisch erforderlichen Bestandteile der gelenkigen Konstruktion wurden in druck- und zugbeanspruchte Glieder aufgelöst, wodurch gegenüber den herkömmlichen Rahmensystemen bei gleicher Steifigkeit eine Stahleinsparung von ca. 15 % erzielt wurde. Der Hauptträger konnte so von 70 auf 55 cm Bauhöhe mit der entsprechenden Stahlersparnis reduziert werden. Das kam den Vorstellungen des Architekten und dem Kostenbewußtsein des Bauherrn entgegen.

Die Detaillierung aller Fügungspunkte des Gebäudes bis zu den Verbindungen in der Fassadenkonstruktion wurde in Zusammenarbeit mit dem Architekten entwickelt. Kein Bauteil wurde hergestellt, ohne daß die Werkstattzeichnungen der ausführenden Firma vom Architekten und Ingenieur gemeinsam geprüft worden sind.

Gestalt

Die flexible Nutzung der stützenfreien Flächen wird durch die frei zugängliche Haustechnik und durch die Wahl einer hoch belastbaren Bodenplatte aus Stahlbeton gewährleistet. Die Beschränkung auf wenige Materialien in der äußeren Erscheinung des Gebäudes – wie Glas und Aluminium für die Gebäudehülle bzw. Stahl und Beton für alle tragenden Teile – hilft, die Einheitlichkeit des Gebäudes trotz vielfältiger Nutzung zu wahren. Die Lisenen aus Kantblechen an den Längsstößen der Aluminium-Wellbleche verdeutlichen die innere Stützenstellung nach außen und teilen die Baumasse in einen nachvollziehbaren Maßstab auf. Die knappe Ausbildung aller Stahlbauelemente entsprechend den statischen Anforderungen bzw. die Ausbildung der Gebäudehülle entsprechend den bauphysikalischen Notwendigen spiegelt den technischen Charakter der von dem Unternehmen vertriebenen Produkte wider. Die Chancen der Teamarbeit zwischen Architekt, Ingenieur und ausführenden Firmen wurden bei der Lösung dieser Bauaufgabe deutlich.

Rainer Plehn

Zusammenarbeit von Architekt und Tragwerkplaner an der Universität und in der Praxis

Die Forderung der Zusammenarbeit der am Bau Beteiligten, besonders der zwischen Architekt und Tragwerkplaner, ist eine Selbstverständlichkeit. Zumal heute, wo viele von einem „Team" reden, aber anscheinend die Möglichkeit meinen, sich in einem größeren Gremium verstecken zu können, keine Entscheidungen treffen zu müssen und der Verantwortung zu entgehen.

Merkwürdigerweise kann man gerade in „Teams", in denen Architekten, Tragwerkplaner und Sonderfachleute als großen Büros als „Generalplaner" – alles aus einer Hand – zusammengeschlossen sind, beobachten, daß die hier angetroffene Zusammenarbeit genauso funktioniert wie sonst auch. Es wird nicht zusammengearbeitet, sondern weitergegeben: „Hier ist ein Entwurf, mache das Tragwerk und bastle die technische Ausstattung hinein, natürlich wird das alles von unserer Abteilung 'Kostenüberwachung' optimiert."

Das Ergebnis ist Kompromißarchitektur, Kapitalanlegers Optimum und Normalbürgers ästhetisches Minimum.

Wie kommt es dazu? – Es sind sicherlich viele Gründe. Zum einen sprechen die Beteiligten unterschiedliche Sprachen: Der Architekt spricht von Struktur, der Tragwerkplaner meint Geometrien und Dimensionen, der Architekt sagt Kosten, der Tragwerkplaner versteht Rechnen an der Untergrenze usw. Zum anderen haben die Angesprochenen ein unterschiedliches Geschichtsbewußtsein:

Der Architekt lernt Baugeschichte als Abfolge von Formen: romanisch ist rund, gotisch spitz. Der Bauingenieur lernt in der Regel nichts davon, ja nicht einmal etwas von seiner eigenen Geschichte, obwohl diese faszinierend und eine notwendige Ergänzung der rein formal betrachtenden Baugeschichte ist. Wahrscheinlich rührt hieraus auch die Beobachtung, daß viele Architekten und fast alle Tragwerksplaner eine systematische Gebäudeanalyse nicht durchführen können. Sehr nachteilig fällt auf, daß Ingenieure das Handwerk der Darstellungstechniken, besonders das schnelle „Skizzieren", nicht pflegen, sich dagegen auf „fertige Zeichnungen" oder Computerdarstellungen beschränken. Dies hat auch etwas mit dem unterschiedlichen technischen Bewußtsein zu tun. Der Architekt spricht von „formalen Kriterien", der Ingenieur meint „Optik" und versteht darunter aufgesetzte künstliche Elemente als eine Art Garnierung. Zu diesen Unterschieden der Berufsauffassung und -ausübung ist es sicher gekommen, da sich die Berufsbilder in den letzten 200 Jahren, besonders aber nach dem Zweiten Weltkrieg, auseinanderdividiert haben, was der Entwicklung in allen Berufen entspricht.

So beklagt sich Albert Einstein in einem Brief an seinen Kollegen G. Strömberg in Pasadena: „Der Versuch, unsere Erkenntnis zu einem Ganzen zu vereinigen, ist auf jeden Fall verdienstlich in einer Zeit, in der fast alle das Ganze über dem Studium der Teile vergessen."

Was kann die Universität tun? – Das Institut für Entwerfen und Konstruieren baute seine Lehre auf den erkannten Mängeln auf und versuchte den Studenten durch alternierende Vermittlung der Lehrinhalte durch jeweils einen Architekten und einen Bauingenieur den Dialog und die Zusammenarbeit „vorzuleben".

Im Grundfachstudium wurden Fächerergänzungen eingeführt, die den o.a. „Mängelkatalog" beheben sollten: Tragwerklehre, Bauphysik, Darstellende Geometrie und Technisches Zeichnen, Baugeschichte und Tragwerkentwürfe mit Modellbau.

Im Vertiefungsstudium wurde den Studenten der Fachrichtung „Konstruktiver Ingenieurbau" die Möglichkeit der direkten Zusammenarbeit mit Architekturstudenten geboten: Beide erarbeiteten gemeinsam einen großen Entwurf, betreut durch jeweils einen Architekten und einen Tragwerkplaner. Im Rahmen des begrenzten Stundendeputats und der organisatorischen Möglichkeiten des Instituts war dieses Lehrangebot ein Tropfen auf den heißen Stein, zu wenig, aber Anstöße gebend und Diskussionen anregend.

Was könnte besser gemacht werden? – Für Architektur- und Bauingenieurstudenten sollten einige Fächer fakultativ angeboten werden, z. B. alle oben angeführten, wobei man darüber diskutieren kann, ob der musische Anteil vielleicht im Studium Generale angesiedelt werden sollte.

Sodann sollte eine stärkere Kooperation der Institute stattfinden, wobei ein praxisorientierter Schwerpunkt angestrebt werden sollte. Auch die Mitglieder des Instituts müssen diese Zusammenarbeit üben: Um den Studenten glaubwürdig den jeweiligen Part vermitteln zu können, sollten die Institutsmitglieder gemeinsam an wissenschaftlichen Arbeiten und Aufgabenstellungen aus der Praxis wie Wettbewerben und Gutachten arbeiten.

Was aber geschieht nach dem Verlassen des universitären Freiraums? – Erlerntes verliert sich leicht ohne ständige Anwendung. So ist es erfreulich, daß sich einige Arbeitsgemeinschaften über die Institutszeit hinaus erhalten haben. Als ganz wichtig hat sich erwiesen, daß die Beteiligten bereit sein müssen, auch an den weniger spektakulären, „bescheidenen" Problemstellungen zusammenzuarbeiten.

Professor Häußermann und ich haben nach unserer Zeit als Assistenten am Institut eine Reihe von Projekten gemeinsam bearbeitet. Von diesen sei hier eines der oben angesprochenen Art vorgestellt.

Einfamilienhaus in Holzfachwerk-Konstruktion

In seiner strengen äußeren Form den Bestimmungen des Bebauungsplanes entsprechend, sollte das Haus in Holz mit größtmöglichem Glasanteil ausgeführt werden. Im Inneren sollte räumliche Vielfalt herrschen, mit Raumgliederung mehr durch Zonung als durch Wände, mit vielfältigen Durchblicken, welche die Skelettbauweise ermöglicht.

Die Skelettkonstruktion konnte deshalb nicht mit den Mitteln des traditionellen Fachwerkbaus, mit Streben, Bögen und Riegeln, die relative Undurchlässigkeit erzeugen, errichtet werden. Eine Ausbildung der Konstruktion mit den Techniken des modernen Ingenieurholzbaus, dem Einsatz von Bindeblechen und Verbindungsmitteln aus Stahl sollte auf ein Minimum reduziert, die traditionellen Zimmermannstechniken soweit möglich bevorzugt werden.

Die Lösung war ein auf wenige tragende Flächen reduziertes Fachwerk. Zur Ableitung der Horizontalkräfte wurden die vier Gebäudeecken als rechtwinklig zueinanderstehende Fachwerkscheiben ausgebildet, in der Mitte der Längswände befinden sich zwei senkrecht angeordnete Windböcke. Zur Übertragung der horizontalen Fassadenkräfte von den Gebäudeecken zu den Windböcken wurde der obere Abschlußträger auf den Längswänden, der gleichzeitig Auflager für die Dachsparren ist, als liegender Träger ausgebildet.

Die Hauptträger der Decken sind Doppelzangen, die im Erdgeschoß in Querrichtung, im Obergeschoß in Längsrichtung angeordnet sind. Über den Nebenträgern sind zur Bildung steifer Deckenscheiben Spanplatten angebracht.

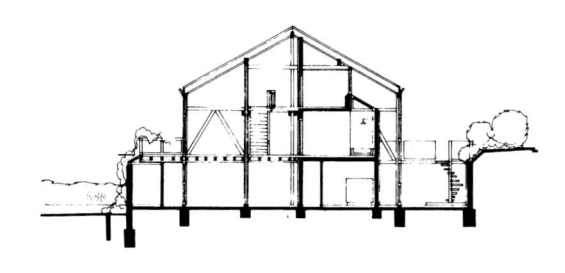

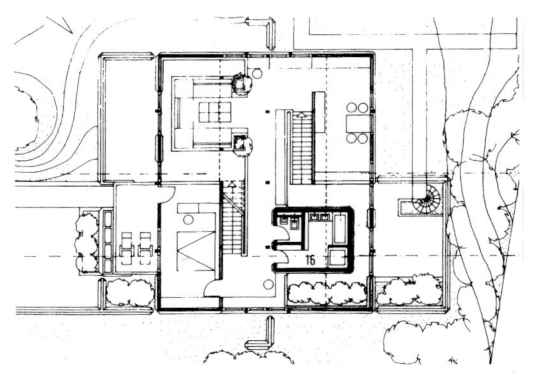

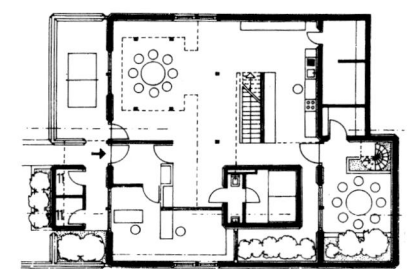

Bei dieser Aufgabe bestand die Schwierigkeit für den Tragwerkplaner darin, die lebhaften Grundrisse und komplizierten Raumvorstellungen des Architekten in ein einfaches, klares und den ästhetischen Qualitäten genügendes Tragwerk umzusetzen. Dank intensiver Zusammenarbeit und Einsatz von viel Hirnschmalz ist dies gelungen.

Zusammenfassend läßt sich sagen, daß gute Planungsergebnisse nur möglich sind, wenn die Beteiligten die Argumente der jeweiligen Seite verstehen und zu gewichten wissen, sie bereit sind, die Belange des anderen zu integrieren und ihnen der höhere Planungsaufwand bewußt ist.

So lapidar das Gesagte ist, merkwürdigerweise ist es nur im Bewußtsein weniger. Dies liegt sicherlich an den viel zu wenigen Berührungspunkten, die Bauingenieure und Architekten miteinander haben. Eine breitere gemeinsame Ausbildung kann dies bessern. Diese Erkenntnis ist aus der Praxis, am Institut für Entwerfen und Konstruieren habe ich durch die Lehrinhalte und die Art, wie sie didaktisch vermittelt wurden, gelernt, wie es sein könnte.

Eine Frage bleibt: Funktioniert im universitären Freiraum ein Miteinander von Idealisten und Neugierigen, da keine materiellen Interessen mitspielen? Bleibt dieses Miteinander der Genannten möglicherweise auch in der Praxis bestehen? Oder ist es nicht viel richtiger, die beiden Berufsbilder noch stärker auseinanderzudividieren, die Kompetenzen noch härter zu formulieren und vor allem dem Bauingenieur noch weitergehende Aufgaben z. B. im Bereich der Fassaden, im Bereich der Bauausführung und noch mehr zuzuweisen?

Dies hätte ein Gutes: Die Verantwortungsbereiche und damit die Haftung wären klar definiert, Streitereien blieben erspart und die Bauwerke wären zumindest bautechnisch perfekt.

Peter Häußermann

Die Tragwerklehre – Bindeglied der Architekten- und Bauingenieurausbildung?

Kooperation ist gefragt

Die Kooperation von Architekt und Ingenieur taucht als Schlagwort immer wieder in Medien und Fachgesprächen auf. In diesem Zusammenhang wird dann das Bild des Baumeisters vergangener Zeiten heraufbeschworen. Das Auseinanderdriften in die heute existierenden Fachrichtungen wird beklagt. Von Segregation, sogar von Schisma ist die Rede.

Am Ende der Betrachtungen steht jedoch die Einsicht, daß diese Entwicklung nicht mehr rückgängig zu machen ist und auch die Ausbildung zum universellen Baumeister angesichts des nicht mehr von einer Person zu erfassenden Umfangs der Problemstellungen ausgeschlossen ist. Die Kooperation ist also unumgänglich. Die Unzufriedenheit mit den Ergebnissen dieser Zusammenarbeit – den Bauwerken unserer Zeit – läßt diese Diskussion immer wieder aufleben. Die Unruhe über die Leistungen der heutigen Architektur muß im Grunde als positiv angesehen werden, entwächst ihr doch eine Besinnung, die durch die Reflexion der Vergangenheit zu neuen Wegen in die Zukunft finden kann.

So gesehen ist es durchaus sinnvoll, das Verhältnis von Architekt und Ingenieur immer wieder kritisch zu beleuchten und in Zweifel zu ziehen. Daß es verbessert werden kann und muß, ist unbestritten. Auch wenn in vielen Fällen die gute Zusammenarbeit hervorgehoben wird, ist sie doch mehr von Zufälligkeiten und der persönlichen Anpassungsfähigkeit eines oder beider Partner bestimmt, als von einer zufriedenstellenden Kongruenz in den Zielsetzungen. Eine Basis der Übereinstimmung läßt sich dann leichter erreichen, wenn bereits in der Ausbildung der Architekten und Ingenieure ein gemeinsames Ziel vor Augen steht, wie z. B. die Verantwortung für die gebaute Umwelt der Gesellschaft gegenüber.

Ausbildung zur Teamfähigkeit

An der Analyse der Studienpläne von 1981 hat sich kaum Wesentliches geändert. An der Universität Stuttgart bestehen aufgrund einer alten Tradition verpflichtende Bindungen, die sich als hoffnungsvolle Ansätze zum Ausbau einer zumindest in Teilbereichen gemeinsamen Lehre abzeichnen. Ansonsten sind wenig direkte Anknüpfungspunkte zu einer kooperativen Lehre erkennbar. Angesichts der wiederholten Aufrufe bis in die jüngste Zeit stellt sich die Frage, ob sie alle Wunschvorstellungen bleiben sollen. Ist die Unbeweglichkeit der Kultusbürokratie oder des Hochschulapparates tatsächlich so groß, daß es wider gemeinsame Einsichten nicht zur Verwirklichung dieser Vorschläge kommen kann? Wo und wie begegnet heute der Studierende dem für beide Berufe gemeinsamen Tätigkeitsfeld?

Die Architekten erfahren darüber im wesentlichen in den Fächern Baukonstruktion, Statik für Architekten und Tragwerklehre. (Hinter der Bezeichnung Tragwerklehre verbirgt sich nicht selten das Fach Statik.)

Von Studenten und auch von schon im Beruf stehenden Architekten kann man immer wieder hören, daß sie Schwierigkeiten mit dem Fach Statik haben oder hatten. Es bleibt ihnen „ein Buch mit sieben Siegeln". Unter Stöhnen und mit Widerwillen erledigt, wird es so bald wie möglich abgewählt. Es ist also nicht verwunderlich, wenn bei Architekten eine verbreitete Unwissenheit für die Tragwerkproblematik vorhanden ist.

Unsicherheit oder sogar Abneigung gegen eine Sache überträgt sich allzu gerne auch auf die Personen, die sich damit befassen. So gerät der Ingenieur leicht in den Sog dieser Ablehnung.

In den Fächern Baumechanik und Baustatik, Massivbau oder Stahlbetonbau, Stahlbau und Holzbau, Baustoffkunde und Bauphysik beschäftigt sich der Bauingenieur ausführlich mit dem Problem der Tragwerklehre. Er erfährt eine Fülle von Antworten, insbesondere auf dem Sektor der zahlenmäßigen Erfassung der Fragestellungen. Vollgestopft mit Fachwissen muß er dann in der Berufspraxis erleben, daß die Summe von Einzelkenntnissen nicht automatisch ein Gesamtbild ergibt!

Eine Bauaufgabe kann aber nur aus ihrer Gesamtschau gelöst werden. Ein Teil davon ist das Tragwerk, die Statik dazu wiederum nur ein Aspekt. Deshalb ist festzustellen, daß ein einseitiger Schwerpunkt im Studium nicht den vielfältigen Aufgaben in der Praxis entspricht.

An der Lösung einer gemeinsamen Aufgabe begegnen sich Architekt und Bauingenieur: Der architektonische Entwurf vollzieht sich oft ohne eine Idee zur Lösung des Problems Lastabtragung – eine geradezu groteske Ausgangssituation. Zumindest war das die Ansicht unserer Vorväter, der Baumeister. Auch ein im Entwurf von Tragwerken versierter Ingenieur wird meist nicht oder zu spät zur Beratung herangezogen. Nach diesem Schema laufen nicht selten Bauwettbewerbe ab. Es bleibt meist nur noch die Möglichkeit, „das Ganze irgendwie zum Stehen zu bringen". Mancher Ingenieur findet so seine Ersatzbefriedigung, indem er seine ganze Kreativität in der Lösung noch so unsinniger Systeme entfaltet. Der Computer ebnet heute diesen Weg, der früher – schon wegen des Rechenaufwands – nicht gangbar war.

Die Tragwerklehre

Wenn im Berufsleben die unmittelbare Notwendigkeit zur Zusammenarbeit im Bereich der Tragwerkplanung geboten ist, so liegt es auf der Hand, auch in der Ausbildung hier den Kontakt zu suchen und auszubauen. Mag das Endziel einer Tragwerklehre für beide Studiengänge auch verschieden sein, der Weg dorthin kann auf weite Strecken gemeinsam gegangen werden. Erst mit zunehmender Tiefe oder Breite der Lehrinhalte ist eine allmähliche Verzweigung im Ausbildungsgang erforderlich. Der Ingenieur muß sich dann mehr den statischen Problemen zuwenden. Für den Architekten sind sie zum Verständnis des Kontextes nicht unbedingt erforderlich. Er muß sich andererseits um die Integration des Tragwerkentwurfs in seine Aufgabenstellung kümmern. Die Abstimmung mit den Bedingungen der Nutzung, des Ausbaus sowie der technischen Gebäudeausrüstung stehen im Mittelpunkt seines Interesses.

Eine wichtige Prämisse, an der sich eine derartige gemeinsame Lehre zu orientieren hat, ist die Darstellung der Bedeutung des Tragwerks im Zusammenhang der Gesamtaufgabe Bauwerk. Sie hat zum Ziel, dem Architekten den Zugang zum Tragwerk zu erleichtern, weil er in der Regel sich seiner Aufgabe generalistisch stellt, was eine reine Statiklehre ihm nicht bieten kann. Er lernt dabei nicht die Einflüsse sowie den Rang des Tragwerks für seinen Entwurf einzuschätzen.

Dem Ingenieur bietet diese Betrachtungsweise hingegen die Gelegenheit, sich nicht nur im eng gesteckten Rahmen der Berechnung von Tragwerken zu bewegen, sondern die für seine spätere Berufsausübung ebenso wichtige Erfassung des Stellenwertes seiner Tätigkeit zu gewinnen. Er bemerkt, daß eine statische Berechnung nicht den Tragwerkentwurf hervorbringen oder ihn ersetzen kann. Es fließen vielmehr Kriterien aus anderen Bereichen ein, die ihm die Tragwerklehre durch ihre Gesamtschau eröffnet hat.

Eine weitere Forderung ist die frühzeitige Einführung des Faches in das Studium. Die gegenseitigen Vorurteile sind hier noch nicht vorhanden oder wenig ausgeprägt. Ebenso ist der Wissensstand annähernd gleich, kommen doch die meisten Studenten direkt von den Schulen. Dort ist trotz Kurssystem kein merklicher Unterschied in den Kenntnissen entstanden, schon gar nicht im Hinblick auf ein technisches Studium oder gar auf den Bausektor. Die Tragwerklehre kann dieser Situation dadurch Rechnung tragen, daß sie sich der Vorgehensweisen bedient, die auf den allgemeinen Schulkenntnissen aufbauen. Die Anschaulichkeit eines Experimentes sollte beispielsweise vor der abstrakten, wissenschaftlichen Darlegung stehen. Ebenso kann die Übertragung alltäglicher Erfahrungen zu einer Quelle von Einsichten in der Lehre werden. Wie verschiedentlich auch schon veröffentlicht, können Fragen des Tragverhaltens durch Modelle leichter erschlossen werden. Dieses Hilfsmittel ist didaktischer Natur, hat also nichts mit den Modellen der exakten Modellstatik zu tun. Sie sind auch nicht als Ersatz für eine zweifellos notwendige, quantitative rechnerische Erfassung gedacht, die ein Bauingenieur im Gegensatz zum Architekten im Verlauf seines Studiums erlernen muß.

Tragwerkmodelle können jedoch sehr gut theoretische Überlegungen durch ihre qualitativen Aussagen zum Tragverhalten vorbereiten. Die von der äußeren Belastung hervorgerufenen Verformungen, ihre Ausprägung und der Einfluß auf die Standsicherheit vermitteln einen Einblick in den Kräfteverlauf. Gleichermaßen werden auf diese Weise bei jungen Architekten und Ingenieuren Interesse und Neugierde geweckt. Der für beide Studiengänge schwierige Zutritt zu dem abstrakten Bereich der Statik wird so erleichtert.

Ein Optimum an Lernbereitschaft ließe sich dann erzielen, wenn jeder zuerst für sich mittels Beobachtung und Experiment dem Tragverhalten nachspüren könnte. Leider ist das nur in wenigen Ausnahmefällen möglich. Große Studentenzahlen erzwingen immer noch die anonyme lehrerzentrierte Form der Vorlesung. Aber auch dort lassen sich auf anschauliche Weise die Fragen der Lastabtragung behandeln. Dies wird seit längerem im Fach Tragwerklehre für Bauingenieure im 1. und 2. Semester an der Universität Stuttgart versucht. Die Zuhörerzahlen bewegten sich dabei zwischen 150 und 250 Studenten. Das Fach selbst umfaßt nur je zwei Semesterwochenstunden, was den Umfang des darzubietenden Stoffes stark einschränkt. Im wesentlichen sind es alle Arten von ebenen Stabtragwerken sowie deren räumliches Zusammenwirken im Skelettbau, dazu die Platten und Scheiben. Damit sind aber auch die wichtigsten, heute im Hochbau gebräuchlichen Tragwerke abgedeckt. Diese Lehre wird in kollegialer Weise von einem Architekten und einem Bauingenieur betreut. Aus diesem Grunde ist sie nicht einseitig geprägt und gleichermaßen als Lehrangebot für Architekturstudenten denkbar, wenn auch bisher noch nicht institutionalisiert.

Fazit

Wenn die vorangegangenen Erläuterungen die Tragwerklehre in den Mittelpunkt einer gemeinsamen Ausbildung für Architekten und Ingenieure gestellt haben, so soll das nicht bedeuten, daß andere Studienfächer keinen Integrationsbeitrag leisten können.

Allerdings sind manche dieser Studienfächer in den Prüfungs- und Studienplänen bereits so fest verankert, daß eine Neuorientierung schwerfällt.

Aus diesem Grunde meine ich, daß zunächst alle Anstrengungen auf die Einführung und die Weiterentwicklung der Tragwerklehre zu richten sind mit dem Ziel, ein gemeinsames Lehrgebiet für Architekten und Ingenieure zu schaffen.

Peter Seitz

Brief eines ehemaligen Studenten

Lieber Professor Kurt Ackermann,
es war wohl Ihr sechzigster Geburtstag, als ich ein Foto von Ihnen veröffentlicht sah. Der Gauner, dachte ich, hatte er offensichtlich das Foto von seinem fünfzigsten nochmals für den Druck zur Verfügung gestellt. Oder, überlegte ich, hatte er seitdem nicht mehr getan, als weiterhin mit schweifenden Armbewegungen die Atemluft seiner Mitmenschen zu beeinträchtigen und geholfen, mit wedelnden Hüftbewegungen das ökologische Gleichgewicht der Alpen durcheinander zu bringen. Spaß beiseite, ich sah Ihnen an, daß Sie Lust am Leben und Arbeiten haben.

Es fällt mir schwer, Erinnerungen an damalige Zeiten zu formulieren. Zum einen war ich nie ein Redner oder Schreiber und zum anderen gelingt es mir kaum, das Vergangene isoliert von gegenwärtigen Gedanken und Fragestellungen zu sehen. Außerdem schätze ich Sie noch nicht so ein, als daß Sie jetzt in Ihrer späten Schaffensphase anfangen wollen, sich auf Geleistetem auszuruhen und schönen Erinnerungen nachzuhängen. Und es besteht die Gefahr für weitere „Maßregelungen" – ich bin aber sicher, daß Sie stark genug sind, sie zu ertragen. Im übrigen ist es wohl tatsächlich so, daß die Lehrer auch von ihren Schülern lernen – eine Tatsache, die ich Ihnen damals noch nicht richtig glauben wollte.

Anfang der siebziger Jahre, nach der Zeit theoretischer Planungen und Diskussionen auch unter den Architekten, hatten die Stuttgarter die Zeichnung wiederentdeckt. Es wurde wieder richtig entworfen. Und wie! Sie erinnern sich, das ABC des Entwurfs war der Erker, der „Dachaufkipper" und vor allem der 45-Grad-Winkel – alles natürlich mit einem lockeren Strich, vielleicht frei Hand dargestellt, mindestens mit dem 0,35er Rapidograph und schön über die Ecken ausgezogen.

Nicht, daß ich damals als Student nicht mehr zu prägen gewesen wäre, aber diese Ästhetik empfand ich als unsensibel und überhaupt nicht künstlerisch. Deren Ausschließlichkeit an den meisten Instituten ärgerte und verunsicherte mich gleichermaßen. Eine präzise Darstellung setze präzise Gedanken voraus, dachte ich – oder umgekehrt, präzise Gedanken seien entsprechend und verbindlich darzustellen. Und das war für mich selbstverständlich die Linie am Lineal, exakt gezogen und an der Ecke gestoppt und damals auch der 0,1 Rapidograph. Bei meinem späteren kurzen „Gastspiel" im Büro Kammerer + Belz nannten sie mich deshalb den Mr. 001 – da kam nicht mehr nur Spott zum Ausdruck, denn die Mode hatte sich schon geändert. Nachdem ich also enorme innere Kämpfe auszuführen hatte, ob ich meinen gewählten Beruf nicht lieber aufgeben solle – da mußte ich zwangsläufig Ihnen und Ihrem Institut begegnen. Aber ich muß gestehen, daß ich nicht mehr bereit war, mir von jungen Assistenten, die ihre eigenen Probleme noch nicht gelöst hatten, meinen Zeichenstil und mein Formempfinden nehmen zu lassen. Formale Experimente oder Spielereien waren nach intensiver Beschäftigung mit Malerei in meiner Jugendzeit auch nicht mehr meine Hauptthemen. Ich war kein Student, der alles besser wissen, sondern einer, der von Autoritäten lernen wollte, die er als solche anerkennen konnte.

Mir gefiel, daß wir erst einmal vergangene Leistungen vorweisen und neuer Kritik aussetzen mußten, um überhaupt in den Genuß Ihrer Lehre zu kommen. Die Hürde nahm ich – leicht zu erkennen für Sie, einen weiteren Studenten zu bekommen, mit dem man nicht über abgeschrägte Ecken debattieren mußte.

Anfangs im 3. Entwurf: das war schon toll, eine Grundrißlinie zeichnen zu dürfen, die ein Fassadenteilstück länger als zehn Meter darstellte, ohne den obligatorischen „menschlichen" Vor- oder Rücksprung oder Richtungswechsel einfügen zu müssen. So hatte ich das erlebt, und das war etwas ganz Elementares für mich: eine lange Linie ohne Unterbrechung und ohne „schlechtes Gewissen" zeichnen zu können. Wir waren nur drei Studenten, wovon einer aufgab.

Natürlich machte ich auch meine Diplomarbeit bei Ihnen. Thema „Wohnen und Verwalten am Feuersee Stuttgart", interessant, Lehrer Professor Kurt Ackermann – okay. Bei mir ist das manchmal so einfach. Aber da war noch etwas anderes: aufgrund der Erziehung in meinem Elternhaus fiel es mir nie schwer, manche Autoritäten und Leistungen anzuerkennen und auch Respekt zu haben. Darüber hinaus ist es mir zum Glück bei Ihnen gelungen, mit einem gewissen Humor die Distanz zwischen dem erfahrenen Lehrer und dem jungen Schüler etwas zu verringern. Ich mag das, mit Humor etwas sagen, denn dann darf er immer deutlicher sein, als es der Anstand erlaubt. Und das ist bei Ihnen nicht nur gut angekommen, sondern kam auch oft deutlich zurück.

Wir waren sechs in der Diplomandengruppe – alle aus den Augen verloren. Schade – nicht weil ich mit jenen über vergangene Zeiten plaudern wollte, sondern eher um zu sehen, welchen

Einfluß die damalige Zeit auf deren weiteren Weg hatte. Meine Erinnerung an die Diplomarbeit ist auch nicht sehr ausgeprägt.

Ich begrüße es, daß wir uns mit Vorüberlegungen nicht allzu sehr aufhalten sollten und erinnere mich noch an den Akt des Maßstabssprungs von 1:500 zu 1:200. Das war schwer, es war wie Schwimmen und nicht wissen, wohin. Und ich habe viel, viel gezeichnet. Dreifacher Kritik sah ich mich ausgesetzt: in meiner Wohngemeinschaft, zu zwölf, war ich der einzige „Techniker", der sich ständig wegen seiner vielen Arbeit rechtfertigen mußte; bei Ihnen sollte ich mein Verliebtsein in die Zeichnungen ablegen und bei den fünf Kommilitonen galt ich als unkameradschaftlich, weil ich offensichtlich mit der Quantität an Zeichnungen Maßstäbe für die Gruppe setzte. Ich hatte letzteres nicht so gemeint, obwohl ich mich einem Konkurrenzkampf nie entzog. Für mich bedeuteten Konkurrenten Ansporn, die eigene Lethargie zu überwinden und zu besseren Leistungen zu kommen. Ich habe Konkurrenzkämpfe auch deshalb nie als negativ empfunden, weil ich selbst bestimme, bis zu welchem Punkt ich mich darauf einlasse.

Es müssen dieselben sein, die sich damals beklagten, zuviel arbeiten zu müssen und heute in den oft namhaften Büros sitzen und – entschuldigen Sie, lieber Professor Kurt Ackermann – diesen derzeitigen meist gedankenlosen Wahnsinn von Geschmacklosigkeit auf das Papier bringen. Sie wissen, daß ich als Architekturzeichner helfe, dies zu verwirklichen – diese Pläne landen auf meinem Tisch. Ich las über Georges Braques Vorliebe in seinen späten Jahren, öfters quer durch Frankreich zu fahren, um die Kunstmuseen zu besuchen. Aber immer ließ er seine Frau vorgehen und entscheiden, ob das Ausgestellte seinen Augen zugemutet werden konnte. Braque wußte, der Anblick von schlechter Kunst würde seinem Sinn schaden. Langsam beginne ich, mich von meiner Arbeit zu distanzieren.

Zurück zu Ihrer Lehre. Sie hatten recht, hohe Ansprüche zu stellen. Dies scheint heute noch wichtiger zu sein, kommt doch derzeit anscheinend das Studium der Architektur für die Unentschlossenen in Frage, wie es damals das Medizin- oder Jurastudium war. Es fehlte noch ein offizieller, nicht zu überhörender Hinweis. In einer Kunstschule las ich ein Flugblatt mit Fragen und Aussagen an die Kunststudenten gerichtet: warum sie gerade Kunst studieren wollten, nur 0,0% würden davon leben können, niemand wolle die neue Kunst usw. An die Architekturstudenten gerichtet, hätte dies lauten können: wer Freitag vormittag an das Wochenende denken wolle, solle seinen Berufswunsch als Architekt überdenken. – Kollegen, für die ich zeichne, wünschen mir freitags um 10.30 Uhr ein angenehmes Wochenende! Ich kenne auch Büros, da wird um Mitternacht noch das Telefon abgenommen – und das können Sie an der Architektur erkennen.

Allerdings brachten Sie damals etwas Wichtiges sehr einfach zum Ausdruck. Sie sagten, 70% Qualität könne man relativ schnell erreichen, 80% erfordere schon eine größere Anstrengung, 90% schon einen seltenen und enormen Kraftaufwand und 100%iges Gelingen erreiche man wohl nie. Das habe ich immer noch bei meiner täglichen Arbeit im Kopf, und die 90%ige Hürde ist mein Ziel. Nicht-Können entschuldige ich mir manchmal, mangelndes Engagement nur selten.

Ohne unbescheiden zu sein, kann ich sagen, daß ich in den vergangenen 15 Jahren zeichnen gelernt und über diese Erfahrung mehr von Form, Material und Farbe der Architektur verstanden habe – mit der Erkenntnis, daß der Wert des perspektivischen Zeichnens im Entwurfsprozeß unterschätzt und der des Modells überschätzt wird. Das war damals schon so und wird mit der Einführung des Computers als Entwurfsmedium eher noch schlimmer. Die durch das Zeichnen unbewußt gemachten Erfahrungen sind andere als die, die durch das Modellbauen gelernt werden. Das Modell baut die Daseinsform, diese ist rational, konkret, autonom. Großmaßstäblicher Modellbau kontrolliert die Machbarkeit des Entwurfs, er ist Zeugnis eines bereits im Kopf vorhandenen Konzeptes. Das perspektivische Skizzieren dagegen gehört noch zum Prozeß des Suchens, es lehrt zu sehen, zeigt die Wirkungsform der Architektur und wird erlebt durch die Sinne und das Gefühl.

Eigentlich wollte ich einiges über die damalige gemeinsame Zeit sagen und habe jetzt offensichtlich vollends den Faden verloren. Eine kleine Episode fällt mir noch ein. Ich war auch „Hiwi" – aber denkbar kurz. Mit anderen saß ich in einem Raum und sollte zeichnen. Dort wurde jedoch andauernd geredet und Kaffee getrunken, daß ich es nicht lange aushielt. Ich muß allerdings gestehen, in dieser Hinsicht überempfindlich zu sein.

Die Frage nach meinem Studienort beantworte ich immer mit Stuttgart, aber im selben Atemzug mit dem Zusatz: Diplom bei Ackermann. Denn Stuttgart und Ackermann waren für mich nicht dasselbe. Und ich lasse mich lieber in eine kleine als in eine große Schublade stecken.

Zugegeben, die vergangene Zeit war schön, ich habe gern bei Ihnen studiert. Und es interessiert mich, welcher Art die Spuren sind, die diese Ihre Zeit in der Praxis hinterließ. Ich erinnere mich an ein Manifest aus den sechziger Jahren, gemeinsam verfaßt von Hollein, Abraham und Pichler. Welch unterschiedliche Wege sind sie aber dann gegangen. Kann es sein, daß man auch in bezug auf den Lehrer eine Art „Vatermord" begehen muß, um zu Eigenem vorzudringen?

Was ist aus all Ihren Studenten geworden? Haben sie etwas zustande gebracht und ist darin Ihr Einfluß erkennbar? Gibt es so einen Typus „Ackermann-Schüler" wie es „Eiermann-Schüler" gab oder „Ungers-Schüler" zu erkennen sind? Das herauszufinden, wäre für Sie doch eine Recherche wert.

Meine Diplomarbeit hatte wohl auch erhebliche Schwächen, verursacht durch eine Art Unvermögen. Es befriedigt mich allerdings zu sehen, daß in der Arbeit kaum modische Spuren der damaligen Zeit zu finden sind, was bedeutet hätte, den Launen der Zeit nachgegeben und gedankenlos Gesagtes oder Gesehenes übernommen zu haben. Welch eine gewaltige Anstrengung ich für die Präsentation der Arbeit unternahm. Die Liebe zum weißen Zeichenkarton anstelle des Transparentpapiers ist bis heute geblieben. Eine glückliche Handverletzung ersparte mir den für mich unglücklichen Modellbau, einen „Neger" hätte ich auf keiner Ebene des Arbeitens akzeptiert.

Zum Seitz als Ihren Schüler – nach wie vor glaubt er an das Ziel der Reduktion, eher an Großzügigkeit und Einheit als an die Vielfalt und Komplexität. Der Weg zur Einfachheit ist komplex genug. Lautes und Vordergründiges vermeiden, nicht etwa formale Probleme schaffen, sondern sie mit reinen Mitteln lösen und das Leise, Disziplinierte und Beständige anstreben. Mode interessiert ihn wenig, denn die Architektur muß mehr sein als der Ausdruck ihrer Zeit.

Für den Architekten geht es nicht darum, sein Ego zu suchen und diesem nachzugeben, sondern es zu kennen und aufzugeben. Vermutlich ist das nicht mehr als das, was Ackermann schon damals sagte. Sie sehen, ich lasse Sie noch leben. Zum Jahreswechsel wünsche ich Ihnen wirkliche Zufriedenheit und eine stabile Gesundheit und grüße Sie herzlichst.

Jürgen Adam

Wohin die Reise geht

Am 29. September 1994 habe ich die Nachfolge von Kurt Ackermann in der Leitung des Instituts für Entwerfen und Konstruieren angetreten. Es ist ein Institut der Universität Stuttgart, das zugleich an der Fakultät für Architektur und Stadtplanung und an der Fakultät für Bauingenieur- und Vermessungswesen lehrt.

Schon als Student habe ich die Bauten Kurt Ackermanns besichtigt und bewundert. Ich kann mich an die Zeit erinnern, als das Gebäude der Hypobank an der Münchner Freiheit entstanden ist, um nur einen seiner zahlreichen Bauten herauszugreifen, der bis heute ebenso durch seine strenge Ordnung wie seine zurückhaltende Noblesse besticht.

Seine veröffentlichten Materialien zur Lehre waren für mich nicht nur als Hochschullehrer, sondern auch als praktischer Architekt von großem Interesse. Sie sind auch heute unverzichtbarer Bestandteil der Bibliothek unseres Büros. Die Ausstellung über Industriebauten mit den sehr schönen, äußerst präzisen und anschaulichen Modellen war eine unter der Leitung von Kurt Ackermann entstandene Forschungsarbeit, die über Deutschlands Grenzen hinaus eine große Resonanz gefunden und viele Architekten zur Auseinandersetzung mit zeitgenössischen Industriebauten angeregt hat. Für die Münchner Studenten wurde die Ausstellung bei ihrem Aufenthalt an der Technischen Universität in kürzester Zeit zum Wallfahrtsort, der Katalog zur Bibel.

Im Mittelpunkt der Lehre Kurt Ackermanns stand das Miteinander von Architekt und Ingenieur, der Versuch, ein Stück des umfassenden Wissens und der Erfahrung des „ganzheitlichen" Baumeisters von der ersten Idee bis zum fertigen Haus wenigstens durch eine gemeinsame Sprache zurückzugewinnen. Dieses Miteinander hat sich bewährt. Viele der abgebildeten Studienarbeiten zeigen es. Die Arbeiten im letzten Semester, meinem ersten an der Universität Stuttgart, haben bestätigt, daß Architekten ohne Ingenieure und Ingenieure ohne Architekten in Konzeption und Durchführung ihrer Studienarbeiten nicht so weit vordringen, wie es in gemeinsam erarbeiteten Projekten zu sehen ist.

Disziplin, Strenge, die Suche nach der Gesetzmäßigkeit der Logik der Form, aber auch nach der großzügigen Ordnung scheinen mir die herausragenden Maßstäbe gewesen zu sein, an denen die Qualität der Studienarbeiten gemessen wurde. Eine Strenge, wie wir sie von traditioneller japanischer Architektur kennen, die ja gerade aus der Disziplin der Gesetzmäßigkeit und der Ordnung ihre Schönheit, Freiheit und Poesie bezieht. Zeitbedingt stand nicht mehr das Fügen natürlicher Materialien wie in den Anfängen der Stuttgarter Schule oder die Erneuerung des Handwerks wie bei Theodor Fischer im Vordergrund, sondern eher die Auseinandersetzung mit industriellen Halbzeugen, die Verwendung industriell gefertigter Produkte, das industrielle Bauen.

Über den erkennbaren Realitätssinn hinaus verbirgt sich hinter diesem Ansatz wohl auch die Hoffnung auf eine Kultur des industriell Gefertigten, wie sie sich neben den Bauten Kurt Ackermanns vor allem in den Arbeiten von Norman Foster, Richard Rogers, Michael Hopkins, Nicolas Grimshaw oder Peter C. von Seidlein ausdrückt. Allen gemeinsam ist die Faszination der Perfektion in der Zeichnung, im Modell, in den Bauwerken. Eine Perfektion, die nur strengste Disziplin liefern kann. Eine Perfektion, die letztlich nur noch die Maschine produzieren kann.

Kurt Ackermann hat ein wohlorganisiertes Institut hinterlassen. Seiner Vorarbeit ist es zu verdanken, daß die räumliche Trennung in der Keplerstraße 11 von drei auf zwei Etagen reduziert wird. Nach den baulichen Anpassungsarbeiten wird nur noch die Werkstatt im 9. Obergeschoß ausgelagert sein. Die gesamten Institutsräume sind dann im 4. Obergeschoß zusammengefaßt.

In der Nachfolge von Eberhard Schunck wird auch die C3-Stelle im Fachgebiet Grundlagen der Planung und Konstruktion im Hochbau im Laufe des Sommersemesters durch José Luis Moro neu besetzt sein. Es geht ebenfalls auf die Initiative Kurt Ackermanns zurück, daß Dieter Hauffe seit 1994 als Honorarprofessor für das Institut gewonnen werden konnte.

Ich gehe davon aus, daß das Institut nach Beendigung aller Umstrukturierungs-, Zusammenlegungs- und Anpassungsarbeiten und der personellen Veränderungen ab dem Wintersemester 1995 sowohl in Vaihingen als auch in der Keplerstraße wieder freie Fahrt aufnehmen kann. Trotz aller Vakanzen, räumlicher und sachlicher Schwierigkeiten hat das Institut durch die Zusammenarbeit beider Fakultäten bei Organisation und Finanzierung der Interimszeiten seine Arbeit im Sinne Kurt Ackermanns und Eberhard Schuncks weitergeführt. Zu danken ist hierbei vor allem Dieter Herrmann, dem kommissarischen Leiter, einer ganzen Reihe von Lehrbeauftragten aus der alten Garde Kurt Ackermanns und natürlich den Mitarbeitern, die nicht müde geworden sind, die

Fahne des Instituts hochzuhalten. Wie wird das Institut in Zukunft arbeiten?

Das von Kurt Ackermann geschaffene Gerüst ist ohne Zweifel weiter tragfähig. Es wird aber auch Modifikationen und Veränderungen geben. Dies drückt sich bereits im veränderten Gewand der Räume des Instituts aus.

Mehr und mehr teilt sich der einstmals ganzheitliche Beruf des Baumeisters. Waren es noch vor wenigen Jahren fast ausschließlich Architekt und Bauingenieur, die ein Bauwerk maßgeblich bestimmten, so ist es in zunehmendem Maße eine ganze Reihe von Spezialisten, mit denen wir Architekten zusammenarbeiten: der Bauleiter, der Tragwerkplaner, der Haustechniker, der Elektroingenieur, der Bauphysiker, der Bauchemiker, der Kostenkontroller, der Farbberater, der Küchenplaner, der Terminplaner, der Designer, die Ausführenden usw. Jeder dieser Spezialisten mag sein Fach perfekt beherrschen, versteht es wohl besser als wir, und doch müssen wir Architekten es zusammenfügen, koordinieren. Die Kommunikation, die gemeinsame Sprache wird zum eigentlichen Problem. Mehr als je zuvor werden wir Architekten zu Spezialisten des gestaltenden Fügens des oft scheinbar Unvereinbaren.

Die technischen Disziplinen haben ein großes Gewicht und doch sind sie nicht die einzigen. Erst natur- und geisteswissenschaftliche Grundlagen bedingen technische Lösungen. Die gestalterische Wirkung ist dabei die andere Seite der Medaille, der physikalischen Realität. Der Fähigkeit des Zusammenfügens des Unvereinbaren werden wir also besonderes Gewicht beimessen. Das werden wir mit unseren Studenten trainieren. Mit Blick auf das Bauwerk stellen sich ähnliche Probleme.

Eine massive Wand leistet alles so einigermaßen, kaum etwas wirklich gut. Sie trägt, trennt, speichert, dämmt, steift aus, hält Regen ab usw. Sie besteht nur aus einem Material. Bei einer aufgelösten Wand haben wir es mit einem Bündel von Teilen, Materialien zu tun, von denen jedes seine Aufgabe perfekt erfüllt. Hier wird, wie bei der Zusammenarbeit der Spezialisten, das Fügen zum eigentlichen Problem. Auch das werden wir trainieren.

Der schiere Umfang des Wissens hat zur Folge, daß wir nicht mehr wissen, was wir zur Weitergabe an unsere Studenten auswählen sollen. Wir wissen nur, daß wir uns auf das Wesentliche beschränken müssen. Nicht das Vermitteln von Kenntnissen steht im Vordergrund, sondern das Entwickeln und Trainieren von Fähigkeiten.

Unsere Zeit stellt uns eine Fülle von Fragen, für die wir als praktizierende Architekten aber auch in Forschung und Lehre Antworten suchen müssen. So wissen wir z.B. nicht:
Wie wirkt sich die bewußtere, schonendere, gleichmäßig verteilte Nutzung natürlicher Ressourcen auf das Bauen aus?
In welchem Maße wächst der Einfluß der Haustechnik auf die Gestalt unserer Gebäude?
Wie können wir die Vorteile heutiger Kommunikationsmittel für Städtebau und Architektur nutzen, ohne die implizierten Nachteile ungeschützt in Kauf nehmen zu müssen?
Wo liegen die Grenzen von High-Tech und die Chancen des Low-Tech?
Ob und wann zwingt uns das Nord-Süd-Gefälle zum Umdenken über unseren Lebensstandard? Wie wirkt sich das auf das Bauen aus?
Haben wir nicht in der Befriedigung materieller Bedürfnisse einen hohen Grad an Perfektion erreicht, sind wir deswegen aber glücklicher?
Steht uns nicht mit der Geschichte auch die Baugeschichte der ganzen Welt zur Verfügung, dürfen, sollen, müssen wir uns nicht ihrer bedienen? Was geschieht dadurch in unseren Köpfen?
Wie reagieren wir mit unseren Bauten auf körperliche, geistige und seelische Bedürfnisse?
Wo liegt die Grenze des Zumutbaren bei der Reduzierung des außerordentlich hohen Standards in unserem Land, wo liegen die Grenzen reduzierter Sicherheitsstandards?
Wie wirken sich diese Fragen konkret auf das Bauen aus?

Greifen wir zunächst nur eine Frage beispielhaft heraus und betrachten sie etwas genauer. Sofort zeigen sich weitreichende Konsequenzen auf das Bauen, die Forschung und die Lehre:

Welche Bautypen entstehen durch die Abkehr von den Forderungen der Charta von Athen? Gemeint ist die Abkehr von der Funktionstrennung von Wohnen und Arbeiten in verschiedenen Stadtbezirken, die in einer Reihe von Gesetzen und Verordnungen wie in der Baunutzungsverordnung, der Zweckentfremdungsverordnung u. a. ihren Niederschlag gefunden hat.

Die Trennung stark emittierender Industriebetriebe von ruhebedürftigen Wohngebieten war eine logische Folge der Bestrebungen nach mehr Hygiene, Licht, Sonne und Ruhe für die Behausung der Menschen. Nicht bedacht wurden dabei die ökologischen Folgen, der

Zeitaufwand, das erhöhte Risiko beim Bewältigen des Weges zur Arbeit, die Entlebung ganzer Wohngebiete bei Tag und Gebiete mit Arbeitsstätten bei Nacht.

Für die Verfasser der Charta von Athen war das Anwachsen nicht störender Arbeitsvorgänge, z. B. im tertiären Bereich und die Entwicklung weitreichender Kommunikationsmittel nicht vorauszusehen.

Zusammengefaßt bedeutet dies aber die Möglichkeit, große Teile des Arbeitens wieder mit dem Wohnen und den Einrichtungen für die stark gewachsene Freizeit zusammenzuführen. Das kann weniger Verkehr von und zur Arbeit bedeuten und damit geringere Umweltbelastungen, weniger Zeit auf den Straßen und damit mehr Freizeit, weniger Straßenbau und damit geringere Kosten, geringeres Unfallrisiko, reduzierte Transportkapazität usw.

Das heißt aber auch, daß wir über neue Konzepte des städtebaulichen und baulichen Miteinanders von Wohnen, Arbeiten und Freizeit nachdenken müssen. Dabei gibt es städtebauliche und vor allem bauliche Hindernisse zu überwinden, so sind z. B. die Geschoßhöhen gewerblich genutzter Gebäude höher als die von Wohngebäuden. Welche Ansätze gibt es da? Welche Möglichkeiten, Erschließungssysteme und Chancen der wahlweise gewerblichen oder wohnlichen Nutzung, welche Nachteile entstehen dabei für das Wohnen und das Arbeiten, wie kann man die eindämmen, welche Vorteile lassen sich dadurch herauskristallisieren?

Die Gestalt solcher Bauten wird zwangsläufig neutral sein, wie wird sie dennoch unverwechselbar?

Auf die Arbeit an der Universität bezogen, hat ein solcher Ansatz konkrete Konsequenzen: Es gibt kaum Vorbilder, die wir studieren können. Es ist nach einer Typologie des Miteinanders von Wohn-, Arbeits- und Freizeiteinrichtungen zu suchen.

Das Vorstellen bestimmter Typen des Gewerbes und des Wohnens in Vorlesung und Übung muß durch das Suchen, Entwickeln, Finden und Erproben neuer Bautypen ergänzt werden. Lehre und Forschung müssen institutsübergreifend betrieben, das Spektrum des Lehr- und Forschungsangebots des Instituts erweitert werden.

Der Versuch, auch nur eine Antwort auf eine der vielen Fragen zu geben, weist bereits auf Veränderungen hin, die die Wandlungen unserer Zeit mit sich bringen. Nicht nur unser persönliches Gesicht wird von der Zeit verändert; auch das Gesicht des Gebauten, der Lehre vom Gebauten und der Forschung wandelt sich mit den Veränderungen der Zeit.

Die Zeit fordert uns heraus, sie führt in unbekanntes Terrain, birgt viele Risiken, aber auch Chancen, die wir nutzen wollen. Wir werden uns diesen Herausforderungen stellen, versuchen in der Forschung das Terrain zu erkunden und unsere Erkundungen in der Lehre an die Studenten weitergeben.

Wohin die Reise geht, können wir vermuten, wissen tun wir es nicht.

Publikationen

Buchveröffentlichungen

Ackermann, Kurt:
Grundlagen für das Entwerfen und Konstruieren.
Stuttgart 1983

Ackermann, Kurt:
Industriebau.
Stuttgart 1984

Ackermann, Kurt:
Building for Industry.
London, Hongkong 1991

Ackermann, Kurt:
Tragwerke in der konstruktiven Architektur.
Stuttgart 1988

Ackermann, Kurt:
Geschoßbauten für Gewerbe und Industrie.
Stuttgart 1993

Ausstellungskataloge

Ausstellung an der Universität Stuttgart zum 80. Geburtstag von Professor Wilhelm Tiedje.
Hrsg. Institut für Zeichnen und Modellieren mit Beiträgen von Kurt Ackermann, Hans Kammerer und Wolfgang Knoll.
Stuttgart 1978

Industriebau:
Ausstellung veranstaltet von der Universität Stuttgart, Institut für Entwerfen und Konstruieren. Im Auftrag des Kulturkreises der Deutschen Industrie, in Zusammenarbeit mit dem Landesgewerbeamt Baden-Württemberg. Konzeption und Inhalt: Kurt Ackermann...
Stuttgart 1983

Heinz Isler, Schalen:
Katalog zur Ausstellung. Hrsg. Ekkehard Ramm und Eberhard Schunck.
Stuttgart 1986

Rückblicke – Ausblicke:
Beiträge für Kurt Ackermann zum 2. März 1988.
Hrsg. Institut für Entwerfen und Konstruieren.
Stuttgart 1988

Bauten für die Umwelt:
Entwürfe für den Bau einer Abfallbehandlungsanlage von Studenten der Universität Stuttgart.
Hrsg. Institut für Entwerfen und Konstruieren in Zusammenarbeit mit dem Landratsamt Böblingen.
Stuttgart 1990

Aufsätze

Neuzeitliche Hopfenaufbereitungsanlagen.
Hopfenrundschau (1959), Nr. 2

Der Architekt und das landwirtschaftliche Bauen.
Baumeister (1962), Nr. 10

Möbel kaufen in München.
Bauwelt (1965), Nr. 10

Gesamtschule aus anderer Sicht.
BDA-Informationen (1971), Nr. 3

Hardt-Schule in Weilheim.
Baumeister (1973), Nr. 2

Honorarreform – ein Trauerspiel mit Ignoranz und Unvermögen.
Der Architekt (1973), Nr. 9

Ein Manifest für Architektur.
Mit Max Bächer, Walter Belz, Alexander Frhr. von Branca, Hans Busso von Busse, Harald Deilmann, Walter M. Förderer, Rolf Gutbrod, Hans Kammerer, Horst Linde, Carlfried Mutschler, Roland Ostertag. November 1973

Dieses Heft sieht anders aus.
Der Architekt (1974), Nr. 1

Zum Entwerfen von Banken.
Architekturwettbewerbe aw (1974), Nr. 77

Der Architekt mit einem abermals anderen Gesicht.
Der Architekt (1975), Nr. 1

Nachruf Karl Schwanzer.
Der Architekt (1975), Nr. 10

Nostalgie – Laune oder Herausforderung.
Bauen + Wohnen (1975), Nr. 12

Stellungnahme zur Gesamthochschulentwicklung.
Der Architekt (1975), Nr. 12

Das Institut für Grundlagen des Entwerfens und Konstruierens.
Baumeister (1976), Nr. 4

Offene Umgänge an Verwaltungsbauten.
Der Architekt (1976), Nr. 6

Architekten und Bauingenieure.
Glasforum (1976), Nr. 3

Planungs- und Bauablauf eines staatlichen Bauvorhabens.
Der Architekt (1977), Nr. 2

Vorläufig nichts Neues unter der Sonne – mit Paulhans Peters.
Architekturwettbewerbe aw (1977), Nr. 90

Bauten für die Bundeswehr.
Deutsche Bauzeitung db (1978), Nr. 5

Sportbauten – Synthese von Nutzung, Konstruktion und Form.
Deutsches Architektenblatt (1979), Nr. 8

Bauten für die Olympischen Spiele (I).
Deutsches Architektenblatt (1980), Nr. 5

Bauten für die Olympischen Spiele (II).
Deutsches Architektenblatt (1980), Nr. 6

Der Ingenieur Fritz Leonhardt.
Contemporary Architect (1980)

Zu meiner Arbeit.
Contemporary Architect (1980)

Architekt und Ingenieur.
Deutsche Bauzeitung (1981), Nr. 3

Weltausstellungen.
Deutsches Architektenblatt (1981), Nr. 6

Das neue Bauen – Impulse der Olympischen Bauten.
Sport und Design, Ausstellungskatalog des Nationalen Olympischen Komitees für Deutschland (1981)

Sportbauten – Synthese von Nutzung, Konstruktion und Form.
Mit Robert Dersch, Thomas Finke, Hans-Ulrich Kilian, Karl Spies.
Architekturwettbewerbe aw (1982), Nr. 110

Das Ende einer Architekturdoktrin.
Otl Aicher: Die Küche zum Kochen.
München 1982

Bauen mit Stahl.
Deutsche Bauzeitung db (1983), Nr. 1

Industriebau – ein wichtiges Thema.
Deutsche Bauzeitschrift DBZ (1985), Nr. 1

Brücken ohne Baukunst.
Deutsche Bauzeitung db (1986), Nr. 8

Brief an Harald Deilmann.
Architektur USA, archpaper (1985)

Architektur an dieser Schule.
Jahresbericht der Freunde der Universität
Stuttgart (1985)

Konstruktive Intelligenz.
Der Architekt (1986), Nr. 12

Die technische Ästhetik im Industriebau.
Rieser Kulturtage – Dokumentation (1986)

Architektur und Tragwerk.
Der Architekt (1987), Nr. 11

Aus der eigenen Werkstatt.
Contemporary Architekt (1987)

Antworten auf ein Pamphlet.
Baumeister (1987), Nr. 12

Corporate Identity – Kontrovers.
Der Architekt (1988), Nr. 10

Vier Weltausstellungen: Brüssel – Montreal –
Osaka – Vancouver.
Architektur Canada, archpaper (1988)

Industriebau und Architektur.
Bauen mit Aluminium (1988/89), Nr. 23

Kontinuität der Moderne.
Baumeister (1989), Nr. 1

Architekturpreis München für Werner Wirsing.
Deutsches Architektenblatt (1989), Nr. 12

Kein Vorurteil gegen den Industriebau.
Deutsches Architektenblatt (1990), Nr. 3

Kompetenz des Architekten?
Unsere Arbeit wird sich immer ändern.
Der Architekt (1991), Nr. 10

Zum Tod von Otl Aicher.
BDA-Information, Landesverband Bayern (1992),
Nr. 1

Institut für Entwerfen und Konstruieren.
Stuttgarter Architekturschule.
Hrsg. Lothar Fehn, Thomas Fütterer, Peter Klink,
Angelika Krestas, Rüdiger Kirsch.
Stuttgart 1992

Man sollte darüber sprechen.
BDA-Informationen (1993), Nr. 3

Architekten berichten über ihre Studienzeit.
Architekturschule München (1993)

Konstruktiv – Kurt Ackermann über intelligente
Architektur.
AIT (1994), Nr. 4

Fumihiko Maki – Place, Scale and Transparency.
JA The Japan Architekt (1994)

Rigide – Familiensache.
AIT (1994), Nr. 9

Machen setzt praktische Kenntnisse voraus.
Der Architekt (1994), Nr. 11

Intelligente Konstruktionen.
Architektur der Gegenwart: Konzepte, Projekte,
Bauten. Hrsg. Peter Schweger und Wilhelm
Meyer.
Stuttgart 1993

Konstruktionsbüro Gartner,
angewandte Stahlbau-Technologie.
Das Bauzentrum (1995), Nr. 1

Über unsere Arbeit.
Entwerfen und Denkmalpflege 1976-1995,
Technische Universität München.

Ausstellungen

Zum 80. Geburtstag von Wilhelm Tiedje
Ausstellung der Arbeiten Professor Wilhelm Tiedjes in der Mensa Holzgartenstraße gemeinsam mit Prof. Hans Kammerer, Institut für Innenraumgestaltung und Entwerfen, und Prof. Wolfgang Knoll, Institut für Zeichnen und Modellieren. Juni 1978

Sechs Architekten vom Schillerplatz
Gsteu, Hollein, Holzbauer, Lackner, Peichl, Spalt
Akademie der Bildenden Künste, Wien
18.01.1978 bis 17.02.1978

Ernst Maria Lang
Karikaturist und Architekt
24.01.1979 bis 16.02.1979

Die verborgene Vernunft
Ausstellung des Instituts für Entwerfen und Konstruieren
10.11.1981 bis 11.12.1981

Konstruktives Entwerfen
Ausstellung von Studentenarbeiten
05.05.1982 bis 28.05.1982

Stahlbaupreise und Förderpreise
Ausstellung Sommersemester 1983

Industriebau
Ausstellung veranstaltet im Auftrag des Kulturkreises im Bundesverband der Deutschen Industrie
Aachen, Berlin, Biberach, Braunschweig, Bremen, Dresden, Düsseldorf, Essen, Hamburg, Hannover, Karlsruhe, Köln, Linz, Mannheim, München, Nürnberg, Osnabrück, Stuttgart, Trier, Wien, Wiesbaden, Weimar, Zürich
14.09.1984 bis 07.10.1984 in Stuttgart
danach als Wanderausstellung bis Dezember 1991

Der gemeinsame Weg „Heinz Isler – Schalen"
Prof. Eberhard Schunck gemeinsam mit dem Institut für Baustatik
Oktober 1986

Holzbau-Förderpreis '87
Fachgebiet Planung und Konstruktion im Hochbau
11.11.1987 bis 25.11.1987

Robert Maillart 1872–1940
Prof. Eberhard Schunck gemeinsam mit dem Institut für Baustatik, 1990

Bauten für die Umwelt
Ausstellung von Studentenarbeiten gemeinsam mit dem Landratsamt Böblingen
Januar bis April 1990

Vorträge, Reihen

Gastreferenten und Vorträge im Rahmen der Reihe „Ingenieurbauten – Entwicklungslinien und Tendenzen"

Die Vortragsreihe, an der Hochschule inzwischen die „Silberne Reihe" genannt, ist eine gemeinsame Veranstaltung für Bauingenieur- und Architekturstudenten. Nach einem Einführungsvortrag des Lehrstuhlinhabers stellen Architekten und Ingenieure aus Hochschule und Praxis neue Entwicklungen und Tendenzen der Architektur und des Bauingenieurwesens dar.

Kurt Ackermann
1975
Bauten ohne Ingenieure
1977
Einfache Baukonstruktionen
1978
Anonyme Bauten
1980
Einfache Bauten in Holz und Stein
1983
Bauten ohne Architekten und Ingenieure
1985
Amerika '84
1987
Architektur und Industriebau
1987
Hans Kammerer – Abschied

Kurt Ackermann/Curt Siegel
1976
Das konstruktive Detail als Qualitätsmerkmal

Otl Aicher
1983
Architektur als Abbild des Staates

Peter Andrews/Berthold Burkhardt
1983
Zeltarchitektur

Fred Angerer
1978
Gestaltung von Brücken aus der Sicht des Architekten

Max Bächer
1979
Architektur der 30er Jahre
1980
Architektur der 30er Jahre

Günter Behnisch
1976
Ingenieur – Architektur
1977
Ingenieur – Architektur
1979
Ingenieur – Architektur
1982
Gedanken zur Architektur
1984
Gedanken zur Architektur

Walter Belz
1978
Material, Konstruktion und Bauform
1980
Bauen mit Mauerwerk und Stahlbeton

Hans Busso von Busse
1981
Konstruktion als Architekturform
1986
Standpunkte

Santiago Calatrava
1987
Ingenieurbauten

Ulrich Conrads
1987
Modetrends – Identitätssuche

Willi Daume
1990
Aspekte der Olympischen Spiele

Harald Deilmann
1979
Dortmunder Modell – Werkstattbericht
1985
Von Münster über Stuttgart nach Dortmund

Nikola Dimitrov
1982
Die Ausbildung der Architekturstudenten in der Tragwerklehre

Gerhard Drees
1976
Die historische Entwicklung des Baubetriebs

Gabriel Epstein
1986
Höfe, Arkaden und Städte

Anatol du Frense
1987
Angefangen mit Le Corbusier ...

Franz Fueg
1981
Die Wohltaten der Zeit für die Architektur

Meinhard von Gerkan
1980
Modetrends und Identitätssuche in der baulichen Gestaltung

Jürgen Giesecke
1976
Kraftwerke und Anlagen des Wasserhaushalts in der Landschaft
1977
Wasserbau – Anlagen und Kraftwerke
1978
Anlagen des Wasserhaushalts in der Landschaft

Hermann Glaser
1983
Industriekultur – eine interdisziplinäre Aufgabe

Günther Grzimek
1977
Landschaft ist machbar
1978
Landschaftsplanung

Rolf Gutbier
1985
Erlebnisse – Die Stuttgarter Architekturschule 1946–1970

Rolf Gutbrod
1985
Was bleibt von 50 Jahren?

Hardt Waltherr Hämer
1984
Bauen in Sanierungsgebieten

Fritz Haller
1980
Allgemeine Lösungen im Bauen

Sir Edmund Happold
1982
The Art Of Engineering

Franz Hart
1975
Der Stahlbau im 20. Jahrhundert
1976
Kunst und Technik der Wölbungen – Stahlbau des 19. und 20. Jahrhunderts
1978
Kunst und Technik der Wölbungen
1980
Gestaltung von Brücken
1981
Mauerwerksbau und Kunst der Wölbung

Antonio Hernandez
1977
Bedeutung der Baugeschichte für Bauingenieure

Dieter Herrschmann
1982
Konstruieren mit Holz

Thomas Herzog
1984
Prototypen – Konzepte – Versuche – Einsichten

Ernst Hiesmayr
1978
Konstruktion – Raum

Wilhelm Holzbauer
1986
Bauten und Projekte der letzten 10 Jahre

Klaus Humpert
1983
Stadtentwicklung und Industrieansiedlung

Heinz Isler
1982
Wer bestimmt die Form?

Jürgen Joedicke
1975
Konstruktion als Architekturform
1976
Gestaltung und Konstruktion von Schalenbauten
1978
Konstruktion als Architekturform
1980
Konstruktion als Architekturform
1982
Architekturtendenzen der Gegenwart

Hans Kammerer
1975
Der Kristallpalast in London
1976
Englische Glasarchitektur des 19. Jahrhunderts
1977
Englische Glasarchitektur
1979
Architektur mit Holz
1980
Historische Glasarchitektur
1981
Glasbauten
1982
Bauen mit Holz
1984
Industriebau – eine Entwurfsaufgabe für Architekten
1987
Rückblick – Ausblick

Uwe Kiesler
1984
Konstruktion, Material und Form

Josef Paul Kleihues
1979
Das rationale Moment in Architektur und Städtebau
1984
Rationalismus und Industriebau - Architektur

Franz Klingan
1983
Projektentwicklung und Bauprogramme eines Konzerns

Heinrich Klotz
1981
Modetrends oder Identitätssuche

Gerd König
1982
Kreativität im Tragwerksentwurf

Rob Krier
1981
Architektur - Entwicklungen und Tendenzen

Georg Küttinger
1979
Konstruieren mit Holz
1980
Bauen mit Holz

Herbert Kupfer
1981
Tragwerke aus Beton

Friedrich Kurrent
1982
Revolutionsarchitektur und was folgte

Fritz Leonhardt
1975
Gestaltung im Brückenbau
1977
Gestaltung von Brücken und Türmen
1978
Gestaltung von Brücken aus der Sicht des Ingenieurs
1980
Entwurf von Brücken
1985
Baukultur bei Ingenieurbauten

Horst Linde
1985
Rückblick auf die Stuttgarter Jahre

Klaus Linkwitz
1979
Mathematik und Formfindungsprozeß
1981
Formfindung von Membranen und Seilnetzen

Walther Mann
1980
Konstruieren mit Mauerwerk und Stahlbeton

Gunnar Martinsson
1975
Brücken und Ingenieurbauwerke in der Landschaft
1976
Industriebauten und Landschaft
1977
Bauplanung – Grünplanung in Innenstädten
1983
Industrie, Landschaft und Mensch

Christian Menn
1981
Entwurf und Konstruktion von Brücken
1986
Ist Brückenästhetik meßbar?

Werner Nachtigall
1983
Biologische Bauten in der Mikro- und Makrowelt

Julius Natterer
1980
Konstruieren mit Holz
1986
Forschungs- und Entwicklungstendenzen im Ingenieurholzbau

August Nitschke
1982
Gesellschaftliche Stellung des Ingenieurs in der Geschichte und heute

Roland Ostertag
1983
Beruf: Dilettant

Frei Otto/Berthold Burckhardt
1975
Entwicklung der Zelt- und Membranbauten mit Vergleichen zum modernen Leichtbau

Frei Otto
1979
Leichte Flächentragwerke
1981
Natur und Formfindungsprozeß
1982
Die klassische Form in Natur und Kunst –
Prozesse, die auch Baukunst machen

Gustav Peichl
1985
Technische Ästhetik

Paulhans Peters
1982
Bauen für den Alltag und Baukunstfeste
1986
Architektur der Schlagworte und Sprechblasen

Franz Pöpel
1985
Wassergütewirtschaft – Abfallwirtschaft – Umweltschutz

Stefan Polóny
1979
Dortmunder Modell – Entwerfen von Tragkonstruktionen

Hans Puchhammer
1981
Bauen in historischer Umgebung

Roland Rainer
1986
Anonymes Bauen und internationale Architektur

Gallus Rehm
1975
Geschichte der Baustoffe in ihrer Verwendung
1976
Anwendung der Baustoffe in den Epochen der Baugeschichte
1977
Baustoffe in den Epochen der Baugeschichte
1978
Baustoffe in den Epochen der Baugeschichte
1982
Werkstoffe und Konstruktion in historischer Entwicklung

Horst Rittel
1982
Künstler, Planer, Ingenieur

Walter Rossow
1985
Zielbestimmung Landeskultur?

Manfred Sack
1985
Der Kritiker als Mittler zwischen den Tendenzen der Architektur

Christoph Sattler
1985
Bauen in der Postmoderne

Jörg Schlaich
1977
Seilnetzkonstruktionen: Entwurf, Tragverhalten und Bauausführung
1978
Vom Bauen mit Seilen
1979
Vom Bauen mit Türmen
1980
Bauen mit Seilen
1981
Schalenbauten
1983
Ingenieur – Architektur

Dolf Schnebli
1986
Architekt und Lehrer

Helmut C. Schulitz
1984
Konstruktion und Architektur

Axel Schultes
1986
Alte Vorlieben, neue Projekte und das
Münchhausen – Syndrom im Museumsbau

Peter C. von Seidlein
1975
Die Entwicklung der Konstruktion im
Hochhausbau 1875–1975
1978
Hochhäuser von der Chicago-Schule bis zur
Neuzeit
1980
Behindern Normen Konstruktionen?
1983
Schule von Chicago
1987
Industriebau – Bauen ohne Architektur

Curt Siegel
1983
Die Schönheit des Einfachen

Ulrich Smoltczyk
1976
Befestigung – ein Beitrag zur Geschichte des
Bauingenieurwesens

Friedrich Spengelin
1985
Integration von Stadt-, Bau- und Freiraum-
planung

Helmut Spieker
1977
Wohnbauten

Otto Steidle
1984
Vom Konzept zur Konstruktion

Gerd Steierwald
1977
Straßenverkehrsplanung – Geschichte
und Ausblick

Helmut Striffler
1985
Neue Wege im Verwaltungsbau

Peter Sulzer
1977
Industrialisiertes Bauen und Baugestaltung
1986
Jean Prouvé – High-Tech-Architektur

Bernhard Tokarz
1978
Chaotische und strukturale Konstruktionen
1984
Industriebau – eine Entwurfsaufgabe für
Ingenieure

Pierre Vago
1986
Es gibt mehrere Wege

René Walther
1984
Entwerfen, Konstruieren und Berechnen
1987
Zur Frage der guten Gestaltung von Betonbau-
werken

Otto Weitling
1987
Beispiele unserer Arbeiten seit 1964 –
Gestaltfindung und Integration technischer
Probleme

Fritz Wenzel
1979
Erhaltung alter Tragkonstruktionen
1981
Erhaltung historischer Tragwerke
1983
Zum Entwerfen und Konstruieren von Architekt
und Ingenieur
1984
Möglichkeiten und Grenzen des Erhaltens
authentischer Bausubstanz

Josef Wiedemann
1979
Denkmalpflege als Bauaufgabe

Werner Wirsing
1984
Bauen als wichtigste Aufgabe der Architektur

Uli Zech
1983
Arbeitsstätten – Probleme des Standorts
und der Gestalt

Preise und Auszeichnungen studentischer Arbeiten

Förderpreis des Deutschen Stahlbaus

1980
Rainer Barthel und Klaus Rückert: Form- und Aufwandsuntersuchungen an baumartigen Stützen, 2. Preis; Willi Scherer und Michael Strohmeier: Innerstädtische Hallensportanlage, 3. Preis; Hans Renftle: Innerstädtische Hallensportanlage, 3. Preis

1982
Heinrich Laichinger: Ausstellungshalle, 3. Preis; Hans-Peter Bürkle: Ausstellungshalle, 3. Preis

1986
Marco Goetz und Jürgen Schneider: Fabrikationsgebäude für Baubeschläge, 3. Preis; Joachim Sessinghaus und Georg Sturm: Tennishalle, 3. Preis; Jürgen Schneider: Stählerne Eisenbahnbrücken in Deutschland (1835–1960), 3. Preis

1988
Knut Göppert: Betriebsgebäude für Reisebusunternehmen, 1. Preis; Rochus Teschner: Fußgängerbrücke am Nordbahnhof, 3. Preis

1990
Clemens Dietrich: Rottehalle für eine Abfallbehandlungsanlage, 2. Preis

1992
Jürgen Trenkle: Tribünenüberdachung, 1. Preis; Peter Esslinger: Leistungszentrum für Leichtathletik, 1. Preis; Christof Simon und Michael Fleck: Technologieausstellungs- und Beratungszentrum, 2. Preis; Nabil Mekdaschi: Leistungszentrum für Leichtathletik, 3. Preis; Maik Buttler und Michael Vitzthum: Fußballstadion Stuttgart-Waldau, 3. Preis

1994
Bernd Liebel und Christoph Ackermann: Betriebshof für Abfallwirtschaft, Anerkennung; Bettina Rall: Gebäude für Entwicklung und Produktion, Anerkennung; Herwig Rott und Robert Pawlowski: Betriebshof für Abfallwirtschaft, Anerkennung

European Student Award

1989
Knut Göppert: Betriebsgebäude für ein Reisebusunternehmen

Förderpreis der Deutschen Zementindustrie

1986/87
Thomas Wild: Entwurf eines TV-Studios, 1. Preis; Rochus Teschner: Entwurf einer Fußgängerbrücke, 2. Preis; Thomas König: Fußgängerbrücke, Auszeichnung; Michael Knarr: Fußgängerbrücke, Auszeichnung; Gabriele Selgrath: Fußgängerbrücke mit S-Bahnstation, Auszeichnung

1987/88
Claudia Laquai und Wolfgang Fromm: Labor- und Prüfstandsgebäude, 1. Preis; Dorothea Babel und Andreas Bross: Labor- und Prüfstandsgebäude, 2. Preis; Uli Beck: Arbeiten – Wohnen – Freizeit an der Bottroper Straße in Stuttgart-Hallschlag, 2. Preis

1988/89
Matthias Sieveke und Christian Brunner: Mietfabrik in Geschoßbauweise, 1. Preis; Klaus Bielenberg: Sozialgebäude einer Fabrikanlage, Auszeichnung; Andreas von Fürstenberg: Mehrzweckgebäude mit Volkshochschule, Auszeichnung; Sabine Kirchhof und Utz Mayer: Abfallbehandlungsanlage, Auszeichnung

1989/90
Christof Simon und Michael Fleck: Technologieausstellungs- und Beratungszentrum, 1. Preis; Sven Plieninger: Versuchshalle für das Institut Massivbau der FHT-Stuttgart, 2. Preis; Matthias Rottner und Stefan Eggers: Ingenieurschule – Erweiterung der FHT-Stuttgart, 2. Preis

Stahl-Innovationspreis

1991
Christof Simon und Michael Fleck: Technologieausstellungs- und Beratungszentrum, 2. Preis

Förderpreis des Bund Deutscher Baumeister, Architekten und Ingenieure e.V.

1991
Christof Simon und Michael Fleck: Technologieausstellungs- und Beratungszentrum, 2. Preis

Beton-Fertigteilpreis:

1988
Christine Reck und Harald Kniele: Labor- und Motorenprüfstandsgebäude, 2. Preis

1990
Friedrich A. Winter: Mietfabrik, 2. Preis

1992
Christof Simon und Michael Fleck: Technologieausstellungs- und Beratungszentrum, 1. Preis

1994
Manfred Hoffmann und Markus Labor: Mietfabrik in Geschoßbauweise, Anerkennung

Wettbewerb für die Constructa

1990
Peter Widmaier und Stephen Reusch: Abfallbehandlungsanlage, 1. Preis; Peter Haeberlin und Berthold Keck: Abfallbehandlungsanlage, 1. Preis; Matthias Sieveke und Christian Brunner: Mietfabrik in Geschoßbauweise, 1. Preis; Andreas Kötter und Thomas Moschner: Abfallbehandlungsanlage, 2. Preis; Georg Straub und Joachim Mezger: Druckerei für Spezialpapiere, 2. Preis

Preis der Freunde der Universität Stuttgart

1982
Karl Spies: Konstruktives Entwerfen im Hochbau: Von der Grundrißdisposition zum Tragwerk, Dissertation

1984
Franz Rohmer: Historische Entwicklung des Industriebaus bis zu den ersten modernen Bautypen vor dem Hintergrund der gesellschaftlichen, technisch-wirtschaftlichen Entwicklung, wissenschaftliche Arbeit, Lehramt

1986
Marco Goetz: Leichtathletikhalle, Diplomarbeit
Jürgen Schneider: Stählerne Eisenbahnbrücken in Deutschland (1935–1960), Diplomarbeit

Techtextil-Förderpreis

1993
Georg Straub und Jörg Hoffmeyer-Zlotnik: Kläranlage, 4. Preis

Absolventen, Doktoranden, Institutsmitglieder

Diplomanden Architektur

Uli Beck, Kurt Belschner, Stefan Blume, Robert Bräuchle, Maik Buttler, Bettina Ebert, Peter Esslinger, Robert Fetzer, Andreas v. Fürstenberg, Marco Goetz, Helmut Gross, Thomas Hanek, Thomas Hauck, Raimund Heitmann, Peter Jankel, Michael Jockers, Volker Jungwirth, Werner Kaag, Peter Kammerer, Andreas Kötter, H. Koller, Susan Korb, Andreas Kromm, Malte H. Kümmerle, Helmut Lotze, Claus Maier, Bärbel Mall, Nabil Mekdaschi, Friedmund Nagel, Peter Nickel, Reinhard Orlinski, Bettina Rall, Hans Renftle, Friedrich Renk, Helmut Rietzlei, Michael Roller, Matthias Rottner, Manfred Rudolf, Wolfgang Scheible, Eduard Schmutz, Peter Seitz, Gabi Selgrath, Matthias Sieveke, Christof Simon, Oliver Sorg, Bernd Stimpfle, Georg Straub, Friedbert Vogelsang, Erik Volz, Martin Webler, Gerald Wiegand, Friedrich A. Winter, Ulrich Wolbeck, Svenia Zink, Wolf Dieter van der Zypen

Diplomanden Bauingenieurwesen

Uwe Abt, H.J. Ahrens, Bernhard Amann, Udo Baumann, Eugen Beyer, Hans J. Biswenger, Christian Brunner, Hans P. Bürkle, Werner Concle, Andrea Dahlheiser, Clemens Dietrich, Wolfgang Euerle, Walter Fajit, Markus Faltlhauser, Harald Fano, Michael Fleck, Andreas Frank, Dieter Frank, Peter Fritz, Wolfgang Fromm, Alexander Furche, Wolfgang Gersch, Knut Göppert, Gabriele Götz, Andreas Gonser, Volker Grage, Günter Hägele, Michael Henzler, Robert Hermann, Rainer U. Hilbert, Jörg Hoffmeyer-Zlotnik, Dagmar Honeck, Hans P. Horeth, Hermann U. Hottmann, M. Jennewen, Axel John, Siegfried Kärcher, Bernhard Kaisser, Berthold Keck, V. Kerschbaumer, Dietmar Kirsch, Heinrich Kittel, Thomas Klenk, Wolfram Klotz, Reinhard Köppelmann, Paul Kreder, Gernot Kurzka, Markus Labor, Dietmar Lenz, Thomas Lohmüller, Rainer Maurer, Peter Mertens, Joachim Metzger, Ulrich Metzger, Stefan Morlock, Rainer Müller, Gerhard Münst, Klaus Nebgen, Karl Notdurft, Siobodan Pandurovic, Matthias Peifer, Peter Preschany, Rudolf Reuter, Franz Rohmer, Thomas Rühle, Albrecht Sack, Gabi Schatzmann, Schäfer-Traubert, Reiner Schill, Christof Schiller, Holger Schneider, Jürgen Schneider, Regina Schröder, Walter Schütz, Hans Schwenkedel, Siegfried Seitz, Karl Spies, Klaus V. Skrabak, Thomas Sorg, Martin Steeb, Erhard Steinert, Michael Strohmeier, Hans Tenge, Rochus Teschner, Robert The, Dimos Vrizas, Gerhard Wagner, Rosemarie Wagner, Christiane Wahle, Wieland Wais, Gerold Wallner, Jürgen Walz, Gerd R. Weberruss, Uwe Weiger, Andreas Weisinger, Hermann Wieland, Helga Winter, Stefan Zimmermann, Bernd Zitzmann

Doktoranden

Frank Dyllick-Brenzlinger,
Hauptbericht: Professor Dr.-Ing. Gerhard Drees,
Mitbericht: Professor Kurt Ackermann
Bernd Kochendörfer,
Hauptbericht: Professor Dr.-Ing. Gerhard Drees,
Mitbericht: Professor Kurt Ackermann
Hans Sommer,
Hauptbericht: Professor Dr.-Ing. Gerhard Drees,
Mitbericht: Professor Kurt Ackermann
Karl Spies,
Hauptbericht: Professor Kurt Ackermann,
Mitbericht: Dr.-Ing. Gallus Rehm

Institutsmitglieder

Lehre und Forschung
Kurt Ackermann, Dr. techn. h.c., ord. Professor, Arch. (74–93); Dr. Jürgen Adam, ord. Professor, Arch. (seit 94); Ekkehart Bertram, Dr.-Ing. habil., Bauing./Arch. (74–75); Christian Brunner, Dipl.-Ing., Bauing. (90–92); Klaus Brückerhoff, Dipl.-Ing., Bauing. (90–93); Fritz-Ulrich Buchmann, Dipl.-Ing., Bauing. (84–86); Robert Danz, Dipl.-Ing., Bauing. (66–71); Robert Dersch, Dipl.-Ing., Arch. (79–84); Edward Dolk, Dipl.-Ing., Arch. (84–86); Susanne Dürr, Dipl.-Ing., Arch. (91–94); Jürgen Feit, Dipl.-Ing., Arch. (Lehrauftrag 82–83); Peter Fierz, Dipl.-Ing., Bauing. (71–73); Thomas Finke, Dipl.-Ing., Bauing. (81–83); Michael Fleck, Dipl.-Ing., Bauing. (seit 94); Wolfgang Fromm, Dipl.-Ing., Bauing. (seit 94); Alexander Furche, Dipl.-Ing., Bauing. (86–88); Franz Göger, Dipl.-Ing., Arch. (75–79); Andreas Groth, Dipl.-Ing.; Peter Häußermann, Dipl.-Ing., Bauing. (70–74); Dieter Hauffe, Professor Dipl.-Ing., Arch., Finanzpräsident OFD Stuttgart; Martin Heit, Dipl.-Ing.; Klaudius Henke, Dipl.-Ing., Arch., (90–95); Manfred Jehle, Dipl.-Ing., Bauing. (84); Michael Jockers, Dipl.-Ing., Arch. (86–91); Werner Kaag, Dipl.-Ing., Arch. (82–87); Hans-Peter Kammerer, Dipl.-Ing., Arch. (79–82); Bernhard Katzenwadel, Dipl.-Ing.; Bernhard Kerres, Dipl.-Ing., Arch. (72–

75), Hans-Ulrich Kilian, Dipl.-Ing., Arch. (81–84); Dietmar Kirsch, Dipl.-Ing., Bauing. (89–94); Udo Kreuger, Dipl.-Ing., Arch. (90–93); Gustl Lachenmann, Dipl.-Ing., Bauing. (81–89); Günter Leonhardt, Dipl.-Ing., Arch. (87–89); Maximilian Meier, Dipl.-Ing., Bauing. (74–78); Roland Meister, Dipl.-Ing., Bauing. (74–78); Klaus Noichl, Dipl.-Ing. Arch. (88–90); Rainer Plehn, Dipl.-Ing., Arch. (70-79); Peter Preschany, Dipl.-Ing., Bauing. (80–82); Udo Pütz, Dipl.-Ing., Arch. (83–88); Clemens Richarz, Dipl.-Ing., Arch. (88–91); Ulrich Schäffler, Dipl.-Ing.; Beate Schmidt, Dipl.-Ing., Arch. (90–95); Stefan Schmidt, Dipl.-Ing., Bauing. (92–93); Eduard Schmutz, Dipl.-Ing., Arch., (84–85); Clemens Schulte-Mattler, Dipl.-Ing., Arch. (89–90); Kurt Schwaner, Dipl.-Ing.; Christof Simon, Dipl.-Ing., Arch. (seit 93); Karl Spies, Dipl.-Ing., Bauing. (74–80); Andreas Stumpfl, Dipl.-Ing.; Christof Tiedje, Dipl.-Ing.; Georg Vogel, Dipl.-Ing., Bauing. (82); Bettina Volz, Dipl.-Ing., Arch. (94–95); Andreas Weissinger, Dipl.-Ing., Bauing. (79–80); Gerald Wiegand, Dipl.-Ing., Arch.; Martin Wollensak, Dipl.-Ing., Arch. (seit 91); Stefan Zimmermann, Dipl.-Ing., Bauing. (88–90)

Sekretariat

Renate Bartel (84–86), Gudrun Blumberg (86), Ursula Brügel (81–84), Renate Fanta (seit 87), Corinna Gunser (78–81), Marion Habelt (77–78), Heidrun Klemke (87), Erika Sohm (55–79)

Photographie und Labor

Rotraud Harling (83–87), Magdalena Klein (70–83), Brigitta Stöckl (seit 87)

Modellbau

Rudolph Ehni (79–94), Edeltraut Walla (seit 94)

Wissenschaftliche Hilfskräfte

Brigitte Abrell, Marie José Acra, Alfred Andelfinger, Joachim Andelfinger, Christiane Angele, Thomas Arus, Till-Markus Bauer, Ulrike Bauer, Ulrich Bayer, Klaus Begasse, Michael Bendele, Klaus Bielenberg, Frauke Blasy, Karin Blessing, Joachim Bogner, Andreas Bross, Klaus Bubeck, Stefan Bubeck, Ulrich Buchmann, Ingrid Burgdorf, Angelika Class, Gerhard Clemens, Kerstin Conzelmann, Miriam Decker, Sibylle Ebner, Florian Fischötter, Marcus Fohrer, Renate Foude, Annette Frank, Dietrich Frank, Hans-Jörg Franke, Stefan Fricker, Thomas Fritzsche, Alexander Furche, Michael Geckle, Knut Göppert, Volker Grage, Christian Graulich, Andreas Groth, Friedrich Häfele, Markus Häffner, Günter Hägele, Peter Häußermann, Josef Hailer, Charlotte Handl, Joachim Heber, Harald Hecht, Mechthild Hemmerling, Roland Hennig, Andrea Herkersdorf, Jörg Herrmann, Martin Herrmann, Johannes Heydenreich, Michael Hiller, Bernd Hoge, Alfred Jahnen, Werner Kaag, Bernhard Kaiser, Joachim Kaiser, Andrea Kaufmann, Susan Kayser, Ahmad Kemand, Bernhard Kerres, Viktor Kerschbaumer, Maria Kiefer, Michael Kiesling, Martin Klaiber, Korneliu Krieger, Martin Kühfuß, Jochen Lang, Melanie Langewort, Patrick Leitner, Dietmar Lenz, Bettina Lerner, Gabriele Lichtenauer, Ulrike Locher, Fedor Lochner, Irmgard Lochner, Alfred Lutz, Christopher Mailänder, Petra Marguc, Maximilian Meier, Roland Meister, Carola Micol, Julia Moser, Dieter Müller, Markus Mündl, Hermann Nägele, Angelika Nau, Thomas Neumeister, Ute Pfaff, Marios Phocas, Eberhard Plath, Rainer Plehn, Gina Potzolli, Peter Preschany, Horst Reber, Hans Renftle, Anke Roßmann, Herwig Rott, Peter Sauter, Axel Schäfer, Andrea Schaller, Carmen Schauzenbach, Martina Scheer, Wilhelm Scherer, Sabine Schlaffke, Dominik Schleicher, Waltraud Schmelz, Hubert Schmickler, Klaus Otto Schmidt, Eduard Schmutz, Annemarie Schoch, Karsten Schubert, Bärbel Schuster, Thomas Seiferheld, Peter Seitz, Michael Simon, Sirkku Singer, Dagmar Skoruppa, Beatrice Soltys, Thomas Sorg, Karl Spies, Astrid Stadtmüller, Karin Stähle, Bettina Steinhauer, Peter Steinhorst, Bernd Stimpfle, Armin Stütz, Sabine Süß, Bettina Thurner, Regina Töpfer, Axel Trapp, Panagiotis Triantafillou, Tatjana Vautz, Markus Wacker, Rosemarie Wagner, Nicole Weber, Ingo Weiss, Michael Werwigk, Petra Wesseler, Thomas Wienands, Thomas Wild, Helga Wilner, Hartmut Windels, Udo Wrede, Dagmar Wunderlich, Volker Zahn, Barbara Zehner, Stefan Zimmermann

Autorenverzeichnis

Kurt Ackermann
Dr. techn. h.c., ord. Professor, Architekt BDA/DWB, von 1974 bis 1993 Direktor des Instituts für Entwerfen und Konstruieren der Universität Stuttgart, Gastprofessuren an den Technischen Universitäten München und Wien, Mitglied der Akademie der Künste, Berlin, und der International Academy of Architecture (IAA), Sofia, Ehrendoktor der TU Wien

Jürgen Adam
Dr.-Ing., ord. Professor, Architekt BDA, seit 1994 Direktor des Instituts für Entwerfen und Konstruieren der Universität Stuttgart

Ingeborg Flagge
Dr. phil., Professor, ehem. Bundesgeschäftsführerin des BDA, Chefredakteurin der Zeitschrift „Der Architekt", seit 1995 Professorin für Bau- und Kulturgeschichte an der Hochschule für Wirtschaft und Kultur in Leipzig

Peter Häußermann
Dipl.-Ing., Professor, Bauingenieur, bis 1974 Wissenschaftlicher Mitarbeiter des Instituts für Entwerfen und Konstruieren der Universität Stuttgart, seit 1990 Professor für Tragwerklehre im Fachbereich Architektur an der Fachhochschule Biberach

Sir Edmund Happold
Dipl.-Ing., Professor, Bauingenieur, seit 1976 Professor des Lehrstuhls für Architektur- und Bauingenieurwesen der Universität Bath, Präsident der Institution of Structural Engineers 1986–1987, Gründer und Vorsitzender von 1988–1991 des Construction Industry Council, Vizepräsident der Royal Society of Arts, 1994 in den Adelsstand erhoben

Dieter Hauffe
Dipl.-Ing., Architekt BDA, Finanzpräsident der Oberfinanzdirektion Stuttgart, seit 1994 Honorarprofessor am Institut für Entwerfen und Konstruieren der Universität Stuttgart

Michael Jockers
Dipl.-Ing., Architekt BDA, bis 1991 Wissenschaftlicher Mitarbeiter des Instituts für Entwerfen und Konstruieren der Universität Stuttgart

Jürgen Joedicke
Dr.-Ing., Drs. h.c., ord. Professor, Architekt BDA, von 1967 bis 1993 Direktor des Instituts Grundlagen der modernen Architektur und Entwerfen der Universität Stuttgart, Dr. h.c. der Akademie für Bildende Künste Istanbul, Dr. E.h. der Universität Dortmund

Werner Kaag
Dipl.-Ing., Architekt BDA, bis 1987 Wissenschaftlicher Mitarbeiter des Instituts für Entwerfen und Konstruieren der Universität Stuttgart

Hans Kammerer
Dipl.-Ing., ord. Professor, Architekt BDA/DWB, von 1968 bis 1973 Direktor des Instituts für Grundlagen des Entwerfens und Konstruierens, von 1974 bis 1987 Direktor des Instituts für Innenraumgestaltung und Entwerfen der Universität Stuttgart, Mitglied der Akademie der Künste, Berlin

Dietmar Kirsch
Dipl.-Ing., Professor, Bauingenieur, bis 1994 Wissenschaftlicher Mitarbeiter des Instituts für Entwerfen und Konstruieren der Universität Stuttgart, seit 1995 Professor für Tragwerklehre an der Fachhochschule Coburg

Gustl Lachenmann
Dipl.-Ing., Professor, Bauingenieur, bis 1989 Wissenschaftlicher Mitarbeiter, ab 1983 Akademischer Rat des Instituts für Entwerfen und Konstruieren der Universität Stuttgart, seit 1988 Professor für Tragwerklehre an der Fachhochschule Rheinland-Pfalz in Koblenz

Rainer Plehn
Dipl.-Ing., Architekt, bis 1979 Wissenschaftlicher Mitarbeiter, ab 1977 Akademischer Rat des Instituts für Entwerfen und Konstruieren der Universität Stuttgart

Beate Schmidt
Dipl.-Ing., Architektin, Wissenschaftliche Mitarbeiterin des Instituts für Entwerfen und Konstruieren der Universität Stuttgart

Eberhard Schunck
Dipl.-Ing., ord. Professor, bis 1992 Leiter des Fachgebiets Grundlagen der Planung und Konstruktion im Hochbau des Instituts für Entwerfen und Konstruieren der Universität Stuttgart, seit 1992 Direktor des Lehrstuhls für Baukonstruktion der Technischen Universität München

Peter Seitz
Dipl.-Ing., Architekt, Perspektivist

Christof Simon
Dipl.-Ing., Architekt, Wissenschaftlicher Mitarbeiter des Instituts für Entwerfen und Konstruieren der Universität Stuttgart

Karl Spies
Dr.-Ing., Professor, Bauingenieur, bis 1980 Wissenschaftlicher Mitarbeiter des Instituts für Entwerfen und Konstruieren der Universität Stuttgart, seit 1989 Professor im Fachbereich für Tragwerklehre und konstruktives Entwerfen der Technischen Fachhochschule Berlin

Abbildungsnachweis

Firma Gartner Werkfoto 19 u.
Edmund Happold 26 l, 26 r, 28 o.
Sigrid Neubert 20, 21 ul, 21 ur, 22 ol, 22 or, 22 u, 25.
Klaus Ott, Foto Sessner 23 o, 23 u.
Frei Otto 29 o.
Rainer Plehn 198, 199.
Herwig Rott 120, 121, 122.
Max Sayle 28 u, 29 u.
Peter Seitz (Zeichnung) 24 o.
Christof Simon 158 ol, 158 or, 159, 160 ol, 160 or, 161.
Ingrid Voth-Amslinger 18 o, 19 o.
Peter Walser 24 u.
Robert Winkler 21 o.

Alle übrigen Abbildungen:
Institut für Entwerfen und Konstruieren
Rotraud Harling, Brigitta Stöckl.

Dank

Unser besonderer Dank gilt folgenden Unternehmen und Einrichtungen für ihre finanzielle Unterstützung:

Verein der Freunde der Universität Stuttgart e. V.
Bayerische Hausbau GmbH + Co KG, München
Manfred Becher, Oberviechtach
Buchtal GmbH, Schwarzenfeld
designfunktion GmbH, München
Dyckerhoff + Widmann AG, Augsburg
Gartner GmbH + Co KG, Gundelfingen
Leonhard Moll AG, München
LG Stiftung Ausbildung, Fort- und Weiterbildung, Stuttgart
Ludwig GmbH, München
Märker GmbH, Harburg
Müller Offenbach GmbH + Co KG, Offenbach
Neumayr GmbH + Co KG, Eggenfelden
Sassenscheidt GmbH + Co KG, Iserlohn
Züblin AG, Stuttgart

Nachwort

Die Universität Stuttgart hat die Zusammenfassung der Arbeiten in Lehre und Forschung am Institut für Entwerfen und Konstruieren von 1974 bis 1994 gefördert. An der Thematik interessierte Sponsoren ermöglichten dieses Buch. Christof Simon hat die inhaltliche Konzeption für die Publikation erarbeitet, das umfangreiche Material zusammengetragen und redaktionell aufbereitet. Sepp Landsbek vom Rotis Büro setzte die Tradition von Otl Aicher fort und ist für das Erscheinungsbild des Buches verantwortlich. Ingeborg Flagge hat Konzept und Inhalt beraten und somit ein großes Stück mehr als das Lektorat übernommen. Brigitta Stöckl war für die phototechnischen Arbeiten zuständig. Die Studenten Mechthild Hemmerling, Patrick Leitner und Herwig Rott des Instituts wirkten an der Realisierung mit. Der Verleger Karl Krämer und Frau Gudrun Zimmerle haben beraten. Die Autoren Ingeborg Flagge, Jürgen Joedicke, Hans Kammerer, Ted Happold, Eberhard Schunck und Peter Seitz erweiterten mit ihren Beiträgen nicht nur den Kreis des Instituts, sondern auch die Vielfalt der Sichtweisen. Die „Ehemaligen" Peter Häußermann, Michael Jockers, Werner Kaag, Dietmar Kirsch, Gustl Lachenmann, Rainer Plehn und Karl Spies haben wichtige Erinnerungen beigesteuert. Studierende und Diplomanden beider Disziplinen unseres Instituts stellten ihre Arbeiten zur Verfügung.
Allen sagen wir unseren herzlichen Dank.

Kurt Ackermann
Jürgen Adam